한국사회성격 논쟁 세미나 (IV)

공감개론신서 22

한국사회성격 논쟁 세미나 (IV)

윤소영 외 지음

공 감

공감개론신서 22
한국사회성격 논쟁 세미나 (IV)
윤소영 외 지음

인쇄일 2024년 6월 15일
발행일 2024년 6월 25일

도서출판 공감
발행인 이범수
출판등록 22-1006 (1996. 5. 14.)
서울시 마포구 성산로2길 21-8 B1호
전화 323-8124 / 팩스 323-8126
전자우편 alba21@naver.com

ISBN 978-89-86939-99-6 03300
값 25,000원

서문

O tempora, o mores!   한심스럽구나, 이 시대와 이 세태가!
― 키케로, 「카틸리나 내란 탄핵연설」

'Tis the times' plague,   미친 자가 눈먼 자의 길잡이인 것이
when madmen lead the blind.   이 시대를 감염시킨 불행한 세태다.
― 셰익스피어, 『리어왕』, 4막 1장

The intellectual classes lead the government,   지식인이 정부의 길잡이고,
and the government leads the stupid classes.   정부가 무지자의 길잡이다.
― J. S. 밀, 「데쉬탈에게 보낸 편지」

    이달에 과천연구실 30주년을 맞는데, 『한국사회성격 논쟁 세미나』를 (Ⅲ)으로 마무리하지 않고 (Ⅳ)까지 낼 생각은 없었다. 그러나 '대선 불복 2년동란'을 겪으면서 아직까지 세상을 잘 모른다는 사실을 깨달았다. 한국사회성격 논쟁을 회고하면서 큰 잘못은 없었다고 자부했는데, 마치 항우가 '기력은 산을 뽑고 세상을 덮을 만하나, 시운이 불리하다'면서 끝까지 아집을 버리지 못한 것과 같다는 생각이 들어 부끄러웠다.

    제사(題詞)에 대한 설명은 본문으로 대신하겠다.

2024년 6월
윤 소 영

목차

서문 · 5

'대선 불복 2년동란' / 윤소영 · 8

'대선 불복 2년동란' ··· 9

윤석열 정부 1-2년차 세계정세 ································ 43

바이마르공화국의 쇠망과 나치의 집권 ····················· 71

자유주의적 제도로서 헌정과 법치 ························· 108

자유주의적 이념과 시빌리티 ································· 135

마르크스주의 지식인이 되는 것은 쉬운 일인가? ······ 163

질의와 응답 ·· 218

운동권의 '풍속과 세태' 비판 / 유주형·김태훈·262

서론 ··· 263
대선 불복과 제2의 촛불혁명 ··· 265
폭동주의적 혁명관 ··· 281
반이론주의와 '비전향' ·· 297
'파시즘화 경향'의 정치관·역사관 ···································· 314
'반파시즘 국민전선'은 가능한가 ······································ 327

『한국사회성격 논쟁 세미나 (III)』 총서와 총목 · 343
『한국사회성격 논쟁 세미나 (III)』 교정표 · 346
'과천연구실 세미나' · 348

'대선 불복 2년동란' ··· 9
　'대선 불복'이라는 화두 · 9
　2024년 4·10총선 · 18
　운동권의 '풍속과 세태' · 28
　'촛불혁명'이라는 화두 · 38
윤석열 정부 1-2년차 세계정세 ·· 43
　세계정세의 경과 · 43
　루비니의 『초거대위협』 · 49
　스나이더의 『가짜 민주주의가 온다』 · 54
　러시아-우크라이나 전쟁 · 60
　팔레스타인-이스라엘 전쟁 · 63
바이마르공화국의 쇠망과 나치의 집권 ······································· 71
　콜프의 『바이마르공화국』과 브라허의 『바이마르공화국의 해체』 · 71
　바이마르공화국사 개관 · 73
　바이마르공화국 연구사 · 81
　나치에 대한 저항 · 90
　반파시즘 인민전선 · 100
자유주의적 제도로서 헌정과 법치 ··· 108
　빙험의 『법의 지배』와 골즈워디의 『의회의 지배』 · 108
　스미스의 헌정론에 대한 와인개스트의 해석 · 115
　그로시의 『유럽법제사』 · 122
　마냉의 『대의정부의 원칙들』 · 125
자유주의적 이념과 시빌리티 ·· 135
　케이헌의 『공포로부터의 자유』 · 135
　자유주의적 시민의 덕성으로서 시빌리티 · 140
　롤즈의 『정의론』 · 144
　울드리지의 『능력주의의 두 얼굴』과 맥마혼의 『천재에 대하여』 · 151
마르크스주의 지식인이 되는 것은 쉬운 일인가? ························ 163
　영국의 마르크스주의 지식인들 · 163
　프랑스의 좌파 지식인들 · 174
　러시아의 지식인들 · 185
　일본의 마르크스주의 지식인들 · 196
　조선의 지식인들 · 206
질의와 응답 ·· 218
　발리바르식 포스트마르크스주의에 대한 비판 · 218
　전간기 독일에서 '보수혁명' · 226
　영국의 보수주의 · 234
　베네딕토 16세 교황에 대하여 · 244
　성철 스님에 대하여 · 256

'대선 불복 2년동란'

윤 소 영

'대선 불복 2년동란'

'대선 불복'이라는 화두

『한국사회성격 논쟁 세미나 (III)』에 실린 「2022년 3·9대선 전후」의 서문에서 저는 친문-친명 세력의 '대선 불복'이 내란을 방불케 할 대혼란을 예고한다고 주장한 바 있습니다. 윤석열 정부의 과제는 '문재명 정부 10년동란'을 막은 데 그치는 것이 아니라 김영삼 정부의 '하나회' 척결처럼 정관계·법조계·학계의 '불량배'(깡패·사기꾼)라는 똑같이 30살 먹은 적폐를 청산하는 것으로 이어져야 한다는 판단 때문이었지요.

그러나 윤석열 정부의 적폐 청산은 지지부진할 수밖에 없었습니다. 무엇보다도 '문재명 정부'와 운명을 같이하려는 민주당 지지자, 즉 지역적으로는 전라도-경상남도 출신과 세대적으로는 40-50대의 저항도 만만치 않았기 때문이지요. 게다가 윤석열 후보의 당선에 기여한 부동층의 이반도 심상치만은 않았는데, 그들의 기회주의적 불안정성이나 윤 정부의 과제에 대한 몰이해 이외에도 윤 대통령의 정치스타일에 대한 거부감이나 김건희 여사에 대한 비호감도 크게 작용한 것 같아요.

지난 2년의 대선 불복에 대해서는 지지율 추이 등을 참고한 정세분석이 거의 불가능합니다. 그래서 그동안 모아둔 자료를 대부분 폐기해버렸는데, 5년 만에 권력을 상실하자 그 '금단 증상'이 광기의 발작과도 같았거든요. 내란을 방불케 할 대선 불복을 예상했음에도 불구하고 저로서는 민주당 지지자의 그런 행태가 의문투성이였어요. 그래서 대선 불복이라는 '화두'(話頭)를 들고 그것을 깨려는 공부가 불가피했던 것이지요.

국민의힘은 2022년 3·9대선과 6·1지방선거에서 승리한 직후 자중지란에 빠지기 시작했습니다. 예의 이준석 대표가 4개월 동안 '자해 난동극'을 벌였거든요. 반면 송영길 대표의 양보로 이재명 후보가 그의 지역구에서 민주당 국회의원으로 당선된 다음 당대표로 선출되면서 대선과정에서 공언한 대로 '민주당의 이재명'이 아닌 '이재명의 민주당'이 현실화되기 시작했지요. 이렇게 대선 불복이 본격화된 결과 적폐 청산은 민주당의 '해편'(해체적 수준의 개편)과 동일시될 수밖에 없었고요.

그런 혼란의 와중인 10월 29일에 이태원에서 핼러윈축제를 즐기던 159명의 20-30대 청년이 압사하는 사고가 발생했습니다. 그날 밤 윤석열 대통령이 취한 조치에 대한 저의 첫인상은 과도할 정도로 신속하다는 것이었는데, 세월호침몰사건에 대한 박근혜 대통령의 과오를 반복하지 않으려는 결의를 엿볼 수 있었지요.

반면 민주당 지지자는 이태원압사사건을 세월호침몰사건에 버금가는 천재일우의 기회로 생각했습니다. 문재인 대통령이나 박원순 시장이 세월호침몰로 희생당한 단원고 학생들에게 그랬던 것처럼 이재명 대표 역시 이태원에서 압사당한 청년들에게 '고맙다'고 생각했겠지요. 그들의 희생을 윤석열 대통령 퇴진운동의 계기로 활용할 수 있었기 때문이에요.

단지 사건이 아닌 참사라고 불러야 한다는 주장도 이런 맥락에서만 이해할 수 있습니다. 뜻밖에 일어난 불행한 일을 사고(accident)라고 부르고, 그런 일이 형사사법의 대상이 될 때 사건(case)이라고 부르지요. 참사(disaster)란 참혹한 재해인데, 화재·산업재해 같은 인재 이외에 자연재해도 있을 수 있어요.

사건·사고이든 참사이든 가해자가 있을 수도 없을 수도 있습니다. 가해자란 원인제공자나 예방책임자라는 의미이고요. 반면 피해자의 원한 때문에 없는 가해자를 만들어 내는 것이 바로 '마녀 사냥'인데, 박근혜 대통령이나 윤석열 대통령이 세월호나 이태원의 가해자라고 주장하는 것이 그런 경우라는 생각이 들어요. 게다가 세월호와 달리 이태원에서는 피해자의 책임도 무시할 수만은 없다는 생각도 들 수밖에 없고요.

물론 이태원압사사건의 가해자라는 이유로 취임한 지 반년도 안 된 윤석열 대통령을 퇴진시킬 수는 없었습니다. 대신 2023년 2월에 이상민 행정안전부장관을 탄핵한 것인데, 국무위원을 탄핵한 헌정사 최초의 사례였어요. 2021년에 임성근 부장판사를 탄핵한 것이 법관을 탄핵한 헌정사 최초의 사례였고요. 박근혜 대통령의 탄핵으로 권력을 '줍다시피 한'(이재명 대표의 최측근인 이한주 교수) 민주당의 '탄핵 중독'이 의심스러울 지경이었지요.

이태원압사사건에 이어 11월의 화물연대파업과 12월의 민주노총 총파업 같은 정치파업이 감행되었습니다. 민주노총이 대선 불복과 대통령 퇴진에서 민주당과 연대하는 것은 당연한 일인데, 문재인 정부 5년 동안 공공부문을 중심으로 조합원이 65만명에서 121만명으로 배증하여 한국노총을 제치고 제1노총이 될 수 있었던 데다가, 이석기 의원의 외대용인분교·경기동부연합 후배인 양경수 위원장 역시 친북중러·반한미일 성향이기 때문이지요.

이런 맥락에서 북한이 화물연대파업·민주노총총파업은 물론이고 이태원압사사건에도 개입했다는 사실에 주목할 필요가 있습니다. 민주노총을 통해 '세월호참사진상규명투쟁과 같은 정세국면 조성'을 지시하면서 '퇴진이 추모다'라는 구호까지 만들어주었다는 사실이 그 증거라고 할 수 있겠지요.

이태원압사사건과 유사한 것이 2023년 7월 19일의 해병대원익사사건이었습니다. 당시 폭우로 인한 실종자 수색에 동원된 해병대원 3명이 급류에 휩쓸렸는데, 얄궂게도 전라도 출신인 1명이 수영을 할 줄 몰라 익사했던 것이지요. 그런데 육군이나 공군이 아닌 해군이나 해병대에 수영을 할 줄 모르는 군인이 있다는 것은 황당한 일이라고 할 수밖에 없어요.

해군육전대라고 불리기도 하는 해병대는 해군에 소속되어 있기도 하고 독립되어 있기도 하는데, 남한의 경우 1973-87년에는 해군에 소속되어 있었습니다. 신속대응부대이자 기동타격부대로서 해병대의 진가는 태평양전쟁에서 드러났는데, 태평양전쟁의 전환점인 미드웨이해전은 일본해군에 대한 미국해군의 승리였던 반면 과달카날 공방전은 일본육군에 대한 미국해병대의 승리였거든요. 조직론적 관점에서 미국해병대 역사를 개관한 노나카 이쿠지로의 『무한혁신』(1995; 국역: 비즈니스맵, 2007)을 참고하세요.

이재명 대표는 이태원압사사건과 해병대원익사사건이 윤석열 정부의 양대 실정이라고 주장한 바 있습니다. 그러나 이태원압사사건 이상으로 해병대원익사사건을 '실정'(失政, 정치·정책의 실패)으로 규정하는 것은 납득할 수 없어요. 그래서 민주당도 이종섭 국방부장관을 탄핵하지 못하고, 노동자운동도 정치파업을 감행하지 못한 것 같고요. 이 대표가 추가한 세 개의 실정은 윤 대통령 처·처가의 비리이므로 논외로 할 수 있습니다. 이런 것도 실정인지 의문이기도 하고, 이 대표가 자신의 비리는 무고라고 강변하면서 윤 대통령 처·처가의 비리를 거론하는 것은 전형적인 '내로남불'이거든요.

이재명 대표의 '사법 리스크'에 대응하면서 민주당은 윤석열 정부가 군부독재보다 더 잔혹한 '검찰독재'라고 주장했습니다. 박정희-전두환 정부 같은 군부독재의 법치와 김영삼 정부 이후 문민정부의 법치는 전혀 다른 것인데, 재량이 작용한 법치(rule by law)인 전자와 달리 후자는 예외가 없는 법치(rule of law)이기 때문에 범죄자의 경우에는 더 잔혹할 수 있겠지요. 문민정부의 법치를 검찰독재라고 규탄하는 것은 이재명의 민주당이 이미 '마굴', 즉 양산박 같은 비적(도적떼)의 소굴로 전락했다는 증거일 따름이에요.

어쨌든 이재명의 민주당은 양산박 같이 저항했습니다. 먼저 2023년 2월에 이재명 대표에 대한 구속영장이 청구되었는데, 그 혐의는 대장동개발비리였어요. 한동훈 법무부장관의 체포동의안 제안 설명처럼, 이 대표는 '지역토착비리'의 주범이었는데, 2021년 9월 민주당 대선후보 경선 중에 이낙연 후보 측이 검찰에 고발한 지 1년 반 만이었지요. 그러나 이재명 대표에 대한 체포동의안은 과반인 149명에 미달하여 국회에서 부결되었어요. 다만 찬성이 반대보다 1명이 더 많은 139명이었지만요.

반면 김성태 쌍방울회장을 통한 불법대북송금 등의 혐의와 관련해서 9월에 제출된 이재명 대표의 체포동의안은 찬반 149명 대 136명으로 통과되었습니다. 그러나 유창훈 판사가 구속영장을 기각하는 바람에 이 대표는 구사일생으로 생환했지요. 그 후 2024년 4·10총선을 둘러싸고 '비명계 공천학살' 또는 '비명횡사·친명횡재'라고 불린 민주당 내분이 폭발하게 된 것이고요.

김성태 회장은 호남 조폭 중 입지전적 인물입니다. 신상사파를 제압하고 서울을 접수한 호남 조폭은 김태촌파와 조양은파로 양분되었는데, 후자가 사익만 추구하는 본래의 깡패였던 반면 전자는 정치깡패라고 할 수 있지요. 그런데 김성태 회장은 본래의 깡패인 동시에 정치깡패입니다. 게다가 호남 출신 대통령을 만드는 데 진력한 김태촌 씨와 달리 언필칭 호남인의 소원인 남북통일에 투신했다는 차이도 있고요.

김성태 회장은 도박사업과 투기사업을 통해 기업가로 변신하는 데 성공했습니다. 김 회장은 노무현 정부 시절인 2004년부터 당시 초선 의원이었던 이화영과 교류했고 덕분에 실세 총리였던 이해찬과도 연결되었던 것 같아요. 2004년에 출시된 도박성 게임인 바다

이야기사건과 관련해 2006년에 징역 8개월에 집행유예 2년의 형을 선고받았던 것이 그 증거이지요.

2007년에 사채업에 진출하여 자본을 축적한 김성태 회장은 2010년에는 전북 익산에서 창업된 쌍방울을 인수할 수 있었습니다. 김 회장은 쌍방울의 확대를 위해 적대적 인수·합병에 매진했고, 급기야 그 재력을 이용하여 이해찬 의원의 후견 아래 이화영 부지사와 함께 이재명 지사의 방북 추진과 대선 승리에 매진했던 것 같아요.

김성태 회장이 호남 출신이 아니라 영남 출신인 이재명 대표를 지지한 것에 무슨 대단한 이유가 있는 것은 아닙니다. 이재명 후보를 지지한 호남 민심과 다를 바 없거든요. 이낙연 후보 같은 호남 출신보다 영남 출신의 정치인이, 게다가 결함이 많은 정치인일수록 호남인의 지지에 대해 훨씬 후한 대가를 치르기 마련이지요. 그래서 DJP연합을 5년 만에 배신하고 노무현 대통령을 지지한 이래 호남인은 영호남동맹의 하위파트너를 자임하면서 영남 출신의 대권 후보를 지지해온 것이에요.

방금 이재명 대표의 구속영장을 기각한 유창훈 판사를 언급했는데, 사실 김명수 대법원장의 과오는 '정치의 사법화'(judicialization of politics)보다 폐해가 훨씬 큰 '사법의 정치화'(politicization of the judiciary)였습니다. 이재명 대표와의 재판 거래를 통해 대선 출마를 가능케 해준 혐의를 받는 권순일 대법관은 그냥 범죄자일 가능성이 농후하고요.

김명수 대법원장은 자신을 발탁해준 문재인 정부에 충성하면서 사법부의 독립성과 중립성을 포기했고, 나아가 사법행정을 포기하고 '사법적극주의'(judicial activism, 법관 활동가주의)를 허용했습니다. 그 결과로 대법원의 징용노동자 배상 판결 이외에도 이재명 대표, 조국 교수, 윤미향 의원 등에 대한 하급심 재판의 비정상적 진행이 초래되었던 것이고요.

이 대목에서 제가 인민주의자인 조국 교수와 대비해서 자유주의자로 주목했던 김도균 교수의 법치론을 잘못 이해했다는 사실을 깨닫게 되었습니다. 「한국사회에서의 법치주의」(『지식의 지평』, 13호, 2012)에서 김 교수는 '법에 의한 지배'(rule by law)가 아닌 '법의 지배'(rule of law)로서 법치는 '법을 초과하는 법'(ein Mehr an Recht)의 지배인 동시에 '정치의 사법화' 내지 '법조정'(法曹政, juristocracy)은 아니라고 강조했지요.

'법에 의한 지배'가 아닌 '법의 지배'로서 법치에 이견은 없습니다. 그러나 김도균 교수가 '어떤 법'의 지배인가라면서 '(제정)법을 초과하는 법'이 지배해야 한다고 할 때 그 법이 자연법이라는 사실을 제가 오해한 것이었지요. 저는 그 법이 관습법이라고 생각했거든요. 하기야 법의 초월이 아니라 법의 토대로서 관습법이라면 법을 '초과하는 법'이 아니라 '근거짓는 법'이라고 해야 했겠지만요.

또한 김도균 교수가 법의 '어떤 지배'인가라면서 '정치의 사법화'를 비판한 것도 제가 오해한 것입니다. 문재인 정부의 법치는 '정치의 사법화'보다 훨씬 더 심각한 '사법의 정치화'였고, 그런 목적을 달성하기 위한 수단이 바로 윤석열 검찰총장이 비판한 이른바 '검수완박'(검찰 수사권의 완전한 박탈)이었거든요. 스탈린주의와 파시즘이 검찰을 소외시키고 법원과 경찰을 중심으로 사법부를 재편했다는 것이 이른바 '전체주의' 개념의 핵심인데, 나중에 설명하겠어요.

대선에서 패배했던 이재명 대표가 민주당을 장악하여 '이재명의 민주당'이 출현한 것처럼 대선에서 승리했던 윤석열 대통령도 국민의힘 장악에 성공하여 '윤석열의 국힘'이 출현한 것은 아니었습니다. 민주당 내 비명·반명 세력에 비해 국힘 내 비윤·반윤 세력이 강력한 데다가 이재명 대표와 친명 세력에 비해 윤석열 대통령과 친윤 세력이 취약했기 때문이지요.

물론 윤석열 대통령의 정치스타일의 결함도 무시할 수 없습니다. 그런 결함은 결국 검사 특유의 직업병 탓이라는 것이 제 생각인데, 자기가 옳다는 검사 앞에서 누가 이론을 제기할 수 있겠어요. 진짜 그런지는 판사가 판단한다고 하더라도 대부분 검사가 옳다는 결론이거든요. 공부까지 잘한 부잣집 외아들다운 독불장군 기질 탓일지도 모르겠어요. 이런 기질 덕분에 단기필마로 '문재명 정부 10년동란'을 막을 수 있었겠다는 생각이 들면서도, 역시 이번 총선에 단기필마로 뛰어든 한동훈 위원장을 보면 독불장군이 단기필마의 필요조건은 아니라는 생각을 지울 수 없어요.

  윤석열 대통령의 이런 결함은 후보 시절 다양한 '설화'로 나타난 바 있습니다. 그래서 민주당이 말꼬리를 잡거나 말귀를 못 알아들어 트집을 부리는 일이 많았고요. 법조인이나 그에 준하는 지식인 같은 엘리트를 상대로 논쟁하고 설득하던 윤 후보가 갑자기 대중을 상대로 발언하는 것이 어려웠던 것이지요.

  그러나 대통령이 된 다음에도 그런 결함을 교정하지 못한다면, 단순한 설화로 그치는 것이 아니라 정치와 정책의 실패를 초래할 것입니다. 제가 윤석열 정부에 기대한 '국민전선'의 형성이 난망한 것도 이와 무관하지는 않은 것 같은데, 김한길 위원장이 주도한 국민통합위원회가 유명무실한 것이 그 방증이라고 할 수 있겠지요. 국민의힘 지지자, 민주당 지지자, 부동층이 유권자를 3분하고 있는 상황에서는 부동층의 향배가 여론과 정국을 좌우하기 마련이에요.

  정치인으로서 대통령은 법조인 시절의 사실적 판단이나 법률적 판단과는 다른 차원인 정치적 판단을 할 줄 알아야 합니다. 남한의 이른바 '디지털 문해력'(digital literacy), 즉 디지털 콘텐츠에서 사실과 의견을 식별할 수 있는 능력이 경제협력개발기구(OECD) 회원국 중에서 하위권이라는 상황을 고려할 때 더욱 그렇고요. 비록 학생 간 비교이지만 남한은 그런 능력을 가진 학생의 비율이 최하위 25%인 반면 미국은 최상위 70%, 일본은 평균인 50%이거든요.

  윤석열 대통령의 결함은 이념 논쟁에서 드러난 바 있습니다. 법조인의 논쟁이란 범죄자에 대한 판단을 둘러싼 논쟁인데, 범죄자에는 일반범죄자인 상사범(常事犯, criminal) 외에 특수범죄자인 국사범(國事犯, state prisoner), 즉 정치범(political) 내지 사상범(prisoner of conscience, 양심수)이 있지요. 그런데 남한에서는 상사범이 아닌 국사범을 판단할 능력이 있는 법조인이 존재한 적이 없어요. 그래서

인지는 몰라도 박원순 시장이나 조국 교수처럼 국가보안법을 형법으로 대체하자는 주장을 제기하기도 했던 것이고요.

1991년 여름 서울사회과학연구소사건 당시 대통령비서실이 소집한 이른바 '관계기관대책회의'에서 저의 구속·수감을 둘러싸고 논란이 있었다고 제 고등학교 선배이자 당시 법무부 검찰과장인 이사철 의원이 전해주었다는 사실을 밝힌 적이 있습니다. 그런데 당시 공안검사 중에는 고등학교 친구도 있어서 제 글을 읽었으나 무슨 뜻인지 도무지 알 수가 없더라는 말도 전해 들었는데, 하기야 사법시험에 합격한 실력만으로 제 글을 비판할 수는 없었겠지요.

윤석열 대통령이 섣부르게 제기한 이념 논쟁의 대표적 사례가 2023년 8월 홍범도 장군에 대한 비판이었고, 그 핵심 쟁점은 1921년 '자유시사변'에서 홍 장군이 보인 석연치 않은 행동이었지요. 홍경래의 후예인 홍 장군은 상해파에서 이르쿠츠크파로 전향했는데, 그가 사변에 직접 연루된 것은 아니었으나 사변 이후에 이르쿠츠크파의 입장을 대변한 것은 역사적 사실이에요.

레닌이 전시공산주의를 종료하고 신경제정책을 개시하던 1921년 3월 직전 독립군이 자유시로 이동하면서 일본 정부가 러시아 정부에 그들의 무장해제를 요구했습니다. 그런데 조선독립을 우선시한 상해파가 무장해제에 반대하자 러시아혁명을 우선시한 이르쿠츠크파가 러시아군의 지원을 받아 대량학살을 자행한 것이 바로 6월의 자유시사변이었고, 그 덕분에 1922년 10월에 일본군이 연해주에서 철수한 것이지요.

자유시사변에 대한 가장 권위 있는 설명은 노무현 정부가 2008년 광복60주년에 맞추어 기획하고 독립기념관 한국독립운동사연구소가 2009년에 펴낸 『한국독립운동의 역사』(전60권) 중 『초기 사회주의 운동』(42권)인데, 저자는 일제하 사회주의운동사 권위자인 임경석 교수였습니다. 비매품인 이 책들은 웹사이트에서 읽을 수 있으니 참고하세요. 또 자유시사변 연구를 개척한 윤상원 교수의 「홍범도의 러시아적군 활동과 자유시사변」(『한국사 연구』, 178집, 2017) 역시 참고할 필요가 있고요.

　홍범도 장군에 대한 논란은 사실 2021년에 문재인 정부가 그의 유해를 봉환하여 대전현충원에 안장할 때부터 이미 제기되었던 것입니다. 얄궂게도 자유시사변 100주년의 해였는데, 당시 언론에서 홍 장군의 자유시사변 관련 여부에 대한 논란이 제기되었지요. 문 정부는 당연히 오불관언이었지만요.

　초기 사회주의운동의 자중지란을 상징하는 자유시사변과 홍범도 장군에 대해서는 당연히 우파보다도 좌파가 먼저 비판해야 하는 것입니다. 그러나 윤상원 교수는 홍 장군이 상해파가 아닌 이르쿠츠크파에 동조하기는 했으나 자유시사변에 직접 가담하지는 않았다는 식으로 변호했고, 임경석 교수도 대동소이한 입장이었는데, 예전에는 이런 것을 곡학아세라고 불렀지요.

2024년 4·10총선

　2024년 4·10총선을 100여일 앞두고 한동훈 법무부장관이 국민의힘 비대위원장으로 추대되었습니다. 2023년 10월 강서구청장 보선에서 패배한 데다가 인요한 교수가 위원장으로 활약한 혁신위마저 좌초한 상황에서 국힘의 '비장의 카드'라고 할 수 있는 한 위원장이 등판한 셈이었지요. 원내외 당협(당원협의회) 위원장 연석회의에서 2:1의 찬반으로 추대된 것인데, 찬성은 주로 수도권 등지의 원외 위원장인 반면 반대는 주로 영남의 현역 의원이었어요.

　'이재명의 민주당' 지지자의 광기 어린 대선 불복을 지켜보면서 저도 적폐 청산을 위해서는 윤석열 정부에 이어 한동훈 정부가 필요하겠다는 생각이 들었습니다. 그래서 2027년 대선에서 마지막으로 세 번째 투표를 해야겠다고 결심했는데, 그러니 한 위원장의 대권 도전의 발판이 될 이번 총선에도 제 생애 처음으로 투표하지 않을 수 없게 되었지요.

　한동훈 위원장은 '여의도 사투리(訛語, 그릇된 말)'를 쓰지 않겠다고 선언했습니다. 그 대표적 사례로 비대위원장 수락연설에서 언급한 '선당후사'가 아닌 '선민후사'를 꼽을 수 있지요. 여기서 '민'은 '동료국민'(fellow national, 종족으로서 국민, 즉 동포)이 아닌 '동료시민'(fellow citizen, 시민으로서 국민)을 의미하고요.

장관 시절 이민청 신설에 매진했던 한동훈 위원장의 생각을 엿볼 수 있는 대목입니다. 그런데 동료시민은 곧 설명할 '민주화운동동지회'도 사용하는 민주정의 핵심 개념일 뿐만 아니라 한 위원장이 믿는 가톨릭의 핵심 개념이기도 하지요. 초등학교 시절에 메리놀수도회(유럽계가 아닌 미국계 가톨릭) 성당의 복사(服事)였던 그의 세례명은 토마스 아퀴나스라고 하고요.

한동훈 위원장은 이재명의 민주당이 상징하는 '운동권 특권정치의 청산'을 호소하면서 이번 총선의 쟁점을 정권심판론에서 운동권심판론으로 변화시켰습니다. 또 민경우 씨와 김경율 회계사를 비대위원으로 발탁하기도 했고요. 그런데 민 위원이 막말 논란으로 중도에 탈락한 다음에 김 위원도 결국 윤석열 대통령의 반대로 공천을 받지 못해 그 대신 공천된 함운경 씨가 정청래 의원에게 도전하게 된 것이었지요.

관련해서 건국75주년인 2023년 8월 15일에 발기인대회가 열린 민주화운동동지회에 주목할 필요가 있습니다. 엔엘 성향의 함운경 씨(서울대 물리학과 82학번)와 민경우 씨(서울대 의예과 83학번/국사학과 84학번), 그리고 피디 성향의 주대환 씨(서울대 종교학과 73학번)가 주도한 동지회는 민주당에 참여한 운동권을 비판하면서 '우리가 만든 [인간]쓰레기는 우리가 치우자'고 호소한 바 있지요.

같은 맥락에서 전태일재단에서 벌어진 분란도 지적해두겠습니다. 한석호 사무총장이 민주노총 양경수 위원장의 압력으로 '자진사퇴'한 것이었지요. 민주노총 금속산업연맹 조직실장 출신인 그가 지난 10여년 동안 소득계층 상위 10%를 대변해온 민주노총을 비판하면서 연대임금 등을 주장해오다 2023년부터는 윤석열 정부나 『조선일보』와도 교류했다는 것이 그 이유였고요. 그는 '전태일은 어떻게 했을까 생각한' 결과 그렇게 했다고 하는데, 양 위원장이라면 전태일 열사도 자진사퇴시켰을 것이라는 생각이 들어요.

알다시피 연대임금은 2007-09년 금융위기를 계기로 2008-10년에 『금융위기와 사회운동노조』, 『2007-09년 금융위기』, 『2007-09년 금융위기 논쟁』에서 제가 제안한 민주노총의 위기에 대한 대안과 관련되는 것입니다. 저의 대안은 평의회노조 내지 사회운동노조였는데, 그 핵심이 연대고용과 함께 연대임금이었지요. 연대임금이란 정액임금인상, 즉 하후상박(下厚上薄)의 임금인상을 의미했던 것이고요. 이번 총선에서 조국 교수도 연대임금 운운하면서 대기업의 임금을 깎는 대신 중소기업의 임금을 올리자고 하던데, 역시 커닝은 조 교수 일가의 DNA인 것 같아요. 다만 이번에는 잘못 베꼈다는 것이 문제였지만요.

그런데 한동훈 위원장이 비대위원장에 취임한 지 1개월이 되던 날 윤석열 대통령과의 갈등이 폭발했습니다. 김경율 위원이 JTBC 유튜브에 출연하여 이른바 '명품백 스캔들'에 연루된 김건희 여사를 마리 앙투아네트에 비유한 것이 사단이었지요. 바로 이 스캔들이 이재명 대표가 주장한 처·처가의 비리 세 개 중 하나였거든요.

김경율 위원의 발언은 2016년 말 박근혜 대통령 탄핵 촛불집회의 뒤풀이에서 어느 역사학 교수가 박 대통령을 마리 앙투아네트에 비유한 것을 상기하면서 '[국민의] 감정선이 건드려졌을 때 이성의 문은 닫힌다'는 취지였습니다. 쉽게 말해서 가짜뉴스는 프랑스혁명을 촉발할 정도로 위험한 것이므로 '한국계 미국인인 친북 목사의 몰카 공작'이라는 해명 이상으로 대통령실이 적극 대응해야 한다는 뜻이었지요.

김경율 위원 덕분에 루이 16세의 왕비 마리 앙투아네트에 대해 관심을 갖게 되었습니다. 왕비의 복권을 위한 평전으로 예의 슈테판 츠바이크의 『마리 앙투아네트: 평범한 여성의 초상(Bildnis eines mittleren Charakters)』(1932)이 유명한데, 1979년에 이미 까치에서 국역되었지요. 그런데 국역본의 부제 '베르사유의 장미'는 왕비와 페르센 백작의 러브 스토리 중심인 이케다 리요코의 만화(1972-73) 제목으로 츠바이크의 작의(作意, 창작의도)와는 거리가 있어요.

츠바이크가 밝힌 작의는 두 가지였습니다. 첫째로 혁명을 위해 '왕비, 그리고 왕비 내면의 여성'에 대한 공격을 자행하면서 '데마고기적 목적'을 위해 '진실과 정의'(Wahrhaftigkeit und Gerechtigkeit)를 포기한 것에 대한 비판이었지요. 프랑스혁명의 가부장제적 성격에 대한 린 헌트 등의 비판을 선취한 셈인데, 관련해서 박근혜 대통령과 김건희 여사에 대한 공격을 볼 때 민주당 지지자의 여성주의는 역시 페미니즘이 아닌 인민주의라는 사실을 알 수 있어요.

둘째로 '불행 속에서 비로소 자신이 누군지 진실로 알게 되는 법입니다'(Erst im Unglück weiß man wahrhaft, wer man ist)라는 왕비의 유언에서 평범한 여성이 수난 속에서 성숙하여 마침내 자아를 발견했다는 사실을 부각시키려는 것이었습니다. 이 유언은 1791년 여름 망명을 시도하다 실패한 바렌(Varennes) 사건 직후에 주불 오스트리아 대사 메르시에게 보낸 편지의 한 대목이었고요.

츠바이크에 후속해서 안토니아 프레이저의 『마리 앙투아네트』(2001; 국역: 현대문학, 2006)도 출판되었습니다. 프레이저의 작의는 왕비에 대한 '잔인한 신화와 외설적인 가짜뉴스(distortion)'를 해명하면서 '그녀의 약점이 명백하기는 해도 그녀의 불행과 비교해볼 때 하찮은 것이었다'는 결론을 도출하는 것이었지요. 국왕의 처형이 '사랑하는 부모의 때이른 죽음' 같은 슬픔을 야기한 상황에서 혁명의 '희생양'으로서 오스트리아라는 '외국/적국 출신의 여성'인 왕비의 처형이 불가피했다는 것이에요.

촛불혁명을 프랑스혁명의 계승으로 미화했던 '대가'로 2020년에 『한겨레신문』에 '프랑스 역사산책'을 연재한 바 있는 주명철 교수도 『다이아몬드 목걸이 사건과 마리 앙투아네트 신화』(책세상, 2004)라는 책을 집필했습니다. 김경율 회계사가 언급한 역사학 교수가 그였는지는 확인할 수 없는데, 그러나 주 교수조차 시누이에게 보낸 왕비의 편지를 '유언' 격으로 싣고서 '슬픈 처지에 연민을 느낀다'고 고백한 바 있지요.

츠바이크나 프레이저는 방대해서 읽기에 부담스러운데, 다행히 두 작품 모두 영화화되어 시중에서 구해볼 수 있습니다. 프레이저를 영화화한 것이 소피 코폴라 감독의 『마리 앙투아네트』(2006)인데, 프랑스혁명의 발발까지만 다루었지요. 그 대신 평범한 여성으로서 왕비의 모습을 부각할 수 있었지만요. 반면 츠바이크를 영화화한 것이 밴다이크 감독의 『마리 앙투아네트』(1938)인데, 전반부는 지루한 반면 후반부는 혁명을 전후해서 왕비가 성숙해가는 모습을 부각한 바 있어요.

한동훈 위원장과의 갈등 직후에 윤석열 대통령은 한국방송공사(KBS)와의 대담에서 명품백 스캔들과 관련된 김건희 여사의 처신에 대해 '아쉽다'는 입장을 밝혔습니다. 이에 대해 민주당 지지자를 중심으로 유감이나 사과가 아니라는 비판이 제기되었는데, 이번에도 역시 국어 실력이 문제였지요. '섭섭하다'나 '못마땅하다'와 통하는 아쉽다는 말은 유감과 비슷한 말이거든요. 하기야 그들은 2020년 9월의 해수부공무원사살사건에 대해 김정은 위원장이 표명한 유감이 사과라고 억지를 부리기도 했으니까요.

총선 기간 중 윤석열 대통령의 정치스타일이 극적으로 드러난 또 다른 사례로 3대개혁(노동·연금·교육개혁)에 추가된 의료개혁, 즉 의대 정원의 확대를 들 수 있을 것입니다. 노태우 정부가 건강보험을 확대한 반면 김대중 정부는 의약분업의 대가로 의대 정원을 축소하면서 의사에 대한 수급불일치가 확대된 것이 20년이 넘었거든요. 전공의(인턴·레지던트)의 총파업에 이어진 의대생의 동맹휴학에도 불구하고 문재인 정부조차 실패한 정책을 성공시켜보겠다는 결의를 엿볼 수 있었지요.

전공의의 총파업이 대형병원(상급종합병원), 중형병원(종합병원·전문병원), 소형병원(병원·의원) 사이의 의료전달체계를 정상화할 수 있는 계기가 될 수도 있습니다. 전공의에 의존하는 대형병원이 전문의와 중증·응급환자 중심으로 재편될 가능성을 보여주었거든요.

특히 '빅5'는 낮은 수가(원가의 80%)를 전공의의 '저임금·장시간노동'(월400만원·주80시간)으로 보충했는데, 그러나 서울대병원은 2022년에 500억원의 적자를 기록한 바 있지요.

브레히트는 의사처럼 다른 지식인도 '히포크라테스 선서'와 같은 책임윤리(ethic of responsibility)를 배워야 할 것이라고 주장한 바 있습니다. 그런데 이번에 의사들의 난동을 보면서 이른바 '인간생명에 대한 최대한의 존중'(utmost respect for human life)을 맹서하는 히포크라테스 선서가 그들에게는 요식행위일 따름이 아닌가 하는 의심이 들 수밖에 없었어요.

나아가 '법비'(法匪, 법률비적)에 이어 '의비'(醫匪, 의료비적)까지 출현했나 하는 의심이 들기도 했습니다. 하기야 의사가 변호사를 능가하는 새로운 엘리트로 부상하면서 초등학교부터 의대 진학을 준비한다는 황당한 소문이 돌기도 했고요. 서양은 몰라도 중국이나 한국에서 법률가나 의사는 중인의 직업이었는데, 현대화 이후에도 직업에 대한 '의식향상'(consciousness-raising)이 이루어지지 않은 것 같아요. 여전히 소명이 아닌 생업에 머물 따름이거든요.

선거과정 중에 한동훈 위원장이 제안한 국회의원 세비 인하와 정원 감축도 생각해볼 문제입니다. 1인당 국민소득 대비 국회의원 세비는 경제협력개발기구 회원국 중 최고수준인데, 일본·이탈리아와 함께 5.5배 안팎이지요. 회원국 중 최저수준은 스웨덴·노르웨이의 1.5배 안팎이고, 미국·영국·독일·프랑스는 중간인 3배 안팎이고요. 국회의원이라는 직업이 정치인의 생업이 아니라 소명이라면 최소한 3배 안팎으로 인하해야 할 것인데, 그럴 경우 중위소득(보건복지부 기준 2.3배, 통계청 기준 2.9배)과 엇비슷한 수준이 되겠지요.

나아가 국회의원의 정원도 감축할 필요가 있습니다. 임기 2년의 미국 하원의원은 1929년에 435명으로 고정된 이후 주별 인구에 따라 분배·조정되지요. 또 일본 중의원의원은 임기 4년에 465명(=지역구의원 289명+비례대표의원 176명)이고요. 현재 국회의원은 4년 임기에 300명인데, 인구 비례로 조정할 때, 미국 기준으로는 65명, 일본 기준으로는 186명이 되겠지요. 그러나 대통령제인 미국이 아닌 의원내각제인 일본을 따라 200명으로 감축하는 안이 현실적이어서 한동훈 위원장은 일단 250명안을 제안했는데, 그럴 경우 국회의원이 확대되기 시작한 5공 내지 유신 전으로 돌아가는 셈이지요.

국회의원의 정원을 감축해야 한다는 것은 소선거구제를 '광역화'한다는 의미입니다. 쉽게 말해서 국회와 시·도의회를 구별하자는 것인데, 국회의원은 일차적으로 국가의 이익을 대변하고 시·도의원은 일차적으로 지방의 이익을 대변하기 때문이에요. 물론 국가와 지방의 이익을 혼동하지 않을 정도로 민도가 향상될 필요가 있다는 사실을 전제하고요. 그 밖에 '투표가치의 등가성'에서 도농 간 역차별의 조정이라든지 임기 단축 등등의 문제는 일단 논외로 하겠어요.

그러나 민주정의 표준인 영국이나 미국에서 채택하지 않는 비례대표제는 재고할 필요가 있습니다. 군부독재 시절 야당이 정치자금을 동원하는 경로로 활용되었던 전국구제로 소급하는 비례대표제는 일본과 대만의 병립형과 독일의 연동형이 존재하지요. 또 병립형은 양당제에 유리한 반면 연동형은 다당제에 유리한데, 2020년 총선을 앞두고 정의당 심상정 대표의 도움을 받아 민주당이 채택한 이른바 '준연동형'은 임시로 '위성정당'을 활용하는 '위장병립형'으로 양당제에 유리하다고 할 수 있어요. 비례대표제를 폐지할 수 없다면, 역시 국민의힘의 당론처럼 병립형으로 회귀할 필요가 있겠지요.

어쨌든 한동훈 위원장의 등장으로 4·10총선의 쟁점이 이동할 수 있었습니다. 이재명 대표가 중간선거로서 국정안정론에 반한 정권심판론을 제기한 것에 대해 한동훈 위원장은 지난 대선의 연장전인 동시에 다음 대선의 전초전으로서 정권심판론에 반한 운동권심판론을 제기했던 것이지요. 달리 말해서 민주당의 공세에 대해 수세로 일관하는 대신 역공세로 맞받아친 것인데, 그 덕분에 총선 승리를 낙관하는 분위기가 조성되기도 했어요.

그러나 호사다마라고 총선을 20여일 앞두고서 윤석열 대통령과 한동훈 위원장의 갈등이 재연되었습니다. 이번에는 이종섭 국방부

장관의 오스트레일리아 대사 임명을 비롯해 공천 등과 관련된 갈등이었어요. 2020년 총선 참패가 반복되리라는 수도권 위기론이 제기되자 한 위원장은 '윤석열 정부는 뜻 한번 펼쳐보지 못하고 끝나게 될 것'이라고 경고했지요.

윤석열 대통령이 얼마간 양보하면서 갈등도 일단 수습되었습니다. [이종섭 대사는 결국 한 달도 채 안 되어 사퇴했는데, 그러나 공천 갈등은 결국 진화되지 못했다.] 동시에 『조선일보』와의 인터뷰에서 한동훈 위원장은 비대위원회가 출범할 때나 지금이나 '9회말 2아웃 2스트라이크라는 마음'이라면서 이번 총선은 이재명 대표나 조국 교수가 주도하는 '범죄자 연대'와 싸워야 하는 '질 수 없는 선거'라고 강조하고 나치와 인민주의자를 언급했지요.

이 인터뷰에서 언급된 범죄자 연대가 '범죄 신디케이트'(criminal syndicate)를 의미한다면, 이재명의 민주당에 대한 한동훈 위원장의 비판은 '이권 카르텔'이라는 문재인 정부에 대한 윤석열 후보의 비판을 한층 더 심화시킨 것입니다. 이재명의 민주당이 클렙토크라시(kleptocracy), 즉 '범죄 신디케이트가 통치하는 수직통합적인 부정·부패체제'를 지향한다는 비판인 셈이거든요.

그 후 전공의의 면허정지와 의대교수의 집단사직 직전에 한동훈 위원장이 중재에 나섰습니다. 또 윤석열 대통령도 한덕수 총리에게 정부와 의료계의 '건설적 협의체를 구성해 대화를 추진해 달라'고 지시하면서 미증유의 의료파국을 회피할 가능성이 열렸지요. 반면 의사협회 회장 당선인은 윤석열 정부 퇴진운동에 앞서서 국민의힘 낙선운동을 벌이겠다는 협박을 남발했고요.

그런데 총선이 채 열흘도 안 남은 상황에서 윤석열 대통령이 50여분에 걸친 의료개혁 담화를 발표했습니다. 그는 의사들의 '기득권 카르텔'을 비판하고 '최소한 2000명 증원'을 강조하면서 의료계에 '더 타당하고 합리적인 통일된 안을 가져오라'고 요구했지요. 결국 의료계의 일치된 저항에 맞서 '정치적 유불리'를 따지지 않고 '법과 원칙'을 지키는 대통령이라는 이미지가 부각되면서 한동훈 위원장의 중재가 무산되었던 셈이에요.

지난 대선 유세에서 윤석열 대통령은 문재인 정부에 대해 '무식한 삼류 바보들을 데려다 정치를 했다'고 비판하기도 했습니다. 그런데 윤 대통령 자신이 혹시 '윤똑똑이'는 아닐까 성찰할 생각은 없는지 궁금해요. 여기서 윤은 성씨의 윤(尹)이 아니라 가짜라는 뜻의 윤(贇)이므로, '일류 바보'라는 말이지요. 검찰총장 시절 윤 대통령을 한신에 비유한 적이 있는데, 요즘 언행을 보면 불량배 출신의 유방에게 패배한 귀족 출신의 항우가 생각나기도 하거든요.

두세 차례의 갈등을 계기로 윤석열 대통령과 한동훈 위원장의 관계에 대해서 생각해보았습니다. 윤 대통령은 한 위원장의 '보호자'(patron, 오야붕)가 아닌 '후견인'(tutelar/tutor)이 되어야 하는데, 그러려면 시기심/질투심을 버려야 하지요. 후견인으로서 선배/선생은 '청출어람'(靑出於藍)의 후배/제자를 기쁨/즐거움으로 받아들여야 하거든요. 그래야만 태조 이성계와 태종 이방원 같은 비극도 피할 수 있는 것인데, 두 할아버지의 불화만 없었더라면 조선의 창업과 수성이 훨씬 더 순조로웠으리라는 것이 제 생각이에요.

윤석열 대통령에게 반대하여 끊임없이 난동을 벌이다가 탈당한 이준석 대표가 결성한 신당에 대해서는 언급하지 않겠습니다. '윤석열 대통령 되면(…)지구를 떠야지!'라는 자기 말대로 '화성'에서 출마한 그는 부모까지 비공식적으로 동원했는데, 막판에는 유세차에 올라 지지연설까지 하더군요. 하기야 그런 후안무치한 부모니까 이 대표 같은 아들을 낳고 키웠겠지요. 그러나 마르크스주의적 정세분석에는 적합하지 않아 논외로 하겠어요. 조선왕조의 사대부가 『악학궤범』을 편찬할 때 일부 속요를 제외하고 '사리부재'(詞俚不載, 가사가 천박하여 싣지 않는다)라고 한 것처럼요.

2심에서 2년 징역형을 선고하고서도 법정구속을 면해준 김우수 재판장 덕분에 조국 교수가 결성한 조국신당 역시 사리부재이기는 마찬가지입니다. '지민비조'(지역구는 민주당, 비례대표는 조국신당)라는 그 자신의 부산 사투리대로 '꼴잡[꼴찹]하고 얍실한'(야비하고 천박한) 구호를 내걸고 친문·비명 표심을 결집시켜 민주당의 패배를 막고 범야권의 승리를 가져왔다는 것을 모르지는 않지만 말이에요. 하기야 한동훈 위원장이 개탄한 것처럼, '상식은 그렇게 일반적이지 않은'(le sens commun est fort rare, 볼테르) 것 같지만요.

어쨌든 지난 4·15총선과 이번 4·10총선의 결과(=지역구+비례대표)를 비교해보겠습니다. 이번 총선에서 조국신당과 이낙연신당까지 합쳐서 범민주계가 186석을 확보하여 지난 총선의 184석에서 2석이 늘었고 국민의힘은 108석을 확보하여 지난 총선의 110석에서 2석이 줄었지요. 또 정의당이 확보했던 나머지 6석은 진보당과 이준석신당이 반분했고요.

	4·15총선	4·10총선
민주당	183(=163+20)	173(=161+12)
민주계 무소속	1(= 1+ 0)	
조국신당		12(= 0+12)
이낙연신당		1(= 1+ 0)
정의당	6(= 1+ 5)	0(= 0+ 0)
진보당		3(= 1+ 2)
이준석신당		3(= 1+ 2)
국민의힘	106(= 84+22)	108(= 90+18)
국힘계 무소속	4(= 4+ 0)	

한 마디로 말해서 4·10총선은 4·15총선의 복사판인데, 다만 국민의힘은 지난 총선에서는 야당(자유한국당/미래통합당)인 반면 이번 총선에서는 여당이라는 차이가 있지요. 지난 총선에서 지역구 표차 8.4%p에 의석수는 52%였고 이번 총선에서는 지역구 표차 5.4%p에 의석수는 56%이라면서 소선구제를 트집 잡는 것은 0.7%p의 표차로 대통령을 배출했다는 사실을 잊은 멍청한 짓이고요.

다만 지난 총선과 비교할 때 이번 총선에서 민주당의 의원 구성이 더욱 하향평준화되었다는 차이를 지적할 수 있습니다. 또 정의당이 20년 만에 원외정당으로 전락함으로써 1986-88년 이른바 '3저호황' 이후 남한에서 실험해온 사민주의가 결국 인민주의에 의해 패퇴당했다고 할 수 있지요. 이석기 의원의 통합진보당을 계승한 진보당, 게다가 지역구 이준석 의원과 비례대표 천하람 의원을 배출한 이준석 신당도 원내정당으로 진출한 상황에서 말이에요.

국힘이 참패한 일차적 원인은 한동훈 위원장을 지나치게 의식하고 견제한 윤석열 대통령에게 있습니다. 막판에는 저 같은 지지자도 윤 대통령이 텔레비전에 얼굴을 비치면 채널을 돌렸으니까요. 그러니 한 위원장이 내건 운동권 내지 '이·조'(범죄자) 심판론이 정권심판론에 밀려나면서 마치 이준석 대표 등이 난동을 벌였던 지난 대선처럼 '질 수 없는 선거'가 '이기기 힘든 선거'가 되었고, 결국 대패한 선거가 되어버린 것이지요.

이번 총선에서의 참패로 윤석열 정부 5년은 여소야대로 일관하게 되었습니다. 달리 말해서 이원정부제에서 여당 대통령과 야당 총리가 동거하는 이른바 '동거정부'(cohabitation)인 양 운영될 수밖에 없다는 것이지요. 그런 상황에서 특히 7개 사건, 10개 혐의와 관련해 3개의 1심 재판을 받고 있는 이재명 대표와 대법원 판결만을 앞둔 조국 대표의 '사법 리스크'가 어떻게 처리되는가에 따라 향후 정국이 좌우될 수밖에 없겠고요.

김명수 사법부의 유제인 법비가 나라의 앞날을 결정하는 황당한 상황이라는 것입니다. 판사 출신으로 독실한 불자인 주호영 의원은 2019년부터 기회가 있을 때마다 김 대법원장을 '사자 몸속의 벌레'(獅子身中蟲, 『범강경』)라고 비판했지요. 땡추중이 불교를 해치는 것처럼 법비가 사법부를 해친다는 뜻이었는데, 조금 이따가 나치와 관련해서 설명할 것처럼, 그것에 그치는 것이 아니라 나라를 망칠 수도 있다는 것이 제 생각이에요.

운동권의 '풍속과 세태'

앞에서 언급했듯이, 민주화운동동지회가 운동권 출신 '[인간]쓰레기'(scum, 人渣)를 치우겠다고 선언한 바 있습니다. 친문 운동권과 친명 운동권의 차이를 전대협과 한총련의 차이로 설명하기도 하는데, 일리가 있다는 생각이 들어요. 전대협으로 상징되는 1990년대 중반 이전의 운동권과 달리 한총련으로 상징되는 1990년대 중반 이후의 운동권에는 마르크스가 라보엠(la bohème, 보헤미안)이라고 부른 불량배, 심지어 레닌이 숙청하자고 제안한 출세주의자(careerist)와 투기꾼(adventurer)이 많았다고 할 수 있거든요.

사실 1989-91년 현실사회주의의 붕괴 이후에도 남한에서 운동권이 존속해온 사실 자체에 대해서는 역사적 설명이 필요할 것입니다. 개인적으로도 그런 필요를 절감한 계기가 있었는데, 사회진보연대에서 과천연구실에 대한 반대가 지속적으로 제기되었기 때문이지요. 과천연구실과 사회진보연대는 서울사회과학연구소와 노동계급으로 소급하는 특수관계인데, 그렇지만 사회진보연대에는 스탈린주의자·트로츠키주의자 같은 구좌파에 이어 아나키스트·포스트구조주의자 같은 신좌파가 침투하기도 했지요.

특히 포스트구조주의화된 아나키스트라는 의미를 갖는 이른바 '포스트아나키스트'의 책동은 집요한 것이었습니다. 그들은 급기야 '2차 대불황'을 예고한 2007-09년 금융위기 이후 『사회운동』이라는 기관지를 폐간하면서 『오늘보다』라는 '매체'(일종의 소셜미디어)를 출범시키기에 이르렀거든요.

'오늘보다'는 물론 '더 나은 내일'이라는 의미일 것입니다. 최근에 조폭을 미화한 홍콩누아르의 원조인 『영웅본색』(1986)의 영어 제목이 'A Better Tomorrow'라는 사실을 알게 되었어요. 물론 우연일 수 있는데, 『오늘보다』 출범 직전에 발표된 김연자 가수의 「아모르 파티」에도 '오늘보다 더 나은 내일이면 돼'라는 구절이 나오거든요. 어쨌든 구좌파와 달리 신좌파는 무협소설을 읽을 능력조차 없었던 것이 아닌가하는 의문이 들어요.

사회진보연대의 포스트아나키스트가 추수한 선배/선생은 진태원 교수였는데, 제가 알튀세르와 발리바르를 잘못 해석하고 있다는 것이 그의 지론이었습니다. 반면 저로서는 마르크스주의는 물론이고

'대선 불복 2년동란' 29

경제학이나 사회과학(정치학·사회학)도 공부한 적이 없는 니체주의 철학자인 진 교수가 주장하는 알튀세르와 발리바르에 대한 포스트 아나키즘적 해석에 대해서는 관심이 없었으므로 그와 논쟁할 생각도 없었지요. 하기야 과학이 아닌 철학에 대한 논쟁은 불가능하다는 것이 알튀세르의 주장이기도 했고요.

어쨌든 현실사회주의의 붕괴를 전후한 운동권의 세대교체와 그로 인한 운동권의 '풍속과 세태'(ethos/mores/custom)의 변화는 여전히 제 관심사라고 할 수 있습니다. '문재인 정부 5년동란'을 비판하면서 백방으로 해답을 구해보았는데, 위화라는 중국 작가에게서 추가적 단서를 발견할 수 있었지요.

1960년생으로 문화혁명 세대의 막내 격인 위화는 개혁·개방 이후 이른바 '선봉파'(전위주의자)의 대표이기도 했는데, 일찍이 백기완 선생의 딸인 백원담 교수 등에 의해 소개된 바 있습니다. 그래서 저도 몇 권의 소설과 중·단편집을 갖고 있었지요. 물론 장이머우 감독과 공리 주연의 『인생』도 본 적이 있고요. 그러다가 이번에 우연히 중국사회의 변화를 축약하는 열 개의 단어에 대한 에세이집 『사람의 목소리는 빛보다 멀리 간다』(2011; 국역: 문학동네, 2012)를 읽고 문혁과 개혁·개방의 풍속과 세태에 대해 알 수 있게 되었지요.

문혁을 특징지었던 단어로는 '혁명'과 '풀뿌리'(草根)에 주목할 수 있습니다. 위화는 「호남농민운동 조사 보고서」(1927) 이래 모택동이 혁명은 '폭동'이자 '폭렬(暴烈, 난폭·격렬)한 행동'이므로 '문질빈빈'(文質彬彬)일 수는 없다고 주장한 사실에 주목했지요. 『논어』에서 공자가 군자를 특징지은 문질빈빈은 '꾸밈과 바탕이 어울려 빛난다', 즉 '예(禮)와 인(仁)의 조화'라는 의미인데, 발리바르가 주목하는 시빌리티와 통하는 말이라고 할 수 있어요.

'폭동주의'(putschism) 내지 '혁명적 폭력주의'를 고취하는 이런 혁명관은 모택동의 공산당이란 결국 풀뿌리(빈농·고농·객가) 출신의 비적, 즉 공비(共匪, 공산비적)일 따름이라는 비판을 자초할 수밖에 없었습니다. 소련의 모택동 연구를 집대성한 알렉산더 판초프의

『마오쩌둥 평전』(2007; 국역: 민음사, 2017)이 그 대표적 사례라고 할 수 있겠고요.

그런데 위화는 바로 이런 혁명관 때문에 문화혁명기에 '반역은 정당하다'(造反有理)라는 구호 아래 '어떤 불량배짓(胡作非爲)이라도 혁명적 행위로 간주되었다'고 증언하고 있습니다. 이른바 '4인방'의 졸개(瓜牙, 발톱과 이빨)에 불과한 조반파가 그 사례였는데, 급기야 풀뿌리(하층민) 출신의 '불량(光棍) 조반파', 즉 문혁판 '바닥빨갱이' 까지 등장했다는 것이지요.

사실 '반역은 정당하다'라는 구호는 연안 시대로 소급하는 것입니다. 1939년 스탈린 회갑 기념연설에서 모택동이 마르크스주의의 도리(道理, 원리)를 '반역은 정당하다'로 요약했는데, 1966년에 칭화대학 부속중고홍위병을 위한 구호로 부활시킨 것이지요. 모택동의 88개 '관건사'(keyword)를 개관한 후쑹타오, 『정치가의 언격(言格)』(2016; 국역: 흐름출판, 2017)을 참고하세요.

위화는 '정치지상의 시대'인 문혁에서 '경제제일의 시대'인 개혁·개방으로의 전환을 특징짓는 단어로 '산채'(山寨)와 '홀유'(忽悠)에 주목하고 있습니다. 본래 양산박 같은 '비적의 소굴'을 뜻하던 산채에 사이비(似而非)라는 뜻이 추가되었고, 본래 '흔들린다'라는 뜻의 홀유에 사기라는 뜻이 추가되었는데, 개혁·개방으로 인해 사이비와 사기가 일반화된 풍속과 세태를 반영한다고 할 수 있겠지요.

류짜이푸는 개혁·개방 이전에는 불량배가 주변화되면서 '비굴한 자'(奴人, 노예처럼 주인에게 종속된 자)가 주류화되었다가 개혁·개방 이후에는 불량배가 주류화되면서 비굴한 자 역시 합세하게 되었다고 주장한 바 있습니다. 그러나 위화는 늘 불량배가 주류였으며 다만 그 형태상으로 차이가 있어서 문혁기의 깡패와 개혁·개방기의 사기꾼을 구별할 수 있다고 주장하는 셈이지요.

그 밖에도 위화는 문혁에 대한 다양한 비판을 제기합니다. 그는 문혁을 '책이 없는 시대'로 특징짓는데, 사실 문혁의 분서(焚書)는 진시황과 히틀러를 능가하는 수준이었어요. 그런데 모택동도 1950년 어린이날에 한유의 「권학문」의 '열심히 공부하여 나날이 향상하자' (好好學習, 天天向上)라는 구절을 휘호했는데, 그 후 이것을 액자로 만들어 전국 초등학교의 교실에 걸어두었다고 하지요.

'문투'(文鬪, 이론투쟁)가 아닌 '무투'(武鬪, 폭력투쟁)의 시대로서 문혁기에 10명 이상의 사상자가 발생한 사건은 5.7만건, 100명 이상의 사상자가 발생한 사건은 1만건이었습니다. 또 그 절정은 1968년에 광서성에서 발생했던 4·22참안(慘案, 참사)이었는데, 17.5만명의 사상자가 발생했고 심지어 수백명의 '식인희생자'도 발생했지요.

문혁기 무투의 결함은 청소년의 '가두화'(街頭化)에서 발견될 수도 있습니다. 가두화란 가두시위와 패싸움(群架)이라는 의미이므로 '폭력화' 내지 '불량배화'라고 할 수도 있고요. 또 대자보투쟁도 무투의 변종이었는데, 그런 이유로 대자보집필자를 '간자'(杆子, 몽둥이 내지 무장대오)라고 불렀던 것이지요.

문혁과 개혁·개방의 풍속과 세태에 대한 비교를 통해 전대협과 한총련의 풍속과 세태를 비교해볼 수 있다는 생각이 들었습니다. 한 마디로 말해서 전대협의 엔엘 운동권은 깡패 같았고 한총련의 엔엘 운동권은 사기꾼 같았기 때문이지요. 전대협과 한총련의 불량배에 대항한 피디 운동권은 역부족이었던 데다가 자신도 점차 불량배화 되었는데, 사회진보연대에서조차 포스트아나키스트가 등장했다는 것이 그 증거라고 할 수 있겠지요.

어쨌든『사람의 목소리는 빛보다 멀리 간다』를 읽고나서 위화의 소설도 읽게 되었습니다. 먼저 이 책과 유사한 작품이라고 할 수 있는 『형제』(2006; 국역: 휴머니스트, 2007)를 구해서 읽었어요. 이광두와 송강이라는 아버지도 어머니도 다른 재혼가정의 형제가 주인공인 이 소설의 작의는 중국혁명의 희비극에 대한 풍자였는데, 이광두를 불량배(流氓)의 후예, 1년 연상인 송강을 사대부의 후예로 해석할 수 있겠지요.

『형제』의 배경은 가상의 유진(劉鎭)인데, 위화의 고향 격인 해염현 무원진이 모델이라고 합니다. 해염현은 상해시와 항주시 사이의 중간인데, 상해는 문화혁명과 개혁·개방의 진원지 중 하나였기도 하지요. 상권은 이광두가 1세(1959) 때부터 15세(1973) 때까지이고, 그 절반은 그가 8세(초등학교 1학년) 때 시작된 문화혁명기입니다. 또 책의 2/3를 차지하는 하권은 개혁·개방기로 이광두가 20세(1978) 때부터 43세(2001) 때까지이고요.

상권의 절정은 지주의 후예이자 중고등학교 선생으로 이문열 작가의 '회개한 부르주아' 격인 계부가 타살되는 장면입니다. 그 밖에도 중고등학교 홍위병 등의 불량배짓이 묘사되는데, 『푸른색 연』(藍風箏, 1993)과 달리 이 작품이 결국 영화화될 수 없는 가장 큰 이유일 것 같아요. 또 혁명투기꾼의 출몰에도 주목하고 있는데, 그들은 방금 인용한 「호남농민운동 조사 보고서」에서 모택동이 '혁명은 한턱내기(請客吃飯)가 아니다'라고 한 말을 혁명사업도 '돈벌이'(掙錢)라고 곡해했지요.

하권에서 이광두와 송강의 운명은 엇갈리게 됩니다. 장애인복지공장(福利廠) 공장장에서 개인사업자(個體戶)로 변신한 이광두가 폐품재활용회사를 창업하고 일제중고양복을 수입하여 치부에 성공한 다음 의류공장·백화점·호텔·건설사 등을 지배하는 지주회사를 설립한 것은 34세(1992) 때이지요. 반면 국영금속공장이 도산하자 부두하역인부, 각종 임시대행직, 시멘트공장노동자를 전전하던 송강이 결국 인공처녀막과 짝퉁비아그라를 파는 떠돌이사기꾼(江湖騙子)의 졸개로 전락한 것은 그가 41세(1998) 때이고요.

그런데 송강이 사기꾼을 따라 복건·광동·해남도를 떠도는 사이에 이광두는 자신의 첫사랑이자 송강의 처인 임홍과 불륜을 저지르게 됩니다. 상·하권에서 임홍을 둘러싸고 벌어진 이광두와 송강의 여러 에피소드가 묘사되는데, 관심이 있으시면 직접 읽어보세요. 어쨌든 귀향하여 이 사실을 알게 된 송강이 철로에서 자살하는 것이 대단원이지요. 문혁으로 부친이 피살된 다음 개혁·개방으로 송강이 자살하면서 사대부의 후예가 소멸하게 된 셈이에요.

『형제』는 2001년 중국이 세계무역기구(WTO)에 가입하기 직전에 끝납니다. 따라서 2000년대에 '베이징 컨센서스'가 대두한 데 이어서 2010년대에는 '중국몽'과 '강군몽'으로 미국의 헤게모니에 도전하는 시진핑이 출현하는 상황에 대한 위화의 입장을 알 수는 없어요. 다만 그의 오랜 친구인 왕후이가 시진핑을 지지하면서 개혁·개방의 대안을 문학에서 발견한다는 사실을 고려할 때, 개혁·개방과 문학을 모두 비판하는 위화가 시진핑을 지지할 리 없겠다는 생각이 들지만요.

『형제』를 읽은 다음 내친 김에 이미 갖고 있던 『인생』(1993; 국역: 푸른숲, 1997)과 『허삼관 매혈기』(1996; 국역: 푸른숲, 1999)까지 읽었습니다. 전위주의에서 리얼리즘으로의 전향을 개시하는 소설이 바로 『인생』인데, 포스터의 「올드 블랙 조」처럼 '원한 서린 말 한 마디 없이' 인생을 돌이켜본다는 것이 위화 자신이 밝힌 작의였지요. 포스터의 포크는 로져[로저] 와그너 합창단의 음반이 좋은데, 10개의 보너스 트랙이 추가된 EMI 레이블로 구할 수 있어요.

'인생'의 원어는 '活着'인데, 직역한다면 '살아간다는 것'(to live)입니다. 이런 제목으로 위화는 인생 내지 역사에는 그 이외의 목적이나 의미란 존재하지 않으므로 니체식 '운명과의 사랑'(amor fati)이 적합하다고 주장하는 셈이에요. 중국혁명의 희비극이 목적론에 대한 (정당한) 비판과 함께 목적론과는 무관한 헤겔-마르크스식 '운명과의 대결'에 대한 (부당한) 비판을 초래한 셈이지요. 게다가 니체의 운명은 'fate'(초월론적 필연)인 반면 헤겔-마르크스의 운명은 'destiny'(변증법적 필연)라는 차이도 있고요.

4만여평의 전답을 소유한 강남 대지주 집안이 몰락한 것은 부자 이대가 파락호였기 때문입니다. 아버지가 재산 절반을 탕진한 다음 아들인 주인공 서복귀가 나머지 절반을 탕진했던 것이지요. 그런데 국공내전기에 소작농으로 전락한 서복귀는 오히려 전화위복이 되어 중국혁명 직후 토지개혁의 와중에 처형되지 않고 살아남았어요.

따라서 『인생』은 서복귀라는 사회주의적 '하층민'(subaltern)의 관점에서 중국혁명을 풍자할 수 있었습니다. 또 그런 관점이 지식인의 관점보다 더욱 비판적일 수 있었고요. 예를 들자면, 대약진기에 제철·제강운동을 위해 드럼통으로 만든 '재래식 용광로'(土法爐)를 설치할 때 풍수가를 동원했다는 황당한 에피소드가 나오거든요. 초등학생인 외아들이 출산하는 교장에게 헌혈하다 사고로 사망하여 대가 끊겼다는 역시 황당한 에피소드도 나오고요.

반면 문화혁명기에 대한 비판은 아직 제기하지 못했습니다. 다만 국공내전의 와중에 열병으로 농아가 된 딸이 결혼 직후 출산 중 사고로 죽고, 이어서 부인도 병으로 죽고, 나중에는 사위와 외손주도 사고로 죽는 불행이 연속되었지요. 결국 외톨이가 된 서복귀가 도살 직전의 늙은 소를 사서 '복귀'라는 이름을 붙여주고 같이 살게 되었고요. '살아간다'는 제목에 적합한 대단원인데, 책을 덮으면서 「올드 블랙 조」를 듣고 싶은 생각이 들기 마련이에요.

알다시피 『인생』은 장이머우 감독과 공리 배우 콤비 작품의 절정격으로 1994년 칸영화제의 심사위원대상을 받았습니다. 서복귀 역으로 캐스팅된 거유는 남자배우상을 받기도 했고요. 그런데 영화는 장이머우 감독의 개인사를 반영해서 대약진에 대한 비판 대신 문화혁명에 대한 비판을 부각했다는 특징이 있습니다. 사기노름꾼에게 빼앗긴 집을 촌장이자 인민공사 생산대장인 공산당 간부가 차지한 에피소드는 물론이고 재래식 용광로 에피소드도 생략되었거든요.

또 외아들도 자동차사고로 죽은 것으로 처리되었는데, 대신 문혁기에 딸이 죽게 되는 경과가 대폭 수정되었습니다. 장이머우 감독은 사위의 지위를 짐수레꾼이 아니라 조반파노동자로 격상시켰지요. 그런데도 딸이 출산 중 죽게 되는데, 이것은 단순한 사고가 아니라 '반동학술권위' 교수를 대신한 홍위병 학생 때문이었어요. 산파보다 못했던 홍위병 의대생이 딸을 죽인 것인데, 지식인을 탄압하면서도 문과와 달리 이과는 보호했다는 것은 낭설이었지요. 하기야 모택동이 '맨발의 의사'(赤脚医生)를 주창하면서 이과 중에서도 이공계보다 의료계를 차별대우했는지는 모르겠지만요.

그러나 비판적 논조를 완화하기 위해 장이머우 감독은 부인과 함께 사위와 외손주도 죽이지 않았습니다. 오히려 서복귀로 하여금

외손주는 '점점 더 잘살게 될 것'(越來越好)이라고 말하게 했고요. 그래서 멜로드라마화되었다는 비판이 제기되기도 한 것인데, 검열을 의식하지 않을 수 없었겠지요. 그러나 그 전해에 나온 『푸른색 연』처럼 상영이 불허되어 비디오로 유포될 수밖에 없었어요.

『인생』에 후속하는 작품이 『허삼관 매혈기』인데, 여기서는 문화혁명에 대한 비판이 제시되었습니다. 주인공인 허삼관은 생사공장 노동자로 목돈이 필요할 때마다 매혈을 했는데, 1회 매혈대금은 반년 동안 밭일을 해도 못 버는 큰돈이었지요. '땀 흘려 번 돈'(汗錢)으로 생활비를 충당하고 '피 흘려 번 돈'(血錢)으로 결혼자금 등을 마련했다는 것이에요. 위화의 부친은 의사였는데, 그 역시 목돈이 필요할 때마다 매혈을 했다고 하고요.

혁명 초기에 결혼자금 등을 마련하기 위해 3회 매혈한 허삼관은 대약진기에 기근 때문에 1회 매혈합니다. 그러나 소설의 1/3을 차지하는 문혁기에는 무려 6회나 매혈하는데, 위화의 작의가 문혁 비판임을 알 수 있지요. 게다가 불량배 출신 혈두(血頭, 매혈브로커)가 나중에 공산당원으로 변신한다고 풍자하기도 했고요.

그 밖에도 문혁에 대한 다양한 비판이 제기되었습니다. '개인적 원한'(私仇)을 풀기 위해 대자보를 쓰는 자가 있었다든지, 농촌으로 하방된 아들을 위해 그 지방의 생산대장에게 뇌물을 주려고 매혈을 했다든지 하는 등이지요. 그러나 개혁·개방이 시작되자, 허삼관의 처 허옥란의 말처럼, '이젠 가진 게 돈뿐이어서' 매혈을 할 필요가 없는 시대가 되었다는 것이고요.

중국사회주의에서 매혈이 일반화되었다고 고발한 『허삼관 매혈기』가 영화화될 수 없었던 것은 당연한 일입니다. 그러나 2015년에 한국에서 하정우 배우가 감독과 주연으로 활약하고 각본에도 참여한 영화가 제작되어 100만 관객을 동원했는데, 그러나 작의를 이해하지 못하고 소재만 차용했다는 것이 제 생각이에요.

영화의 배경은 한국전쟁 말기인 1953년부터 1965년 한일국교정상화와 베트남파병으로 경제개발이 시작되기 직전까지의 공주였습니다.

영화에서는 불량배 출신의 혈두가 나오지도 않고 문혁기의 매혈에 해당하는 매혈의 이유도 달리 설정됩니다. 허삼관의 친아들이 아닌 큰아들의 뇌염 치료 때문에 목돈이 필요했는데, 그러나 허삼관이 수차례의 매혈로 치료비를 구하는 동안 친어머니 허옥란이 신장 이식에 동의하면서 치료비를 대신하게 되었다는 것이지요.

사실 서울에서도 매혈이 성행했는데, 제가 중학교에 다니던 1960년대 후반에 서대문 사거리의 적십자병원에 길게 줄 서 있는 광경을 본 적이 많았습니다. 또 서울대병원이나 백병원 역시 매혈병원으로 유명했고요. 1980년대 중반 이른바 '3저호황기'까지 매혈이 흔했는데, 그 후 헌혈이 매혈을 대체하게 되었지요.

따라서 위화의 작의를 반영하여 이승만 정부 또는 박정희 정부에 대한 비판적 묘사가 가능할 수도 있었는데, 아쉬운 일입니다. 물론 박정희 정부 덕분에 경제개발에 성공하여 '이젠 가진 게 돈뿐인' 시대가 왔다는 변호론도 없었지만요. 결국 매혈이라는 소재만 채택한 '탈정치화된' 영화가 된 셈이지요.

마지막으로 펑지차이의 『백 사람의 십 년』(1996; 국역: 후마니타스, 2016)도 소개해두겠습니다. 문화혁명 30주년에 출판되고 50주년에 번역된 이 책은 '문화혁명 10년동란'의 피해자 인터뷰를 모은 구술사(oral history)이자 르포르타주인데, 파금의 『수상록』보다는 오히려 『푸른색 연』과 비슷한 평범한 지식인의 증언으로 거의 모두가 가슴을 먹먹하게 만들지요.

그 중에 중고등학교 홍위병의 난동을 피해 부모를 살해하고 자살을 시도하여 무기징역을 선고받게 된 여성의사의 사례가 나옵니다. '자살로써 혁명에 항거한'(以自殺來抗拒運動) 죄목이었는데, 모택동은 자살을 '인민과 절연하고'(絶于人民) '혁명과 이별하는'(告別革命) 행위로 엄금했거든요. 물론 광기에 빠지는 것도 안 되었고요. 왕명이 『변신인형』에서 유럽과 달리 중국에서는 지식인이 자살하거나 광기에 빠지지 않았다고 한 것은 결국 모택동 변호론이었던 셈이에요.

'촛불혁명'이라는 화두

저의 화두가 대선 불복이라고 한 것은 민주당 지지자의 행태를 이해할 수 없다는 뜻이었습니다. 그들이 대선 패배의 일차적 책임자인 이재명 후보를 민주당 국회의원이자 당대표로 부활시켜 윤석열 대통령의 퇴진을 추진하고 차기 대선에서의 승리를 도모하는 것이 저로서는 납득할 수 없었거든요.

그러다가 4·10총선 직전에 김영수 교수의 『조선일보』 칼럼과 이기홍 대기자와 송평인 논설위원의 『동아일보』 칼럼을 읽고나서 백낙청 교수에게 주목할 수 있었습니다. 백 교수가 유튜브 방송을 통해 지속적으로 대선 불복을 선전·선동해왔다는 것인데, 그래서 부랴부랴 인터넷에서 그의 글을 찾아보았지요. 또 이미 2023년 말에 『조선일보』 송의달 에디터가 백 교수의 행적을 정리한 장문의 기사도 찾아볼 수 있었고요.

이렇게 백낙청 교수의 글과 백 교수에 대한 글을 찾아 읽으면서 그가 2022년 3·9대선에 적극적으로 개입하여 이른바 '촛불혁명'을 화두로 제시했다는 사실을 알게 되었습니다. 또 백 교수가 이이화 선생처럼 촛불혁명을 (평화적) 3·1운동을 거쳐서 (폭력적) 동학농민전쟁으로 소급한다는 사실도 알게 되었고요.

백낙청 교수는 '4기 민주당정부'가 아니라 '2기 촛불정부'를 주장했는데, 민주당정부가 반드시 '민주정부'는 아닌 반면 촛불정부가 바로 '민중 주도의 민주정부'이기 때문이라는 것이었습니다. 쉽게 말해서 4기 민주당정부를 추구할 따름인 이낙연 후보가 아닌 2기 촛불정부를 지향하는 이재명 후보를 지지해야 한다는 것이었어요.

백낙청 교수는 문재인 대통령의 1기 촛불정부가 실패한 것은 그가 아니라 그가 발탁한 고위관료와 민주당의 전통적 주류 정치인이 촛불혁명을 배반한 탓이라고 주장했습니다. 그 대표적 사례는 물론 윤석열 검찰총장과 이낙연 후보라고 할 수 있겠지요. 윤석열 후보가 아닌 이낙연 후보가 당선되었어도 피장파장이었다는 말인데, 어차피

두 정부 모두 촛불혁명에 대한 배반이기 때문이라는 것이었어요.

그래서 백낙청 교수가 이재명 후보의 낙선에도 불구하고 그의 정치적 부활을 주장한 것입니다. 대선 패배 이후 백 교수는 이 후보를 '김대중 이후 최고의 지도자'로서 2기 촛불정부의 적임자라고 찬양하면서 국회 입성과 당대표 취임을 통한 민주당 장악을 주장했거든요. 나아가 세월호침몰사건과 이태원압사사건을 동일시하면서 윤석열 대통령 퇴진운동의 계기로 삼아야 한다고 주장하기도 했고요.

백낙청 교수는 '조중동'은 물론 '한경(오)'도 불신하는 것 같습니다. 『한겨레신문』과 『경향신문』조차 불신하는 것은 친명과 비명이 혼재하기 때문인 반면 『오마이뉴스』는 얼마간 다를 수 있다고 생각하는 것 같아요. 어쨌든 '한경(오)'보다는 친명 유튜브 채널을 선호하는 백 교수는 윤석열 정부 이후 직접 유튜브 채널을 운영하고 있지요. 디지털 문해력까지 거론하지 않더라도 유튜브가 흑색선전·선동이 판치는 블랙 저널리즘이라는 것이 상식일 것 같은데 말이에요.

백낙청 교수는 2023년에 이어서 2024년에도 유튜브 채널을 통해 발표한 이른바 '분단체제론적' 신년칼럼에서 촛불혁명을 계속하여 2기 촛불정부를 수립해야 한다고 주장하면서 4·10총선에 대비할 것을 주문했습니다. 윤석열 대통령 퇴진운동이 지지부진한 것을 자인한 것 같은데, 이재명 대표가 이태원압사사건과 함께 윤석열 정부의 양대 실정으로 거론한 해병대원익사사건을 백 교수가 언급하지 않은 것은 이 때문인 것 같아요.

백낙청 교수의 분단체제론은 장준하 선생의 분단체제론을 이론화하는 데 성공하지 못했습니다. 예를 들어 강만길 교수의 분단사관이 분단체제론의 사론화(史論化)에 성공한 것처럼요. 어쨌든 백 교수의 분단체제론은 남과 북의 '적대적 공생'을 비판한다면서도 주로 북이 아닌 남을 비판하는 것이 특징이라면 특징이라고 할 수 있겠지요. 달리 말해서 분단체제론을 활용해서 김정은 위원장보다는 이명박·박근혜·윤석열 대통령의 비판에 주력한다는 것이에요.

백낙청 교수는 이명박·박근혜 정부가 '점진 쿠데타'를 추진했다고 주장하는데, 이른바 '87년체제' 이전, 즉 박정희·전두환 군부독재로의 복귀를 시도했다는 것이지요. 반면 문재인 정부는 이런 쿠데타를 저지했을 뿐만 아니라 87년체제의 지양을 시도한 '촛불혁명'으로 탄생한 1기 촛불정부라는 것이고요.

2기 촛불정부를 좌절시킨 반혁명정부로서 윤석열 정부는 이명박·박근혜 정부에도 미달한다는 것이 백낙청 교수의 주장입니다. 윤 정부는 박정희·전두환 정부 이전 이승만 정부로의 복귀를 시도한다는 점에서 군부독재에 미달하는 클렙토크라시라는 것이에요. 게다가 친일적이라는 점에서는 오히려 반일적인 이승만 정부에도 미달한다는 것이고요.

백낙청 교수가 클렙토크라시라는 개념을 이해하지 못한다는 것은 분명합니다. 시진핑 정부까지는 몰라도 푸틴 정부를 비롯해 김정은 정부 역시 클렙토크라시라고 해야 할 것인데, 오히려 윤석열 정부가 클렙토크라시라고 주장하거든요. 조금 이따가 설명할 푸틴 정부의 '분열증적 파시스트' 이데올로그인 두긴처럼 '전복적 선전·선동'을 하려는 것 같아요.

또 『'한국의 불행'』에서 이미 밝힌 것처럼, 백낙청 교수는 평안도 중인의 후예인데, 그의 백부와 부친은 일제강점기에 의사와 법률가 출신 관료로 신분상승에 성공한 바 있습니다. 그런 백부와 부친 덕택으로 온갖 특혜를 누린 다음에 별다른 '자기비판'도 없이 무슨 자격으로 일본을 비판한다는 것인지 쉽게 납득할 수 없는 일이에요.

급기야 4·10총선 직전 백낙청 교수는 '다시 이재명의 시간이 왔다'면서 이 대표의 공천 파동을 옹호했습니다. 민주당 내 반촛불세력이거나 윤석열 정부의 탄생에 기여한 현역 의원과 정치인을 대거 탈락시켰다는 점에서 오히려 '공천혁명'이라고 불러야 마땅하다고 주장한 것이었지요.

게다가 한술 더 떠 조국 교수는 서울대 동료였고 부인은 영문과 제자였다는 개인적인 연고까지 들먹이며 조국(혁)신당이 원내3당이 되리라는 기대를 표명했는데, 그의 무지가 그저 놀랍기만 합니다.

조국 교수는 자신과 가족의 범죄를 부정해오다가 막상 유죄 판결을 받게 되자 '비법률적 명예회복'을 시도한 것으로, 정치인을 범죄자의 수준으로 타락시킨 데 이어서 급기야 범죄자만도 못한 정치인임을 자인한 셈이거든요.

여기서 범죄자는 물론 상사범입니다. 그런데 상사범에는 두 가지가 있지요. 먼저 도덕적 규범에 의해 금지된 범죄, 예를 들어 절도·살인·강간 등의 '본래적 범죄'(malum in se)를 저지른 경우가 있고, 또 제정법에 의해 금지된 범죄, 예를 들어 치안문란·성매매 등의 '금지적 범죄'(malum prohibitum)를 저지른 경우가 있거든요. 그런데 조국 교수와 가족이 저지른 범죄는 본래적 범죄이기도 했고 금지적 범죄이기도 했어요.

어쨌든 '지식을 초월하는 지혜'의 존재는 한국사회성격 논쟁에서 분단체제론를 주장한 이래 백낙청 교수의 지론이었습니다. 백영서 교수를 앞세워 월러스틴의 '역사사회과학'에 비견되는 '사회인문학'을 주장하기도 했지만요. 그러나 말년에 이르러 결국 사회학·정치학 같은 사회과학이나 경제학과의 교류를 포기하고 동학과 그 후예인 원불교의 '후천개벽사상'이라는 종말론에 귀의한 것인데, 천지개벽이라는 의미의 '선천개벽'과 구별되는 이른바 '후천개벽'은 '새로운 시대를 여는 동란'이라는 의미이지요. 그래서 백 교수가 파시즘을 특징짓는 '종교전쟁적' 정치관과 역사관을 채택하게 된 것이고요.

강준만 교수는 김어준 씨를 '정치무속세계'를 대표하는 '정치무당'이라고 불렀는데, 백낙청 교수도 그 못지않다는 생각이 들었습니다. 민주당 지지자 중에서 '경제적·정치적 문맹'이면서도 '돈 많고 잘살고 싶은' 사람에게는 김 씨의 영향이 크겠지요. 반면 지식인에게는 백 교수의 영향이 클 것이기 때문이에요. 그러나 『한겨레신문』조차 그의 의견을 무시한 탓에 『조선일보』나 『동아일보』가 아니었다면 모르고 지나쳤을 뻔했지요.

말년의 백낙청 교수를 보면서 홍명희 선생의 '구명도생'(苟命圖生, 구차하게 살아남다)이라는 말이 생각났습니다. 또 진보적 지식인의

'사상의 스승'으로 추앙받던 이영희 교수를 대신하려는 노욕 때문인가라는 생각도 들었고요. 사상의 스승이란 사상의 표준으로서 스승을 의미하는 'maître à penser'(master for thinking)의 번역어인데, 그러나 이 교수는 사상을 오도하는 스승인 'maître penseur'(master thinker)였을 따름이지요. 그런데 사상을 오도한다는 점에서 백 교수는 이 교수보다 훨씬 더 심각한 사례라는 것이 제 생각이에요.

촛불혁명을 화두로 삼은 백낙청 교수와 대선 불복이라는 화두를 든 제가 얻은 깨달음이 다른 것은 당연한 일입니다. 게다가 동학과 원불교를 신봉하는 백 교수와 달리 저는 불교의 '큰스님'이자 나라의 '큰어른'(박완서 선생)이신 성철 스님을 존숭하는 입장인데, 스님의 화두가 바로 '이 뭐꼬'(是甚麽)이지요. 그래서 저도 지난 2년 동안 '대선 불복, 이것은 도대체 무엇인가'라는 화두를 들었던 것이고요. 반면 백 교수의 촛불혁명이라는 화두는 모택동의 '조반유리'(造反有理) 같은 '폭동주의적' 구호라는 생각이 들기도 하는데, 동학의 후예인 원불교는 사실 불교를 참칭하는 신종교이거든요.

촛불혁명이라는 화두를 깨는 백낙청 교수의 종말론 공부와 대선 불복이라는 화두를 깨는 제 공부가 같을 리 없습니다. 앞으로 설명할 제 공부를 개관해보면 다음과 같아요.

세계정세: 경제위기, 정치위기, 러시아-우크라이나/팔레스타인-이스라엘 전쟁
바이마르공화국의 쇠망과 나치의 집권
자유주의적 제도로서 헌정과 법치
자유주의적 이념과 시빌리티
마르크스주의 지식인이 되는 것은 쉬운 일인가?: 영국·프랑스·일본 등의 사례

『자본』에서 마르크스는 서술의 순서가 연구의 순서와 반대라고 강조한 바 있습니다. 제 경우도 마찬가지인데, 서술의 순서와 반대인 공부의 순서는 마르크스주의 지식인이 되는 것은 쉬운 일인가라는 질문에서 출발해서 자유주의적 이념과 시빌리티를 거쳐서 자유주의적 제도로서 헌정과 법치, 또 그 역사적 사례인 바이마르 공화국의 쇠망과 나치의 집권에 이른 것이었어요.

윤석열 정부 1-2년차 세계정세

세계정세의 경과

그러나 세계가 한국을 중심으로 돈다는 '한국천동설'을 믿는 '문재명' 지지자와는 달리 '그래도 [한국]이 돈다'(E pur si muove)고 믿는다면, 세계정세를 먼저 개관해둘 필요가 있습니다. 2007-09년 금융위기를 1930년대 대불황의 예고로 간주했던 미국의 중앙은행 연준(Fed)의 통화완화정책(ME)부터 개관해두겠어요.

    2008년   제로금리정책(ZIRP)과 수량완화정책(QE) 개시
    2015년   출구전략을 개시하는 제로금리정책 종료
    2017년   2차 반도체호황 개시를 전후로 수량완화정책 종료
    2018년   2차 반도체호황 종료와 함께 미중간 무역전쟁 개시
    2019년   출구전략의 속도 조절
    2020년   코로나19발 경제위기로 제로금리정책과 수량완화정책 재개

문재인 정부 1-2년차에 2차 반도체호황이 세계경제를 성장시켰던 것과는 정반대로 윤석열 정부 1-2년차의 세계경제는 호전될 기미가 없었습니다. 2022년 2월에 러시아의 우크라이나 침공 재개로 식량·에너지가격이 급등한 데다가 3월에는 제로금리정책과 수량완화정책까지 종료되었거든요.

2022년 12월에 4.25-4.5%에 도달한 연방기금금리는 2023년에는 인상 속도가 완화되었고 7월에 5.25-5.5%에 도달한 다음에는 결국 동결되었는데, 2001년 이후 최고치였기 때문입니다. 금리는 2024년 하반기부터 3차례 인하되어 12월에는 4.5-4.75%에 도달할 것으로 예상되는데, 연말의 대선을 고려하여 '더 늦고 더 적게'(later and less) 인하될 수도 있다고 하지요. 2022년 9월부터 시작된 수량긴축정책(QT) 역시 그 속도가 완화될 것으로 예상되고 있고요.

이런 상황에서 윤석열 정부 1-2년차의 세계경제가 호전될 수 없다는 것은 당연한 일입니다. 그런데도 이번 총선에서 이재명 대표가 가구당 평균 100만원의 '민생회복지원금'을 지급해야 한다고 호들갑을 떤 것인데, 물론 지난 총선에서 코로나19재난지원금 100만원으로 터트렸던 대박을 재연할 의도도 있었겠지요. 어쨌든 막판에는 '대파'까지 동원했는데, 정말 이런 것들에 부동하는 표심이란 한심하다고 할 수 밖에 없어요.

하기야 이재명 대표에게 자문해주는 경제학자의 수준이 형편없다는 것은 지난 대선에서 이른바 '555성장공약'을 제시할 때부터 이미 잘 알려진 사실입니다. 그런데 이번 총선에서는 남한이 '북한보다 못한 무역적자국으로 전락했다'는 황당한 주장을 하기도 했지요. 그렇다면 전세계 무역적자의 1.8배에 달하는 무역적자국인 미국도 역시 북한보다 못하다는 것인지 도대체 그런 자문을 해준 경제학자가 누군지 궁금할 따름이에요.

그런데 문재인 대통령까지 끼어들어 '칠십 평생(…)이렇게 못하는 정부는 처음 본다.(…)무지하고 무능하고 무도하다.(…)눈 떠보니 후진국, 이런 소리도 들린다'라고 막말을 내뱉었습니다. 지난 대선 패배의 책임으로 치면 1, 2위를 다툴 사람이 이재명 대표와 문재인 대통령인데, 해도 해도 너무 한다는 생각이 들었어요.

더구나 2023년 말에 4·10총선에 대비한답시고 민주당이 확정한 '새로운 민주당 캠페인' 현수막의 문구는 정말 충격적이었습니다.

정치는 모르겠고, 나는 잘 살고 싶어.
경제는 모르지만 돈은 많고 싶어!

2030세대를 대상으로 했다고는 하지만, 정치·경제적 문맹인 민주당 지지층의 하층민·불량배 기질에 호소하는 인민주의자의 본색이라고 생각할 수밖에 없어요. 물론 지지층을 비하한다는 비판이 제기되자 곧 철회하기는 했지만요.

2023년 5월에는 코로나19의 '팬데믹에서 엔데믹으로의 전환'이

선언되었습니다. 문재인 정부가 2022년 3·9대선을 앞두고 전환의 '초기단계'를 선언한 후 1년 2개월여가 지난 다음이었는데, 문 정부가 전환을 선언한 직후 처음 2개월여 동안 1만5천여명의 사망자가 증가했지요. 코로나19에 대응한 정책, 그 중에서도 위드코로나 선언 및 엔데믹 조기선언과 관련해서 중대재해처벌법상 중대시민재해에 준하여 누군가는 사법적 내지 정치적 책임을 져야 한다는 제 생각은 여전히 변함이 없어요.

러시아의 우크라이나 침공 이후 동아시아의 외교안보정세도 급변했습니다. 러시아에 이어 북한이 핵전쟁을 예고했고, 중국도 강군몽의 첫 단계로 대만 침공을 공언하는 상황이었거든요. 북한과 중국, 나아가 러시아의 위협에 대해서 미국과 일본은 억지능력을 강화할 필요가 있다고 주장했고요.

그래서 2023년 1월에 「미일방위협력을 위한 지침」, 통칭 가이드라인이 8년 만에 개정된 것입니다. 그 근거는 북한의 핵무력 완성으로 인한 '임박한(差し迫った) 위협', 중국의 강군몽으로 인한 '전략적 도전', 러시아의 우크라이나 침공으로 인한 '강한 우려'(懸念)였지요. 그 핵심은 '전수방위'를 선제타격을 의미하는 '반격'으로 전환한 것인데, 비유컨대 '방패'에 '창'을 추가한 셈이었고요.

가이드라인의 개정과 함께 자위대합동사령부가 신설될 예정이고, 주일 미군의 지위도 변경되어 5공군에 7함대와 3해병대를 추가한 합동지휘권이 하와이의 인도-태평양사령부에서 주일 미군사령부로 이양될 것 같습니다. 그 후에 미일연합사령부가 신설될 것 같고요. 어쨌든 미일의 '군사일체화'가 심화될 것은 분명한 사실 같아요.

나아가 2021년의 오커스(AUKUS, 미국·영국·오스트레일리아의 안보동맹)에 일본이 참여하면서 조커스(JAUKUS)로 확대될 수도 있다고 합니다. 2017년에 출범한 쿼드(Quad, 미국·오스트레일리아·일본·인도의 안보동맹) 이후 인도-태평양안보동맹이 점차 다자화되고 있다는 증거라고 할 수 있겠지요.

4·10총선과 동시에 열린 미일정상회담은 이런 전망을 재확인한

것이고, 4년 만에 나온 전략국제문제연구소(CSIS)의 아미티지-나이 6차 보고서 *The U.S.-Japan Alliance in 2024: Toward an Integrated Alliance*, April 2024도 마찬가지였습니다. 주요7개국(G7)을 확대하여 오스트레일리아와 남한까지 포함시키자는 제안도 하고 있고요.

1948년 재무장에서 1978년 가이드라인 제정에 이르는 전후 일본 군대의 역사는 후지와라 아키라의 『일본군사사』(1987; 국역: 제이앤씨, 2013)를 참고할 수 있습니다. 또 일본자위대의 현황에 대해서는 오동룡 박사의 『일본 자위대』(곰시, 2019)를 참고할 수 있는데, 사관학교인 방위대에 입학하려면 도쿄대에도 합격할 수 있는 수준이어야 한다는 것이 인상적이었어요. 그런데 이는 문과의 경우이고 이과의 수준은 조금 떨어진다고 하지요.

자위대의 핵심은 세계 2위의 막강한 해군력인데, 류재학·배준형 소령의 『일본 해상자위대』(플래닛미디어, 2016)를 참고할 수 있습니다. 해상자위대의 제해력은 동해/일본해와 서해/동중국해에 그치는 것이 아니라 'TGT(도쿄-괌-대만) 삼각해역'에 이르는 것으로, 제1도련인 대만과 제2도련인 괌까지 포함하는 것인데, 친북중러 운동권이 해상자위대를 극력 폄훼하는 것도 이와 무관하지 않은 것 같아요.

더구나 일본의 대잠전(ASW, Anti-Submarine Warfare) 전력은 미국을 능가하는 것으로 7함대도 해상자위대에 의존할 수밖에 없는 형편이라고 합니다. 태평양전쟁 종전 직후에 니미츠 제독이 '과거의 주력함은 전함, 현재의 주력함은 항공모함, 미래의 주력함은 잠수함'이라고 예고한 그대로인 셈이지요.

취임 1주년을 전후해서 윤석열 정부의 최대의 공적이 한미·한일·한미일 간 일련의 정상회담을 통한 외교안보관계의 복원이라는 것이 중론입니다. 문재인 정부의 친북·연중·비미·반일 성향을 정상화한 셈인데, 대선 불복의 광란이 영향을 끼치지 못한 덕분이었지요. '문재명'을 지지하는 인민주의자들, 그 중에서도 친북중러·반한미일 성향 운동권의 격렬한 반대가 있었지만요.

한미일 외교안보관계의 복원 내지 강화는 사실 트럼프 대통령의 재선에 대비하는 것이기도 합니다. 물론 김대중-노무현 정부에서 발탁된 다음 이명박-박근혜 정부에서도 중용된 위성락 대사 같은 사람은 반대하고 있지만요. 이재명의 민주당의 비례대표로 당선된 그는 『한겨레신문』과의 인터뷰에서 중국·러시아, 나아가 북한과의 대화가 필요하다고 역설하고 있어요. 다만 트럼프의 '당선 가능성이 아주 높지는 않다'고 전제하고 있지만요.

트럼프가 나토(NATO) 회원국들의 '무임승차'(delinquency, 비행/의무불이행)가 지속된다면 러시아의 침공을 '독려하겠다'(encourage)고 한 자신의 2020년 발언을 공개하면서 국제적으로 파란이 일기도 했습니다. 당시 트럼프가 말한 무임승차란 국방비가 국민소득의 2%에 미달한다는 의미였는데, 이번에 재선에 도전하면서 3%로 인상할 것을 요구하기도 했지요. '트럼프의 말은 문자 그대로는 아니더라도 진지하게 받아들여야'(take Trump seriously not literally) 한다는 것이 중론이에요.

어쨌든 미국 의회가 이재명 대표처럼 대선에 불복한 트럼프 대통령을 기소하라고 법무부에 권고했는데도 불구하고 트럼프가 재선될 가능성은 여전합니다. 의회가 법무부에 전직 대통령 기소를 권고한 것은 미국 헌정사에서 최초의 사례라고 하지요. 게다가 그 혐의는 '내란 선동' 등이었고요.

트럼프의 출마자격에 대한 논란은 미국 수정헌법 14조에 규정된 내란관련자 공직금지의 적용 여부에 관한 것이었습니다. 좀 더 자세하게 말하자면, '반란(insurrection or rebellion)에 가담하거나 또는 원조(aid)나 찬양·고무·선전·동조(comfort)를 제공한 자'에 대해서 '공직(office)의 자격을 박탈한다'는 조항인데, 연방의회가 바이든 후보의 당선을 확정한 2021년 1월 6일에 그에 불복한 트럼프 대통령이 지지자들의 의사당 '난입'(storm)을 선동한 것이 문제였지요.

그러나 연방대법원은 트럼프 대통령의 내란 혐의에 대한 판단을 유보했습니다. 사법적극주의의 대표적 사례인 연방대법원조차 정치의 사법화에 소극적임을 알 수 있는 대목이지요. 트럼프의 출마자격에 대한 판단은 대법원이 아닌 의회의 권한이기 때문인데, 하기야 미국에서는 대통령을 탄핵할 때도 소추는 하원이 담당하고 심판은 대법원이 아닌 상원이 담당하거든요.

『한국전쟁 전사(全史)』(2002)가 국역된 기념으로 2023년 8월에 방한한 와다 하루키 교수의 인터뷰에도 주목해야 합니다. 대통령실의 이도운 대변인이 논설위원으로 재직하던 『문화일보』와의 인터뷰에서 그는 러시아의 우크라이나 침공을 계기로 부활한 북중러의 독재정과 한미일의 민주정의 대립에서 전자가 아니라 후자에 대한 지지와 함께 문재인 정부가 아니라 윤석열 정부의 대일정책에 대한 지지를 완곡하게 표명한 바 있지요.

10월에 대법원이 박유하 교수의 『제국의 위안부』(2013) 사건에 대해 무죄 취지로 파기 환송했다는 사실도 주목할 필요가 있습니다. 2017년 1월의 1심에서 '학문의 자유'로 무죄가 선고되었고 10월의 2심에서 '학문적 의견이 아닌 허위사실'을 통한 명예훼손으로 1000만원 벌금형이 선고되었다가 결국 6년이 지나 '학문의 자유'로 무죄가 선고된 셈이었지요. 4·10총선 직후에 실제로 무죄가 선고되었는데, 2014년 6월에 위안부들이 고소한 이후 거의 10년 만이었고요.

박유하 교수 사건은 문재인 정부와 김명수 사법부가 '사상의 자유', 그 중에서도 '학문의 자유'를 탄압한 국제적 스캔들이었습니다. 그래서 무라야마 도미이치 총리와 고노 요헤이 관방장관을 비롯해 오에 겐자부로 작가와 와다 하루키 교수 같은 일본의 친한파 인사는 물론이고 촘스키 교수와 커밍스 교수 같은 미국의 진보적 지식인조차 '학문의 자유'라는 관점에서 박 교수를 옹호했던 것이지요.

2024년 1월 총통선거에서 라이칭더 후보가 당선되어 2000년 이후 대만의 문민화를 민진당이 주도하고 있음이 증명되었습니다.

 2000-08년 민진당의 천수이볜 총통
 2008-16년 국민당의 마잉주 총통
 2016-24년 민진당의 차이잉원 총통
 2024년- 민진당의 라이칭더 총통

군부독재뿐만 아니라 문민화와 관련해서도 대만과 한국의 차이에 주목할 필요가 있는데, 장개석 총통은 박정희 대통령과 달리 대기업이 아니라 중소기업을 육성했고, 천수이볜 총통은 노무현 대통령과 달리 자살이 아니라 구속·수감을 선택했거든요.

2023년 10월 50년 만에 서아시아(중동) 전쟁으로 비화할지도 모를 팔레스타인-이스라엘 전쟁이 발발했습니다. 이스라엘과 아랍, 특히 사우디아라비아와의 국교정상화를 방해하려는 하마스가 이스라엘 민간인에 테러를 자행했기 때문이지요. 이런 것도 전쟁인지 의문을 제기할 수도 있는데, 국제법적으로 테러리스트는 전투원이 아닌 범죄자이고 테러는 전투가 아닌 범죄일 따름이거든요.

어쨌든 하마스의 배후에 이란이 있다는 의심은 이번 전쟁의 목적에 우크라이나를 항복시키기에 역부족인 러시아를 지원하려는 '제2전선'의 형성이 있기 때문인 것 같습니다. 그 덕에 우크라이나에 대한 미국의 지원이 잠시 주춤하기도 했거든요. 그런 상황에서 프랑스의 마크롱 대통령이 나토의 우크라이나 파병을 공론화했는데, 트럼프의 재선에 대비하려는 의도도 물론 있었겠지요.

루비니의 『초거대위협』

경제위기에 대한 분석부터 시작하는 것이 좋겠는데, 마침 2022년 10월에 출판된 누리엘 루비니(Nouriel Roubini)의 신작 『초거대위협』(*Megathreats*)이 4달 만에 한국경제신문사에서 출판되었습니다. 다만 비전공자의 번역으로 부정확하고 오류도 많아 원서와 대조하면서 읽을 필요가 있지만요. 또 아카데미즘보다는 저널리즘에나 적합한 객설도 많다고 할 수 있고요.

루비니는 '닥터 둠'이라는 별명답게 포스트코로나19 디스토피아를 예고하면서 '우리의 미래를 위협하는 10개의 위험한 경향(trend)'에 주목하고 있습니다. 그는 10개의 경향을 두 개의 범주로 구분하고 있는데, 부채위기를 중심으로 한 것이 첫째 범주이고 미중간 전략적 경쟁을 중심으로 한 것이 둘째 범주이지요.

먼저 첫째 범주의 경향과 관련해서 루비니는 부채위기로 인한 전 세계의 '아르헨티나화'를 경고하고 있습니다. 아르헨티나가 '하나의 예외가 아니라 규칙 그 자체가 된다'(form the rule more than a exception)는 것이지요. 다만 '행복한 가족은 모두 비슷하고, 불행한 가족은 저마다 나름대로 이유로 불행하다'라는 『안나 카레니나』의 유명한 첫 문장처럼, 부채위기를 해결하지 못하는 이유는 상이하다는 것이고요.

루비니는 인구위기에도 주목하는데, 건강보험·국민연금과 관련된 '잠재적(implicit) 부채위기'를 함의하기 때문입니다. 달리 말하자면 성장후퇴와 저출산·고령화로 인한 복지국가의 지속불가능성을 강조한다는 것이지요. 또한 인구위기의 해결책으로 이민 대신 인공지능/로봇과 자동화를 선택한 일본에도 주목하고 있고요.

루비니는 코로나19발 경제위기 속에서 형성된 코인에 대한 투기 거품은 본질적으로 '폰지사기'라고 주장하고 있습니다. 내재적 가치가 없는 코인은 비트코인을 포함해 모두 '시트코인'(shitcoin, 쓰레기 코인)인데, 개미투자자의 실기공포(FOMO, Fear of Missing Out) 때문에 거품이 형성되었다는 것이에요.

루비니는 2007-09년 금융위기가 여전히 해결되지 않은 채 오히려 새로운 금융위기가 추가되어 2020-30년대에 '최대의 부채위기'(the Mother of All Debt Crises)가 발생할 것이고, 게다가 미중간 전략적 경쟁 등으로 인한 공급충격 때문에 거대한 스태그플레이션이 발생할 것이라고 경고합니다. 자본주의의 최종적 위기는 '거대한 스태그플레이션적 부채위기'의 형태를 띠리라는 것이지요.

둘째 범주의 경향은 미중간 전략적 경쟁으로 집약되는 세계화의 종언과 '신냉전'의 개시입니다. 물론 과거의 냉전처럼 국지적으로는 열전을 동반할 수도 있는데, 그러나 러시아-우크라이나전쟁이 한국전쟁이나 베트남전쟁과 동일한 성격은 아니에요. 공격을 하는 러시아가 아니라 방어를 하는 우크라이나가 민족해방전쟁을 수행한다고 해야 옳기 때문이지요.

나아가 루비니는 인공지능/로봇과 기후변화에 주목하고 있습니다. 먼저 인공지능은 지식노동을 대체하는 것으로, 육체노동을 대체한 기계화에 후속하는 것이지요. 그러나 '노동대중 전체를 타도할 기계장치라는 악마'를 거부하는 칼라일식 러다이트론에 후속하는 것은 인공지능 악마론이 아니라 배달음식과 비디오게임을 즐길 수 있는 기본소득론이라는 것이 그의 주장이에요.

루비니는 생태파괴의 극단적 사례인 기후변화란 해결의 희망이 없는 '절망적'(confounding) 초거대위협이라고 주장하고 있습니다. 하기야 기후변화를 경고하는 것은 한가하고(idle) 안이한(easy) 태도라는 것이 제 생각이에요. 기후변화 이전에 이미 대불황의 재발이나 파시즘의 부활, 심지어 3차 세계전쟁 발발 같은 파국이 '우리 문 앞에, 아주 가까이에'(à la porte, et à deux doigts de nous, 알튀세르)와 있거든요.

루비니는 일본이 인구위기 해결책으로 인공지능/로봇과 자동화를 선택했다고 강조하고 있습니다. 아울러 15-64세의 노동연령인구를 기준으로 하면 일본의 장기불황은 과장된 것이라는 Jesus Fernández-Villaverde et al., "The Wealth of Working Nations", *NBER Working Paper*, April 2024에 주목할 필요도 있어요. 1991-2009년의 미국과 일본의 3가지 경제성장률은 다음과 같아서 노동연령인구 기준으로는 큰 차이가 없거든요.

	미국	일본
경제성장률	2.58	0.83
인구 1인당 경제성장률	1.63	0.76
노동연령인구 1인당 경제성장률	1.65	1.39

루비니의 분석에서 주목할 만한 것은 역시 보편적 아르헨티나화에 대한 경고입니다. 쿠즈네츠는 아르헨티나의 실패야말로 경제학적으로 설명하기 곤란한 '역설'(paradox)이라고 주장한 바 있는데, 하기야 아르헨티나가 부국에서 빈국으로 추락한 것은 반(反)경제학

적 인민주의 탓이거든요. 루비니가 지적한 것처럼, 부채위기를 해결하지 못하는 이유가 상이한 것은 경제원리에 반대하는 인민주의적 방식이 다양하기 때문이고요.

인민주의자의 원조는 역시 아르헨티나 정의당(Partido Justicialista)의 페론 대통령입니다. 그는 경제를 일종의 화수분으로 간주했는데, 칠레의 이바녜스 대통령에게 보낸 1952년의 편지에서 '인민, 특히 노동자에게 가능한 모든 것을 퍼주라'고 충고한 바 있지요.

> 모든 사람이 경제붕괴라는 유령으로 당신을 겁주려고 할 것입니다. 그러나 그것은 거짓말이에요. 경제처럼 융통적(elastic, 신축적)인 것은 없는데, 사람들이 경제를 두려워하는 것은 이 사실을 이해하지 못하기 때문이거든요.

페론의 정의당은 1차 집권(1946-55)에 이어 2차 집권(1973-76)으로 부활했다가 메넴 정부(1989-99)와 네스토르/크리스티나 키르치네르 정부(2003-15)로 승계되었지요.

4·10총선에서 이재명 대표는 국민의힘이 승리한다면 '아르헨티나처럼 될지도 모른다'고 주장했습니다. 자신이 대선공약으로 제시한 기본소득·주택·대출을 폐기한다는 것인지 궁금해지는 대목이었는데, 조금 이따가 국립대공짜·사립대반값까지 포함한 확대판 기본시리즈인 '기본사회정책'을 공약으로 내걸었어요. 이 대표 역시 이번 총선을 지난 대선의 연장전인 동시에 차기 대선의 전초전으로 인식했다는 증거이겠지요.

소득주도성장이 이단경제학인 포스트케인즈주의에서 비롯된다면, 기본시리즈 전체는 물론이고 기본소득론도 아무런 경제학적 근거가 없는 '재정사기'(fiscal perjury, 에릭 홉즈봄)일 따름입니다. 그러나 루비니가 기본소득으로 '루저'(loser)에게 배달음식과 비디오게임을 즐기게 할 수 있다고 지적한 것을 보고 로마 제국의 '빵과 서커스'(bread and circuses)가 기억나면서 파시즘에 적합한 기본소득론도 있겠다는 생각이 들었지요.

간단하게 설명해보겠습니다. 파시즘의 위험을 경고하는 영화로

데니스 간젤 감독의 『디 벨레』(*Die Welle*, 2008)가 유명한데, 총선 기간 중 『동아일보』에 소개된 바 있지요. 1967년 미국 캘리포니아의 어느 고등학교에서 실행된 '제3의 물결'이라는 사회실험을 바탕으로 만든 독일 영화로 '디 벨레'는 물결을 의미하고요. 한글 자막이 달린 유튜브(https://blog.naver.com/cnf77/223283344257)가 있으니까 한번 찾아보세요.

간젤 감독의 의도는 2000년대 독일에서도 독재정(autocracy)이 부활할 수 있음을 경고하는 것이었는데, 독재정은 파시즘과 스탈린주의가 대표한 전체주의와 대동소이한 개념입니다. 세계화의 와중에 경쟁에서 탈락한 개인이 자발적으로 카리스마적 '지도자'(Führer)가 지배하는 공동체(Gemeinschaft)에 예속되면서 독재정의 부활이 실현된다는 것이에요. 달리 말해서 세계화에 대한 반대가 독재정의 온상일 수도 있다는 것이지요.

물론 공동체의 지도자는 예속된 개인에게 '빵과 서커스'를 제공해야 하고, 그래서 히틀러가 유럽을 정복하여 '생활공간'(Lebensraum)으로 삼으려 했던 것이지요. 로마의 황제가 이집트를 정복하여 황제 직할속주로 삼은 것처럼요. 위키피디아에 따르면, 'autocrat'는 라틴어로 'imperator'(사령관 내지 원수)였고, 바로 이것이 로마의 황제를 가리키는 단어였어요. 그런데 18세기에는 러시아 짜르를 불어로는 'autocrateur', 독어로는 'Autokrator'라고 불렀지요.

이재명 대표의 기본시리즈를 실행하려면 로마 황제의 이집트나 히틀러의 유럽 같은 정복지가 필요할 것입니다. 그러나 중국에게 (대만에게도?) '셰셰'(謝謝, 고맙습니다) 하겠다는 그에게 그런 역량이 있을 리 없지요. 남한에 페론의 인민주의를 가능케 한 아르헨티나의 경제력이 있는 것도 아니고요. 물론 이 대표가 '진짜로 믿었냐'고 반문할지 모르겠어요. 박근혜 대통령에게 '존경한다고 했더니 진짜 존경하는 줄 알더라'고 한 것처럼요.

이재명 대표는 그냥 '리플리' 같은 거짓말쟁이일 따름인데, 이번 총선에서 유세하면서 돌아다니던 그의 표정과 언행은 정말 사기꾼

'대선 불복 2년동란' 53

다웠습니다. 하기야 이 대표와 비교한다는 것은 리플리에 대한 모욕일지도 모르겠군요. 그는 거짓말을 하다가 사람을 죽이고 그의 돈을 가로챘을 뿐인데, 맷 데이먼 주연의 『리플리』(1999)를 보세요. 다만 이 대표도 리플리처럼 벌을 받지 않고, 게다가 대통령까지 되어 나라를 망치면 어쩌나 하는 것이 걱정이에요.

스나이더의 『가짜 민주주의가 온다』

대불황의 재발이 거의 확실한 현재의 상황에서는 경제정세보다는 오히려 정치정세가 중요할 것 같습니다. 또 이런 맥락에서 티머시 스나이더(Timothy Snyder)의 『가짜 민주주의가 온다』(*The Road to Unfreedom*, 2018; 국역: 부키, 2019)에 주목할 수 있고요. 현대사 연구자로 유명한 토니 주트(Tony Judt)의 동료인 스나이더는 소련과 독일의 대량학살 연구로 유명한데, 『피에 젖은 땅(Bloodlands): 스탈린과 히틀러 사이의 유럽』(2010; 국역: 글항아리, 2021)이 대표작이지요.

『가짜 민주주의가 온다』는 이미 문재인 정부 시절에 나온 것인데, 그러나 부끄럽게도 당시에는 미처 주목하지 못했습니다. 스나이더는 후쿠야마의 '역사의 종언론'과 달리 1989-91년 현실사회주의의 붕괴가 자유민주정의 승리에 이어서 탈냉전으로 귀결되지 않았고 오히려 권위독재정의 도전에 이어서 신냉전으로 귀결되었다는 사실을 강조하고 있지요.

스나이더는 먼저 2012년 러시아에서 2차 집권에 성공한 푸틴에게 주목하고 있습니다. 2차 집권기의 푸틴은 1차 집권기의 푸틴과 구별해야 하는데, 시장경제와 자유민주정의 수용에서 거부로 그 입장이 번복되었기 때문이지요. 달리 말해서 2007-09년 금융위기를 계기로 파시즘의 부활을 시도하면서 신냉전을 주도한 것은 시진핑의 중국보다는 오히려 푸틴의 러시아였다는 것이에요.

시장경제와 자유민주정을 거부하면서 푸틴이 유럽연합의 확대에 대한 대안으로 제시한 것이 이른바 '유라시아연합'이었습니다. 유럽연합의 확대가 러시아의 유럽화를 의미한다면 유라시아연합은 유럽의 러시아화를 의미하는 셈이지요. 1차 집권기에 우크라이나의 유럽연합 가입에 찬성한 푸틴은 2차 집권기에 그것을 번복하고 급기야 2014년에는 우크라이나를 침공했는데, 유럽연합 가입에 이은 나토 가입은 구차한 변명일 따름이었고 결국 유라시아연합의 첫 단계가 우크라이나의 점령이기 때문이었어요.

푸틴이 유라시아연합 이데올로기를 차용한 사람이 바로 신학자 베르댜예프와 불가코프 같은 반공주의적 선배 지식인들과 더불어 레닌에 의해 추방된 기독교 파시스트 일리인입니다. 1922년 12월에 소련을 건국하기 직전 레닌은 그들을 '철학자의 배'(Philosophers' Ships)에 태워 독일 등지로 추방했지요.

일리인은 자유민주주의적 법치를 부정하고 파시즘의 'proizvol', 즉 '무법상태'(lawlessness)를 찬양했는데, 2차 집권기 푸틴은 이것을 차용합니다. 그런데 'proizvol'은 현대 러시아어로는 'bespredel', 즉 '무한상태'(limitlessness)이고, 이것은 범죄자의 은어라고 하지요. 하기야 법을 무시하는 파시스트와 행동을 제한하려는 규범을 무시하는 범죄자의 행동은 거의 동일한 것인데, 멀리 갈 것 없이 이재명 대표야말로 그런 사례라고 할 수 있지요.

세계적 차원에서 탈냉전의 번복을 주도하는 것은 시진핑의 중국이 아니라 푸틴의 러시아라는 스나이더의 주장은 경청할 만합니다. 스탈린과 모택동에 버금가는 장기집권, 유라시아연합과 일대일로, 우크라이나 침공과 대만 침공 등의 비교에서 푸틴이 시진핑보다 앞서 있다고 할 수 있거든요. 하기야 시진핑은 그럴 필요가 없다고 주장하는 발리바르 같은 사람도 있는데, 중국은 이미 '공영권'(Großraum, 슈미트) 내지 자급자족적 '생활권'(Lebensraum, 히틀러)이므로 '세계 분할을 추구하지 않는다'고 부당전제하는 셈이지요.

스나이더는 2014년 러시아의 우크라이나 침공의 계기가 2013년 말과 2014년 초에 전개된 마이단 시위였음을 강조합니다. 키이우의 독립광장인 마이단에서의 시위는 유럽연합 가입 대신 유라시아연합 가입을 선택한 야누코비치 대통령에 대한 저항이었는데, 우크라이나인뿐만 아니라 우크라이나 국민의 1/6을 차지하는 '소수민족'으로서 러시아인도 참여했다고 하지요.

마이단 시위로 야누코비치가 러시아로 망명하자 그의 보호자인 푸틴이 침공을 감행한 것인데, 그 동안 푸틴은 '부정·부패의 수출'을 통해 야누코비치를 통제해왔습니다. 그리고 푸틴의 이데올로그인 두긴이 러시아가 아닌 유럽을 선택한 우크라이나 국민을 파시스트라고 비난했던 것이지요. 러시아의 우크라이나 침공은 우크라이나 파시즘에 대항한 '러시아의 봄'이라고 주장하면서요.

스나이더는 러시아 클렙토크라시를 대변하는 두긴이 발명한 신종 파시즘을 '분열증적 파시즘'(schizofascism)이라고 부릅니다. 분열증적 파시즘은 민주정을 자처하면서 오히려 자신을 비판하는 민주정이 파시즘이라고 선전·선동하는 '가짜 민주정'인데, 국역본은 그것을 책 제목으로 선택한 것이에요. 그런 선전·선동은 '전복적(undermining) 선전·선동'이라 불리기도 하는데, 이재명 대표나 조국 교수, 나아가 백낙청 교수 등이 애용하는 수법이지요. 그러나 그럼에도 불구하고 러시아인의 무지와 무책임은 놀라울 따름이에요. 하기야 그들에게는 '문재명 정부' 지지자 같은 광란도 없기는 하지만요.

스나이더는 2014년 우크라이나 침공이 부분적으로만 성공했다고 강조하고 있습니다. 크림반도는 점령했으나 돈바스 이외의 동남부(일명 '노보로시야', 즉 새 러시아) 점령에는 실패했는데, 야누코비치를 지지하던 러시아인이 푸틴을 지지한 것은 아니었거든요. 그래서 러시아군이 빨치산으로 위장하여 내란을 유발했던 것이고요.

게다가 푸틴은 돈바스를 점령하기 위해 현지 주민, 특히 어린이와 여성, 그리고 노인을 '인간방패'로 활용했다고 합니다. 이것은 사실 하마스가 사용하는 빨치산 전술로서 주민의 '능동적 동원'에 실패할 경우에 사용하는 주민의 '수동적 동원'이라고 할 수 있는데, 이런 것이 바로 '반인류적 범죄'이지요.

스나이더는 푸틴이 2016년 미국대선에도 개입했다고 주장하면서 트럼프가 푸틴의 꼭두각시인 것처럼 묘사하는데, 설득력이 없다는 것이 제 생각입니다. 그러나 트럼프를 진정한 인민주의자가 아니라 '가학성 인민주의자'(sadopopulist), 즉 인민의 지지를 얻어 인민을 희생시키는 사이비 인민주의자로 특징짓는 것은 흥미롭다고 할 수 있는데, 이재명 대표나 조국 교수 역시 그런 경우이거든요.

『역사의 종말』(1992; 국역: 한마음사, 1992)의 저자인 후쿠야마(Francis Fukuyama)의 최근작『자유주의와 그 불만』(2022; 국역: 아르테, 2023)에도 잠시 주목하겠습니다. 신보수주의에서 신자유주의로 전향한 그는 트럼프가 아닌 바이든을 지지했다고 하는데, 2020년 대선에서 트럼프가 낙선한 이유를 사법기관(검찰과 법원), 정보기관, 언론기관을 약화시키는 데 실패했기 때문이라고 주장하고 있어요. '문재명 정부' 지지자가 이들 기관을 공격하는 데 사활을 거는 이유를 짐작할 수 있지요.

『가짜 민주주의가 온다』의 프롤로그 격인『폭정』(*On Tyranny*, 2017; 국역: 열린책들, 2017)의 부제는 '20세기의 20가지 교훈'이고 제사는 '정치에서 속았다는 변명은 통하지 않는다'는 코와코프스키(Leszek Kołakowski)의 말입니다. 폭정에는 무지자의 책임도 있다는 의미인데, '나라의 흥망은 필부도 책임이 있다'(天下興亡, 匹夫有責)는 고염무의 말과도 통하는 것으로 푸틴의 지지자는 물론이고 이재명 대표나 조국 교수의 지지자가 명심해야 할 말이겠지요.

또『예루살렘의 아이히만: 악의 평범성(der Banalität des Bösen)에 관한 보고서』(1963)에서 한나 아렌트(Hannah Arendt)는 이렇게 일갈하기도 했습니다.

> 정치는 결코 아이들 놀이방(Kinderstube)에서 일어나는 일이 아니다. 성인들이 참여하는 정치의 영역에서 순응(Gehorsam, 복종)이라는 말은 동의(Zustimmung)나 지지(Unterstützung)와 같은 말일 따름이다.

현재 남한에 필요한 교훈에 주목해보면, 먼저 두 번째 교훈으로 제도 덕분에 품위(decency)를 유지할 수 있다는 것입니다. 품위, 즉 시빌리티를 유지하기 위해 방어해야 하는 제도로서 예를 들어 법치를 들 수 있겠지요. 또 다섯 번째 교훈은 전문직의 책임윤리입니다. 예를 들어 법률가 없이 법치를 파괴할 수는 없기 때문인데, 스탈린주의와 나치즘을 지지한 법비처럼 '문재인 정부'를 지지하는 법비가 그 증거이지요.

나아가 아홉 번째 교훈은 텔레비전이나 소셜미디어와는 거리를 두고 책이나 신문·잡지를 읽으라는 것입니다. 후자보다는 전자가, 특히 텔레비전보다는 소셜미디어가 '선택적 정보'를 강화함으로써 '사적/개인적 멍청함의 최대한의 사회화'(la socialisation maximale de la bêtise privée, 레지 드브레)를 실현하기 때문이지요.

또 열 번째 교훈은 포스트모던한 대안현실(alternative reality)과 탈진실(post-truth)이 아니라 모던한 현실과 진실을 믿으라는 것입니다. '진실 다음에 파시즘이 온다'(post-truth is pre-fascism)는 사실을 명심하면서요. 달리 말해서 푸코처럼 '지식'(intelligence) 대신 '멍청함'(bêtise)을 요구하면 안 된다는 것이에요.

탈진실은 『옥스퍼드 영어사전』(*OED*)에 의해 2016년을 상징하는 '올해의 단어'로 선정되기도 했습니다. 탈진실은 '여론의 형성에서 감정과 개인적 신념에 대한 호소보다 객관적 사실의 영향력이 작은 상황'이라는 의미입니다. 또는 '탈진실의 정치'(post-truth politics)처럼 형용사로도 사용된다고 하고요.

인민주의자를 비롯한 독재자의 전략에서 점차 억압과 이데올로기의 비중이 하락한다고 할 수 있습니다. 그들의 새로운 전략은 이른바 '좌표찍기'를 통한 '괴롭히기'(harassment)나 '창피주기'(humiliation)와 소셜미디어를 통한 프레임이나 가짜뉴스가 된다는 것이지요. Sergei Guriev and Daniel Treisman, "Informational Autocrats", *Journal of Economic Perspectives*, Fall 2019를 참고하세요.

트럼프에 대한 스나이더의 설명이 별로 설득력이 없다고 했는데, 그 대신 가나리 류이치의 『르포 트럼프왕국』(2017; 국역: AK, 2017)이 읽을 만합니다. 일본 최고의 정론지 『아사히신문』의 뉴욕특파원인 가나리의 2016년 미국대선 보고서인데, 약관 40세 기자의 실력이 이렇게까지 대단한가 하는 생각이 들었어요. 그러니 이와나미 문고로 출판할 수 있었겠지만요.

트럼프가 확보한 선거인은 클린턴보다 74명이 많았는데, 북동부와 중서부의 '러스트벨트'(Rust Belt, 쇠락한 공업지역) 중 부동주(swing state)에서 70명의 선거인을 확보한 덕분이었습니다. 트럼프와 마찬가지로 74명이 많은 선거인을 확보한 바이든은 부동주 일부에서 간신히 역전하여 46명의 선거인을 확보하고 나아가 애리조나와 조지아에서도 역전하여 27명의 선거인을 확보한 덕분이었고요.

트럼프의 지지자는 지역적으로는 대도시가 아닌 지방에 집결해 있고, 세대적으로는 44세 이하가 아닌 45세 이상이라고 합니다. 그들은 신자유주의적 엘리트인 민주당 정치인, 그 중에서도 특히 클린턴 부부에 대한 비호감 내지 거부감으로 트럼프를 지지했다고 하지요. 1990년대 이후에 진행된 금융세계화로 경제적 지위가 하락했는데, 급기야 2007-09년 금융위기로 인해 상승 가능성이 최종적으로 소멸했다는 것이고요.

클린턴 부부에 대한 거부감이 폭발한 사례로 가나리는 힐러리가 트럼프 지지자를 '개탄스럽다'(deplorable)고 비판한 사실에 주목하고 있습니다. 그런데 바로 이 단어가 트럼프 지지자에 의해 '[그래] 난 개탄스러워'(I'am deplorable)라는 구호로 바뀌어 미국식 주류교체론을 상징하게 되었다는 것이에요.

방금 '민생회복지원금'과 '대파'에 부동하는 표심이란 한심하다고 비판했는데, 개탄스럽다는 비판은 그보다 약한 편입니다. 개탄스럽다고 번역한 'deplorable'은 'condemnable'과 마찬가지로 '잘못된 짓을 했다'는 의미인 반면 한심스럽다의 'contemptible'은 '말도 안 되는 짓을 했다'는 의미이거든요. 트럼프 지지자와 달리 '문재명' 지지자가 개탄스럽다기보다는 한심스러운 것은 결국 하층민·불량배 기질 때문이에요.

러시아-우크라이나 전쟁

러시아-우크라이나 전쟁에 대한 스나이더의 설명을 보충할 필요가 있습니다. 우크라이나의 역사는 구로카와 유지의 『유럽 최후의 대국, 우크라이나의 역사』(2002; 국역: 글항아리, 2022)를 참고하는 것이 좋아요. 코사크라고 불리던 우크라이나 원주민은 우크라이나 슬라브인을 중심으로 어렵생활을 하던 무장집단이었는데, 폴란드의 농노로 전락하거나 아니면 오스만 투르크에 속한 타타르인의 노예로 전락하는 데 저항하던 '자유인'이었지요.

우크라이나 출신인 고골의 낭만적 리얼리즘 중편 『타라스 불바』(1835; 국역: 민음사, 2009)는 1630년대 폴란드에 대한 코사크 반란 200주년에 즈음한 작품이었습니다. 초등학교 때 율 브리너와 토니 커티스 주연의 『대장 부리바』(1962)를 본 적이 있는데, 이제 유튜브로도 찾아볼 수 있더군요. 원작과 영화의 대단원은 자식보다 조국을 더 사랑한 불바가 아들 안드리에게 총을 쏘는 장면인데, 그 때 불바가 한 말이 심금을 울리지요.

내가 너를 낳았으니—내가 너를 죽이리라!

I begot you—and I will kill you!

별명이 '러시아의 스코트'인 고골의 대표작은 희곡 『검찰관』(1836), 미완성 소설 『죽은 농노』(1842) 등이었고요.

150년 간 이어진 일련의 반란이 실패한 다음 1780년대에 러시아에 합병된 우크라이나가 밀·옥수수 등의 곡창지대로 변화하면서 우크라이나인은 농노로 변모했습니다. 또 19세기 후반에는 돈바스의 탄광·철광지대를 중심으로 러시아 노동자가 대량으로 이주하게 되면서 우크라이나인은 미국과 캐나다 등지로 이주했는데, 그들이 우크라이나의 독립을 지원했다고 하고요.

물론 우크라이나의 독립은 불가능했는데, 러시아/소련으로서도 곡창지대와 탄광·철광지대를 포기할 수는 없었기 때문입니다. 대신 우크라이나는 1928-32년의 1차 5개년계획의 중심지로 부상하여 그 투자의 20%를 차지하게 되었지요. 그 결과 돈바스와 인근에 소련 최대의 콤비나트가 건설되면서 우크라이나인의 노동자화 역시 진행되었고요. 반면 1930-31년에 농업집단화가 강행되면서 1932-33년의 대기근('홀로도모르')이 발생했지요. 또 2차 세계전쟁 중 우크라이나인 사망자는 인구의 17%에 이르렀다고 하는데, 이런 규모는 소련의 14%를 초과하는 것이었고요.

1985년에 집권한 고르바초프가 글라스노스치와 함께 과거 청산 문제를 제기하면서 우크라이나 독립의 희망이 또다시 제기되었는데, 고골의 『타라스 불바』 이후 150년 만이었습니다. 1991년 8월의 반(反)고르바초프 쿠데타 직후 혼란의 와중에 독립을 달성할 수 있었고요. 미국과 러시아에 이은 제3의 핵강국이었던 우크라이나는 1994년에 비핵화에 동의하면서 핵무기를 폐기하는 대신 러시아로 이관했는데, 20년 만에 러시아의 침공이 시작된 것이에요.

김정일-김정은 위원장 부자가 핵무력 완성에 매진한 것은 리비아 가다피의 몰락에서 얻은 교훈 때문이라는 것이 국민대 란코프(Andrei Lankov) 교수의 주장이었습니다. 2005년의 비핵화로 인해 2012년의 리비아내전에 나토가 개입하는 것을 막을 수 없었다는 것이지요. 그렇지만 미국보다 오히려 중국을 위험시하는 김정은 위원장에게는 러시아-우크라이나 전쟁이 더 큰 교훈을 주었을지도 모르겠어요.

이번 재침에서 러시아가 우크라이나를 항복시키지 못하는 것은 젤렌스키의 지도력 덕분일 것입니다. 지난 대선에서 이재명 후보는 젤렌스키 대통령을 '코미디언 출신의 6개월 초보 정치인'이라고 조롱하고 문정인 교수는 그의 '미숙함과 오판'을 부당전제했는데, 그 후 2년의 경과를 보면 이 후보와 문 교수의 친북중러·반한미일 성향이 드러난 셈이었다고 할 수밖에 없어요.

젤렌스키의 연설문집 『우크라이나에서 온 메시지』를 읽고 약관 40세에 대통령에 당선된 그가 보통사람이 아님을 알게 되었는데,

2022년 11월 말에 출판된 것을 두 달 만에 웅진지식하우스에서 번역해준 덕분이었습니다. 마침 전쟁 발발 1주년이어서 책에서 안내한 대로 우크라이나 정부에 목돈을 기부한 다음에 유엔을 통해서 매달 조금씩 기부했고, 2주년을 맞아서는 액수를 두 배로 인상했지요.

2022년 2월 24일 전쟁 발발 직후의 연설에서 젤렌스키는 '우리는 우리나라의 독립을 지킨다'고 선언했습니다. 러시아의 재침을 맞이하고서 '울지 않았고, 소리 지르지 않았으며,(…)도망가지 않았다'는 우크라이나인의 결의를 표명한 셈이었지요. '울부짖으면서 대들기'(베르티노티) 좋아하는 이탈리아인이나 한국인과는 또 다른 국민성을 엿볼 수도 있었고요.

젤렌스키의 입장은 발리바르의 입장과도 동일한 것인데, 둘 다 우크라이나 유다인의 후예라는 이유 때문만은 아닙니다. 발리바르는 러시아의 우크라이나 침공을 푸틴이라는 '독재자'(autocrate)이자 '불량배'(aventurier)가 도발하는 '구소련 제국주의'의 침략전쟁이자 우크라이나의 '독립전쟁'(민족해방전쟁)으로 규정하고 있습니다. 또 푸틴의 핵위협에도 불구하고 파병은 아니더라도 무기는 제공해야 한다고 주장하고 있고요.

젤렌스키는 전쟁 발발 5일 전에 열린 뮌헨안보회의의 연설에서 러시아의 우크라이나 침공을 독일의 폴란드 침공에 비유했습니다. 영국과 프랑스의 유화정책이 2차 세계전쟁으로 귀결된 역사에서 교훈을 얻어 3차 세계전쟁을 예방하기 위해서라도 미국과 유럽연합이 양보하면 안 된다는 의미였지요. 바로 이것이 하버마스가 언급한 '두 개의 악(Übel)'으로서 우크라이나의 패전과 3차 세계전쟁으로의 확전이라는 딜레마를 해결하는 유일한 길이라는 생각이 들었어요.

연설문을 읽고서 젤렌스키에 대해 좀 더 알아보려고 앤드루 어번과 크리스 맥레오드의 『젤렌스키』(2022; 국역: 알파미디어, 2022)도 읽었습니다. 전쟁 초기인 4월 중순에 출판된 이 책은 '[불량배(bully)] 푸틴에 도전하여 세계를 단결시킨 의외의(unlikely) 우크라이나 영웅' 젤렌스키의 평전인데, 이 책에 인용된 몇 구절을 소개해 보겠어요.

젤렌스키가 키이우를 탈출했다는 러시아의 역정보(disinformation)를 반박하는 셀카에서 한 말이 전세계적으로 주목받았습니다.

> 우리는 모두 여기에 있다. 군인이 여기에 있다. 시민이 여기에 있다. 우리는 모두 여기서 우리나라의 독립을 지키고 있다—그리고 앞으로도 마찬가지일 것이다(it will stay this way).

앞에서 주목한 전쟁 발발 직후의 연설이 빈말이 아니었음을 알 수 있는데, 한국전쟁 중 이승만 대통령이나 김일성 주석의 도주 행각과 비교되는 대목이에요.

또 코미디언 출신인 자신의 대통령 자격에 대한 논란에 대응한 말도 촌철살인이었습니다.

> 대통령이 되기 위해서 [정치적] 경험이 필요한 것은 아니다. 그저 품위있는 (decent) 사람이기만 하면 된다.

자신의 출세작인 정치풍자극 『국민의 일꾼』(Servant of the People, 2015)에서 대통령 후보가 '개자식들'(bastards, 불량배)뿐이라면서 한 말도 역시 촌철살인이었고요.

> 역사는 소극이고 사기극이다
>
> History is a shit.

제가 '문재명 정부' 지지자에게 한 말과 비슷한데, 한동훈 위원장도 이재명 대표와 조국 교수가 '정치를 개 같이 한다'고 비판한 바 있지요.

팔레스타인-이스라엘 전쟁

그런데 팔레스타인-이스라엘 전쟁 때문에 러시아-우크라이나 전쟁에 대한 세계적 관심이 감소했습니다. 전쟁을 도발한 하마스의 이스라엘 민간인 테러의 배후로 이란이 지목되는 것은 역시 러시아-

우크라이나 전쟁의 제2전선을 형성하려는 의도 때문인데, 물론 미국과 나토의 강경한 대응으로 그런 의도가 실현되기는 어렵겠지요.

그러나 중국-대만과 북한-남한의 경우는 어떨지 잘 모르겠는데, 이재명 대표는 '대만해협이 뭘 어떻게 되든(…)우리와 뭔 상관있나'라고 주장했기 때문입니다. 중국이 대만을 침공하고 북한이 한반도에서 제2전선을 형성할 때 이재명 대표는 무어라고 할까 궁금한데, 아마도 감옥에 있을지도 모르겠지요.

2013년에 발표한 『2010-12년 정세분석』에서 저는 오바마 정부의 '태평양으로의 선회'(pivot toward/to the Pacific)에 주목해야 한다고 주장한 바 있습니다. 그러면서 그 배경으로 1948년 1차 서아시아 전쟁 이후의 서아시아 현대사와 2011년 '아랍의 봄' 이후의 현정세에 대해서도 개관한 바 있고요.

그러면서 당연히 이스라엘의 현대사에 대해서도 공부해봤는데, 아랍-이스라엘의 갈등에서 미국과 유럽의 좌파가 무조건 친아랍적이 아닌 이유를 깨닫게 되었습니다. 또 '노동시온주의'라는 일종의 사민주의에서 출발한 이스라엘이 민족주의화되고 보수주의화된 데는 아랍과의 갈등이라는 이유가 있었다는 사실도 알게 되었고요.

이스라엘에서 노동당은 물론이고 보수당 온건파와 노동당 온건파가 연합한 중도파 정당이 몰락한 데는 미국이 중재한 오슬로 협정의 실패라는 이유가 있습니다. 1991년에 시작된 평화협상이 2000년에 최종적으로 실패하면서 노동시온주의와 아랍민족주의의 투쟁이 유다민족주의와 범이슬람주의의 투쟁으로 변질되었지요. 결국 양자의 투쟁이 '공멸'(der gemeinsame Untergang, 마르크스)로 끝날 것 같다는 생각도 들고요. 마치 노예제에서 주인과 노예의 투쟁이 공멸로 끝난 것처럼 말이에요.

이번에 팔레스타인-이스라엘 전쟁의 재발을 보면서 오슬로 협정으로 귀결된 서아시아에서의 전쟁과 평화에 대해 좀 더 공부할 필요가 있다는 사실을 깨달았습니다. 그래서 오드 시뇰의 『팔레스타인의 독립은 정당한가』(2005; 국역: 웅진지식하우스, 2008)를 비롯해서 다테야마 료지의 『팔레스타인: 그 역사와 현재』(1995; 국역: 가람기획, 2002)와 후지무라 신의 『중동현대사』(1997; 국역: 소화, 2007) 등을 읽었지요. 또 김도희 박사 등의 「이스라엘-하마스 전쟁: 배경, 전망과 과제」(국회입법조사처, 2023. 11.)도 읽었고요.

이스라엘의 건국은 팔레스타인을 분단하기로 한 1947년의 유엔 결의로 소급하는데, 당시 인구의 1/3을 차지한 유다인에게 할당된 영토는 10%도 되지 않았습니다. 전승국인 미국과 소련이 추진한 그 결의는 유럽 유다인 800만명의 2/3가 학살된 것에 대해 나치의 단죄만으로 부족하고 인류(특히 소련?)의 연대책임이 필요하다는 의미를 갖는 것이었지요. 나아가 미군과 영국군에 복무한 70만명, 소련군에 복무한 50만명, 그 밖에도 40만명 등 전세계 유다인의 1/10이 참전한 것에 대한 인류의 보답이기도 했고요.

1948년의 이스라엘 건국 당시 이집트 이외의 아랍 지역은 후진적이었는데, 팔레스타인에서 아랍인은 씨족공동체 중심으로 생활한 반면 유다인은 노동시온주의에 따라서 농촌코뮌인 키부츠와 노총-노동당 중심으로 생활했지요. 이집트의 주도로 전쟁을 도발한 아랍이 패전한 다음 나세르가 아랍민족주의를 제창하자 소련이 아랍-이스라엘 전쟁을 민족해방전쟁으로 규정하면서 아랍을 지원했는데, 그러나 1967년과 1973년에도 아랍의 도발과 패전이 반복되었어요.

1985년에 집권한 고르바초프가 냉전 종식을 시도하면서 아랍에 대한 소련의 지원도 철회했습니다. 그에 따라 1988년에 팔레스타인해방기구(PLO)의 수장인 아라파트가 테러리즘을 포기하고 1947년의 유엔 결의를 수용하면서 아랍-이스라엘 사이에 평화가 모색되기 시작한 것인데, 요르단강 서안과 가자지구에 거주하던 팔레스타인 주민의 요구도 있었다고 하지요.

아랍-이스라엘의 평화협상은 결국 1993년 오슬로 협정으로 귀결되었습니다. 이스라엘 노동당 정부의 라빈 총리가 '영토와 평화의 교환'이라는 원칙에 따르는 오슬로 협정을 지지하면서 팔레스타인해방기구의 수장 아라파트에게 서안과 가자지구에 대한 자치권을 부여했던 것이지요.

아라파트가 지도한 팔레스타인해방기구 최대 정파는 파타였는데, 그들이 서안과 가자지구를 통치한 팔레스타인자치정부(PA)를 주도했습니다. 그러나 파타의 무능과 부정·부패로 인해 그 반대 세력인 하마스가 성장했는데, 1987-93년의 1차 인티파다(봉기)가 결정적인 계기였지요. 테러를 포기한 파타와 달리 하마스는 이스라엘에 대한 테러를 고집했던 것이고요.

아랍민족주의인 파타와 범이슬람주의인 하마스의 갈등으로 인해 오슬로 협정이 무효화되었는데, 2000-05년 2차 인티파다가 결정적이었습니다. 그 결과 2007년부터 서안은 파타가 통치하고 가자지구는 하마스가 통치하게 되었지요. 아랍 전역에 걸쳐서 아랍민족주의의 타락과 범이슬람주의의 도전을 상징한 2011년 이른바 '아랍의 봄' 이후 2014-16년에 일련의 인티파다가 발생했고요. 그런데 서안과 달리 가자지구의 주민이 여전히 하마스의 통치에 동의하는지 궁금하지 않을 수 없어요. 이번에 적나라하게 드러난 것처럼, 가자지구의 주민은 하마스의 '인간방패'라고 할 수밖에 없거든요.

이스라엘에도 오슬로 협정에 반대하는 세력이 존재했다는 사실에 주목해야 합니다. 유다인에게는 아슈케나즈와 스파라드라는 두 개의 계보가 있었지요. 아슈케나즈는 유럽계 유다인으로 엘리트적인 반면에 스파라드는 이베리아계-아프리카계-아시아계 유다인으로 대중적이었는데, 전자와 달리 후자는 오슬로 협정에 반대했어요.

1967년 전쟁과 1973년 전쟁을 계기로 아슈케나즈와 스파라드의 인구비가 역전되었고, 그 후 전자의 노동시온주의에 대한 대안으로 아랍인의 민족적 차별에 대한 원한과 증오를 간직해온 후자의 유다민족주의가 부상하기 시작했습니다. 그 결과 1977년에 노동당 대신 보수당이 집권하기 시작했는데, 1992년까지 단독 또는 공동으로 집권하면서 서안·가자지구 점령의 영구화를 시도했지요.

1993년의 오슬로 협정은 영토와 평화의 교환을 지지한 노동당의 부활이었습니다. 물론 보수당과의 경쟁도 지속되었는데, 1992-2001

년은 노동당과 보수당이 교대로 집권했지요. 그러나 오슬로 협정이 무효화되면서 2001-09년에는 노동당 대신 중도파 정당이 보수당과 교대로 집권했어요. 중도파 정당이란 노동당이 몰락하면서 보수당 온건파가 노동당 온건파를 포섭한 신당이었고요.

2011년 아랍의 봄과 태평양으로의 선회 이후 트럼프 정부의 중재로 아랍과 이스라엘 사이에서 데탕트가 모색되었습니다. 바이든 정부도 승계한 이런 중재가 사우디아라비아와 이스라엘의 국교정상화로 귀결되기 직전인 2023년 10월에 발생한 인티파다가 이번 전쟁의 계기가 되었던 것이지요. 이번 전쟁의 배후에는 하마스를 지지한 이란과 파타를 지지한 사우디아라비아의 갈등도 개재되었다고 하고요.

아랍의 봄을 전후해서 이스라엘에서도 네타냐후 총리의 보수당 정부가 장기 집권에 돌입했습니다. 네타냐후 정부는 2009년 이후 집권을 지속했는데, 2021-22년에 반(反)네타냐후 연립정부가 1년 반 정도 집권했을 따름이지요. 네타냐후 정부는 미국의 경고에도 불구하고 이번 전쟁에서 강경한 입장을 견지하고 있고요.

마지막으로 서아시아 문제의 권위자인 버나드 루이스의 『무엇이 잘못되었나』(2002; 국역: 나무와숲, 2002)에 대해서도 주목해두겠습니다. '무엇이 잘못되었나?'(What went wrong?)라는 질문은 사실 두 가지 의미로 해석될 수 있는데 '누가 우리에게 잘못했나?'(Who did wrong to us?)일 수도 있고 '우리가 무엇을 잘못했나?'(What did we do wrong?)일 수도 있기 때문이지요.

우리에게 익숙한 것은 물론 '누가 우리에게 잘못했나?'라는 해석인데, 피아를 구별하면서 '외부의 적'(일본)이나 '내부의 적'(친일파 내지 '토착왜구')에 책임을 전가하는 방식입니다. 반면 '우리가 무엇을 잘못했나?'라는 해석은 자기비판의 방식이어서 '어떻게 잘못을 바로 잡을까?'(How do we put it right?)라는 질문과 통하는 것이지요.

루이스는 당연히 전자의 해석이 아니라 후자의 해석을 지지하고 있습니다. 그는 이슬람의 결함을 종교개혁과 정교분리의 실패에서 발견하고 있는데, 아랍민족주의의 타락을 빌미로 범이슬람주의가 부활한 것 역시 이 때문이라는 것이지요. 그는 범이슬람주의가 나치 독일의 반유다주의를 수입하면서 '파시즘화 경향'을 보이고 있다고 경고하고 있기도 하고요.

범이슬람주의와 나치당의 관계에 대해서는 Jeffrey Herf, *Three Faces of Antisemitism: Right, Left and Islamist*, Routledge, 2024; "Nazi Antisemitism and Islamist Hate", *Tablet Magazine*, July 2022를 참고할 수 있습니다. 조지 모스(George Mosse)와 버나드 루이스의 제자인 허프는 유럽 기독교 문화에서 유래한 반유다주의가 나치당을 매개로 아랍 이슬람 문화로 전파되면서 반시온주의가 되었다고 주장하고 있지요.

반시온주의란 이스라엘의 특정한 정책, 특히 서안과 가지지구의 점령을 영구화하려는 보수당의 정책뿐만이 아니라 이스라엘의 건국 자체도 부정하는 것으로 끊임없는 테러의 구실이라고 할 수 있습니다. 아랍민족주의적인 파타 다음에 범이슬람주의적인 하마스가 그것을 견지하고 있는 것이고요.

파타와 하마스의 무력충돌에 즈음하여 발표한 발리바르의 테제 「대안세계화하는 유럽」(2006-07)의 '역자 해설'(『일반화된 마르크스주의의 쟁점들』에 실림)에서 제가 그의 2004년 테제를 소개한 적이 있습니다. 여기서 그는 팔레스타인과 이스라엘의 갈등을 독재자와 근본주의자·테러리스트가 '도구화'하고 있다고 비판한 바 있는데, 이제 그런 세력은 아랍에 국한되지 않고 이란이나 튀르키예 같은 이슬람 전반으로 확산되고 있어요.

그러나 "Palestine, Ukraine and Other Wars of Extermination" (*Bisan Lectures Series*, Dec. 2023)이라는 최근의 강연에서 발리바르의 입장은 변화했습니다. 그는 러시아-우크라이나 전쟁과 팔레스타인-이스라엘 전쟁을 '유로-지중해공간의 두 개의 전선'에서 전개되는 절멸전쟁으로 규정하고 우크라이나의 대의와 팔레스타인의 대의가 유사하다고 주장하면서 신냉전적 진영논리를 비판하고 있거든요.

그런데 친미적 우크라이나와 반미적 팔레스타인의 대의가 어떻게 유사하다는 것인지 저로서는 쉽게 납득할 수 없습니다. 혹시라도 우크라이나의 적국인 러시아도 제국주의이고 팔레스타인의 적국인 이스라엘을 후견하는 미국도 제국주의이기 때문에 그렇다고 주장한 것이라면, 영국과 미국도 제국주의이고 독일도 제국주의라는 이유로 인민전선을 독소불가침조약으로 대체한 스탈린의 주장과 동일한 셈이거든요. 스탈린이나 발리바르는 파시즘의 위험을 과소평가하는 것 같다는 것이 제 생각이에요.

우크라이나를 침공한 러시아에 대한 좌파의 입장에 반제국주의적 양비론이 있다는 사실을 강조해두고 싶습니다. 우크라이나를 후견하는 미국과 유럽연합도 러시아처럼 제국주의이고 우크라이나는 그들의 괴뢰일 따름이라는 것이지요. 이런 양비론 이외에도 물론 미국(내지 유럽연합)에 비해 러시아는 선이라고 간주하는 반미론도 있을 수 있고요. 따라서 러시아-우크라이나 전쟁을 중심으로 다음과 같이 세 가지 입장을 구별할 수 있겠지요.

반파시즘: 러시아=악 vs. 미국=선
반제: 러시아=악 vs. 미국=악
반미: 러시아=선 vs. 미국=악

마지막으로 파시즘의 본질이 바로 반유다주의-반시온주의이고 그 증거가 홀로코스트라는 주제의 로버트 해리스의 대체역사소설(alternate history)인 『당신들의 조국』(Fatherland, 1992; 국역: 랜덤하우스, 2006)을 소개해두겠습니다. 해리스는 1943년 봄 스탈린그라드 전투에서 독일이 승리하고 1946년에는 미국과 강화가 성사되어 양국 사이에 냉전이 개시되었고, 급기야 1964년에 재선을 앞둔 미국 대통령 조셉 케네디(존 케네디의 아버지)가 히틀러와 데탕트를 모색한다는 '반(反)사실적'(counterfactual) 상황을 전제하고 있지요.

그러나 케네디의 방독을 앞두고 히틀러가 지령한 '유다인 문제의 최종적 해결'(Endlösung der Judenfrage) 실무책임자들의 반제회의(Wannseekonferenz)의 참석자가 게슈타포에 의해 연쇄적으로 암살되는 사건이 발생하고, 크리포(Kriminalpolizei, 사법경찰)의 마르흐 소령이 이 사건을 해결합니다. 그 덕분에 홀로코스트의 전모가 폭로되면서 미국과 독일의 데탕트는 성사되지 못하고요. 이 작품에 나오는 '경찰국가는 범죄자가 통치하는 나라다'(A police state is a country run by criminals)라는 말이 유명해졌는데, 실제로 크리포를 지휘하는 것은 게슈타포이지 '검수완박된' 검찰이 아니에요.

1994년에 미국의 영화채널 HBO(Home Box Office)가 영화화한 『당신들의 조국』을 유튜브로 찾아볼 수 있습니다. 해리스는 '두 개의 근본적인 줄거리 변경'(two fundamental changes in the story) 때문에 원작의 '분위기'(feel)가 없어졌다고 불만을 토로하기도 했는데, 아마 게슈타포에게 밀고한 아들이 마르흐가 사살되는 장면을 보고 잘못을 깨닫는다는 것과 미국과의 데탕트가 좌절되자 나치가 붕괴되었다는 것이 아닌가 하는 생각이 들어요. 또 2012년에 간젤 감독이 『디 벨레』의 후속작으로 기획했던 『당신들의 조국』 리메이크는 결국 실현되지 못한 것 같고요.

영어 자막이 달려 있는 독일 영화 『반제회의』(1984)도 유튜브로 찾아볼 수 있는데, 반유다주의-반시온주의에 공감하는 사람에게 반인류범죄인 홀로코스트를 모의하는 이 영화를 추천하고 싶습니다. 친위대(SS) 원수 힘러의 오른팔인 친위대 대장 하이드리히가 주관한 차관급회의에 친위대 중령 아이히만이 게슈타포 유다인과장 자격으로 참석하여 그를 보좌했지요. 법무부 차관 프라이슬러도 참석했는데, 나치의 대표적 법비인 그의 활약에 대해서는 조금 이따가 설명하겠어요.

홀로코스트의 기원과 그 전모, 나아가 유럽 각국과 영국·미국의 대응 등은 폴란드 유다인의 후예인 로버트 위스트리치의 『히틀러와 홀로코스트』(2001; 국역: 을유문화사, 2004)를 참고할 수 있습니다. 홀로코스트 그 자체에 대해서는 볼프강 벤츠의 『홀로코스트』(1995; 국역: 지식의 풍경, 2001)를 참고할 수 있고요. 나아가 노동시온주의를 포함하는 다양한 시온주의의 역사에 대해서는 미하엘 브레너의 『다윗의 방패』(2002; 국역: 들녘, 2005)를 참고하세요.

바이마르공화국의 쇠망과 나치의 집권

콜프의 『바이마르공화국』과 브라허의 『바이마르공화국의 해체』

이미 지적한 것처럼, 대불황, 파시즘, 세계전쟁 같은 임박한 파국은 '우리 문 앞에, 아주 가까이에' 와 있습니다. 그런데 피디의 이름이 유래한 인민민주주의론의 하나의 원천이 반파시즘 인민전선론임에도 불구하고 파시즘에 대해 본격적으로 공부해본 적은 없어요. 그저 풀란차스의 『파시즘과 독재』(1970) 등이나 읽었을 따름이지요. 나치가 괴멸시킨 바이마르공화국에 대해서도 역시 공부해본 적이 없고요. 이번에 바이마르공화국과 파시즘에 대해 공부해본 것은 이 때문이에요.

바이마르공화국사에 대한 대표적 교과서는 콜프(Eberhard Kolb)의 *The Weimar Republic* (Routledge, 2005)입니다. 1판(1984) 이후 9판(2022)까지 나온 독어 원서의 6판(2002)의 영역본이 바로 이 책인데, 국역본은 아직까지 없어요. 콜프는 1부에서 바이마르공화국사를, 2부에서는 연구사를 개관하고 있지요.

콜프가 '바이마르공화국사에 대한 최초의 학술서'이자 거의 70년이 지난 '오늘까지도 가장 탁월한 연구업적'이라고 평가하는 브라허(Karl Bracher)의 교수자격논문(Habilitationsschrift) 『바이마르공화국의 해체(Auflösung): 민주주의에서 권력붕괴(Machtverfall)에 관한 연구』(1955; 6판, 1978)는 2011년에 나남에서 국역되었는데, 방대한 데다가 직역 위주여서 쉽게 읽히지 않는다는 것이 단점입니다. 브라허는 토크빌과 밀의 후예를 자처하는 자유주의자로 반파시즘 투쟁에서 순교한 본회퍼가 처외삼촌이지요.

그러나 브라허의 책은 우회할 수 없는 역사학의 걸작입니다. 그는 바이마르공화국이 붕괴한 원인을 단지 독일경제의 구조적 위기 탓으로 돌리지 않으면서 이원정부제라는 '체제'(System) 내지 정체(Verfassung, constitution)의 결함, 나아가 힌덴부르크 같은 정치인의 개인적 결함으로 설명하거든요. 달리 말해서 바이마르공화국의 붕괴와 나치의 집권을 설명하려면 경제위기는 충분조건이 아니라 하나의 필요조건일 따름이고 그것에 정체의 결함과 정치인의 결함이라는 또 다른 필요조건이 추가될 때 비로소 충분조건이 된다고 할 수 있다는 것이에요.

비교하자면, 남한에서 프로토파시즘의 출현을 의미하는 '문재명 정부'를 설명할 때 1997-98년 경제위기는 충분조건이 아니라 하나의 필요조건일 따름이고 남한 문민화의 위기를 예고하는 김대중 정부라는 필요조건이 추가되어야 하는 것이지요. 김대중 대통령이 자신의 대권 도전을 위해 386운동권을 대거 동원하면서 노무현 정부가 탄생했고 그 덕분에 문재인과 이재명이라는 이전에는 상상할 수도 없었던 결함투성이 정치인이 출현했거든요.

오스트레일리아 철학자 매키(J. L. Mackie)가 필요조건이 축적되어 충분조건이 된다는 것을 논리적으로 설명했습니다. 예컨대 합선이 있고(벤 다이어그램 A) 인화물질도 있으며(B) 다만 소방수는 없어서(C) 화재가 발생한다면, 이 세 개의 원인 전체(A, B, C의 교집합)는 반드시 있어야 하는 필요한 조건은 아니지만 충분한 조건이지요.

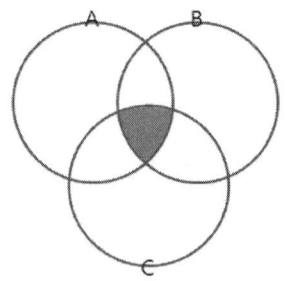

세 원인 중 합선, 즉 A만 본다면, 충분한 조건은 아니지만 없어도 되는 여분의 조건도 아닙니다. 그래서 매키가 합선을 '비필요-충분조건 중 비충분-비여분조건'(INUS, an Insufficient & Non-redundant part of an Unnecessary & Sufficient condition)이라고 불렀던 것이에요. 비여분조건을 그냥 간단히 필요조건이라고 불러도 된다는 것이 제 생각이고요.

바이마르공화국사 개관

콜프는 바이마르공화국사를 1918/19-23년, 1924-29년, 1930-33년의 세 시기로 구분하고 있습니다. 먼저 1918/19-23년을 '공화국의 기원과 공고화(Selbstbehauptung)의 시기'라고 부르면서도 콜프는 '즉흥적/미봉적 민주정'(eine improvisierte Demokratie)이라는 별명에도 주목하고 있습니다. 패전이라는 비상상황에서 러시아 같은 혁명을 예방하기 위해 즉흥적으로 실행된 '응급처방'(Notlösung)이었다는 것이지요.

독일의 바이마르공화국은 프랑스의 제3공화정과 유사한데, 보불전쟁의 패전 덕분에 제2제정을 대체한 제3공화정이 의원내각제를 채택했던 것처럼 1차 세계전쟁의 패전 덕분에 제2제국을 대체한 바이마르공화국도 의원내각제를 채택했기 때문입니다. 다만 영국식 의원내각제만으로는 정치적 안정을 도모할 수 없었던 프랑스의 경험을 고려하면서 미국식 대통령제와 절충한 이원정부제를 실험했다는 차이가 있었지만요.

1918년 11월혁명에서 출현한 노동자·병사평의회의 지지를 토대로 사민당이 주도한 중앙당·민주당과의 연립정부가 1919년 2월에 출범했고 8월에는 바이마르헌법이 채택되었습니다. 달리 말해서 바이마르공화국과 바이마르헌법의 이념은 사민당의 '프롤레타리아 자유주의'와 중앙당·민주당의 '부르주아 자유주의'라고 할 수 있다는 것이지요.

바이마르공화국이 정치적 불안정성을 피하지 못한 것은 '체제에 충성하는 야당'(loyal opposition)이 아니라 '반(反)체제적' 야당이 존재했기 때문입니다. 그런 야당은 특히 왕정복고파와 대통령주의자 같은 극우파였는데, 그들은 '비수 전설'(Dolchstoß-Legende, 배반자가 등에 칼을 꽂았다는 설) 같은 가짜뉴스를 조작해내면서 '미래로의 도피'(Flucht nach vorn, fuite en avant, 미래의 결과를 생각하지 않고 현재의 상황을 돌파하려는 무모한 행동)를 일삼았지요. 그 결과 일종의 '저강도 내란상태'가 조성되었고요.

그런 와중인 1920년 3월에 카프 등이 주도한 쿠데타가 발생한 것입니다. 쿠데타는 실패했으나 그 후 바이에른은 '극우파의 천국(Eldorado)'으로 변모했고, 히틀러와 나치의 근거지가 바로 바이에른이었지요. 게다가 카프 쿠데타를 계기로 군부가 독립성을 확보했는데, 물론 중립이 아니라 보수 성향이었고요. 달리 말해서 군부의 독립성이 '군부의 정치화'로 귀결되었다는 것이에요.

반면 1920년 6월 총선에서 사민당은 겨우 제1당의 지위를 유지했으나 의석의 40%를 상실할 정도로 참패했습니다. 독립사민당이 분당했기 때문인데, 어쨌든 그 후 8년 동안 사민당은 야당과 여당의 '잡종'(Zwitter, 중간자) 격이었지요. 쉽게 말해서 연정에 불참한 기간(6년)도 있었고 참여한 기간(2년)도 있었다는 것이에요. 반면 사민당의 파트너였던 중앙당은 줄곧 여당이었고 민주당조차 야당(1.5년)보다는 여당(6.5년)이었지요.

브라허는 '사법부의 정치화' 역시 강조하고 있습니다. 무솔리니와 파시스트의 1922년 10월 로마 진군을 모방하여 히틀러와 나치가 시도한 1923년 11월 뮌헨 쿠데타는 실패했는데, 그러나 5년 징역형을 선고받은 히틀러가 바이에른 주검찰의 반대에도 불구하고 주대법원의 특사로 1년여 만에 석방될 수 있었거든요. '반(反)사실적(counterfactual) 역사'의 '…이었다면 무슨 일이 일어났을까'(what if)라는 질문을 제기할 때, 나치의 비극에서 검찰과 법원의 역할은 이렇게 대조적이었어요.

물론 공산당이 나치당과 동일한 반체제세력이었던 것도 부정할 수 없는 사실인데, 다만 나치당과 달리 집권에 성공하지 못했다는 차이가 있었을 따름입니다. 대신 사민당에 대한 적대로 일관하면서 급기야 사민주의와 파시즘이 동일하다는 이른바 '사회파시즘론'을 주장하기도 했지요. 사회파시즘론이란 반동부르주아지보다 오히려 자유부르주아지가 위험하다는 스탈린의 '주요타격방향'(direction of the main blow) 개념을 응용한 것이었고요.

이어진 1924-29년은 '스탈린의 경제학자'라고 불렸던 바르가가 '상대적 안정'으로 특징지은 시기였는데, 1923년 '루르 점령'으로 귀결된 독불간 배상금 문제를 해결한 것이 바로 1924년에 미국이 유럽에 대한 '문호개방'(Open Door) 정책의 일환으로 제시한 도즈 플랜이었습니다. 독일의 중앙은행에 대한 미국의 민간은행의 대부가 핵심인 도즈 플랜은 정치·외교적 난제의 경제학적 해답을 제시하여 앵글로색슨과 프랑스-독일의 차이가 경제학의 존재 여부에 있음을 웅변한 셈이었지요.

도즈 플랜 이후 일련의 조약이 체결될 수 있었습니다.

1925년 집단안전보장조약인 로카르노 조약 체결, 그 전제로 '루르 해방'
1926년 독일의 국제연맹 가입
1928년 켈로그-브리앙 조약 체결

특히 부전조약이라고 불리기도 하는 켈로그-브리앙 조약은 전후에 뉘른베르크재판과 도쿄재판에서 '평화에 반한 범죄'(반평화범죄)를 도입하는 국제법적 근거가 되기도 했지요. 또 국제연합헌장에 반영되기도 했고요.

바이마르공화국의 상대적 안정기는 '슈트레제만의 시대'라고 불리기도 합니다. 그는 실용주의적 보수주의 정당인 인민당의 대표로 1923년 말 사민당까지 참여한 최초의 대연정을 조직했는데, 그러나 단기간 존속한 '100일 정부'였지요. 그러나 그는 1929년까지 외무부 장관직을 수행하면서 도즈 플랜을 개선한 영 플랜 도입을 추진하다

뇌졸중으로 요절했어요.

상대적 안정기가 공화국의 안정화에는 기여하지 못한 것은 비례대표제 아래 다당제가 의원내각제와 양립하기 곤란했기 때문이라는 것이 통설입니다. 비례대표의원만으로 구성되는 바이마르공화국의 의회에서 의원수는 가변적이었는데, 그야말로 '국민은 알 필요가 없는 산식'(정의당 심상정 대표)에 따라 유권자수, 투표자수, 투표율 등에 의해 결정되었기 때문이지요.

1930년 9월 총선까지 제1당은 사민당이었습니다. 그러나 1920년부터 1928년까지 8년 동안 연방 차원에서 사민당이 주도하는 연정의 구성은 불가능했고, 게다가 1925년부터는 힌덴부르크 대통령이 개입하기 시작했지요. 그 결과 사민당을 제외한 채 내정에 합의하는 부르주아 정당 간 연정을 구성하거나 사민당을 포함하면서 외정에 합의하는 연정을 구성했던 것이에요.

마지막 1930-33년은 '공화국의 해체와 파괴(Zerstörung)의 시기'였는데, 연정을 구성할 수 없게 되어 이원정부제에 고유한 여소야대의 '대통령내각'(Präsidialkabinett)이 출현한 시기였습니다. 최초의 사례는 1929년 10월 대공황 발발 직후 출현한 브뤼닝 내각이었는데, 1930년 9월 총선에서 나치가 약진하면서 사민당과 근소한 차이로 제2당이 되었지요. 그 후 3개의 대통령 내각이 출현했고요.

    1930년 3월-1932년 5월 브뤼닝 내각
    1932년 5월-1932년 12월 파펜 내각
    1932년 12월-1933년 1월 슐라이허 내각
    1933년 1월-1933년 3월 히틀러 내각

1933년 3월에 수권법(Ermächtigungsgesetz)이 통과되어 총리인 히틀러가 입법권을 장악하면서 바이마르공화국이 소멸한 것입니다. 또 1934년 8월에 힌덴부르크가 사망하자 히틀러가 대통령직도 승계했고요. 브라허는 히틀러의 '권력 장악'을 위한 예비단계인 브뤼닝 내각을 '권력 상실', 파펜 내각과 슐라이허 내각을 '권력 공백'으로 특징지었는데, 러시아혁명기의 레닌에 대한 홉즈봄의 말처럼, 히틀러는 '권력을 잡아야 했다기보다는 오히려 주워야 했다'고 할 수 있지요. 먼저 히틀러와 나치당의 관계를 정리해두겠습니다.

1919년 1월 노동자당 출범(공산당은 4일 전에 출범), 9월 히틀러 입당
1920년 2월 노동자당이 국가사회주의노동자당(나치당)으로 개편
1921년 7월 히틀러 나치당 대표로 취임
1923년 11월 뮌헨 쿠데타 실패
1924년 2월 법정투쟁 개시, 덕분에 5월 총선 참여(공산당은 1920년 6월 총선부터 참여), 동시에 『나의 투쟁』(원제: 『거짓말, 멍청함, 비겁함과 싸워온 4년 반』)을 집필하면서 인민주의라는 합법적 집권노선 구상
       12월 히틀러 특사 방면
1925년 2월 재창당으로 '히틀러의 나치당' 출현

재창당한 나치당은 카리스마적 '지도자'(Führer, 수령/총통)를 중심으로 한 인민주의정당이었지요. 그러나 이미 '국가인민주의당'(일명 '조국당'(Vaterlandspartei))이라는 당명이 존재하므로 '국가사회주의당'이라는 당명을 유지했던 것이고요.

스탈린도 인민주의자였고 히틀러도 인민주의자였습니다. 그러나 스탈린의 인민은 노동자였던 반면 히틀러의 인민은 종족이었다는 차이에도 주목해야 하지요. 스탈린의 대러시아주의는 국수주의였던 반면 히틀러의 국가사회주의는 종족주의였고 그것을 상징하는 것이 바로 반유다주의였어요.

그런데 종족주의 내지 반유다주의는 히틀러의 발명품이 아니라 대중의 이념을 반영한 것이었습니다. 이 때문에 전후에 과거 청산이 그만큼 곤란했던 것이고요. 베벨의 말처럼 반유다주의는 '멍청이들의 사회주의'(der Sozialismus der dummen Kerle)라고 할 수 있는데, 유다인이 부와 권력, 지식과 문화를 독점하고, 바로 그것이 불의의 원천이라고 부당전제하기 때문이지요. 그러나 멍청이가 다수일 때 반유다주의가 수용될 수 있었던 것이에요.

나치당은 1930년 9월 총선에서 국가인민당 대신 제2당으로 부상하면서 현실정치에서도 주목받게 되었습니다. 이런 '약진'(Aufstieg,

이류)의 계기는 1929-30년 대공황 발발을 전후해서 도즈 플랜을 대체할 영 플랜에 대한 논쟁이었지요. 도즈 플랜을 더욱 개선한 것이 영 플랜이었는데, 오히려 논쟁에서 배상금 자체에 대한 '민족주의적 원한'(콜프)이 폭발한 것이었어요. 독일인의 경제적 문맹이 그리 쉽게 해결될 수는 없었거든요.

그러나 논쟁에서 국가인민당의 주도권이 점차 나치당으로 넘어간 원인에 대해서도 생각해볼 필요가 있습니다. 콜프는 나치당이 국가인민당을 대체하게 된 것은 '무절제'(Hemmungslosigkeit)와 '잔혹'(Brutalität), 달리 말해서 분별력 없고 시빌리티 없는 극단주의 때문이었다고 주장하는데 일리가 있어요. 그 결과 총선에서 국가인민당이 나치당에게 역전당했던 것이고요.

사실 바이마르공화국의 정치문화에서 폭력화는 악명이 높아서 '사회적 군국주의'(Sozialmilitarismus)라고 불렸습니다. 이진모 교수의 「바이마르 말기 독일 노동운동과 폭력」(『대구사학』, 71집, 2003)에 따르면, 사민당의 의용군(Freikorps)이 나치당의 돌격대(SA)로 변모하자 이어서 사민당·중앙당·민주당의 국기단(Reichsbanner)과 공산당의 적색전선전사동맹(Roter Frontkämpferbund)이 조직되었던 것이지요.

나치의 약진에 나치법률가동맹의 기여가 컸습니다. 변호사 이외에도 판검사와 법학자를 포괄하는 말하자면 확대된 민변(민주사회를 위한 변호사 모임)인 셈인 나치법률가동맹에 이어 나치당을 지지하는 의사, 교사, 문화예술인 등 지식인 단체들도 속속 결성되었지요. 이들이 나치를 적극적으로 지지한 것은 질투심 때문이기도 했는데, 예를 들어 인구의 0.8%도 채 안 되는 유다인이 법률가의 16%, 의사의 11%를 차지했다고 하거든요.

물론 노동자당답게 노동자, 농민, 수공업자, 소상인 등 말하자면 유다인 자본가 등을 제외하고 전인민에 걸쳐서 나치당 산하의 대중조직들이 출현했습니다. 또 1939년 개전 직전에 나치당의 입당 제한이 철폐되자 하층민이 쇄도하면서 당원이 배증했는데, 종전시 850만명으로 인구의 10%를 초과했지요.

조선노동당도 비슷했습니다. 한국전쟁 중에 빈농 출신의 당원을 대거 숙청한 소련파 수장 허가이를 오히려 김일성 주석이 숙청하면서 1952년에 당원이 인구의 10%인 100만명을 돌파했거든요. 사실 이런 비율은 황당한 것인데, 중국공산당에서 중일전쟁과 내전을 거치면서 당원이 100배 이상 급증했어도 1949년 건국 당시에 인구의 0.8%인 450만명에 불과했고 모택동이 죽은 1976년에는 3.7%인 3400만명에 불과했기 때문이에요. 그 비율이 5%를 넘은 것은 1997년, 6%를 넘은 것은 2012년이었는데, 아직도 7%는 넘지 못했지요.

1988년 4월 총선에서 국회의원에 당선되고 5월에 조영래 변호사가 주도한 민변에도 참여했던 노무현 대통령이 그 후에는 별로 빛을 보지 못한 채 '바보 노무현'이라는 '자학(?)'을 일삼다가 1997-98년 경제위기 이후 득세한 것을 독일의 상황과 비교해볼 수도 있을 것 같습니다. 1998년 7월의 종로구 보궐선거에서 국회의원으로 재선된 다음 급기야 2002년 대선에서 승리하게 되었거든요.

노무현 대통령은 당선되자마자 민주당을 해체하고 열린우리당을 결성하면서 기세를 올렸으나 결국 1990년에 요절한 조영래 변호사의 친구 김근태 의원에게 제동이 걸려 열우당조차 해체당했습니다. 게다가 퇴임 1년 만에 권양숙 여사가 아들의 사업을 위해 500만달러, 아들과 딸의 미국주택구입을 위해 140만달러 등의 뇌물을 수수한 사실이 발각되어 구속·수감당할 위기에 처하자 자살을 선택했는데, 이와 관련된 일체의 사실은 최근 이인규 대검 중수부장의 증언으로 재확인되었지요.

이재명 대표는 노무현 대통령에게 보답하려고 뇌물의 수혜자인 딸 부부를 위해 사위인 곽상언 변호사를 종로구에 공천했습니다. 또 노무현 대통령을 위해서 복수하려고 김근태 의원의 동지이자 처인 인재근 의원의 지역구에 서사연 사건의 유일한 비전향자였던 권현정 박사의 남편인 김남근 변호사를 공천한 것이고요. 민주당이 2021년 4·7보선에서 참패한 원인 중 하나인 LH직원토지투기 고발에 대한 보답이기도 했는데, 김 변호사가 고사하는 바람에 YTN 비정규직 앵커 출신 안귀령이라는 '듣보잡'이 횡재했다가 결국 헛물만 켰지요.

어쨌든 1924년 5월 총선에서 제2당으로 부상한 국가인민당 대신 나치당이 제2당으로 부상한 1930년 9월 총선은 독일사에서 여러 '운명의 날'(Schicksalsdatum) 중 하나였습니다. 나치당이 더 이상 무시할 수 없는 정치세력으로 부상한 이 총선이 나치당에게 '결정적 돌파'(der entscheidende Durchbruch)였기 때문이지요.

바이마르공화국의 해체기이자 나치즘으로의 과도기인 1930-33년을 특징짓기 위해 브라허는 '발자국이 무섭다'(Vestigia terrent)는 『이솝 우화』에 나오는 말을 인용한 바 있습니다. 이것은 사자굴 앞에서 여우가 한 '들어가는 발자국은 많아도 나오는 발자국은 없다'는 말을 호라티우스가 라틴어로 요약한 것이지요.

바이마르공화국의 해체를 상징한 대통령내각은 의원내각을 대체한 것이었습니다. 다수파 내각인 의원내각이 아니라 소수파 내각인 대통령내각이 집권하는 여소야대의 상황은 대통령의 비상대권, 즉 의회해산권과 총리지명권에 의존하는 것이었고요. 영 플랜에 대한 논쟁의 와중에 1928년 6월부터 사민당이 주도한 대연정이 붕괴하고 1930년 3월부터 브뤼닝 내각이 출범한 것이었지요.

대통령내각이란 힌덴부르크 대통령과 그의 '총신'(Kamarilla)인 슐라이허가 1929년 봄, 즉 영 플랜을 위해 파리회의가 소집되었을 때부터 구상한 것이었다고 합니다. 물론 힌덴부르크가 대통령으로 선출된 직후인 1926년에 슐라이허라는 희대의 정치군인을 발탁하면서 그런 구상이 시작되었다고 주장하는 논자도 있지만요.

'국익(Staatsräson, raison d'Etat, national interest, 마키아벨리)과 합리적인 정치적 계산을 근거로 하여'(콜프) 브뤼닝 내각을 '묵인한'(tolerieren) 사민당의 결정에 주목할 필요가 있습니다. 그런 결정이 '파펜의 7·20쿠데타', 즉 1932년 5월에 브뤼닝 내각을 승계한 파펜 내각이 급기야 7월 20일에 사민당이 주도하던 프로이센 주정부를 전복하는 폭거로 귀결되었거든요.

사민당은 연방 차원의 연정과 달리 프로이센주 차원에서는 연정을 유지할 수 있었는데, 프로이센 주총리인 오토 브라운의 개인적 능력 덕분이었습니다. 그리하여 독일연방의 인구와 면적의 3/5를 차지한 프로이센 주정부를 전복하는 것이 우파의 최종적인 목표가 되었던 것이고요.

바이마르공화국 연구사

콜프는 바이마르공화국 연구사를 예닐곱 가지 쟁점으로 정리하고 있습니다. 첫 번째 쟁점은 연구 경향인데, 앞에서 지적했던 것처럼, 바이마르공화국사의 연구는 1950년대에 해체의 원인에 대한 브라허의 연구에서 시작되었지요. 역시 앞에서 지적했던 것처럼, 브라허는 다음과 같은 원인을 지적했고요.

1930년대 대불황
이원정부제와 비례대표제 같은 정체의 결함
힌덴부르크 대통령과 그 측근(특히 슐라이허)의 개인적 결함

물론 비수 전설 등이 상징하는 원한의 정치와 반유다주의로 귀결된 종족주의 같이 나치당이 활용한 다양한 대중적 이데올로기도 중요했고요.

이어지는 1960-70년대는 해체기에서 창건기로 관심이 이동하여 정체의 결함에 더해서 사민당 주도의 연정, 사민당과 공산당의 분열 등에 대한 연구가 진행되었습니다. 또 상대적 안정기에 대한 연구도 시작되어 특히 슈트레제만 시대의 외교정책에 대한 연구 등이 진행되었고요. 나아가 1980년대는 상대적 안정기에 대한 바르가(Eugen Varga)의 테제를 둘러싸고 논쟁이 전개되었는데, 특히 보르카르트(Knut Borchardt)의 반론이 주목을 받았지요.

두 번째 쟁점은 바이마르공화국의 혁명적 기원인데, 사민당 주도의 노동자·병사평의회의 역할, 특히 러시아혁명과는 달리 평의회가

제헌의회의 해산이 아니라 소집을 지지한 사실에 대한 논쟁이 주제였습니다. 1918/19-23년 독일혁명의 과정에서 사민당과 공산당의 갈등은 『역사적 마르크스주의: 이념과 운동』을 참고하세요.

최근에 발리바르는 레닌을 비판하면서 제헌의회를 해산한 레닌에 대한 로자의 비판을 원용하기도 했는데, 문제가 있습니다. 로자가 레닌을 비판한 것은 전시의 옥중에서였는데, 종전과 동시에 석방된 로자는 리프크네히트(빌헬름의 아들 카를)와 더불어 공산당을 결성하고 제헌의회 소집에 대한 반대투쟁을 전개했거든요.

세 번째 쟁점은 바이마르공화국의 정체에 대한 논쟁입니다. 먼저 '바이마르헌법의 아버지'인 휴고 프로이스가 주장한 이원정부제는 사민당에 의해서도 수용되었습니다. 정치적·경제적 위기의 대응에 급급한 나머지 의원내각제와 대통령제의 갈등 위험을 간과했던 것이지요. 아니면 그 위험에 대해 무지했던 것인데, 부르주아 헌정사 최초의 실험이었거든요.

자유주의 사회학자 막스 베버는 애당초 카리스마적 대통령제를 주장했는데, 나중에야 프라이스의 이원정부제에 타협했다는 사실도 지적해두겠습니다. 그래서 베버로 박사학위를 취득한 역사학자인 볼프강 몸젠이 파시즘 대두에 대한 베버의 책임을 거론하기도 한 것이지요. 사실 베버는 1차 세계전쟁을 지지하고 참전을 지원하기도 했거든요.

어쨌든 1913년에 베벨이 사망하자 그 후임으로 사민당 대표가 된 에베르트가 대통령에 재임할 때 이미 육군 원수 출신인 힌덴부르크 시대의 전조가 나타났습니다. 물론 에베르트는 대통령내각을 도입하지 않고 의원내각을 유지했다는 차이가 있지만요. 정체의 결함이 실현되기 위해서는 인성의 결함도 필요했기 때문이지요.

정체의 또 다른 결함은 비례대표제였습니다. 사민당이 주장하고 자유주의자가 수용한 것이 비례대표제인데, 유럽에서 최신의 선거제로 간주되어 1920년대에 대부분의 나라가 채택했지요. 그러나 영국과 미국은 다수대표제로서 소선구제를 유지했는데, 전후에 비로소 양자의 장단점을 둘러싼 논쟁이 제기되었어요.

비례대표제의 결함 중 '탈당파 소수정당'(Splitterpartei, splinter party)의 난립과 연립정부 구성의 곤란이 대표적이었는데, 바이마르공화국 14년 동안 무려 15개의 연정이 존재했습니다. 최장기 연정은 2년 정도로 2개였고 최단기 연정은 2개월 미만으로 역시 2개였고요. 브라허에 따르면, 영미의 소선거구제가 바이마르공화국의 해체와 나치의 집권을 막을 수 있었지요. 물론 반론도 있었는데, 소수정당의 난립보다는 오히려 부르주아 정당의 보수화가 문제였다는 것이에요.

비례대표제나 다당제는 남한과도 직결되는 쟁점입니다. 정의당 심상정 대표가 '검수완박'과 교환한 '연동제'는 독일식 비례대표제에 대한 맹목적 추수였을 따름인데, 물론 심 대표 자신보다는 그에게 엉터리로 자문한 지식인의 정치적 문맹이 문제였겠지요. 또 이번에 다시 증명된 이른바 '제3지대'라는 환상도 문제였는데, 이준석 대표를 중심으로 하는 정치불량배를 국민의힘에서 퇴출한 것이 그나마 소득이라면 소득이겠지요.

마지막으로 군부의 역할에 대한 논쟁도 있었는데, 자유주의자는 군부를 비판한 반면 보수주의자는 옹호했습니다. 이런 논쟁은 군부가 공화국이라는 정체에 충성해야 하는가 아니면 종족으로서 민족/국가(die Nation)에 충성해야 하는가라는 쟁점을 형성하는 것이었지요. 자유주의자는 공화국에 충성해야 하고 보수주의자는 민족/국가에 충성해야 한다고 주장했고요.

나아가 문민통제라는 쟁점도 있는데, 잘못하면 군부의 정치화를 초래할 수도 있습니다. 군부가 공화국이나 민족/국가가 아닌 특정한 정부나 정파에 충성해야 한다고 해석될 수도 있거든요. 영화 『서울의 봄』(2023)이나 해병대원익사사건을 정쟁화하는 이재명의 민주당과 관련해서 두고두고 생각해볼 필요가 있다는 생각이 들어요.

1918/19년부터 1933년까지 지속된 독일의 바이마르 민주주의와 1905년부터 1931년까지 지속된 일본의 다이쇼 민주주의를 비교해볼 수도 있습니다. 후자가 입헌군주정 아래 의원내각제를 유지했다는

점에서 전자의 결함이 더욱 부각될 수 있기 때문이에요. 물론 일본에서도 영국 같은 양당제가 확립된 것은 아니었지만요.

이런 차이는 독일 군주정의 결함으로 소급되는 것이기도 합니다. 1848년 부르주아 혁명의 실패와 1871년 보불전쟁에서 승리에 의해 출범한 제2제국은 입헌적 형식의 절대군주정일 따름이었지요. 사실 제2제국(1871-1918)이라는 명칭은 나폴레옹에 의해 해체된 제1제국인 신성로마제국(962-1806)의 부활이라는 의미였거든요. 그리하여 메이지유신으로 출현한 입헌군주정 아래 의원내각제가 점차 발전한 일본과 달리 독일에서는 절대군주정 아래 재상제(일본의 태정관제도)가 지속된 것인데, 빌헬름 1세에 의해 임명된 비스마르크가 그의 손자인 빌헬름 2세에 의해 축출된 것이 그 증거였지요.

네 번째 쟁점은 사회경제사와 관련된 것입니다. 먼저 1914년에 개시되고 1916년부터 본격화된 인플레이션이 패전 이후인 1922년에 미증유의 하이퍼인플레이션으로 심화되었지요. 그 결과 이민, 자살, 마약 복용, 종교 몰두 같은 '도피적 반사작용'(Fluchtreaktion) 현상이나 사회정치적 폭력 성향 같은 '신경쇠약'(Entnervung) 현상이 발현되었고요.

그러나 패전부터 하이퍼인플레이션 직전까지 인플레이션이 경제회복에 기여했다는 '인플레이션 호황론'이 제기되기도 했습니다. 또 보르카르트는 브뤼닝 내각의 경제정책을 옹호하기도 했는데, 도즈 플랜 이후 상대적 안정기에 임금상승이 이윤압박을 초래하여 이미 투자 감소와 실업 증가가 출현했다는 것이에요. 대불황은 이런 경향을 심화했을 따름이라는 것이고요.

사실 바이마르공화국의 경제적 사정은 열악했습니다. 산업생산을 기준으로 볼 때, 1929년에 비로소 1913년 수준을 회복할 수 있었고, 1929년 대공황으로 1930-33년에 또다시 급락했다가 1936년에 겨우 다시 회복했던 것이지요. 반면 제2제국은 지속적 성장을 이룩했던 '좋았던 옛날'로 기억되면서 비수 전설과 함께 바이마르공화국에 대한 정당성을 훼손했던 것이고요.

독어 원서 8판(2012)에서 추가된 다섯 번째 쟁점은 1970년대부터 연구가 시작된 '바이마르 문화'였습니다. 문학의 토마스 만, 연극의 브레히트, 미술의 '바우하우스', 음악의 쇤베르크(오스트리아) 등으로 대표된 바이마르 문화의 특징은 엘리트주의적 모더니즘이었지요. 그러나 '예술을 위한 예술'을 지향한 모더니스트는 현실·역사에서 괴리되었고 또 예술의 자유는 향유하면서 정치적 자유의 옹호에는 무관심했다는 결함이 있었어요.

레닌의 마야코프스키 비판에 근거한 사회주의적 리얼리즘의 출현에도 불구하고 모더니즘은 '문화 볼셰비즘'이라는 나치의 비판이 통용되었습니다. 또 모더니즘의 엘리트적 전위문화와 구별되는 대중적 통속문화도 출현했는데, 영화와 스포츠, 나아가 라디오(텔레비전의 전신)가 그 중심이었지요. 당연히 섹스도 중요했는데, 당시 파리가 이성애적 불륜의 천국이었던 반면 베를린은 동성애적 불륜의 천국이었다고 하고요.

모더니즘에 대한 반감은 급기야 바이마르공화국에 대한 보수주의적 공격의 구실이 되었습니다. 바이마르 문화에 대한 연구에서 피터 게이가 다음과 같이 평가한 것처럼요.

> 모든 [모더니스트]가 바이마르를 사랑한 것은 아니었던 반면 바이마르의 적은 모든 [모더니스트]를 미워했다.

레닌의 마야코프스키 비판을 보충해두겠습니다. 마야코프스키가 세계혁명에서 러시아인민의 사명에 대해 전시공산주의 중에 쓰고 신경제정책 초기에 발표한 시 「1억5천만」을 레닌이 비판한 것인데, '깡패 같고 사기꾼 같다'(pretentious and dodgy), '소극같이 멍청하다'(nonsensical and silly)고 비판하면서 '불량배(hooligan) 공산주의자'가 되지 않으려면 '이론경제학'과 '역사과학'(the scientific study of history), 나아가 '일상생활의 리얼리티', 즉 세태·인정을 알아야 한다고 충고했지요.

1970년대 남한에서 『문학과지성』의 모더니즘에 대항하여 『창작과비평』이 리얼리즘을 옹호했다는 주장이 있었습니다. 물론 『창비』 의 리얼리즘은 사회주의적이 아니라 인민주의적이었고, 그래서 1980 년대에 사회주의적 리얼리즘을 지향한 소장 비평가의 비판을 초래한 것이지요. 그러나 사회주의적 리얼리즘에 충실한 소설은 없었던 탓에 1990년대 이후에도 『창비』가 '좀비' 같이 살아남은 것이에요.

예를 들어 진중권 교수도 소련 미학자 M. S. 카간의 『미학 강의』 (1975; 국역: 1권, 벼리, 1989 및 2권, 새길, 1991)를 번역하고 노동자 문화예술운동연합의 이론가를 자처한 바 있습니다. 그러나 갈등이 야기되기도 했는데, 그런 와중에 김정환 시인과 그를 따르던 이현관 작곡가 같은 후배들이 제게 도움을 기대하기도 했지요. 다만 제가 공부한 적이 없는 문제인지라 별로 도움이 되지 못했지만요. 물론 이 모든 것은 지난 이야기인데, 독일에 유학하면서 마르크스주의자에서 사민주의자로 전향했다는 진 교수의 그 후 활약상을 보면 그가 믿는 사민주의는 또 도대체 무엇인지 의아할 따름이에요.

영어판의 다섯 번째 쟁점이자 독어판의 여섯 번째인 쟁점은 국제관계와 외교정책입니다. 베르사유 조약에 따른 전비 배상으로 독일은 영토의 1/8, 인구의 1/10, 농업생산의 15%, 석탄·철광·제철생산의 20%, 제조업생산의 6-7%를 상실했지요. 그러나 국제적 '관습법' (Sittengesetz)을 위배한 '전범국 판정'(Kriegsschuld-verdikt)이 특히 '국민적 트라우마'였는데, 나치의 '수치스러운 평화'(Schmachfrieden, 굴욕적 강화)라는 개념은 촌철살인 격이었어요. 그리고 그 개념이 군부의 비수 전설과 함께 공화국의 해체에 기여했던 것이고요.

콜프는 베르사유 조약이 케인즈가 비판했듯이 '카르타고의 평화' (Carthaginian peace, 잔혹한 강화)는 아니었다고 강조합니다. 또 1922년에 반불 독소우호조약인 라팔로 조약이 체결되자 현실주의적 타협이 출현했고요. 무엇보다도 도즈 플랜과 그것을 더욱 개선한 영 플랜이 있었는데, 힌덴부르크의 대통령내각이 그것을 번복했고, 결국 베르사유조약을 폐기한 히틀러의 생활공간론이 출현하면서 2차 세계전쟁이 발발한 것이지요.

마지막 쟁점은 사민당 주도의 대연정과 그에 후속하면서 해체기를 개시한 브뤼닝 내각의 관계입니다. 먼저 브라허는 브뤼닝 내각이 대연정 붕괴의 결과라기보다 오히려 하나의 원인이라고 주장했는데, 대연정 내부의 좌우 정파가 양극화되고 타협·합의를 위한 조정이 기피된 결과 우익 정파가 사민당을 배제한 브뤼닝 내각을 선택했기 때문이지요. 클라우제비츠의 말처럼 '극단으로의 상승'(Steigerung zum Äußersten)이 대연정을 붕괴시켰다는 것이에요.

중앙당 보수파인 브뤼닝은 비스마르크 시대로의 복귀를 지향하면서 힌덴부르크에게 충성을 바쳤습니다. 그는 1932년 4월 힌덴부르크의 재선을 왕정복고로의 과도기, 달리 말해서 '섭정기'로 간주했는데, 그러나 당대의 '흑막'인 슐라이허 때문에 두 달도 안 되어 파펜 내각으로 교체되었어요. 그런데 얄궂게도 슐라이허(Schleicher)는 '음흉한 사람'이라는 의미이지요.

브뤼닝 내각과 관련해서는 예의 보르카르트가 디플레이션 정책을 옹호했습니다. 이미 지적한 것처럼 투자 감소와 실업 증가는 상대적 안정기에 시작되었고, 브뤼닝은 오히려 경제위기를 계기로 배상금 탕감을 시도했다는 것인데, 브뤼닝 자신이 '질병을 무기로 활용할 수 있었다'고 주장한 바 있지요. 그러나 브뤼닝의 보수주의적 경제관이 완전고용보다 물가안정을 중시했다는 것은 사실이에요.

대통령 내각이라는 '합법적 불법'(gesetzliches Unrecht)에 대한 사민당의 태도는 '합법주의적 숙명론'이자 '합법주의적 수동성'이라는 비판을 받기에 충분했습니다. 그 결과 출범한 지 두 달도 안 된 파펜 내각이 사민당의 '민주 성채'(Demokratisches Bollwerk)였던 프로이센 주정부를 전복한 파펜의 7·20쿠데타를 자초한 셈이고요.

브라허는 파펜의 쿠데타를 묵인했던 주정부 총리 오토 브라운을 비판하면서 '공화국 지지세력의 심리적·도덕적 붕괴'를 초래했다고 주장한 바 있습니다. 그러나 세 달 전의 지방선거에서 1925년 이래 사민당이 주도해온 연정이 다수파의 지위를 상실했으므로 쿠데타에 저항하기에는 세불리한 상황이었다는 반론도 있지요.

'대선 불복 2년동란' 87

세불리한 이유는 여러 가지였습니다. 먼저 노동자운동이 분열되어 있었는데, 취업자는 사민당을 지지했고 실업자는 공산당을 지지했던 것이지요. 그런 상황에서 공산당은 스탈린주의적 사회파시즘론을 고집했던 것이고요. 나아가 취업자의 저항 여부가 불확실했고, 저항 시 나치당이 어부지리를 얻으리라는 염려도 있었지요. 마지막으로 10여일 후의 총선에 대한 기대도 있었는데, 그러나 나치당이 사민당을 거의 100석이나 앞서면서 제1당이 되었어요.

파펜 내각 다음에는 흑막이던 슐라이허가 전면에 나서서 내각을 조직했는데, 그는 좌우파를 연합하는 이른바 '교차전선'(Querfront)을 통해 나치를 포섭하려는 작전을 구상했다가 실패했다고 합니다. 그 결과 슐라이허 내각은 두 달도 채 안 되어 히틀러 내각으로 교체되었고요.

나치당은 1929/30년 이후에 비로소 전국적 대중정당으로 성장할 수 있었습니다. 나치당의 성격에 대한 논쟁에서 브라허는 나치당과 파시스트당을 구별해야 한다고 주장했지요. 나치당이 극우정당인 반면 파시스트당은 '보수적인 동시에 진보적인 목적, 반공주의적인 동시에 국가사회주의적인 목적, 반동적인 동시에 혁명적인 목적'을 추구한 포괄정당(Sammelpartei)이었다는 것이에요. 하기야 김수행 교수의 스승이자 영국공산당 이론가인 파인(Ben Fine)의 '대안경제 전략'의 핵심인 국가지주회사의 원조도 파시스트당이었으니까요.

그러나 브로샤트(Martin Broszat)는 나치당 역시 포괄정당이라고 주장했습니다. 나치당은 자유주의자와 공산주의자를 제외한 채 'das Volk'와 그 인격화인 '지도자'(Führer, 수령/총통)를 중심으로 공동체를 지향했는데, 'das Volk'는 'people'과 구별되어야 하지요. 'people'은 '시민(citizen)으로서 인민'일 수도 '종족(ethnos)으로서 인민'일 수도 있는데, 그러나 'das Volk'는 전자가 아닌 후자를 의미하거든요. 그래서 인민이나 종족으로 번역하는 것이지요. 또 'die Nation'은 (종족으로서) 민족이나 국가로 번역하는 것이고요.

나치당의 인민주의가 다른 종족에게 적대하는 것도 이 때문인데,

특히 유다인에게 적대하는 반유다주의였습니다. 남한의 인민주의도 역시 마찬가지인데, 일본인에게 적대하는 반일본주의이지요. 그래서 이영훈 교수가 남한의 인민주의를 반일 종족주의라고 비판하는 것인데, 일리가 있다는 생각이에요. 다만 그 대안을 식민지현대화론과 이승만-박정희 정부에서 찾는 것은 문제가 많고요.

관련해서 나치당의 대중적 토대에도 주목할 필요가 있습니다. 부르주아적인 국가인민당이나 프롤레타리아적인 사민당의 지지자 중에도 나치당으로 전향했던 경우가 있었거든요. 기권자 중에서도 나치당 지지자가 출현했고요. 반면 나치당에 대한 저항자는 공산당, 인민당, 중앙당에 국한되었지요.

공산당의 주장과는 달리 나치당의 지지자가 구 프티부르주아지나 신 프티부르주아지에만 국한된 것은 아니었습니다. 노동자 중에서 농업노동자, 가내노동자, 숙련노동자, 소기업노동자 이외에도 특히 공공부문 노동자가 나치당을 지지했는데, 철도·우편노동자 같은 교통·통신부문 노동자를 비롯해 지방자치단체에 소속된 기업의 노동자가 대표적인 공공부문 노동자였지요. 또 신 프티부르주아지 중에서는 기업의 사무원보다는 오히려 공무원이 나치당을 지지했고요.

공산당이 대기업에 대한 나치즘의 관계를 강조하면서 '독점자본 내지 금융자본의 반동적 분파의 테러 독재'라고 정의한 것도 역시 비판되었습니다. 예를 들어 나치당의 정치자금은 대기업이 아니라 중소기업과 해외의 기부에 의존했고, 나아가 당비, 출판 수입, 집회 입장료 등에 의존했다는 것이에요. 반면 대기업은 국가인민당이나 인민당을 후원했다는 것이고요.

대기업은 나치당보다는 오히려 힌덴부르크나 군부를 지지했다고 할 수 있습니다. 그렇다고 해서 대기업이 군부독재를 지지했다고 할 수도 없을 것 같지만요. 비교하자면 미쓰이나 미쓰비시 같은 일본의 재벌이 군국주의를 지지한 것은 아닌데, 그래서 만주국을 지배하던 관동군은 '재벌은 만주국으로 진입시키지 않는다'(財閥不入滿)라는 원칙 아래 신흥 재벌인 닛산을 후원했던 것이지요.

나치에 대한 저항

나치의 집권에 이어 나치에 대한 저항도 개관하겠는데, 기본 자료는 *Conscience in Revolt: Sixty-Four Stories of Resistance in Germany, 1933-45* (1957), Taylor and Francis, 1994입니다. 저자는 빌리 브란트 총리의 스승인 율리우스 레버의 부인 안네도어였지요. 율리우스는 보수주의적인 7·20쿠데타의 주모자인 슈타우펜베르크 대령의 동지였는데, 7·20쿠데타에 대해서는 나중에 설명하겠어요.

이 책에 서문을 쓴 사람이 바로 브라허였습니다. 이미 지적한 것처럼 본회퍼가 그의 처외삼촌이었는데, 그의 장인과 본회퍼 형제는 모두 7·20쿠데타에 연루되어 처형되었어요. 본회퍼 목사는 개신교의 반파시즘 투쟁을 상징한 고백교회(Bekennende Kirche)의 지도자였지요. 크리스티아네 티츠의 『디트리히 본회퍼: 저항의 신학자』(2019; 국역: 동연, 2022)를 참고하세요.

한신대에 부임할 때 정운영 선생 댁에서 가진 상견례에서 안병무 교수의 최측근인 김성재 목사가 본회퍼의 일화를 들려주었습니다. 이 책을 보니 목사로서 '어떻게 히틀러에 대한 폭력적 저항에 참여할 수 있었는가'라는 동료 수감자의 질문에 대해 '미친'(wahnsinnig) 운전자의 희생자를 애도하는 것보다 그를 운전석에서 끌어내리는 것이 더 중요하다는 답변이었더군요. 그러나 티츠의 책을 읽어봐도 이런 저항에 별다른 신학적 근거가 있었던 것은 아닌데, 그가 7·20쿠데타에 참여한 동기에 대해서는 유튜브로도 공개되어 있는 에릭 틸 감독의 *Bonhoeffer: Agent Of Grace* (2000)를 참고하세요.

비교하자면 군부독재 시절이나 문민화 시절이나 줄기차게 김대중 대통령 만들기에 진력했던 안병무 교수나 김성재 목사에게도 무슨 신학적 근거가 있었던 것은 아닙니다. 그러나 성공회대와 달리 한신대가 '문재명 정부'에 올인하지 않는 것을 보면 역시 '썩어도 준치'인 것 같아요. 윤미향·김준혁 두 의원은 한신대로서는 예외라고 할 수밖에 없는데, 윤 의원은 이대 대학원에 진학하면서 운동권이 된 것 같고, 김 의원은 총장의 비호에도 불구하고 국사학과의 반대로 교양학부에 임용되었거든요.

안네도어 레버는 다음과 같이 본회퍼를 인용하고 있습니다.

> 악의 성대한 가장무도회가 우리의 모든 윤리 관념을 파괴해왔다. 빛, 사랑, 역사적 필연, 또는 사회적 정의로 가장한 악은 전통적 윤리 관념으로 교육 받은 사람에게는 아주 당혹스러운 것이다.

이것은 1942년 크리스마스 선물로 몇몇 친구들에게 보낸 에세이 「10년 후」에 나오는 구절이었는데, 꼭 10년 전인 1933년 1월 히틀러의 집권에 대한 회고가 주제였지요.

'반역하는 양심'으로 영역된 제목은 본래 '양심이 심판한다'(Das Gewissen Entscheidet)였습니다. '역사의 법정'(court of history, 실러)에 앞서 '양심의 법정'(court of conscience, 칸트)이 열리는 법인데, 역사의 판단은 양심의 판단에 후속하는 것이기 때문이지요. '문재명 정부 10년동란'에 연루된 불량배가 유죄가 선고되자 양심의 법정이나 역사의 법정에서 자신은 무죄라면서 '법정 모독'(contempt of court)을 자행하는 것을 볼 때, 본회퍼의 회고가 생각나지 않을 수 없지요.

본회퍼와 함께 고백교회의 지도자였던 니묄러 목사는 종전 직후 「슈투트가르트 고해」(Stuttgarter Schuldbekenntnis)에서 개신교의 나치에 대한 연대책임을 고백했고, 이듬해에는 「그들이 처음에 왔을 때…」(Zuerst kamen sie…)라는 시도 발표했지요. 인터넷으로 전문을 찾아 읽어보세요.

> 공산주의자를 잡으러 그들이 처음에 왔을 때,
> 공산주의자가 아니었으므로 나는 침묵했다네.
> 유다인을 잡으러 그들이 그 다음에 왔을 때,
> 유다인이 아니었으므로 나는 침묵했다네.
> (…)
> 나를 잡으러 그들이 그 다음에 왔을 때,
> 항변해줄 이는 아무도 남지 않았다네.

2022년 말 김용 씨에 이어서 정진상 씨가 구속된 직후 민주당 의총에서 이재명 대표의 '호위무사'인 박찬대 의원이 이 시를 낭독했다고 하는데, 역시 '분열증적 파시스트'답지요.

안네도어의 책이 사료에 가깝다면 역사서로는 법학박사 출신의 역사학자인 벤저민 헷의 『히틀러를 선택한 나라: 민주주의는 어떻게 무너졌는가』(2018; 국역: 눌와, 2022)가 좋습니다. 이 책은 프로이센 귀족 출신의 육군 원수인 힌덴부르크와 그 최측근으로 역시 프로이센 귀족 출신의 육군 대장인 슐라이허를 중심으로 한 군부의 오판을 강조하고 있으므로 브라허가 주목한 인성의 결함을 보완하는 입장이라고 할 수 있겠지요.

헷은 바이마르공화국 3대 진영을 다음과 같이 묘사하고 있습니다.

가톨릭(보수주의)　15%
개신교(자유주의/보수주의)　40%
무종교(사민당/공산당의 사회주의)　40%

헷은 정치이념보다는 오히려 종교에 따라 진영이 분립하는 '교파화'(Konfessionalisierung)를 강조하면서 나치가 개신교도를 포섭하여 집권에 성공했다는 사실에 주목하고 있지요. 또 도농간 내지 수도권과 비수도권간의 분화를 강조하는데, 나치는 농촌 내지 비수도권 주민을 포섭하여 집권에 성공했다는 것이에요.

나치의 약진은 도시 중산층 개신교도와 농촌 개신교도의 지지를 토대로 한 것이었는데, 여기에는 19세기 초에 루터교파와 칼뱅교파의 통합과 동시에 국교화된 독일 개신교의 특수성이 작용했습니다. 정교분리적 자유주의자·사회주의자는 물론이고 가톨릭·유다인과의 갈등을 해결하려는 바이마르공화국에 대한 대안으로 개신교도는 '민족교회'(Volkskirche)를 추구했는데, 바로 이것이 나치가 표방한 '민족공동체'(Volksgemeinschaft)와 동일시되었다는 것이지요.

헷은 바이마르공화국 말기에 힌덴부르크의 군부독재와 히틀러의 경찰독재가 유일한 대안이었다는 사실을 강조하고 있습니다. 또 내란을 불사하는 나치당의 돌격대에 반해 군부는 내란을 회피하는 성향이었다는 사실에도 주목하고 있고요. 하기야 귀족 성향의 군부와는 달리 하층민 내지 불량배 성향의 돌격대로서는 잃을 것이 별로 없었겠지만요.

『히틀러를 선택한 나라』는 1933년 1월 30일 히틀러 내각이 출범한 이후에 전개된 격변 과정을 상세하게 묘사하고 있습니다. 합법적으로 집권한 나치당의 불법행동의 발단은 2월 27일 국회의사당화재 사건이었는데, 이를 구실로 이튿날에 '국민과 국가를 보호하기 위한 대통령령'이 제정되었지요. 히틀러의 '제3제국'에서 '헌법'으로 기능한 이 명령은 신체와 정신의 자유를 부정하는 동시에 돌격대 대신 게슈타포를 통한 경찰독재의 근거를 마련했어요.

앞에서 언급한 수권법은 3월 23일에 제정되어 총리에게 입법권을 부여함으로써 대통령을 무력화했습니다. 그러나 힌덴부르크는 1년 반이나 더 살아 있었고 따라서 나치당을 억지할 가능성은 아직 남아 있었지요. 그런 가능성을 일소한 것이 힌덴부르크 사망 한 달 전인 1934년 6월 30일의 이른바 '장검(長劍)의 밤'이었고요.

장검의 밤이란 힘러의 친위대(SS)가 게슈타포를 동원하여 룀의 돌격대(SA)를 숙청한 사건이었습니다. 귀족과 부르주아지 출신의 장교단이 지배한 육군을 '인민군대'로 교체할 수 있는 300만명 규모의 돌격대를 숙청함으로써 히틀러는 힌덴부르크를 비롯해 군부의 환심을 살 수 있었지요. 나아가 돌격대의 불법과 잔혹 때문에 이반했던 민심도 어느 정도까지 회복할 수 있었고요. 돌격대를 대체한 친위대는 소수 정예였는데, 대신 게슈타포를 통해 경찰을 장악할 수 있었던 것이에요.

동시에 보수주의 지식인의 저항도 진압할 수 있었습니다. 대표적인 사례로 바이마르공화국을 '열등자의 통치'로 비판하다가 히틀러의 집권 이후에 나치즘이 자유와 법/권리를 부정한 것을 비판하면서 돌격대와의 협력도 모색한 융을 제거할 수 있었지요. 그 와중에 융과 교류하던 슐라이허도 제거할 수 있었고요.

힌덴부르크는 장검의 밤에 동의와 칭송을 표명하는 동시에 자신의 사후에 히틀러가 대통령을 겸임하는 것에도 찬성했다고 합니다. 히틀러의 집권에서 최고의 공범자는 힌덴부르크였는데, 프로이센 귀족 출신의 육군 원수가 '바이에른 중하류층 출신의 육군 상병'의 포로가 되었다는 조롱을 받기에 충분했지요. 그의 이기주의적이고 기회주의적인 품성이 그런 불명예를 초래했던 것이고요.

나치의 약진에 나치법률가동맹이 기여했다고 했는데, 사실 경찰을 중시했던 히틀러는 법조인을 경멸하면서 법의 합리성·예측가능성·완전성을 공격했지요. 그래서 국회의사당화재사건에서 디미트로프가 무죄 방면된 것을 빌미로 1934년부터 정치범을 위한 '인민재판소'(Volksgerichtshof, People's Court)을 설치하고 단심제의 '연극재판'(Schauprozess, show trial, 각본에 따른 공개재판)을 자행했는데, 스탈린의 모스크바재판과 유사했어요. 그가 가장 좋아한 처형 방식은 스탈린과 달리 총살형이 아니라 단두대 처형이었다고 하고요.

괴벨스의 절친이자 법무부차관을 거쳐 인민재판소장으로 히틀러의 충복을 자처한 자가 프라이슬러였습니다. 검사 역할도 자임한 그의 별명은 '피의 판사'(Blutrichter)였어요. 인민재판소의 사형 판결 6000건 중 5000건이 그의 판결이었는데, 그의 재임 기간 중 연평균 2000건인 반면 그 이외의 기간에는 연평균 120건이었으므로 거의 17배의 판결을 내렸던 것이지요. 그 중에서도 최악의 판결은 1943년 백장미단 재판과 1944년 7·20쿠데타 재판의 판결이었고요.

프라이슬러에 대해서는 귀도 크놉, 『나는 히틀러를 믿었다: 히틀러의 조력자들』(1998; 국역: 울력, 2011)을 참고할 수 있습니다. 그는 제정법을 초월하는 혁명법을 주장한 '스탈린의 법률가' 비신스키를 숭배했다고 하지요. 비신스키는 검찰총장이었던 반면 프라이슬러는 인민재판소장이었고요. 둘 다 비밀경찰에 종속되었는데, 비신스키는 베리야의 졸개였고 프라이슬러 역시 힘러의 졸개였거든요.

히틀러를 지지한 지식인으로 유명한 자는 '계관철학자' 하이데거와 쌍벽인 '계관법학자' 슈미트였는데, '행정적 사법의 최고형태'(die höchste Form der administrativer Justiz)라고 장검의 밤을 정당화한 그는 슐라이허의 최측근이었습니다. 법률가 없이 법치를 파괴할 수는 없다는 스나이더의 경고처럼 프라이슬러와 더불어 히틀러의 충복 노릇을 한 대표적 법비인 그는 프라이슬러와 달리 숙청되었는데, 당보다 국가가 우위에 있어야 한다는 주제넘은 주장 때문이었지요. 괴링의 비호 덕분에 힘러에 의해 처형되지는 않았지만요.

라드브루흐는 파시즘이라는 '합법적 불법'(gesetzliches Unrecht)을 비판하고 '초법적 합법'(übergesetzliches Recht)을 그 대안으로 제시했습니다. 그가 말하는 'Gesetz'는 제정법이고 'Recht'는 자연법이므로, 나치는 제정법적으로는 합법이나 자연법적으로는 불법인 반면 나치에 대한 저항은 제정법적으로는 불법이나 자연법적으로는 합법이라는 것이었지요.

그런데 자연법은 기독교적, 특히 가톨릭적 함의를 갖는 것이므로, 오히려 '불법적 합법'(ungesetzliches Recht)이라고 하는 것이 나을 것 같습니다. 나치에 대한 저항의 합법성이 가톨릭이나 자연법에 근거한 것은 아닌데, 예를 들어 유럽의 반나치 인민전선과 중국의 반일 국공합작을 생각해보세요.

이런 사실을 새삼 강조하는 것은 마치 민변이 제정법에 반대하여 자연법을 옹호한 것처럼 호도하는 경우가 있기 때문입니다. 그러나 민변의 창립을 주도한 조영래 변호사는 종교가 없었고 당시 실무를 전담한 박원순 시장은 불교도였지요. 오히려 조 변호사가 사망한 후 민변을 오도한 노무현 대통령이 가톨릭이었는데, 그는 '악법은 법이 아니다'(lex injusta non est lex)라는 주장으로 유명했어요. 하기야 슈미트도 가톨릭이었다고 하지만요.

장검의 밤 이후 히틀러는 베르사유조약 파기와 군비확장을 통해 군부를 포섭했습니다. 그리고 5년간의 전쟁 준비를 거쳐 1939년 9월에 2차 세계전쟁을 도발했던 것이지요. 그러나 저항운동 역시 복류(伏流)하고 있었는데, 7·20쿠데타의 주모자인 슈타우펜베르크 대령을 발탁한 트레슈코프 소장이 그 주역이었지요.

『히틀러를 선택한 나라』에서 다루지 않는 7·20쿠데타에 대해서는 쓰시마 다쓰오의 『히틀러에 저항한 사람들: 반나치 시민의 용기와 양심』(2015; 국역: 바오, 2022)을 참고할 수 있습니다. 군부의 반나치 저항은 보수주의적 상류층 출신 장교단과 국가사회주의적 하류층 출신 돌격대·친위대 사이의 갈등으로 소급하는 것이기도 했지요.

쓰시마에 따르면, 1942-43년 겨울 스탈린그라드 전투의 패배를 계기로 군부 내 저항이 본격화되었습니다. 이미 대소 전쟁과 폴란드·우크라이나에서의 홀로코스트가 결합되자 저항이 점차 고조되었던 것이고요. 앞에서 언급한 『피에 젖은 땅』에서 스나이더는 1933-45년에 폴란드와 우크라이나에서만 어린이·여성·노인 등 1400만명이 학살당했고, 그 40%가 유다인이었다고 추계했지요. 나치는 1000만명을 학살했고 소련은 400만명을 학살했는데, 그밖의 지역에서도 각각 200만명과 500만명을 추가로 학살했어요.

7·20쿠데타는 프로이센 귀족 출신인 트레슈코프 소장이 시작했는데, 그가 바이에른 귀족 출신인 슈타우펜베르크 대령을 발탁했습니다. 트레슈코프 소장이 일선으로 배속된 다음 슈타우펜베르크 대령은 문민 그룹과 접촉하면서 '발키리 작전'을 구체화했고요. 그리하여 1944년 여름에 히틀러를 암살한 다음 소련군이 아닌 미군에게 항복하려는 7·20쿠데타를 시도했으나 실패했던 것이지요.

6월 6일 노르망디 상륙작전 직후에 발생한 7·20쿠데타 이후에도 이듬해 5월 8일 무조건 항복까지 전쟁이 지속되었습니다. 그리고 그 9개월 반 동안 전사자는 배증했고 특히 민간인 희생과 유다인 학살이 급증했지요. 7·20쿠데타의 실패를 안타까워하는 것은 바로 이런 무의미한 희생을 막을 수 있는 마지막 기회였기 때문이에요.

슈타우펜베르크 대령 등의 처형장인 합동사령부의 정원에 세워진 독일저항기념관 동상 앞의 명판(名板)에 새겨진 글귀 중에는 다음과 같은 문장이 있습니다.

> 자유, 법/권리, 명예(Freiheit, Recht und Ehre)를 위해 [자신의] 전도유망한 인생을 바쳤다.

자유, 법/권리, 명예는 사실 동일한 것입니다. 신체와 정신의 자유는 법/권리 또는 좀 더 자세하게 말하자면 법치/기본권과 동일하고, 명예 내지 존엄성(Dignität)은 그런 법/권리를 수호한다는 의미인 동시에 법/권리의 침해(Injurie)에 대해서는 저항한다는 의미이지요. 앞으로 설명할 것처럼, 영미헌정사의 맥락에서 신체와 정신의 자유를 저항의 휘선(輝線, brightline)이라고 부르는데, 김경율 위원이 말했던 감정선과는 반대로 '이해할 수 있는 명료한'(accessible) 기준이라고 할 수 있어요.

남한에서 7·20쿠데타보다 더욱 유명한 저항 사례는 물론 소피/한스 숄 남매를 비롯한 백장미단이었습니다. 잉게 숄이 동생들과 그 동료들의 우정과 투쟁을 회고한 『아무도 미워하지 않는 자의 죽음』(1952; 국역: 평단, 2012)이 1978년에 청사에서 번역되자 독일 중등학교 부교재였던 이 책이 남한 운동권 애독서가 되었거든요. 이 책을 초등학교 부교재로 번안한 것이 러셀 프리드먼의 『우리는 침묵하지 않을 것이다』(2016; 국역: 두레아이들, 2017)인데, 백장미단 저항의 맥락에 대한 설명도 보충되어 있고 사진 자료도 풍부하여 먼저 읽어두는 것이 좋을 것 같고요.

히틀러청소년단 출신 뮌헨의대생들이 히틀러가 '사기꾼'(Lügner), '악당'(der Schlechte), '비적'(Schacher)임을 깨닫고 저항에 나서는 과정이 유신과 5공에 반대하던 대학생들의 심금을 울렸습니다. 특히 한스는 괴테의 말을 인용하면서 유언을 대신했지요.

모든 폭력에 맞서서 자기를 보존하자.

Allen Gewalten zum Trutz sich erhalten.

또 다음과 같은 말을 했다고도 하고요.

나는 아무도 미워하지 않는다.(…)자유 만세.

7·20쿠데타에 대해서는 독일 영화『발키리 대작전』(2004; 원제: 슈타우펜베르크)과 탐 크루즈 주연의 리메이크 영화『작전명 발키리』 (2008)가 있습니다. 전자는 7월 20일 하루 동안의 쿠데타 과정과 그 이튿날 새벽의 슈타우펜베르크 등의 즉결처형 위주인 반면 후자는 헐리웃 액션영화가 될지 모른다는 우려를 반영한 듯 쿠데타 계획의 전모와 쿠데타 당일의 묘사를 절반씩 안배했지요. 또 프라이슬러의 광기 어린 인민재판과 교수형 장면도 추가했고요.

  백장미단에 대한 영화로는 미하엘 페어회벤 감독의『백장미단』이 유명합니다. 1982년에 제작된 이 영화는 레나 스톨즈가 열연한 소피 숄을 중심으로 해서 백장미단의 우정과 투쟁의 전모를 소개했지요. 백장미단에 대한 재심을 기각했던 연방법원과 그것에 동조한 연방 의회를 비판하려는 목적이었는데, 결국 1998년에 1943년의 판결을 부정하는 입법이 가능했다고 하고요.

  종전 60주년 기념으로『백장미단』을 리메이크한 것이『소피 숄의 마지막날들』(2005)인데, 체포된 지 나흘 만에 열린 3시간 반의 인민 재판에서 사형이 선고되고 3시간 반 후에 단두대에서 처형되기까지 마지막 5일에 집중하면서 게슈타포 취조과정의 묘사를 통해 그동안의 저항을 개관하고 있습니다. 또 15분에 걸쳐 묘사되는 인민재판 장면에서 제정법을 초월하는 혁명법을 설교하는 재판장 겸 검사인 프라이슬러의 광기 어린 논고와 소피 숄과 다른 피고인들의 항변이 묘사되고 있고요.

  『소피 숄의 마지막날들』을 통해 1939년부터 게슈타포가 지배하기 시작한 인민재판의 실상을 조금이나마 엿볼 수 있었는데, '사법의 교정'(Korrektur der Justiz)이 그 명분이었다고 합니다. 방금 지적한 것처럼, 슈미트는 장검의 밤을 (최고형태의) '행정적 사법'으로 정당화했는데, 그런 행정적 사법이 일반화된 것이 곧 게슈타포가 지배하는 인민재판이었지요.

  그런데 '법률외적'(extralegal)·'사법외적'(extrajudicial) 사법/정의로서 '행정적'(administrative) 사법/정의는 스탈린주의적 인민재판으로 소급하는 것이었습니다. 김도균 교수나 조국 교수의 법학 역시 스탈린주의적 법학으로 소급하는 것인데, 그들이 지지하는 '문재명 정부' 역시 '검수완박'을 통해 경찰이 지배하는 인민재판을 지향한다는 끔찍한 생각이 들 수밖에 없어요.

쓰시마는 유다인 박해를 계기로 한 시민의 저항에도 주목했습니다. 히틀러는 집권하자마자 유다인에 대한 경제적 보이코트를 개시했고 1935년에는 뉘른베르크인종법을 제정하여 반유다주의를 공식화했지요. 그 후 소련 침공을 준비하면서 유다인 문제의 해결을 시도했는데, 1938년 11월 9-10일 '수정(水晶)의 밤'이 그 시작이었어요. 또 반제 회의에서 그 '최종적 해결'의 실행이 결정되었고요. 그러나 시민의 저항은 '소리 없는 봉기'(der lautlose Aufstand)였고, 전후에도 그 주역들은 '말 없는 영웅들'(stille Helden)이라고 불렸지요.

전후 독일에서도 과거 청산에는 우여곡절이 많았습니다. 하랄트 애너의 『늑대의 시간』(2019; 국역: 위즈덤하우스, 2024)은 전후 10여 년은 홉즈의 자연상태 같은 '늑대의 시간'(Wolfszeit)이었다고 증언하고 있지요. 또 '오네미헬(Ohnemichel) 씨의 시대', 즉 '난 빠질 테니(ohne mich) 너희끼리 해라'라는 유행어가 상징한 정치적 무관심의 시대였고요.

독일인은 1963-65년의 2차 아우슈비츠 재판 이전에는 홀로코스트를 부인했습니다. 그러나 1968년에 전후 세대와 전전 세대의 갈등이 폭발하면서 과거 청산이라는 문제가 비로소 제기되었던 것이지요. 또 과거 청산에 대한 입장도 과거의 '극복'(Bewältigung, overcoming/coping)에서 과거와의 '화해'(Aufarbeitung, coming to terms)로 변화했던 것이고요.

과거 청산의 곤란을 증명하는 1951년의 여론조사가 있었습니다. 20세기 독일의 전성기를 묻는 것인데, 제3제국(1933-45)이 44%, 제2제국(1871-1918)이 43%였던 반면 바이마르공화국(1918/19-1933)은 7%였지요. 또 1951-52년의 또 다른 여론조사에서는 저항자에 대한 반대자가 30%였던 반면 지지자가 40%였고요. 또 저항운동 때문에 패전했다는 의견이 36%였던 반면 반대 의견은 45%였고요.

그런데 과거 청산은 동독이 아니라 서독이 중심이었다는 사실에도 주목할 필요가 있습니다. 동독이 홀로코스트를 주변화할 수밖에 없었던 것은 소련이 소련인의 희생을 강조했고 또 아랍민족주의를 지지했기 때문이지요. J. Herf, *Divided Memory: The Nazi Past in the Two Germanys*, Harvard University Press, 1997을 참고하세요.

나아가 소련보다는 오히려 동독이 아랍민족주의 지원에서 주도적이었다는 사실에도 주목할 수 있습니다. 아랍에 무기를 제공하는 등 군사지원 이외에 더욱 중요한 것은 '전복적 선전·선동'에 주력하면서 이스라엘을 파시즘으로 규정했던 것이지요. J. Herf, "Undeclared Wars on Israel: East Germany and the West German Far Left, 1967-1981", *Fathom*, June 2016을 참고하세요.

애녀는 전후 독일에서도 미군에 대한 성매매가 만연했다고 증언하고 있습니다. 사병애인(Amiliebchen, GI fiancé)이 창궐한 이유는 단지 궁핍 때문만은 아니었고 미국인에 대한 여성의 욕망 때문이기도 했다는 것인데, 일본의 경우와도 유사했던 것 같아요. 사병애인은 보통 여성의 시기와 질투의 대상이었지만, 그러나 독일어나 일본어에는 양갈보라는 욕은 없는 것 같고요. 일본인 '전쟁신부'(war bride)가 5만명으로 독일인 전쟁신부의 3배나 되는 것은 물론 한국전쟁의 후방기지였기 때문이지요.

반파시즘 인민전선

반파시즘 투쟁을 설명하면서 인민전선을 전후한 코민테른의 입장을 생략할 수는 없습니다. 코민테른사에 대한 가장 좋은 교과서는 케빈 맥더모트(Kevin McDermott)와 제레미 애그뉴(Jeremy Agnew)의 *The Comintern* (Macmillan, 1996; 국역: 서해문집, 2009)인데, 페르난도 클라우딘(Fernando Claudin)의 *The Communist Movement: From Comintern to Cominform* (1970; 영역: Monthly Review Press,

1975) 이후의 연구를 집대성하면서 고르바초프가 개방한 모스크바 문서고의 새로운 사료도 활용하고 있지요.

그러나 역자가 영어도 잘 못하고 마르크스주의도 잘 모르는 탓에 오역이 너무 많습니다. 또 문장을 빠트리는 대신 엉터리 역주를 달 정도로 불성실하고요. 그래서 원서와 대조하면서 읽다가 결국 포기하고 원서로 읽을 수밖에 없었지요. 역자는 오세철 교수의 제자라고 하는데, 한총련 세대는 어쩔 수 없는 것 같아요.

이미 언급한 니코스 풀란차스(Nicos Poulantzas)의 *Fascism and Dictatorship: Third International and the Problem of Fascism* (1970; 영역: NLB, 1974)은 에르네스토 라클라우(Ernesto Laclau)의 *Politics and Ideology in Marxist Theory: Capitalism, Fascism, Populism* (NLB, 1977)에 승계되어 좌파 인민주의의 논거가 되기도 했습니다. 1930-40년대 파시즘 분석을 1950-60년대 아르헨티나와 브라질의 인민주의 분석에 적용한 것인데, 별로 설득력은 없어요. 그는 지배계급의 인민주의와 피지배계급의 인민주의를 구별하면서 '인민주의의 최고형태는 공산주의'라고 주장했는데, 그렇다면 스탈린주의는 어떤 인민주의라는 것인지 궁금하거든요.

각설하고, 맥더모트와 애그뉴는 코민테른사를 다음과 같이 시기 구분하고 있습니다.

   1919-23   창립대회(1919), 2차대회(1920), 3차대회(1921), 4차대회(1922); 독일혁명 실패
   1924-28   5차대회(1924); 상대적 안정기와 통일전선, 볼셰비키화
   1928-33   6차대회(1928); 이른바 '제3기'와 사회파시즘, 스탈린주의화
   1934-39   7차대회(1935); 반파시즘 인민전선
   1939-43   독소불가침조약

레닌이 코민테른을 조직한 것은 국제연맹 및 국제노동기구(ILO)에 대응하기 위한 목적이었습니다. 레닌 생전의 코민테른 '제1기'는 독일혁명기와 일치했는데, 1918년 말과 1919년 초에 고양된 혁명은 오래지 않아 퇴조하기 시작했지요. 그런데 1918년 3월 초 독일 등과

의 단독강화를 위한 브레스트-리토프스크 조약을 체결한 지 나흘 후의 「중앙위원회 정치보고」에서 레닌은 이미 '우리는 [독일혁명]에 모든 것을 걸 수는 없다'고 강조한 바 있어요.

「4·7보선 전후」에서 설명한 것처럼, 일국사회주의론이 레닌과는 무관한 스탈린의 발명품이라는 트로츠키의 주장은 근거가 없습니다. 1920년 중반 2차대회 전후에 공산당 내부의 분열로 인해 독일혁명이 변곡점이 지날 때부터 레닌은 신경제정책을 구상하기 시작했지요. 일단 독일혁명이 다시 고양될 때까지의 전술적 고려였는데, 그러나 독일혁명이 점점 퇴조하자 결국 전략적 전망으로 발전했고요.

요컨대 일국에서 사회주의혁명이 가능하다는 데서 출발한 레닌이 일국에서 사회주의건설도 가능하다는 결론에 도달했다는 것입니다. 그리고 그런 과정에서 결정적인 역할을 한 것이 바로 신경제정책론이었고요. 쉽게 말해서 신경제정책론은 일국사회주의론의 충분조건이었고 일국사회주의론은 신경제정책론의 필요조건이었지요. 반면 스탈린은 신경제정책론 없는 일국사회주의론을 추진했고요.

동시에 레닌은 통일전선론을 제안하기 시작했습니다. 코민테른 3차대회(1921)에서 사민당을 비롯한 개량주의자와의 협력이라는 문제를 제기한 것인데, 그는 통일전선에 대한 반대를 '좌익주의자의 멍청한 짓'(leftist stupidities)라고 비판했어요. 레닌이 제안한 통일전선론을 프티부르주아지나 자유부르주아지와의 협력으로까지 확대한 것이 7차대회(1935)에서 디미트로프가 제안한 인민전선론이라고 할 수 있겠지요.

1920-22년에 레닌은 독일을 비롯한 유럽에서의 혁명 대신 중국을 비롯한 아시아에서의 혁명에도 관심을 갖기 시작했습니다. 이렇게 '식민지·민족 문제'를 해결하려는 코민테른의 '동방정책'이 출현한 것이고, 1923년 손문과의 국공합작이 그 결실인데, 자유부르주아지 내지 민족부르주아지와의 협력이 그 핵심이었지요. 그러나 이동휘 선생의 상해파와는 아무런 결실도 얻지 못했는데, 동방정책을 이해하지 못한 이르쿠츠크파의 방해 때문이었어요.

코민테른이 '모스크바의 금'(Moscow gold)으로 각국의 공산당에 재정 지원을 한 사실에도 주목할 필요가 있습니다. 그러나 그로 인한 '스캔들과 역겨운 오남용'(scandals and disgusting abuses, 레닌)도 많았지요. 예를 들어 1920년에 레닌이 이동휘 선생의 상해파에게 지원한 자금을 둘러싸고 이르쿠츠크파와의 갈등이 폭발했고, 그런 와중에 1921년의 자유시사변까지 발발했거든요.

자금을 둘러싼 공산당 내부의 스캔들은 일본의 경우도 마찬가지였는데, 레닌이 경고한 것처럼, 공산당 내부에 출세주의자와 투기꾼이 침투한 결과였습니다. 1930년대에 자금이 고갈되자 코민테른이 재정 자립을 요구하기 시작했고, 일본공산당은 가와카미 하지메를 비롯한 동조자들에게 모금을 하거나 아니면 은행강도나 사기도박 같은 범죄도 불사했지요.

레닌이 사망한 이후 '제2기'는 혁명의 패배와 자본주의의 상대적 안정으로 특징지어진 시기였습니다. 당시 각국 공산당은 분파투쟁으로 무정부상태인 데다 혁명의 패배로 인해 '열등감'이 확산되기도 했지요. 프랑스공산당 같은 경우는 '개인적 반목'(personal vendetta)까지 중첩되었다고 하고요. 그래서 코민테른이 개입하여 볼셰비키화를 추진했던 것이에요.

이어지는 이른바 '제3기'란 상대적 안정이 종료되고 혁명이 다시 고조되기 시작했다는 의미입니다. 그런데 굳이 '이른바'라고 한 것은 그런 정세분석은 물론이고 그 이론적 근거로 제시되었던 '자본주의의 전반적 위기론'이 오류였기 때문이지요. 그래서 전후에 전반적 위기론과 국가독점자본주의론, 나아가 국독자 경향론과 단계론 사이에 복잡한 경제학적 논쟁이 전개되었던 것이고요.

제3기라는 정세분석은 스탈린이 아니라 부하린이 6차대회(1928) 2년 전에 제기한 것이라고 합니다. 스탈린은 코민테른을 경멸하여 '구멍가게'(corner shop)라고 부르면서 큰 관심이 없었다고 하고요. 물론 독일공산당처럼 레닌의 통일전선론을 폐기하고 사회파시즘론을 제시하려면 자유부르주아지와의 투쟁에 주력하는 스탈린의 주요

타격방향론이 필요했지만요.

사회파시스트는 본래 1922년에 이탈리아에서 무솔리니의 집권에 기여한 '불량'(nefarious, 행동규범이 없는) 사회주의자를 묘사하는 용어였다고 합니다. 그래서 사민당과의 갈등 때문에 혁명에 패배한 1924년 이후 독일에서도 적용하기 시작한 것인데, 다만 그 경제학적 논거로서 자본주의의 전반적 위기론이 제기되었고 그것을 바르가가 이론화했던 것이지요.

제2기는 볼셰비키화라고 하고 제3기는 스탈린주의화라고 하는 것에는 이유가 있습니다. 소련공산당에서든 코민테른에서든 스탈린은 고참 볼셰비키를 불신하는 대신 '난폭하고 양심불량인'(tough and unscrupulous, 맥더모트와 애그뉴) 신참 볼셰비키를 신뢰했거든요. 하기야 레닌에게 '너무 조야하다'(too rude)는 비판을 받은 바 있는 스탈린은 '상놈'(a crude man)을 자처했다고 하지요. 혹시 김정일 위원장도 스탈린처럼 전대협보다 한총련을 선호했는지 궁금해지는 대목이에요.

맥더모트와 애그뉴는 나치가 집권한 다음 인민전선이 형성되는 과정을 상세하게 추적하고 있습니다. 그들은 '삼중적 상호작용'이 있었다고 주장하는데, 1933년에 독일에서 나치당이 집권하자 1934년부터 민족적 차원에서 프랑스 내부적 요인이, 국제적 차원에서는 코민테른 내부적 요인과 함께 소련의 외교·안보적 요인이 작용하기 시작했다는 것이지요.

2월 프랑스에서 파시스트의 폭동(émeute)에 대항한 노동자들의 총파업과 아래로부터의 통일전선 형성
4월 디미트로프 코민테른 서기장으로 발탁, 5월부터 노선 전환 추진
7월 프랑스공산당의 토레즈 서기장이 위로부터의 통일전선인 반파시즘 행동통일협정 체결, 트로츠키는 '인민에 대한 최악의 범죄적 배반'이라고 비판
10월 노동자계급에서 프티부르주아지와 농민으로 통일전선을 확대하는 반파시즘 인민전선 형성
12월 스탈린이 디미트로프와 토레즈의 노선 전환을 추인

이어서 1935년 5월에 프랑스와 소련의 외교·안보동맹인 상호원조조약이 체결되고 7-8월에는 코민테른 7차대회에서 인민전선 노선이 채택되었습니다. 디미트로프가 강조한 것처럼, 일정에 오른 것은 더 이상 혁명투쟁이 아니라 반혁명에 대한 투쟁이었지요. 따라서 레닌이 통일전선론에서 강조한 것처럼 개량주의에 대한 투쟁도 더 이상 문제가 아니었고요.

디미트로프의 인민민주주의론은 '프롤레타리아 독재와 부르주아 민주정이 아니라 부르주아 민주정과 파시즘 사이의 분명한(definite) 선택'이라는 문제를 제기했습니다. 쉽게 말해서 파시즘이라는 '폭력적 독재'(terrorist dictatorship) 내지 '공포정치'(reign of terror)에 맞서 자유민주정을 지켜야 한다고 주장한 셈이지요. 그리하여 1936년 5월에 프랑스의 인민전선정부가 구성되었던 것이고요. 직전에 구성된 스페인의 인민전선정부는 논외인데, 유럽에서 공산당이 가장 취약했고 아나키스트나 (이단적) 트로츠키주의자가 대세였거든요.

오히려 중국에서 성립한 2차 국공합작에 주목해야 할 것입니다. 그러나 코민테른의 노선 전환은 별로 중요하지 않았는데, 모택동이 1934-35년 대장정 초기의 준의회의에서 '적색 매판'이라고 불리던 소련유학파 '28인의 볼셰비키'를 숙청한 직후에 코민테른 7차대회가 열렸거든요. 또 연안 근거지에 도착하고 1년여가 지난 다음에 2차 국공합작이 성사되었고, 반년이 지난 다음에 중일전쟁이 발발했던 것이고요.

발리바르는 모택동이 '세계혁명'을 '각국에서 재창조되어야 하는 혁명'으로 재해석했다는 사실을 강조한 바 있습니다. 그런데 사실 디미트로프도 동일하게 재해석했지요.

> 프롤레타리아의 국제주의는 그들이 태어난 땅(native land, 모국)에 깊이 뿌리내리기 위해 각국에서 말하자면 '환경에 순응해야'(acclimate oneself) 한다. 각국에서(…)프롤레타리아 계급투쟁의 민족적 형태는 프롤레타리아의 국제주의와 모순되는 것이 아니다. 정반대로 프롤레타리아의 국제적 이익의 방어에 성공할 수 있는 것이 바로 이런 민족적 형태인 것이다.

국제적으로 인민전선이 형성되던 시기에 소련 국내에서는 대숙청(1936-38)이 강행되었다는 것은 역시 모순이 아닐 수 없었습니다. 파시즘의 공포정치를 비판하면서 스탈린주의 역시 공포정치를 자행했으니까요. 이 때문에 프랑크푸르트학파의 프란츠 보르케나우가 『전체주의라는 적』(1940)에서 파시즘은 '갈색 볼셰비즘'이고 스탈린주의는 '적색 파시즘'이라고 비판했던 것이고요.

대숙청으로 최악의 타격을 입은 것은 폴란드공산당이었습니다. 1937년에 5천명의 당원이 숙청된 다음 결국 1938년에는 당이 해산되었거든요. 그래서 맥더모트와 애그뉴가 '모스크바에서 "자유롭게" 생활하는 것보다 바르샤바 감옥에서 괴롭게 생활하는 것이 더 안전했다'고 말하는 것이고요. 하기야 일제를 피해 모스크바로 도피했던 김단야 선생과 일제에 의해 대전형무소에 수감되었던 박헌영 선생의 운명이 엇갈린 것만 봐도 이 말이 실감나지요.

어쨌든 1936년에 정점에 도달한 다음 점차 쇠퇴한 반파시즘 인민전선은 1939년 8월 독일과의 불가침조약 체결과 9월 독일의 폴란드 침공 이후 결국 폐기되었습니다. 스탈린에게는 폴란드를 후견하는 영불과 독일의 전쟁은 제국주의적 전쟁이었고, 부르주아 민주정과 파시즘의 차이로 인한 '이념 전쟁'(ideological war, 몰로토프)이란 별로 중요하지 않았기 때문이지요. 나아가 스탈린은 1941년 4월에 일소중립조약까지 체결했지요. 그러나 얄궂게도 두 달 만에 독일의 소련 침공이 시작되었던 것이에요.

베리야가 주도했던 국방위원회(GKO)와 굴라크 덕분에 스탈린은 히틀러를 패퇴시킬 수 있었습니다. 특히 1943년 2월에 반년에 걸친 스탈린그라드 전투에서 승리하자 세 달 만에 스탈린은 코민테른을 해체했지요. 그는 일단 미영과의 동맹을 통해 서유럽에서 제2전선을 구축하고, 전후에 유럽의 분단을 통해 사회주의진영을 건설하려는 의도였지요. 그러나 사회주의진영에 속하게 될 동유럽의 인민민주주의 정부는 인민전선과는 별로 관련이 없었어요.

사실 코민테른이 해체된 다음에도 그 지도부는 존속했는데, 대신 소련공산당 중앙위원회 서기국 국제부로 이전되었던 것입니다. 또 서기국 국제부가 다른 나라 공산당에 재정 지원도 지속했는데, 예를 들어 1980년에도 미국공산당 250만달러, 프랑스공산당 200만달러, 포르투갈공산당 80만달러, 그리스공산당 70만달러 등을 지원했지요. 또 만델라의 아프리카민족회의도 지원했고요. 이탈리아공산당이나 스페인공산당과 달리 프랑스공산당에게만 거액을 지원했던 것은 그만큼 유로공산주의에 소극적이었다는 반증이었지요. 로버트 서비스의『코뮤니스트』(2007; 국역: 교양인, 2012)를 참고하세요.

레닌의 코민테른, 즉 제3인터내셔널이 비극으로 끝났다는 사실을 부정할 도리는 없습니다. 레닌이 요절한 다음 스탈린을 비롯한 그의 에피고넨(Epigonen, 아류들) 때문에 제3인터내셔널이 실패했다고 변명할 수는 없어요. 그러나 레닌 이후에도 인터내셔널을 결성하려는 시도가 반복되어 트로츠키의 제4인터내셔널(1938)과 급기야 차베스의 이른바 '제5인터내셔널'(2009)로 이어졌지요.

트로츠키의 시도는 소극으로 끝난 것 같은데, 캘리니코스(Alex Callinicos)도 자인하는 것처럼, 결국 '무질서한 일군의 종파'만 생겨났기 때문입니다. '그는 몰락으로 모든 죄과를 용서받았다'(Sa chute l'absolvait de tous ses péches, 미셸 라공)고 할 수 있고요. 또 제5인터내셔널은 사기극으로 끝났다고 해야 할 것 같은데, 트로츠키도 못한 일을 차베스가 할 수는 없었기 때문이에요. 그는 카스트로의 아류라고 할 수밖에 없어요. 단적인 예를 하나만 들자면, 차베스는 카스트로와는 달리 가톨릭을 믿었는데, 그의 절친 푸틴이 정교회를 믿는 것과 마찬가지였다고 할 수 있겠지요.

자유주의적 제도로서 헌정과 법치

빙험의 『법의 지배』와 골즈워디의 『의회의 지배』

앞에서 김도균 교수를 자유주의적 법치론자로 오해했다고 고백한 바 있습니다. 그래서 자유주의적 법치론을 좀 더 공부해보려고 참고문헌을 찾아보다가 『법의 지배』(*The Rule of Law*, 2010; 국역: 이음, 2013)를 발견했지요. 이 책은 20세기 영국 최고의 법관이라고 평가되는 톰 빙험(Tom Bingham) 대법원장(Senior Law Lord)의 유작으로, 영국 '헌정주의'(constitutionalism) 내지 '헌정의 원칙'(constitutional principle)과 관련하여 법치에 대해 설명하고 있어요.

먼저 'constitution'은 헌법이 아니라 헌정으로 번역해야 합니다. 입헌정치의 준말인 헌정은 헌법의 문언(文言, 성문화된 표현)보다는 오히려 '정치과정'(political process)을 강조하는데, 다이쇼 민주주의의 3대 사상가로 법학에서 정치학을 독립시킨 도쿄제국대학 정치학 교수 요시노 사쿠조 역시 이런 입장을 강조한 바 있지요.

게다가 헌법에는 제정헌법만 있는 것은 아니고 관습헌법도 있다는 사실이 중요합니다. 영국의 헌법은 관습헌법이고, 또 미국의 헌법은 제정헌법이면서도 의회가 폐지는 물론이고 개정도 할 수 없지요. 그래서 '수정헌법'(Amendment)이라는 형식으로 27개조를 추가할 수밖에 없었는데, 가장 유명한 것이 1791년의 권리장전(1-10조), 1865년의 노예제 폐지(13조), 1951년의 대통령의 3선 금지(22조) 등이었지요. 일본의 헌법은 1890년부터 시행된 메이지헌법과 1947년부터 시행된 쇼와헌법 단 두 개 만이었고요.

반면 프랑스혁명부터 제3공화국까지 14번이나 제정되거나 개정된 프랑스헌법은 'paper constitutions', 즉 탁상공론식 명목헌법이라는 악명이 높았습니다. 특히 1789-95년은 철학자 내지 법학자가 주도한 '헌법 실험'(constitutional experiment)의 시기였는데, 핵심은 관습법

(droit)을 제정법(loi)으로 교체하는 데 있었지요. 그런데 이런 모험은 프랑스 절대군주정의 상징이자 '태양왕'이라고 불렸던 루이 14세조차 감히 엄두를 못 낸 일이었어요.

1948년에 제정된 이래 전문개정 4회(5·16, 유신, 5공, 문민화)와 일부개정 5회(발췌 개헌, 사사오입 개헌, 4·19 직후 의원내각제 개헌과 소급입법 개헌, 3선 개헌)로 누더기가 된 남한헌법도 탁상공론식 명목헌법이기는 마찬가지입니다. 그런데 이번 총선에서 조국 교수는 기고만장하여 또다시 개헌을 해서 제7공화국을 수립하자고 주장한 바 있는데, 전공인 형법도 잘 모르는 그가 헌법에 대해 뭘 안다고 부산 사투리를 씨불이면서 깝작대나 하는 생각이 들었어요.

빙험은 1부에서 영국 헌정의 원칙, 좀 더 구체적으로 말해서 '헌정의 기저에 있는 두 개의 기본원칙'으로 '법의 지배'(rule of law)와 '의회의 지배'(sovereignty of parliament)를 강조하고 있습니다. 또 전자의 관점에서 영국의 헌정사, 즉 몽테스키외가 '군주정으로 분장한 공화정'이라고 부른 입헌군주정의 역사를 개관하고 있는데, 후자의 관점까지 포괄하여 다음과 같이 정리해볼 수 있겠지요.

법의 지배: 대헌장(1215)부터 권리장전(1689)까지 450년
의회의 지배: 내각제 도입(18세기)부터 의원내각제 도입(19세기)까지 200년

비교하자면, 일본은 1868년 메이지유신부터 1918년에 의원내각제('정당내각제')를 도입할 때까지 50년밖에 걸리지 않았는데, 오로지 국부 이토 히로부미와 그가 양성한 제자/후배 덕분이었습니다. 더 자세한 설명은 『재론 위기와 비판』을 참고하세요.

1867-68년 왕정복고와 메이지유신
1881년 의회개설칙유(勅諭) 반포, 이토 히로부미의 입헌군주정 구상
1885년 이토의 주도로 내각제 채택
1889년 이토가 기초한 흠정(欽定)헌법 반포
1890년 양원제의회 소집
1900년 이토가 입헌정우회를 결성하여 정당제 도입
1909년 안중근의 이토 암살
1918년 정당내각제 실현으로 입헌군주정 완성

영국이나 일본에 주목하는 것은 '자본주의에 가장 적합한 정치적 외양'(the best possible political shell for capitalism)인 입헌군주정 아래 의원내각제였기 때문입니다. 『국가와 혁명』(1917)에서 레닌은 그것을 민주공화정으로 설정했는데, 1905년 혁명기에는 러시아의 절대군주정(autocracy)과 '일본의 입헌군주정'(constitutional Japan)을 대비하기도 했지요. 반면 대통령제는 미국에 고유한 연방제라는 사정에서 비롯되었는데, 조지형 교수의 『대통령의 탄생: 대통령제도는 어떻게 생겨났는가?』(살림, 2008)를 참고하세요.

빙험이 2부에서 검토하는 법치의 구성요소는 모두 8개인데, 언뜻 보기만 해도 '문재명 정부'에 의해 법치가 얼마나 훼손되었을지 알 수 있습니다. 군부독재에 의해 훼손된 법치가 프로토파시즘을 지향하는 인민주의에 의해 복원은커녕 한층 더 훼손될 것인데, 문민화가 실패한 결정적인 증거를 여기서 발견할 수 있지요.

첫째, 법적 '안정성'(certainty, 확실성)으로 '이해 가능한 명료성'(accessibility)을 의미합니다. 달리 말해서 '모호성'(obscurity)으로 인해 법에 대한 '무지'(ignorance)를 초래해서는 안 된다는 것이지요. 앞에서 언급한 저항의 휘선(brightline)으로서 신체와 정신의 자유가 대표적인 사례라고 할 수 있겠고요.

둘째, 행정부와 사법부의 재량적 권한에 따른 자의적 결정의 제한입니다. 법은 지배의 주체이지 지배의 수단이 아니므로 '법의 지배'와 '법에 의한 지배'를 혼동하면 안 되기 때문이지요. 사법부보다는 행정부의 재량권이 더 문제일 것이므로, 넷째 요소와 관련되는 문제이기도 하고요.

셋째, 법 앞의 평등입니다. 그러나 평등이 차등대우와 양립할 수도 있는데, 주관적 차이에 따른 차등대우는 배제하면서도 객관적 차이에 따른 차등대우는 허용하기 때문이에요. 전자의 예로 흑인과 여성이 있고 후자의 예로 어린이와 정신병자·죄수가 있는데, 빙험이 거론하지 않는 능력주의도 후자의 예라고 할 수 있겠지요. 능력주의에 대해서는 나중에 설명하겠어요.

넷째, 행정부의 권한 행사와 그것에 대한 사법부의 견제, 달리 말해서 사법심사(judicial review, 위헌심사)입니다. 전후 행정부의 권력이 증대해온 것은 불가피한 만큼 그것에 대한 사법부의 견제 역시 불가피하다는 것이지요. 방금 지적한 것처럼, 둘째 요소와 관련되는 문제이고요.

다섯째, 인권에 대한 적합한 보호입니다. 그런데 빙험이 말하는 인권이란 유럽인권조약의 인권이고 나중에 설명할 '권리혁명'(rights revolution)의 인권과는 구별되어야 하지요. 유럽인권조약의 인권은 보편적 권리 내지 기본권이고 권리혁명의 권리는 특수한 권리 내지 약소자의 권리이거든요.

여섯째, 분쟁 해결입니다. 소송(litigation)에 앞서 '화해'(mediation/conciliation)와 화해가 불가능할 경우 '중재'(arbitration)가 필요하지요. 소송이 불가피할 경우에 법률구조가 필요하고요. 글래드스턴의 말처럼 '지연된 정의는 거부된 정의'(justice delayed is justice denied)일 따름인데, '법의 지연'(the law's delay)이 곧 햄릿이 자살한 이유이기도 했지요. 물론 모든 자살자가 그런 것은 아니었는데, 예컨대 노무현 대통령은 재판에 대한 공포로 자살을 선택했거든요.

일곱째, 공평한(fair) 재판입니다. 그렇게 하기 위해서 일차적으로 사법부의 정치적 독립성이 필요한 것이고, 특히 인사와 예산에서 행정부로부터 독립할 필요가 있는 것이지요. 그 대신에 사법부는 정치적 중립성을 준수해야 하는 것이고요. 사법부의 독립성이 특정 정파에 의한 사법부의 정치화를 보장하는 것은 아니거든요.

여덟째, 국제법 준수입니다. 국제법이 국내법에 우선하고, 국제법도 헌법처럼 제정법보다는 관습법이라는 사실을 강조하고 있지요. 또 관습법 이외에 '문명국이 인정하는 일반 법리(general principles of law)'도 있는데, 국제적으로 통용되는 일종의 상식이라고 할 수 있겠지요. 빙험에 따르면, 전쟁의 개시·수행에 관한 법, 특히 전쟁 중 잔혹을 제한하려는 법은 관습법이고 추후에 조약으로 제정되는 것이에요. 나아가 인권에 관한 국제법도 마찬가지로 세계인권선언이라는 관습법이 예를 들어 유럽인권조약으로 제정되는 것이고요.

2차 세계전쟁 이후 국제관습법을 위반하는 나라가 주로 사회주의를 표방하는 나라였다는 사실에 주목하지 않을 수 없습니다. 그런데 저 역시 페레스트로이카 논쟁 당시 자유와 법치/인권이 '전인류적/인류보편적 가치'(universal human value)라는 고르바초프의 주장을 이해할 수 없었지요. 그러나 2010년대에 들어와 북중러가 '불량국가'(rogue state)로 타락했다는 사실을 도저히 부정할 수 없게 되면서 그의 주장을 재평가하게 되었어요. 북한·러시아는 물론이고 시진핑 시대 중국에서도 이 가치가 특권(權貴)부르주아지와 함께 '거론하면 안 되는 일곱 가지 사항'(七不講)의 핵심이라고 하거든요.

마지막으로 빙험은 3부에서 법의 지배와 의회의 지배 사이의 관계에 대해 설명하고 있습니다. 이미 설명한 행정부에 대한 사법부의 견제와 마찬가지로 사법부가 입법부에 대해서도 견제할 수 있는가라는 것인데, 빙험은 전자와 달리 후자에는 반대하는 입장이지요. 의회의 지배를 '법원의 지배'(judicial supremacy), 즉 정치를 사법화하는 법조정으로 교체하기 때문이에요.

그런데 김도균 교수는 『법철학』(한국방송통신대학교출판문화원, 2006; 개정판: 2011)에서 법치에는 제정법적 '법률주의'(legalism)와 자연법적 '입헌주의'(constitutionalism), 달리 말해서 의회의 지배와 법원의 지배가 있다고 주장합니다. 그는 법률주의보다 입헌주의를 선호하면서 사법부의 입법부 견제에 찬성하는데, '정치의 사법화'에 대한 반대와 모순되지요. 김 교수의 법치론은 결국 '사법의 정치화'와 '정치의 사법화'를 모두 허용한다는 생각이 들 수밖에요.

의회의 지배를 주장하면서 빙험이 원용하는 사람이 오스트레일리아 모내시대학의 헌법학자 골즈워디(Jeffrey Goldsworthy)입니다. 그의 주저는 『의회의 지배』(*The Sovereignty of Parliament: History and Philosophy*, Oxford University Press, 1999)인데, 최근 헌정사의 맥락에서 「헌정이론과 사상」("Constitutional Theory and Thought", in *The Cambridge Constitutional History of the United Kingdom*, Cambridge University Press, 2023)을 발표하기도 했지요.

골즈워디는 법의 지배와 의회의 지배를 역사적으로 개관하면서 전자만으로는 헌정주의가 불안정했으므로 후자가 필요했다는 사실을 강조하고 있습니다. 예를 들어 대헌장처럼 왕권을 법적으로 제한할 수 있었는데, 그러나 왕이 법을 위반했을 경우는 내란이 불가피했다는 것이지요. 1642-51년 영국혁명과 1789-99년 프랑스혁명이 그 증거였고요.

따라서 왕권을 정치적으로 제한하기 위해서 군주정과 귀족정과 민주정의 혼합정체로서 입헌군주정 아래 상하 양원제 의회가 출현했던 것입니다. 먼저 로크를 비롯한 휘그주의자가 주장한 의회의 지배, 단적으로 말해서 의회주의(parliamentarism)를 토리주의자도 수용하게 되었지요. 말하자면 '런던 컨센서스'가 형성된 것인데, 그 후 18-19세기에 내각제를 거쳐 의원내각제가 출현했던 것이에요. 반면 '파리 컨센서스'가 부재한 프랑스는 19세기 내내, 심지어 제3공화정이 출범한 이후에도 불안정했던 것이고요.

골즈워디는 사법/위헌심사를 행정부에서 입법부로 확대하는 것에 대해서 비판적입니다. 입법부는 행정부나 사법부와 달리 선출된 권력이기 때문이에요. J. Goldsworthy, *Parliamentary Sovereignty: Contemporary Debates*, Cambridge University Press, 2010; "Losing Faith in Democracy: Why Judicial Supremacy is Rising, and What to Do about It", *Quadrant*, May 2015를 참고하세요.

예를 들어 영국의 경우 1960년대 이후 행정부의 시행령(집행명령·위임명령)에 대한 위헌심사가 2000년대 이후 의회가 제정한 법률에 대한 위헌심사로 확대되었습니다. 그러나 시행령은 몰라도 법률에 대한 위헌심사는 '민주정에 대한 신뢰의 상실'로 인해 입법을 의회와 법원의 '연대책임'(joint responsibility) 내지 '합작사업'(collaborative enterprise)으로 변질시킨다는 것이 골즈워디의 비판이에요.

골즈워디의 비판은 1960-80년대 권리혁명이 사법심사가 확대된 원인이라는 사실에 주목하는 것입니다. 좀 더 구체적으로 말하자면 '[약소자] 권리의 대변자와 변호사'(rights advocate and lawyer)에 이어 '[약소자] 권리의 후견인(guardian)'을 자임하는 판사, 나아가 판결을 통해 사회를 변혁하려는 '활동가주의 판사'(activist judge)가 등장한 것이지요. Charles Epp, *The Rights Revolution: Lawyers, Activists, and Supreme Courts in Comparative Perspective*, University of Chicago Press, 1998을 참고하세요.

그런데 프랑스에서는 사법심사가 혁명기 이래 논쟁거리였다고 합니다. 1789년 혁명이 발발한 그 이듬해 사법심사가 금지되었는데, 판사는 입법부의 '노예'로 간주되었고 사법부가 월권하면 형법으로 처벌했다고 하지요. 몽테스키외의 말처럼, 판사는 의회가 제정한 '법을 말하는 입'(la bouche qui prononce les paroles de la loi)일 따름이었어요. 현재도 그런 금지가 유효하다고 하는데, 의회의 논쟁을 법원의 판결로 대체함으로써 정치라는 입법부의 기능과 분쟁 해결이라는 사법부의 기능을 혼동해서는 안 되기 때문이지요.

물론 영국의 의회주의가 로크의 자유주의적 자연권론에 기초하는 반면 프랑스의 의회주의는 루소의 공화주의적 전체의지론에 기초한다는 사실을 망각하면 안 됩니다. 1789년의 「인간과 시민의 권리선언」에서 전체의지론이 반영된 곳은 특히 '[제정]법(La Loi)은 전체의지의 표현이다'라는 6조인데, 전체의지론은 결국 사법적 계몽주의와 공포정치의 악취를 덮는 '쓰레기통뚜껑'(fig leaf)이었지요. 자유주의와 공화주의의 차이에 대해서는 조금 이따가 설명하겠어요.

그러다가 1890년대부터 1930년대까지 제3공화정 말기에 사법심사에 대한 논쟁이 재개되었습니다. 공법학자들이 가톨릭적인 자연법을 원용하여 의회의 지배를 비판했던 것인데, 판사의 복권을 넘어 '판사의 통치'(gouvernement des juges)를 주장함으로써 제3공화국의 불안정화에 기여했다는 평가를 받지요. A. Stone Sweet, "Why Europe Rejected American Judicial Review and Why It May Not Matter", *Michigan Law Review*, Aug. 2003을 참고하세요.

스미스의 헌정론에 대한 와인개스트의 해석

빙험과 골즈위디가 주장한 헌정론을 와인개스트(Barry Weingast)의 정치경제론으로 보완할 수 있다는 것이 제 생각입니다. 『한국사회성격 논쟁 (II)』의 「후기: '인민의 벗이란 무엇인가'」에서 조국 교수를 비판하기 위해 스미스에 대한 와인개스트의 정치경제론적 해석을 소개한 바 있는데, 그 후에 스미스의 헌정론에 대한 해석이 추가되었더군요.

"Adam Smith's Constitutional Theory" (August 2022)라는 글인데, "From 'The Lowest State of Poverty and Barbarism' to The Opulent Commercial Society: Adam Smith's Theory of Violence and the Political Economics of Development" (March 2015)에 후속하는 연구입니다. 스미스의 경제성장론에 후속하는 헌정론을 제시한 이 글들은 와인개스트의 다른 글들과 함께 https://mcnollgast.stanford.edu에서 찾아볼 수 있지요.

법경제론(law and economics)의 대상이 사법(私法)이라면 법정치경제론(political economy of law)은 공법(公法)으로 그 대상을 확대하는 것이라는 사실을 지적해두겠습니다. B. Weingast et al., "The Political Economy of Law", in *Handbook of Law and Economics*, North-Holland, 2007을 참고하세요.

와인개스트는 로크와 몽테스키외의 자유주의적 헌정에 대한 정치철학이 스미스의 자본주의적 헌정에 대한 정치경제론으로 발전했다고 주장하고 있습니다. 스미스는 '공공재'의 공급이라는 문제의 해결과 함께 국내외의 폭력이라는 문제의 해결을 헌정의 우선적 목표로 설정하고 있지요. 국외의 폭력을 해결하는 것이 국방 및 외교이고 국내의 폭력을 해결하는 것이 사법인데, 와인개스트가 주목하는 것은 전자가 아닌 후자이고요.

스미스는 로크-몽테스키외의 권력분립론에서 한 걸음 더 나아가

삼권분립론을 주장했습니다. 군주가 행정권만을 보유하고 입법권과 사법권은 의회와 법원으로 양도해야 한다는 것이지요. 의원내각제가 성립했던 것은 아니므로 의회가 입법권과 행정권을 모두 보유한 것은 아직 아니었지요. 의원내각제의 성립에 중요한 선거법 개정은 1776년 『민부론』 출판 이후 거의 100년이 지난 1867년에야 이루어지거든요.

그런데 문제는 로크와 몽테스키외의 저항권이 법적으로 인정된 권리가 아니었으므로 헌정을 둘러싼 분쟁은 폭력에 의해 해결될 수밖에 없었다는 데 있습니다. 저항이 성공할 때 군주가 참주(僭主, 사이비 군주)가 되는 반면 저항이 실패할 때는 신민이 역적이 되는 것이었지요. '이기면 군왕, 지면 도적'(成者爲王, 敗者爲寇; 成王敗寇)이라는 말처럼요.

앞에서 지적했던 것처럼, 골즈워디는 영국혁명이나 프랑스혁명 같은 헌정 중단을 피하려면 법의 지배에 의회의 지배가 추가되어야 한다고 주장했습니다. 그런데 스미스는 의회의 지배가 출현하기 전에라도 인민 내부의 '조정'(coordination)을 통해 합의(consensus)를 도출함으로써 저항권과 헌정 지속의 '일치'(reconciliation)를 달성할 수 있다고 주장했어요.

스미스가 강조하는 것은 헌법에 위헌에 대한 저항의 명료한 기준으로서 '휘선'(輝線, brightline)이 포함되어야 한다는 것입니다. 그는 그 예로 신체의 자유를 강조하는데, 물론 사상의 자유도 추가할 수 있겠지요. 와인개스트는 그런 기준을 포함한 헌법을 '자기집행적'(self-enforcing)이거나 '자기안정적'(self-stabilizing)인 헌법이라고 부르고 있어요.

신체의 자유를 상징하는 것으로 16세기 말과 17세기 초에 활약한 영국 법률가 에드워드 쿠크의 '각자의 집은 그의 성이다'(A man's house is his castle)라는 말이 유명합니다. 아니면 좀 더 극적인 것으로는 1766-68년에 수상을 지낸 아버지 윌리엄 피트의 하원 연설이 있고요.

[극빈자의 오두막에] 폭풍우는 들어올 수 있어도 국왕은 들어올 수 없다.

[The poorest man's cottage,] the storm may enter; the rain may enter; but the King of England cannot enter.

이런 주제의 영화로 더스틴 호프먼의 『어둠의 표적』(1971)이 있는데, 그의 영화가 늘 그렇듯이 볼 만하지요. 원제인 '허수아비 개'(Straw Dogs)는 제사 때 쓰고 내버리는 물건으로 노자와 장자가 사용했던 비유인데, 여기서는 무슨 의미인지 아리송하고요.

와인개스트는 하콘센(Knud Haakonssen)이 요약한 대로 스미스의 입장을 인용하고 있습니다.

> 행정부로부터 사법부의 독립이 입법부가 제정한 법의 지배에 대한 그 종속으로 균형될(counterbalanced) 때 비로소 법이 완전히 안정적으로 집행될 것이므로, 삼권분립(a tripartite sovereign)이 '자유와 소유에 대한 이상적 안전보장'의 달성을 위한 필요조건이다.

스미스가 말하는 자유와 소유에 대한 안전보장은 물론 로크와 몽테스키외를 계승한 것입니다. 생명을 추가할 수도 있는데, 로크는 『통치론』에서 '생명, 자유, 그리고 재산(estate)'이라고 말했고, 또 제퍼슨은 「독립선언」에서 '생명, 자유, 그리고 행복추구(the pursuit of happiness)'라고 말했지요.

자유와 소유 내지 행복추구에 대한 침해에는 두 가지가 있는데, 군주정이 타락한 참주정에 의한 침해와 민주정이 타락한 인민정에 의한 침해가 그것입니다. 로크와 몽테스키외는 절대군주정이라는 참주정을 비판한 것이고, 스미스의 동지인 버크는 프랑스혁명으로 참주정을 대체한 인민정을 비판한 것이고요.

그런데 와인개스트는 정치경제론의 관점에서 헌법의 조정기능을 강조하면서 전후에 헌정 중단을 경험하지 않은 나라는 조정가능한 헌법을 가진 20여개의 선진국만이었다고 주장한 바 있습니다. "The Violence Trap: A Political-Economic Approach to the Problems of

Development" (August 2013)와 짝이라고 할 수 있는 "Constitutions as Coordinating Devices" (Sept. 2013)를 참고하세요.

이런 맥락에서 와인개스트는 칠레가 문민화에 성공하여 중진국 함정을 피할 수 있게 된 이유에 주목하고 있습니다. 그는 특히 초대 문민정부인 아일윈 정부가 자유주의적 문민화세력이라는 다수파의 횡포에 대항하여 보수주의적 군부세력이라는 소수파를 보호하는 '대항다수결 제도'를 도입한 것이 중요한 이유라고 주장하고 있지요. B. Weingast et al., "Democratization and Countermajoritarian Institutions", in Tom Ginsburg, ed., *Comparative Constitutional Design*, Cambridge University Press, 2012를 참고하세요.

저로서는 와인개스트의 이런 주장이 얼마간 당황스러웠습니다. 김영삼 정부의 최대의 공적이 하나회 척결이라고 줄곧 생각해왔기 때문이에요. 그러나 이번에 '대선 불복 2년동란'을 겪으면서 하나회 척결을 넘어 전·노 심판을 통해 군부를 무력화시킴으로써 김영삼 정부가 자초한 일이 아닐까 하는 생각이 들었지요. 김대중 정부는 몰라도, 노무현 정부나 특히 그 후예인 '문재명 정부'를 억지할 수 있는 세력이 점차 소멸한 것 같거든요. '사법부의 정치화' 이후 나치의 집권을 억지할 수 있는 유일한 세력이 군부였다는 사실을 알고는 별의별 생각이 다 들었어요.

김대중 정부와 달리 노무현 정부에서 인민주의가 본격화되면서 자유주의와의 차이가 확대되었다는 사실을 부정할 도리는 없습니다. 후보 시절에 윤석열 대통령이 노 대통령 지지자임을 자랑하는 것을 보면서 조금 황당했는데, 자유주의자가 인민주의자를 추종한다는 셈이거든요. '문재명' 정부는 누가 뭐래도 김 대통령이 아닌 노 대통령의 후예라고 할 수밖에 없어요.

20세기 칠레 정치경제사의 맥락에서 문민화에 대한 설명은 나비아(Patricio Navia)의 "From Limited Access to Open Access Order in Chile, Take Two", in Douglass North et al., *In the Shadow of Violence: Politics, Economics, and the Problems of Development*,

Cambridge University Press, 2013을 참고할 수 있습니다. 그런데 당연하게도 나비아는 와인개스트와 대조적으로 선거정치에서 승복하는 패자의 중요성에 주목하고 있지요. "The Importance of Good Losers in Democracy", *SSRN*, April 2021을 참고하세요.

그런데 최근에는 칠레의 문민화도 불안정해지면서 선진국 진입도 곤란해진 것 같습니다. 1990-2010년에 콘세르타시온, 즉 중도우파인 기민당과 중도좌파인 사회당의 민주주의를위한정당연합이 집권한 이후 중도우파인 국민혁신당 출신의 피녜라와 중도좌파인 사회당 출신의 바첼레트가 교대로 집권해왔지요.

2006-10   콘세르타시온/바첼레트 정부
2010-14   피녜라 정부
2014-18   바첼레트 정부
2018-22   피녜라 정부

그러다가 좌우 양극화가 심해지면서 이런 패턴이 무너졌습니다. 2010년부터 고학력층의 청년세대가 탈정치화되는 동시에 부동층화되었는데, 2007-09년 금융위기에 수반된 경제위기와 콘세르타시온 내지 중도좌파에 대한 불만 때문에 중도우파인 피녜라 정부가 출범할 수 있었던 것이지요. 쉽게 말해서 문민화에 '물렸다'(be fed up with)는 풍조가 나타나기 시작했다는 것이에요.

나아가 경제성장에는 성공했으나 불평등은 심화되었다는 문제도 있었습니다. 예를 들어 아르헨티나나 멕시코와 비교할 때 경제는 성장했는데, 그러나 불평등은 비슷한 수준이었다는 것이지요. 물론 경제성장에도 실패하고 불평등도 심화한 것으로 악명 높은 브라질은 논외라고 할 수 있고요.

그 결과 2019년에 제헌의회 소동이 벌어졌고 급기야 2022년에는 인민주의적인 공화당의 카스트에 대항하여 사회주의적인 사회융합의 보리치가 집권에 성공한 것입니다. 카스트는 부친이 나치 장교였고 형은 피노체트 정부의 중앙은행장이었던 반면 보리치는 약관 36세로 학생운동권 출신이었는데, 이 두 인물의 부상은 중도우파와 중도좌파가 그만큼 약화되었다는 사실을 증거한다고 할 수 있지요.

이런 맥락에서 루이스 세풀베다의 연작소설인 『귀향』(1994; 국역: 열린책들, 2001), 『우리였던 그림자』(2009; 국역: 열린책들, 2012), 『역사의 끝까지』(2016; 국역: 열린책들, 2020)에 대해서도 잠시 주목해두겠습니다. 아옌데 정부에도 참여한 칠레공산당 활동가 출신의 망명작가가 패배자의 입장에서 문민화 이후의 칠레에 대해 쓴 작품이지요. 그는 승리자는 역사(la Historia)를 남기고 패배자는 이야기(una historia)를 남긴다고 했는데, 이병주 선생처럼 말하자면, 역사는 산마루(crest)를 기록하고 문학은 산골짜기(trough)를 기록한다고 할 수도 있겠지요.

『귀향』은 '이념의 정치'를 '현실의 정치'로 대체한 문민화의 결함을 비판하는 동시에 과거 공산당의 행태를 비판하고 있는데, 속편에서 저자의 입장이 게바라주의였음이 밝혀집니다. 『우리였던 그림자』는 아옌데를 지지한 게바라주의자의 이야기와 동시에 교황청이 나치를 아르헨티나와 칠레로 도주시키던 루트인 '쥐구멍'(Rattenlinien)의 이야기이지요. 『역사의 끝까지』는 문민화에 대한 우익적 대안으로서 피녜라 정부의 비판인 동시에 게바라주의자의 자기비판인데, '역사의 끝(el fin)'이라는 제목은 푸틴 재집권과 우크라이나 침공을 암시한 것이지요.

'우리였던 그림자'의 원어는 'la sombra de lo que fuimos'/'the shadow of what we were'이므로 '지난날 우리의 그림자'라고 번역하는 것이 좀 더 나을 것 같은데, 지난날의 우리에 대한 기억이 오늘의 우리를 놓아주지 않는다는 의미로 해석할 수 있으니까요. 『루이 보나파르트의 브뤼메르 18일』에서 마르크스는 '산 세대의 사고가 죽은 세대의 전통에 가위눌리기' 때문에 비극이 소극으로 반복된다고 주장한 바 있지요.

몇 가지 설명을 보충해두겠습니다. 먼저 캐나다 경제학자 고든(Scott Gordon)의 『국가의 통제: 고대 아테네부터 오늘까지 헌정주의』(*Controlling the State: Constitutionalism from Ancient Athens to*

Today, Harvard University Press, 1999)를 참고하면서 정치학에서 헌정론 내지 헌정주의의 역사에 대해 정리해보겠어요.

고든은 헌정주의를 군주나 정부의 권력에 대한 법적 제한보다는 오히려 정치적 제한으로 정의하면서 헌정주의에서 법에 대한 정치의 우위를 확인하고 있습니다. 또 헌정(constitution) 개념의 기원은 영국혁명기였고, 헌정주의(constitutionalism) 개념의 기원은 미국혁명기였다는 사실을 지적하고 있고요.

고든에 따르면, 프랑스혁명은 헌정주의와 무관했는데, 정부 권력에 대한 제한이 없었기 때문입니다. 그 결과 자코뱅의 공포정치를 거쳐 나폴레옹의 군주정으로 귀결되었던 것이지요. 고든은 러시아혁명 역시 마찬가지였다고 주장하는데, 레닌이 제헌의회를 해산했을 뿐만 아니라 스탈린이 자코뱅을 능가하는 공포정치를 실행하기도 했거든요.

고든은 『사회과학의 역사와 철학』(*The History and Philosophy of Social Science*, Routledge, 1991)에서 정치학사에서 규범이론과 실증이론이 대립해왔다고 주장한 바 있습니다. 규범이론이란 정치철학인데, 그 대표는 홉즈와 로크부터 롤즈와 노직까지 '사회계약론'이라고 할 수 있겠지요. 경제학에서는 스미스가 로크의 후예로 간주되는데, 그렇다고 해서 사회계약론을 비롯한 정치철학이 소멸한 것은 아니에요.

반면 실증이론은 정치사라고 할 수 있는데, 그 대표는 폴리비오스부터 몽테스키외까지 세계사의 '표준'(standard)에 대한 분석입니다. 스미스는 폴리비오스와 몽테스키외의 후예로 간주될 수 있는데, 그의 경제학은 '이론적 역사'(philosophical history), 달리 말해서 역사이론이기도 하거든요. 사회계약론을 비롯해서 정치철학이 실증이 부재하는 규범이론인 반면 세계사의 표준을 분석하는 역사이론은 실증이론인 동시에 규범이론이기도 하고요. 표준이라는 말이 기준이자 모범이라는 뜻이거든요.

그로시의 『유럽법제사』

영미법과 유럽법을 비교·정리해둘 필요도 있습니다. 피렌체대학 법제사 교수와 이탈리아 헌법재판소장을 지낸 그로시(Paolo Grossi)의 『유럽법제사』(2007; 영역: *A History of European Law*, Wiley-Blackwell, 2010)를 참고할 수 있지요. 이 책 역시 조국 교수를 비판하면서 인용한 적이 있는데, 여기서는 간단하게나마 그 논지만 소개해두겠어요.

그로시는 중세의 유럽은 서로마제국의 붕괴로 국가 내지 문명이 부재하는 사회였다는 사실에서 출발합니다. 그런 상황에서 관습을 공유한 혈연·지연공동체의 관습법이 형성되었지요. 그러나 사회가 점차 복잡해지면서 관습법의 한계가 드러나자 11세기에 볼로냐대학에서 제정법인 로마법의 연구가 부활하여 13세기에는 파리대학에서 신학과 경쟁하게 되었다는 것이에요.

반면 영국에서는 노르만 정복(1066) 이후 관습법이 전국적으로 통일되어 공통의 관습법인 'common law'가 형성되었습니다. 또 그 와중에 대헌장(1215)과 권리장전(1689)이 출현했고, 나중에는 결국 내각제와 의원내각제가 출현했던 것인데, 그 덕분에 오늘도 관습법의 전통이 보존될 수 있었던 것이지요.

그로시는 '18세기와 19세기에 유럽법을 괴롭힌 법률과 법률 영역에 대한 숨막히고 고집스런 우상숭배(idolatry)는 영국법을 완전히 지나쳤다'고 결론짓습니다. 영국법과 유럽법의 차이는 헌정주의와 법률주의의 차이인데, 다만 김도균 교수 같은 자연법적 헌정주의가 아니라 관습법적 헌정주의라는 데 주의해야 하겠지요.

로크가 『통치론』의 제사로 인용한 '인민의 행복이 최고의 법이다'(Salus populi suprema lex esto)라는 키케로의 말처럼, 자본주의의 발전이라는 관점에서 유럽법에 대한 영국법의 우위를 확인할 수도 있을 것입니다. 또 영국에서는 홉즈의 자연권으로서 살인권이 로크의 자연권으로서 자기소유권, 즉 노동에 기초한 소유권을 거쳐 결국 스미스의 노동가치론에 기초한 경제학으로 발전했던 것이고요.

자본주의적 소유권을 특징짓는 기업에 관한 법은 유럽법이 아닌 영미법에서 발전했다는 사실에도 주목해야 할 것입니다. 예를 들어 재벌의 적폐로 불리는 다단계출자와 순환출자는 유럽법에서는 합법인 반면 영미법에서는 불법이거든요. 법경제론이나 법정치경제론 같은 새로운 법이론이 필요하게 된 것도 바로 이런 맥락이고요.

'common law'를 '보통법'으로 번역하면 문제가 있다는 사실도 지적해두겠습니다. 유럽에서는 로마법이 대륙적으로 통일된 공통의 제정법인 'jus commune'이고, 이것 역시 '보통법'이라는 의미거든요. 그런 이유로 'common law'는 영미법, 'jus commune'는 대륙법 내지 유럽법으로 번역하는 것이지요. 아니면 그냥 관습법과 제정법으로 번역하는 것도 좋을 것 같고요.

독일법에는 영국법적 특징과 유럽법적 특징이 혼재한다고 할 수 있습니다. 독일법은 로마법을 수용하면서도 프랑스처럼 관습법을 폐지하지는 않았던 '계수법'(Rezeptionsgesetz, 다른 법을 참고한 법)인데, 그것을 정당화한 것이 독일 낭만주의였지요. 프랑스의 법학적 계몽주의와 대립한 사비니 역사법학파의 법학적 낭만주의, 나아가 영국의 경제학적 계몽주의와 대립한 로셔-슈몰러 역사경제학파의 경제학적 낭만주의가 그것이었고요.

영미법과 유럽법이나 독일법의 차이는 'legal system', 즉 법률제도(법제/법계)의 차이인 동시에 'legal tradition', 즉 법률전통(법통) 내지 'legal culture', 즉 법률문화의 차이이기도 합니다. 법률제도는 사법기관(검찰과 법원)과 그 절차·규칙을 의미하고, 법률전통/문화는 사법기관의 이념/규범을 의미하고요.

메리먼(John Henry Merryman)의 『대륙법 전통』(*The Civil Law Tradition*, 2019; 국역: 책과함께, 2020)도 참고할 수 있습니다. 이 책은 영미법의 관점에서 유럽법을 설명하고 있어서 양자의 장단점을 좀 더 분명하게 알 수 있지요. 다만 의역이 심하고 심지어 생략한 곳도 있어서 원서와 대조할 필요가 있다는 것이 문제이지만요.

메리먼의 책에서 가장 흥미로운 것은 영미법과 유럽법의 '주인공'(protagonist)이 다르다는 사실을 강조한 것인데, 영미법에서는 판사이고 유럽법에서는 법학자라는 것입니다. 방금 설명한 법제사에서 이유를 찾아볼 수도 있겠지요. 영미법은 관습법인 반면 유럽법은 로마법에서 유래하는 제정법이므로 그럴 수밖에 없을 것 같아요. 또 유럽법과 달리 영미법에서 법은 '판사가 말하는 것'(what the judges say it is)이라고 하는 것도 이 때문인 것 같고요.

여기서도 유럽법에 대한 영미법의 우위를 확인할 수 있습니다. 법학이란 실천적 지식을 의미하는 '프로네시스'(phronesis)이고, 이것은 도구적 지식을 의미하는 '테크네'(tekhne)를 전제할 수밖에 없는 것이지요. 조국 교수 같이 실무 경험이 없는 법학 교수가 돌팔이일 수밖에 없는 것은 당연한 일이에요.

나아가 이론적 지식을 의미하는 '테오리아'(theoria)로서 법학에도 한계가 있을 수밖에 없다는 사실 역시 주목해야 합니다. 또 법학의 이론을 추구하더라도 철학적 이론으로서 '소피아'(sophia)가 아니라 과학적 이론으로서 '에피스테메'(episteme)여야 한다는 것인데, 김도균 교수처럼 법경제론이나 법정치경제론을 무시하고 법철학에 몰두하는 것은 당연히 문제가 있지요.

중세로 소급하는 학문으로서 법학은 의학과 마찬가지로 '임상적 지식'(le savoir clinique, 푸코)이라는 사실을 결코 잊으면 안 됩니다. 임상 경험이 없는 의학 교수와 마찬가지로 실무 경험이 없는 법학 교수를 상상할 수는 없지요. 또 의학의 이론으로서 철학이 생리학 내지 생물학이라는 과학을 대체하는 것과 마찬가지로 법학의 이론으로서 철학이 정치경제론 내지 경제학이라는 과학을 대체하는 것은 부조리하다는 생각이 들지 않을 수 없고요.

이 대목에 관심을 갖는 것은 이른바 '좌파 신자유주의'를 표방한 노무현 정부가 영미법을 모방하여 사법개혁, 특히 사법시험 폐지와 로스쿨 도입을 추진했기 때문이기도 합니다. 법률제도와 전통/문화의 차이를 무시한 탓으로 사법부의 붕괴가 임박했다고 할 수 있는데,

이른바 '사법적극주의'(judicial activism, 법관 활동가주의)가 전통적 '사법자제'(judicial restraint)를 대체하면서 급기야 '문재명 정부'를 지지하는 법비가 출몰하게 된 것이 그 조짐이지요.

또 범죄자의 입장에서 영미법과 유럽법의 유불리를 설명하는 것도 아주 흥미로운 대목이라고 할 수 있습니다. 범죄자의 입장에서는 영미법이 유리하고 유럽법이 불리한 반면 무죄자의 입장에서는 그 반대라고 하는데, 양산박으로 전락한 이재명의 민주당이 기회가 있을 때마다 노무현 대통령의 무덤을 성지처럼 순례하는 것은 당연한 일이라는 생각이 들어요.

하기야 요즘은 '범죄자 인권의 황금기'라는 말이 있다고 하는데, 특히 음주뺑소니사건으로 구속·기소된 '트로바티' 김호중 가수의 사례가 대법원 판결까지 무죄추정원칙의 온갖 혜택을 누리고 있는 '이·조'(이재명 대표와 조국 교수)의 사례와 대조되었기 때문이지요. 하기야 이화영 부지사는 자신을 수사한 검사를 고소하는 '적반하장'을 실천하기까지 했지만요. 운동권 출신 정치불량배인 이 세 사람은 여러 모로 깡패 출신 정치불량배인 김성태 회장에 미달한다는 것이 제 생각이에요.

마냉의 『대의정부의 원칙들』

앞에서 언급한 대로, 지난 대선이 두 번째 선거였고 이번 총선이 첫 번째 선거였습니다. 마르크스주의자로서 선거에 불참하는 것이 원칙이라고 변명하기도 했는데, 고백하자면 선거제도에 대한 깊은 불신 때문이기도 했습니다. 특히 서울에서는 지식인들을 중심으로 여촌·야도의 투표성향이나 선거권과 고무신·막걸리를 교환하는 행태에 대한 불신이 깊었지요. 그러나 '대선 불복 2년동란'을 겪으면서 선거제도에 대해 제가 아는 것이 없었다는 사실을 깨닫고 부끄럽다는 생각이 들었어요.

그래서 선거제도를 공부해보려고 참고문헌을 찾아보다가 버나드 마넹(Bernard Manin, 베르나르 마넹)의 『선거는 민주적인가』(1995; 국역: 후마니타스, 2004)를 발견했습니다. 원제는 '대의정부의 원칙들', 즉 대의정부의 제도적 장치들인데, 마넹은 그 핵심이 선거제도라고 주장하고 있지요. 영국헌정사에서 1867년 선거법 개정이 의원내각제를 완성한 것으로 평가되는 것을 볼 때 그의 주장에 일리가 있다는 생각이 들었어요.

그런데 마넹은 선거제도가 대의정부의 귀족정적 원칙을 대표하는 반면 민주정적 원칙은 추첨제도가 대표한다고 주장하고 있습니다. 추첨제도는 기회·과정·결과의 평등에서 과정의 평등을 중시하는데, 선출될 확률이 모든 사람에게 동일하기 때문이지요. 한 번도 생각한 적이 없는 문제여서 호기심이 생겼어요.

고대 아테네에서 민주정을 상징하는 민회에 참석한 사람은 6천명이었는데, 주민 30만명 중의 2%, 20세 이상의 남성인 시민 3만명 중의 20%였던 셈입니다. 반면 관리는 30세 이상의 시민 2만명 중에서 추첨으로 선발했고 또 임기가 있었지요. 즉 관리로 선출된 시민의 명령과 관리의 명령에 대한 시민의 복종이 교대된다는 것이었어요. 그런데 관리는 공직에 자원한 사람 중에서 선발했는데, 책임이 부과되고 탄핵의 가능성도 존재했기 때문이지요.

추첨제도에 대한 비판으로는 소크라테스의 비판이 유명했습니다. 플라톤에 따르면, 조타수를 추첨으로 선발할 수는 없다는 것이 핵심이었는데, 그러나 실제로 군사 영역과 재정 영역의 관리는 선거로 선발했지요. 선거제도가 인민주의자에 의해 오염되고 민회와 인민재판소가 중시되면서 아테네가 쇠망했던 것은 당연한 일이었고요. 어쨌든 아리스토텔레스는 아테네의 정체를 귀족정적 선거제도와 민주정적 추첨제도를 결합한 혼합정체로 특징지었어요.

그 후 민주정적인 추첨제도를 기각했던 것은 미국혁명과 프랑스혁명이었습니다. 특히 매디슨과 시에예스가 그렇게 주장했는데, 그 대안이 바로 귀족정적인 선거제도에 민주정적 권리로서 선거권을 결합한 '민주적 귀족정'이었지요. 이제 추첨제도는 배심원 선발에만 겨우 남아 있는 셈이고요.

추첨제도와 선거제도가 지향하는 평등과 그것이 함의하는 정의는 상이했습니다. 추첨제도는 산술적 내지 '수치적'(numerical) 평등을 지향한 반면 선거제도는 기하적 내지 '비례적'(proportional) 평등을 지향한 것이지요. 전자가 자유인으로 태어났다는 사실을 중시하는 민주정적 정의에 적합한 반면 후자는 능력의 차이를 인정하는 귀족정적 정의에 적합한 것이고요.

선거제도에서 고려되는 대표의 '수월성'(distinction/excellence)은 군사 영역에서 장군을 선발하는 사례를 일반화한 것입니다. 그런 수월성을 '자연귀족'(natural aristocrat)이라고 부르는데, 『정의론』에서 롤즈는 '노블레스 오블리주'(Noblesse oblige, 귀족의 책임)를 실천하는 자연귀족을 '이상적 봉건제'라고 비하했지요.

그런데 선거제도는 과거제도와 달리 추천제도였으므로 능력 이외의 요소가 고려되기도 했습니다. 그런 요소로 영국에서는 경제적 제약과 사회적 관습이 중요했고, 프랑스에서는 법률이 중요했지요. 그러나 과거제도가 불가능한 것만은 아닌데, 이토 히로부미가 도쿄제국대학 등의 졸업자를 중심으로 행정고시제도를 실시하여 관료를 선발했고, 전후에는 급기야 관료 중에서 발탁된 정치인이 자민당의 주류를 형성했거든요.

어쨌든 이제부터 선거제도의 역사를 개관해보겠습니다. 먼저 영국의 경우를 보면, 내전 이전에 하원의 선거는 'deference'에 따랐는데, 'deference'는 귀족의 관습적 권위에 대한 승복이라는 의미였지요. 쉽게 말해서 귀족을 만장일치로 선출한 것이에요. 내전기에 경쟁이 도입되었는데, 그러나 내전 종식 직후에는 선거인이 확대되는 대신 피선거인이 축소되었고, 또 18세기 중엽에 토리에 의해 경쟁이 축소되면서 관습적 권위와 승복이 부활했고요.

반면 휘그는 'deference' 대신 'support', 쉽게 말해서 효용을 제공하고 지지를 요구하는 새로운 원리를 실천했습니다. 다만 샤프츠베리가 경고한 것처럼, '인민의 재산을 재산이 없는 자에게 맡기는 것은 안전하지 않기' 때문에 선거제도에 경제적 제약을 도입했는데, 그것이 바로 하원의원, 나아가 선거인의 재산 요건이었지요. 영국혁명기에 하층민에 대한 군주정의 유혹이 위험했던 반면 프랑스혁명기에는 하층민에 대한 민주정의 유혹이 새로이 제기되었거든요.

프랑스의 절대군주정에서 귀족의 권위는 관습적인 것이 아니라 징벌적인 것이었습니다. 중국의 경우에 비유하자면, 영국의 귀족은 유가적인 반면 프랑스의 귀족은 법가적이었다고 할 수 있지요. 영국의 계몽주의가 경세학적 전통에 따른 경제학적 계몽주의였던 반면 프랑스의 계몽주의가 철학적 내지 신학적 전통에 따른 사법적 계몽주의였던 것은 우연이 아니었어요.

어쨌든 프랑스의 제헌의회는 1791년에 '능동적' 시민, 즉 빈민이나 여성처럼 타인에게 의존하지 않는 시민에게 선거권을 부여했습니다. 달리 말해서 시민권과 선거권이 분리되었던 것이에요. 또 국민공회가 1792년에 입헌군주정을 폐지하고 공화정을 선포하면서 빈민에게 선거권을 부여하는 보통선거권을 도입했고, 1794년의 테르미도르 반동에 의해 원상으로 복귀되었지요.

그런데 국민공회는 보통선거권에도 불구하고 선거인과 피선거인을 세금 요건에 의해 구별했습니다. 투표는 권리인 반면 의원직은 공무(fonction)라는 이유 때문이었는데, 그래서 국민공회가 '농민에 의해 선출된 변호사의 의회'라고 불린 것이지요. 의원의 과반수가 변호사였던 것인데, 영국과 비교할 때 경제나 관습보다 오히려 법률이 중요했다는 증거이지요.

마냉이 주목하고 있는 것은 미국의 선거제도입니다. 1787년 제헌의회는 선거인은 확대하고 피선거인은 축소했는데, 그러나 재산 요건은 명시하지 않았습니다. 비준과정에서 대표 개념에 대한 논쟁이 제기되면서 반(反)연방주의자는 농민·수공업자·소상인 같은 중산층, 쉽게 말해서 보통사람 중에서 대표를 선출해야 한다고 주장했지요.

그러나 매디슨 같은 연방주의자는 '사회의 공익(common good, 공동선)을 분별할 최고의 지혜와 그것을 추구할 최고의 덕성을 가진 통치자'를 선발해야 한다고 주장했는데, 사회의 공익은 '국익'(people's/ national interest)이라는 의미였습니다. 또 지혜와 덕성은 '개인의 고유성, 즉 머리의 특성과 가슴의 성향'이라는 의미였고요. 그리하여 반연방주의자의 민주정적 대표에 반해 귀족정적 대표를 주장한 셈이지요. 당시 매디슨의 동지는 월슨이었는데, 제퍼슨은 주불 공사여서 비준 논쟁에 참여하지 못했기 때문이에요.

미국의 선거제도에 재산 요건 대신 광역 소선거구제가 도입된 것도 역시 매디슨과 월슨의 주장에 따른 것이었습니다. 영국과 달리 재산 요건을 도입하지 못한 것은 플랜테이션 농업이 발전한 남부와 그렇지 못한 북부의 차이 때문이었어요. 남부에 적합한 요건은 북부에는 너무 높았고, 북부에 적합한 요건은 남부에는 너무 낮았지요.

광역 소선거구제의 도입은 혈연이나 지연 같은 연고주의나 인민주의가 선거제도를 오염시키는 것을 예방하기 위한 목적이었습니다. 이미 지적한 것처럼, 미국의 하원의원은 임기가 2년이고, 정원은 1929년에 435명으로 고정되어 주별 인구에 따라 분배되었지요. 그 후 주별 인구의 증감에 따라 조정되었고요.

단적으로 말해서 하원의원이란 '선출된 귀족'(elective aristocrat)이었습니다. 제퍼슨은 대통령을 '선출된 군주'(elective despot)라고 불렀는데, 다만 2차 세계전쟁 이전까지는 대단한 실권은 없었지요. 오히려 제퍼슨이 '선출되지 않은 군주'(non-elective despot)라고 불렀던 대법원장과 대법관의 실권이 더 컸는데, 개헌은 아예 불가능했고 수정헌법의 추가도 곤란했으므로 그들의 재량권이 부각되었던 것이지요.

이런 정체는 '귀족적 민주정'보다는 오히려 '민주적 귀족정'이라고 불러야 할 것인데, 게다가 의원에게는 선거인에 대한 부분적 독립성까지 있었습니다. 공약의 법적 구속력이 없었고 소환제도도 없었기 때문이지요. 그런 독립성에 대한 대안은 주기적 선거와 임기의 단축이었는데, 총선은 정책에 대한 전망적(prospective) 투표가 아니라 회고적(retrospective) 투표에 의해 좌우되었기 때문이에요. 또 선거

사이의 기간에는 정론지와 여론조사 등을 통해 여론의 압력이 작용하기도 했고요.

19세기 후반에 대중정당이 출현하고 계급적 이익과 이념을 반영한 정강정책(platform)의 중요성이 부각되었습니다. 먼저 영국에서 1867년 선거법 개혁이 보통선거권을 예고하면서 대중정당 형성의 계기가 되었는데, 1880년대에 출현한 페이비언주의를 매개로 결국 1900년대에 노동당이 출현할 수 있었지요.

페이비언주의는 베른슈타인을 통해 독일로 수입되어 사민당 내부에서 개량주의·수정주의 논쟁을 야기했습니다. 그는 사민당의 이론과 정치의 괴리를 비판하면서 마르크스주의 이론을 개량주의적 정치에 적합한 자유주의 이론으로 수정할 것을 주장했지요. 그러면서 '개량의 축적으로서 혁명', '자유주의의 확대로서 사회주의'라는 구호를 제창했던 것이고요.

마냉은 1960년대부터 정당정치가 타락하기 시작했다고 비판하고 있습니다. 정당과 당료/활동가를 대체하는 텔레비전이라는 매체와 매체 전문가가 출현하면서 정강정책이 아니라 인물(personality)이 부각되기 시작한 것이지요. 반면 선거인은 당원에서 관객/시청자(audience)로 전락한 것이고요. 마냉이 매체의 독립성과 중립성을 강조하는 것은 이 때문이에요. 텔레비전은 정당기관지, 즉 레닌이 말하던 당파성에 기반한 '정치신문'이 아니거든요. 여론조사기관의 독립성과 중립성은 말할 것도 없고요.

마냉의 비판의 핵심은 대중정당 중심의 선거정치가 매체정치로 변질되었다는 데 있습니다. 매체정치는 '선거시장'(electoral market)에서 상품을 거래하는데, 그 상품은 마치 텔레비전 프로그램 같다고 할 수 있지요. 감독과 배우 같은 상품의 공급자와 관객/시청자 같은 상품의 수요자가 있거든요.

그리하여 매체정치에서 배우 같은 정치인의 이미지가 생산되고 소비되면서 경쟁 역시 텔레비전 프로그램의 시청률 경쟁과 동일해지는 것입니다. 그 결과 고학력자는 중립적인 매체를 통해 대립적인 의견과 정보를 획득하려고 노력한 반면 저학력자를 중심으로 정치에 무관심한 부동층이 형성되었다는 것이고요.

영국의 작가 겸 언론인이었던 키플링(Rudyard Kipling)은 정론지의 중요성을 강조하면서 '무책임한 권력을 행사하는' 황색 저널리즘의 '창녀의 특권'(prerogative of the harlot)을 비판한 바 있습니다. 굳이 비교하자면 소셜미디어 같은 블랙 저널리즘은 '간음과 간통의 권리'를 주장한다고 할 수 있겠지요.

마넹은 인민주의가 부활하기 이전인 1980년대까지의 상황을 전제하고 있습니다. 나아가 2010년대에 텔레비전이라는 매체를 대체한 소셜미디어라는 새로운 매체의 출현 훨씬 이전이고요. 인민주의와 소셜미디어가 결합한 이후의 매체정치는 마넹의 분석과 반대일 수 있는데, 매체의 중립성이 소멸하면서 칠레에서처럼 저학력자 대신 고학력자가 탈정치화되는 동시에 부동층화될 수도 있거든요.

인민주의와 소셜미디어의 결합은 매체정치를 넘어서 선거정치의 무덤이 될 것입니다. 여론조작을 위한 여론조사기관의 난립은 물론 더 이상 말할 것도 없고요. 영국의 언론인 배젓(Walter Bagehot)의 말처럼, '민심은 천심'(vox populi, vox dei)이 아니라 '민심은 사심(邪心)'(vox populi, vox diaboli)이 되기 때문이지요.

이런 맥락에서 1999년 10월 말에 시작된 문화방송(MBC) '100분 토론'의 변질에 대해 주목할 수 있습니다. 알다시피 정운영 선생이 초대 진행자를 맡으면서 자신의 이름을 내걸은 프로그램의 성가를 올렸지요. 당시 정 선생과 한 달에 한 번씩 만나 등산을 하고나서 목욕탕에 가면 악수를 청하는 시청자가 꼭 한두 명이 있어서 그의 인기를 실감할 수 있었어요. 그러나 정운영 선생이 김대중 정부를 비판한 탓에 곧 하차할 수밖에 없었지요. 이어서 『한겨레신문』에서 『중앙일보』로 이적할 수밖에 없었고요.

2000년 7월부터 100분토론의 진행자는 유시민 작가로 바뀌었는데, 편파적인 진행으로 비판을 받았습니다. 또 유 작가가 노무현 후보를 지지하면서 정치에 뛰어든 다음 2002년 1월부터 손석희 아나운서로 진행자가 바뀌었고요. 그 후 손 아나운서가 8년간 진행했는데, 과거의 명성을 되찾을 수는 없었고 '서서히 죽어가는 과정'(a slow death)이었다고 할 수밖에 없었지요. 그 덕분에 손 아나운서는 2013년부터 JTBC 사장으로 발탁될 수 있었지만요.

물론 유시민 작가나 손석희 아나운서는 김어준 총수와는 차원이 다른 언론인이었습니다. 1998년에 『딴지일보』라는 해괴망측한 이름의 B급 인터넷 신문을 창간하고 '총수'라는 호칭을 고집한 김 씨를 언론인으로 키워주는 데 일조한 것이 『한겨레신문』 흑역사의 일부였지요. 오죽하면 그 자신도 결코 정치적으로 중립적이라고 할 수 없는 강준만 교수조차 김 총수를 '정치무당'이라고 불렀을까요.

마냉의 분석을 『19세기 유럽의 자유주의』(Liberalism in Nineteenth-Century Europe, Palgrave, 2003)에서 케이헌(Alan Kahan)의 분석으로 보충할 필요가 있습니다. 이 책의 부제는 '제한선거제도(limited suffrage)의 정치문화'로, 유럽에서 보통선거제도가 형성되는 역사적 과정을 설명하고 있지요.

보수주의자는 투표를 세습적 재산으로 인식한 반면 자유주의자는 책임(trust)으로 인식하면서 제한선거제도를 지지했고 민주주의자는 보편적 권리로 인식하면서 보통선거제도를 지지했습니다. 1830년에 프랑스에서는 보수주의적 복고왕정에 이어서 자유주의적 7월왕정이 출현했지요. 또 영국에서는 11월에 반세기 만에 토리에 이어서 휘그가 집권했고요. 그 후 프랑스에서는 선거제도에 대한 자유주의자와 공화주의자의 투쟁이, 영국에서는 자유주의자와 보수주의자의 투쟁이 전개되었어요.

먼저 영국에서는 1832년의 1차 선거법 개정을 통해 제한투표제를 실시했습니다. 달리 말해서 기존에 보수주의자가 제시해왔던 재산 요건을 완화하여 투표라는 공무(function)의 책임을 맡길 수 있는 능력으로서 재산이라는 요건을 도입했던 것이지요. 경제적 독립이 사익을 위해 선거권을 오남용하지 않기 위한 최소한의 조건이라는 것이었어요. 그 결과 선거인이 성인 남성 10%에서 20%로 증가할 수 있었고요.

프랑스와 영국에서 자유주의자와 공화주의자 내지 민주주의자의 대결을 상징하는 것이 바로 1848년 혁명이었습니다. 자유주의자에 의한 선거법 개정이 실패하여 선거인이 성인 남성의 1%에서 2-3%로 증가하는 데 그쳤던 프랑스에서는 결국 공화주의자에 의한 보통선거제도가 도입되었지요. 그러나 자유주의자에 의한 선거법 개정이 성공했던 영국에서는 보통선거제도를 요구하는 차티스트운동이 실패했던 것이고요.

1852년부터 영국에서 선거법의 재개정에 대한 논쟁이 시작되어 선거인의 자격으로서 재산 대신 능력(capacity), 즉 교육과 덕성이라는 새로운 요건이 제시되었습니다. 그리하여 1867년에 2차 선거법 개정이 이루어졌는데, 글래드스턴의 자유당이 시작하고 디즈레일리의 보수당이 계승·확대했던 것이지요. 그 결과 선거인이 성인 남성 40%로 확대되었고요.

케이헌은 1차 선거법 개정으로 도시에서 선거인이 확대됨으로써 민주화가 개시되었고, 2차 선거법 개정으로 농촌에서 선거인이 확대됨으로써 민주화가 '이륙'(take-off)에 성공했다고 평가하고 있습니다. 그런데 1차 선거법 개정이 보수주의적 재산 요건을 완화한 반면 2차 선거법 개정은 자유주의에 고유한 능력이라는 요건을 제시했다는 차이가 있지요.

케이헌은 제한선거제도를 특징짓는 자유주의에 고유한 능력주의 담론의 컨텍스트를 세 가지로 지적하고 있습니다. 첫째로, 정치문화로서 능력을 기준으로 하는 위계제가 있었는데, 그것이 마르크스주의적 계급론과 대비되는 부르주아적 계층론이었지요. 또 위계제의 이면으로서 교육을 통한 향상과 상향이동이 있었는데, 이 점에서 부르주아적인 계층은 봉건적인 신분과도 구별되었고요. 마지막으로 상층민이나 하층민과는 구별되는 중산층에게 고유한 생활양식이 있었는데, 그 덕성이 스미스가 말하는 'prudence', 쉽게 말해서 저축과 투자였지요.

2차 선거법 개정 이후 보통선거제도로의 이행이 시작되었습니다. 1885년에 자유당의 3차 선거법 개정을 통해 선거인이 성인 남성 60%로 확대되었고, 1차 세계전쟁 중인 1918년에 4차 선거법 개정을 통해 보통선거제도가 실시되면서 선거인이 성인 남성 100%로 확대되어 선거권은 책임이나 능력과 무관한 권리가 되었지요. 그런 와중에 자유당은 해체되어 보수당과 노동당으로 흡수·통합되었고요.

미국에서 보통선거제도가 실시된 것은 1856년으로 영국과 비교할 때 반세기 이상 빨랐는데, 인구가 그만큼 동질적이었기 때문입니다. 그런데 보통선거제도가 반드시 민주주의에 기여한 것은 아니라는 사실에 주목해둘 필요가 있어요. 프랑스의 경우에 1792년 보통선거제도는 자코뱅의 공포정치로 귀결되었고, 1848년 보통선거제도는 루이 보나파르트의 제2제정으로 귀결되었거든요.

이런 맥락에서 케이헌은 보통선거제도의 정치문화는 소비자문화라고 비판하고 있습니다. 책임이나 능력과 무관한 선거권으로 인해 선거인이 '외상으로' 정치에 참여한다는 것인데, 그것이 바로 민주정의 인민정으로의 타락이지요. 그런 정치적 외상을 갚지 못할 경우에 선거인은 파산할 수밖에 없는데, 그것이 바로 인민정의 귀결로서 파시즘이라고 할 수 있고요.

자유주의적 이념과 시빌리티

케이헌의 『공포로부터의 자유』

『19세기 유럽의 자유주의』에 이어지는 케이헌의 최근작이 바로 『공포로부터의 자유』(*Freedom from Fear*, Princeton University Press, 2023)인데, 이 책에서 그는 몽테스키외와 스미스부터 롤즈와 프리드먼까지 자유주의적 이념의 역사를 개관하고 있습니다. 헌정과 법치, 선거제도 등 자유주의적 제도에 대한 분석을 자유주의적 이념에 대한 분석으로 보충할 필요가 있겠지요.

케이헌은 자유주의의 핵심이 공포로부터의 자유라고 주장하면서 다음과 같은 시대구분을 제시하고 있습니다.

프로토자유주의 17-8세기 종교적 광신과 전제정의 공포로부터의 자유
1세대 자유주의 1815-73년 혁명과 반혁명의 공포로부터의 자유
2세대 자유주의 1873-1914년 빈곤의 공포로부터의 자유
3세대 자유주의 20세기 전체주의(히틀러/스탈린주의)의 공포로부터의 자유
4세대 자유주의 21세기 인민주의의 공포로부터의 자유

케이헌이 '눈부신'(many-splendored) 자유주의라고 부르는 '단기 19세기'의 1세대 자유주의 대표자가 바로 매콜리(Thomas Macaulay)였습니다. 스미스와 버크의 후예인 매콜리는 벤섬의 제자인 제임스 밀의 『통치론』(1828)을 비판하면서 리카도의 경제학과 구별되는 자신의 경세(사)학을 다음과 같이 정의했지요.

> (…)모든 학문 중 국민의 [육체적] 복지에 가장 중요하고, 모든 학문 중 [국민의] 정신을 확대·고무하는 경향이 가장 강한, 저 고귀한 경세학(…)

> (…)that noble Science of Politics,(…)—which, of all sciences, is the most important to the welfare of nations,—which, of all sciences, most tends to expand and invigorate the mind,(…)

국민의 육체와 정신은 사실 동어반복이었습니다. 'nation'을 'body and mind politic'이라고도 했는데, 국민(politic)도 개인처럼 육체와 정신을 갖기 때문이었어요. 스미스는 국민의 육체를 '민부'(wealth of nations), 즉 국민소득으로 설명하면서 국민의 정신을 '도덕감정'(moral sentiments), 즉 '동료로서 공동체의식'(fellow feeling) 내지 '공감'(sympathy)으로 설명했지요.

매콜리는 11세기 이후 영국에서 경제성장의 경과에 대한 설명을 시도했습니다. 노르만 정복(1066)과 대헌장(1215) 이후 경제성장의 지속, 특히 명예혁명(1688)과 권리장전(1689) 이후 18세기 중반 경제성장의 속도 증가, 나아가 19세기 경제성장의 가속화는 프랑스와는 달리 영국에 '국왕의 폭정'(regal tyranny)이나 '하층민의 분노와 복수'(popular fury)가 없었던 덕택이라는 것이지요.

부르주아적 자유주의자로서 매콜리는 경제성장에 적합한 헌정을 위해 1832년 1차 선거법 개정을 주장했습니다. 반면 벤섬의 제자였던 아버지 밀은 보통선거권을 주장했는데, 그들은 '비자유주의적[공리주의적] 민주주의'를 지향했던 셈이지요. 토크빌을 따라 공리주의에서 자유주의로 전향한 아들 밀은 귀족적 자유주의를 지향했던 것이고요.

매콜리는 자신의 사상을 명예혁명을 전후한 『영국사』(1848-61)로 집대성했습니다. 본래의 구상은 스튜어트 왕조 말기인 제임스 2세 치세부터 앤 치세까지였는데, 심장마비로 사망하는 바람에 앤 치세는 미완이었고 윌리엄(빌럼) 3세 치세까지만 서술되었지요. 그러나 명예혁명 이후 영국의 '육체적, 정신적, 지성적 향상의 역사'(history of physical, of moral, and of intellectual improvement)를 서술한 이 책은 이른바 '휘그역사'(Whig history)의 대표작이 되었어요.

두 가지 설명을 보충해두겠습니다. 첫째로, 케이헌은 벌린(Isaiah Berlin)과 슈클라(Judith Shklar)를 따라 자유란 공포로부터의 자유처럼 부정적 자유(negative freedom)뿐만 아니라 희망으로서 자유처럼 긍정적 자유(positive freedom)이기도 하다고 강조하고 있습니다. 여기서 희망은 진보 또는 오히려 매콜리가 말한 향상인 'improvement'

로, 스미스가 말한 향상인 'betterment'와 같은 것이지요. 불어로 향상은 'perfectionnement'인데, '완전화'라는 번역은 문제가 있어요.

둘째로, 이미 지적한 것처럼, 키케로에 이어 로크는 '인민의 행복이 최고의 법이다'라는 원칙을 천명한 바 있습니다. 이 원칙에 따라 명예혁명과 권리장전 전후의 역사를 서술한 것이 곧 매콜리의 휘그 역사였으므로, 그가 '역사의 법정'에서 인민의 행복이라는 법을 지킨 영웅과 그 법을 어긴 악당을 가려내는 법관의 역할을 자임했다고 할 수 있겠지요.

『자본』 1권에서 마르크스는 매콜리를 '휘그와 부르주아지의 이익을 위해' '체계적으로 [영국의] 역사를 날조하는 자'(systematischer Geschichtsfälscher)라고 비판했습니다. 그러나 오히려 마르크스가 리카도의 몰역사적 경제학에 경도되어 스미스의 '이론적 역사'로서 경제학을 오해했다는 것이 제 생각이에요.

마르크스는 경제학과 자유주의에 대한 비판을 통해 자신의 역사과학과 공산주의를 추구했습니다. 그런데 경제학과 자유주의에 대한 마르크스의 인식에는 결함이 있어요. 아버지 밀에 의해 벤섬의 공리주의와 절충된 리카도의 경제학이 버크를 거쳐 매콜리에게 계승된 스미스의 경제학을 지양했다고 판단했거든요. 또 매콜리와 동시대였던 아들 밀이 집대성한 19세기 자유주의의 정치적 의의 역시 간과했다고 할 수 있고요.

프로토자유주의와 1세대 자유주의에 대한 케이헌의 설명을 울로크(Nathaniel Wolloch)의 『자유주의 온건파와 급진파: 자유주의 사상의 계몽주의 원천』(*Moderate and Radical Liberalism: The Enlightenment Sources of Liberal Thought*, Brill, 2022)으로 보완할 수 있습니다. 그러나 원고를 완성한 다음에 발견한 데다가 1000쪽에 가까운 방대한 저서여서 미처 검토하지는 못했어요.

일단 케이헌과 울로크에 대한 서평인 Aurelian Craiutu, "Liberalism, the Happy Exception", *History of European Ideas*, 2024 Issue 4를 참고하기로 하고, 각장의 제목만 소개해두겠습니다.

1장 계몽주의에서 종교와 국가의 문제
2장 급진 계몽주의란 무엇인가
3장 네덜란드에서 공화주의와 애국운동
4장 기번의 보수주의의 전개
5장 온건 계몽주의와 급진 계몽주의 사이에서 스미스
6장 경제학과 자유주의
7장 계몽주의와 보수주의 사이에서 버크
8장 급진 계몽주의에서 온건 계몽주의로: 드 트라시와 콩스탕
9장 미국에서 계몽주의와 자유주의
10장 라틴아메리카에서 계몽주의와 자유주의
11장 여성과 혁명
12장 계몽주의와 보수주의 사이에서 피히테와 헤겔
13장 낭만주의, 민족주의, 자유주의
14장 프랑스에서 자유주의 역사가와 프랑스혁명의 유산
15장 토크빌과 문화, 식민주의, 혁명, 민주주의
16장 매콜리: 온건파로 가장한 급진파
17장 존 스튜어트 밀의 급진 자유주의

온건 계몽주의와 급진 계몽주의의 구별에 대한 이즈리얼(Jonathan Israel)의 해석을 비판하는 입장인 울로크가 스미스와 기번-버크의 프로토자유주의에서 출발하여 케이헌이 '눈부신 자유주의'라고 부른 매콜리와 토크빌-밀의 1세대 자유주의에 도달하고 있다는 사실을 알 수 있지요.

케이헌은 1세대 자유주의에서 정치적 자유, 경제적 자유, 도덕이 3대 지주(pillar)였다고 주장하고 있습니다. 그러나 '세기말'의 2세대 자유주의 이후 그 중 하나의 지주만을 선택하는 경향이 나타났다는 것이지요. 예를 들어 도덕을 간과하고 정치적 자유만 강조하는 롤즈나 경제적 자유만 강조하는 프리드먼이 20세기 3세대 자유주의를 대표하게 되었다는 것이에요. 정치적 자유에 평등을 추가한 롤즈의 정의론에 대해서는 조금 이따가 설명하겠어요.

케이헌의 도덕은 토크빌의 '습관과 관습'(habitudes et coutumes, habits and customs)과 같은 말이라는 사실을 지적해두겠습니다. 습관은 반복을 통해 기질화된 행동을 의미하고, 관습은 규범으로 승격된 습관을 의미하거든요. 그런데 토크빌이 나중에 매콜리처럼

습관과 관습을 '풍속과 세태'(moeurs, manners)라고 부르게 되었다는 사실에도 주목할 필요가 있지요. 중국의 문화혁명에서도 사상과 문화에 이어 풍속과 습관을 짝지은 바 있고요.

어쨌든 도덕을 간과하고 정치적이거나 경제적인 자유만을 강조한 결과 자유주의가 약화되면서 인민주의가 출현하게 되었다는 것이 케이헌의 주장입니다. 인민주의 역시 도덕을 간과하는데, 향상의 전망의 소멸에 따른 하층민의 분노와 복수 또는 '질투의 권리선언'(déclaration des droits de l'Envie, 발자크) 때문이지요.

케이헌은 21세기의 4세대 자유주의가 인민주의의 공포와 대결할 것이라고 주장하고 있습니다. 다만 인민주의라는 공포는 제거하는 것이 아니라 감축하는 것이 좋다는 것이 그의 주장이지요. 인민주의가 전체주의의 부활로 이어지기 전에 그래야 하기 때문이라는 것인데, 광신과 전제정의 공포부터 혁명과 반혁명의 공포를 거쳐서 빈곤의 공포까지와는 달리 전체주의의 공포를 제거하는 데 인류가 치렀던 대가가 너무나도 컸기 때문이에요.

자유주의에 대한 사회주의적 비판을 대표하는 앤서니 아블라스터(Anthony Arblaster)의 『서구 자유주의의 융성[흥륭]과 쇠퇴』(1984; 국역: 나남, 2007)는 사회주의를 자유주의의 지양, 쉽게 말해서 '실현/성취'(fulfillment, achievement)로 간주하고 있습니다. 동시에 '민주주의에 대한 공포'를 자유주의의 결함으로 간주하면서 민주주의가 인민주의를 거쳐 전체주의로 타락할 가능성을 과소평가하지요. 그래서 케이헌이나 울로크가 아블라스터를 인용하지 않는 것 같아요.

인민주의를 감축하는 방법이 '포용'(inclusion)인데, 다만 자유주의의 3대 지주를 모두 부활시켜야 합니다. 먼저 경제적 포용은 불평등보다는 오히려 배제 내지 소외라는 문제를 해결하려는 것이고, 이 때문에 능력주의와 엘리트주의의 관계를 얼마간 완화해야 하는 것이지요. 나아가 정치적 포용은 대중의 참여를 보장하는 방향으로 중앙정치 내지 최소한 지방자치를 개조하는 것이고요.

그러나 케이헌이 강조하는 것은 결국 대중의 향상심을 복원하는 도덕적 포용입니다. 또 그렇게 하려면 포스트모더니즘의 상대주의를 기각해야 할 필요가 있다는 것이 그의 주장이지요. 상대주의를 기각하고 향상심을 복원한다는 것은 너무 추상적인데, 시빌리티와 관련해서 좀 더 구체화할 수 있다는 것이 제 생각이에요.

자유주의적 시민의 덕성으로서 시빌리티

케이헌이 말하는 공포를 잔혹(cruelty)으로 이해할 때 공포로부터의 자유는 시빌리티(civility)의 추구이기도 합니다. 케이헌은 Jean-Fabien Spitz, "From Civism to Civility: D'Holbach's Critique of Republican Virtue", in Quentin Skinner, et al., eds., *Republicanism: A Shared Heritage*, Cambridge University Press, 2002를 인용하고 있지요.

스피츠는 돌바크가 시민의 덕성으로서 고대적 'civism'을 비판하고 현대적 'civility'을 강조했다고 주장합니다. 전자는 공화주의적 시민의 덕성인 반면 후자는 자유주의적 시민의 덕성이라는 것이지요. 'civism'과 'civility'를 공화주의적이고 자유주의적인 '풍속과 세태'라고 할 수도 있고요. 돌바크는 몽테스키외를 따라 자유주의를 지향한 반면 그의 친구였던 루소는 공화주의를 지향하면서 마키아벨리로 소급했지요.

시민적 덕성 내지 풍속과 세태의 이런 차이는 스미스의 자유주의적 내지 계몽주의적 경제학과 루소의 공화주의적 내지 낭만주의적 반경제학의 차이로 설명해야 할 것입니다. 스미스는 생존양식(mode of subsistence)의 진화의 마지막 단계인 상업사회의 부르주아지를 찬양한 반면 루소는 그 첫 단계인 어렵·채집사회의 '고상한 원시인'(bon/noble sauvage)을 찬양했던 셈이거든요. 그래서 루소와 달리 스미스는 교환과 상호의존을 고려하는 조정과 타협·합의라는 덕성 내지 풍속과 세태를 중시할 수밖에 없었던 것이지요.

스미스와 루소에 대한 비교·연구가 진행된 것은 최근이었습니다.

그 대표적 연구성과로는 Dennis Rasmussen, *The Problems and Promise of Commercial Society: Adam Smith's Response to Rousseau*, Pennsylvania University Press, 2008; "Adam Smith and Rousseau: Enlightenment and Counter-Enlightenment", in *The Oxford Handbook of Adam Smith*, Oxford University Press, 2013을 참고하세요.

프랑스혁명이 실패한 직후에 '루소 탓'(faute à Rousseau)이라는 것이 우파와 좌파의 컨센서스였습니다. 프랑스혁명과 루소 사이의 관계에 대해서는 퓌레(François Furet)의 "Rousseau and the French Revolution" (in *The Legacy of Rousseau*, University of Chicago Press, 1997)을 참고하세요.

루소 탓이라는 말은 자코뱅이 공포정치를 자행하다가 자멸한 것은 '철학자'(philosophe), 특히 루소에게 책임이 있다는 의미입니다. 그 후 7월왕정에서 '보수적 자유주의자' 기조가 루소를 비판한 반면 제3공화국에서는 자유주의자가 사회주의자에 대항하여 공화주의자와 타협하면서 루소를 복권시켰지요. 드레퓌스 사건 이후 자유주의자와 공화주의자는 결국 보수주의자와 급진주의자로 변모했고요.

스미스와 유가의 친화성에 주목한 사람도 있는데, 바로 드 배리(Wm Theodore de Bary)였습니다. 그는 *Nobility and Civility: Asian Ideals of Leadership and the Common Good*, Harvard University Press, 2004에서 공공지식인인 'nobility' 또는 군자인 'noble person'에 의한 인애(仁愛, beneficience/benevolence)에 기반한 예치인 'civility'의 정치를 통한 공동선의 실현이 유가의 이상이라고 주장했지요.

드 배리는 정치과정으로서 입헌정치의 성공을 위한 필요조건으로 요시노 사쿠조가 강조한 '민도'(the general level of the people's knowledge and virtue)가 곧 정치문화로서 'civility'라고 해석하기도 했습니다. 예를 들어 미국과 멕시코에서 헌정의 성공과 실패는 헌법의 문언이 아니라 민도에 의존했다는 것이지요.

라이샤워의 제자이기도 했던 드 배리가 2000년대 이후 중국에서 신좌파와 함께 공산당의 자유주의자 핍박에 협조한 신유가에 대해 비판적이었다는 사실도 지적해두겠습니다. 바로 이 점에서 신유가의 관점에 따라 중국식 능력주의에 주목하면서 베이징 컨센서스의 정치적 판본을 제시했던 대니얼 벨의 입장과 대조적이었지요. 벨에 대해서는 조금 이따가 설명하겠어요.

발리바르의 정치철학에서 가장 난해한 개념 중 하나가 시빌리티입니다. 그는 이 용어의 이중적 어원으로 폴리스의 관리를 의미하는 'politeia/civilitas'와 공·사의 도덕을 의미하는 'Sittlichkeit'(헤겔)에 주목하고 있지요. 달리 말해서 시빌리티가 스미스의 자유주의 내지 계몽주의와 루소의 공화주의 내지 낭만주의 사이에서 제기된 최대의 쟁점이었다는 사실은 간과하고 있다는 것이에요.

발리바르는 *Violence and Civility: On the Limits of Political Philosophy* (2010; 영역: Columbia University Press, 2015)에서는 다음과 같이 주장하고 있습니다.

> [극단적 폭력 또는 잔혹에 의해] 정치는 이념, 원칙, 제도, 법 위에 근거하지 않게 된다.(…)정치는 다양한 시빌리티 전략에 의해 그 자신의 가능성의 구조적 조건을 재건해야 한다.

이념, 원칙, 제도, 법의 관계가 무엇인지는 설명하고 있지 않지만, 어쨌든 파시즘이라는 '반(反)정치'에 대한 경고라고 할 수 있습니다. 그러나 프로토파시즘으로서 인민주의의 반정치에 대해서는 경계하지 않는 것 같은데, 2007-09년 금융위기의 역사성에 대한 몰인식 때문인 것 같아요.

발리바르가 같은 해에 출판된 에셀(Stéphane Hessel)의 팜플렛 『분노하라!』(*Indignez-vous!*)를 추천한 것은 우연이 아니라는 생각이 듭니다. 93세 노(老)전사의 이 책은 청년에게 레지스탕스의 유산을 방어하기 위해 '분노하라'고 권유하고 있지요. 그런데 프랑스의 레지스탕스가 과연 보수(保守, 보전과 수호, 고스란히 지킴)할 만한 자랑스런 유산인가는 의문이에요. 조금 이따가 설명하겠어요.

『분노하라!』는 32쪽의 포켓북인데, 인터뷰, 추천사, 그림과 사진 등을 포함하여 92쪽으로 대폭 증보된 국역본이 2011년에 돌베개에서 출판되었습니다. 달리 말해서 2010년의 아랍의봄 직전에 출판되어 2011년의 오큐파이운동 직전에 국역되었던 것이지요. 국내에서는 아랍의봄이나 오큐파이운동의 영향이 미미했던 것 같은데, 그 대신 2008년 광우병소동으로 소급하는 촛불집회의 영향이 막강했지요.

당시 대권에 대한 야심을 키워가던 조국 교수가 본문의 거의 40%에 달하는 장문의 추천사를 쓰기도 했다는 사실을 지적하지 않을 수 없습니다. 정말 안 끼는 데가 없었는데, 에셀에게서 친필서명본을 받았다는 자랑에서 시작하여 본문을 거의 패러프레이즈하면서 촛불혁명을 '선동질'하고 있더군요. 그러니 세월호침몰사건으로 시작될 촛불혁명에 그가 얼마나 고무되었겠어요. 사회진보연대의 포스트아나키스트 역시 조 교수와 비슷했었지만요.

조국 교수나 사회진보연대의 포스트아나키스트가 잔혹한 복수로 귀결되는 분노인 'fury' 내지 원한인 'resentment'와 의분, 즉 불의에 대한 분노인 'indignation'의 차이를 아는지 궁금합니다. 양자의 차이는 분노의 원인이 증오인가 여부이고, 따라서 투쟁의 형태가 폭력적인가 여부라고 할 수 있지요. 분노와 복수로 귀결된 '원한의 정치'인 촛불혁명은 물리적으로 비폭력적이었을 뿐 상징적으로는 무제한의 폭력을 자행했거든요.

2007-09년 금융위기 이후에 시빌리티에 주목한 것은 오히려 미국이었습니다. 2010년대 미국정치에서 트럼프의 당선과 재선 실패를 계기로 시빌리티의 위기에 대응하여 시빌리티를 복원하려는 다양한 운동이 전개되었거든요. 하기야 앞에서 설명한 것처럼 시빌리티는 공화주의적인 프랑스가 아니라 자유주의적인 앵글로색슨의 풍속과 세태라고 해야 하겠지만요.

미국의 시빌리티 운동에 대해서는 Robert Boatright et al., eds., *A Crisis of Civility?: Political Discourse and Its Discontents*, Routledge, 2019; "The Concept of Civility in Modern Political Philosophy",

NICD Research Brief No. 7, May 2022를 참고할 수 있습니다. 또 영국의 민족성(national character) 내지 국풍(國風, national tradition)으로서 시빌리티는 케임브리지대학 초대 정치학교수인 정치철학자 어니스트 바커(Ernest Barker)의 *Traditions of Civility: Eight Essays*, Cambridge University Press, 1948을 참고할 수 있고요.

롤즈의 『정의론』

케이헌이 지적하는 것처럼, 자유주의의 이념을 검토하면서 롤즈(John Rawls)를 간과할 수는 없는데, 특히 그의 『정의론』(*A Theory of Justice*, Harvard University Press, 1971)에 주목해야 합니다. 이 책에서 사회계약론을 중심으로 하는 정치철학을 부활시킴으로써 롤즈가 미국정치학계의 가장 중요한 이론가로 부상했거든요.

몇 번인가 고백한 것처럼, 저는 학부 1-2학년에서 케인즈를 공부했고, 3학년부터 애로우(Kenneth Arrow)를 공부하기 시작했습니다. 1975년 봄에 중앙도서관 정기간행물실에서 그의 1972년 노벨경제학상 기념강연인 "General Economic Equilibrium: Purpose, Analytic Techniques, Collective Choice", *American Economic Review*, June 1974를 읽은 것이 계기가 되었지요. 그런데 애로우는 제가 1-2학년 때 케인즈를 공부하면서 함께 공부한 '경제학자 중의 경제학자'인 새뮤얼슨(Paul Samuelson)과 사돈이자 그를 능가하는 '경제학자 중의 경제학자 중의 경제학자'라는 평가가 있었지요.

그래서 6개월 방위병 생활과 6개월 한국은행원 생활 이후 석사과정을 마칠 때까지 5년 동안 애로우를 중심으로 일반균형이론과 후생경제학을 공부했는데, 그러면서 롤즈도 공부하게 되었습니다. 학부를 마치고 1년 후에 석사과정에 복학해보니 롤즈가 유행하고 있었는데, 나중에 알고보니 당시 철학과 박사과정에 다니며 서광사를 통해 『정의론』의 원서영인본(1978)을 보급하는 동시에 완역(1977-79)에도 도전한 황경식 교수 때문이었더군요. 저는 번역본은 빼고 영인본만 구입해놓았지요.

미국경제학계에서도 롤즈는 논쟁의 대상이었는데, 하버드대학의 동갑내기 동료였던 애로우가 그에 대한 장문의 서평을 발표했고 저도 당연히 그것을 읽었습니다. "Some Ordinalist-Utilitarian Notes on Rawls's Theory of Justice", *Journal of Philosophy*, May 1973인데, 공리주의자와 롤즈의 논쟁을 정리하면서 롤즈 정의론의 경제학적 함의를 비판하는 것이었지요. 그 후 롤즈는 경제학계에서 소외되었고 저도 더 이상 관심을 갖지 않았어요.

그런데 국내에서는 그렇지 않았던 모양입니다. 황경식 교수와 그의 스승인 김태길 교수 중심으로 철학자 중에서도 윤리학 전공자가 롤즈의 정의론을 선전해왔고, 아마도 그 결과로 수학능력시험 윤리 과목의 이른바 '킬러문항'으로도 유명하다고 하거든요. 그들에게는 역시 롤즈의 정의론이 경제학적 근거가 없다는 것은 문제가 안 되는 것 같아요.

롤즈가 윤리학 전공자를 중심으로 수용된다는 것은 아이러니한 일입니다. 롤즈 그 자신이 점차 도덕철학적 정의론에서 정치철학적 정의론으로 이행했기 때문이에요. 수능에서 롤즈가 출제되는 과목이 경제는 물론 정치도 아니고 윤리라는 것도 롤즈가 오남용되고 있다는 방증이라고 할 수 있겠고요.

김도균 교수 역시 롤즈에게 관심을 갖고 있습니다. 『한국사회에서 정의란 무엇인가』(아카넷, 2020)에서 김 교수는 정의란 법과 정치만이 아니고 경제에서도 그 목적이 되어야 하는 규범이라고 주장하고 있거든요. 그가 말하는 정의 원칙은 응분(desert, 기여) 원칙과 필요(need, 욕구) 원칙인데, 전자는 사회주의에서도 적용해야 하는 원칙인 반면 후자는 공산주의에서나 비로소 적용할 수 있는 원칙이라는 마르크스의 주장을 알고서 하는 말인지 궁금해지는 대목이에요.

물론 롤즈 정의론의 경제학적 함의에 대한 비판을 거부하는 경우도 있을 수 있습니다. 예를 들어 최광은 박사는 「재산소유민주주의와 기본소득의 결합: 롤즈의 정의론 재해석을 통한 모색」(『시대와철학』,

2019년 3호)에서 롤즈의 정의론을 원용하여 기본소득론을 기본자산론으로 확장할 수 있다고 주장했거든요. 최 박사가 이재명 대표와 무슨 관계인지는 모르겠으나, 부산대 항공우주공학과를 졸업한 다음 영국 에식스대학에서 정치철학을 공부한 그가 경제학을 공부한 적이 없는 것은 사실일 것 같아요.

롤즈에 대한 논쟁을 정리하는 문헌은 방대한데, 제 경험으로는 그 자신의 설명이 가장 좋습니다. 2001년에 사망한 롤즈가 유작으로 도덕철학과 정치철학 강의록을 출판하면서 쓴 「서론」(Introduction)이 그에 대한 가장 좋은 소개이지요. *Lectures on the History of Moral Philosophy*, Harvard University Press, 2000; *Lectures on the History of Political Philosophy*, Harvard University Press, 2007인데, 전자는 국역된 반면 후자는 국역되지 않은 것도 우연은 아닐 것 같아요.

롤즈의 도덕철학 강의는 칸트를 위주로 흄과 라이프니츠와 헤겔을 검토하고 있고, 정치철학 강의는 홉즈와 로크에서 흄과 루소를 거쳐 밀과 마르크스를 검토하고 있습니다. 두 개의 강의에서 모두 스미스가 제외되고 있다는 사실에 주목할 수 있는데, 스미스가 사회계약론을 폐기하고 경제학을 정초했기 때문이겠지요. 롤즈의 핵심 개념이 '본원적 상황'(original position) 내지 '초기적 상황'(initial situation)이라는 것이 그가 사회계약론을 계승했다는 증거이고요.

롤즈가 스미스를 배제하는 것이 당연한 일인 만큼 애로우가 롤즈를 배제하는 것도 당연한 일입니다. 그러나 롤즈도 자유주의자를 자처하니까 논쟁이 불가피한 것이고, 롤즈가 부활시킨 사회계약론적 정치철학에 대한 대안을 스미스의 정치경제론에서 발견하려는 와인개스트 같은 시도가 출현하는 것이지요.

정의론에서 롤즈와 스미스를 비교할 수 있습니다. 롤즈의 정의론은 칸트적 전통에 따라 도덕철학에서 출발하는 것인 반면 스미스의 도덕철학에서 기본개념은 인애와 정의로 분화되어 인애는 도덕의 기본개념이 되고 정의는 법의 기본개념이 되는 것이에요. 스미스는 인애 없는 사회는 있어도 정의 없는 사회는 없다고 강조한 바 있는데, 도덕과 인애가 아니라 법과 정의가 사회가 존재할 수 있는 필요조건이라는 의미이지요. 그래서 나치의 집권에서 히틀러가 법비의 도움으로 법치를 해체했던 사실에 주목할 수밖에 없는 것이고요.

정의를 우정(philia)으로 설명할 수도 있습니다. 우정이란 이익의 교환에 기반한 사랑인데, 이익의 교환이 부재할 때 갈등이 발생한다는 것이지요. 그래서 아리스토텔레스가 '친구가 있으면 정의는 필요 없다. 그러나 정의가 있더라도 친구는 필요하다'라고 말한 것이고요. 사랑을 승화하는 도덕은 최대의 우정이고 갈등을 해결하는 정의는 최소의 우정이라고 할 수도 있겠지요.

롤즈가 제시하는 정의의 원리는 다음과 같습니다.

제1원리 평등한 자유 원리
제2원리 (a) 평등한 기회 원리
        (b) 차등 원리

롤즈는 이들 원리가 사전적(lexicographical) 순서를 따른다고 주장하는데, 쉽게 말해서 제1원리가 제2원리에 우선한다는 것이지요. 또 제2원리 중에서는 (a)가 (b)에 우선한다는 것이고요.

롤즈의 정의론은 능력주의에 대한 대안이라고 할 수 있습니다. 그런데 그는 능력(merit)을 '자연적 행운'으로 간주하면서 능력주의를 '자연적 자유의 체제'라고 부르고 있지요. 그에게 능력은 'talent' 내지 'aptitude'(선천적 능력으로서 적성)일 따름이에요. 그는 '사회적 행운'도 강조하는데, 쉽게 말해서 가정환경이지요.

롤즈가 'achievement'(후천적 능력으로서 성취)를 간과한다는 것을 알 수 있습니다. 케이헌이 롤즈가 고전적 자유주의자가 강조하는 향상(betterment/improvement)을 부정한다고 비판하는 것은 이 때문이고요. 능력이 'aptitude'인가 아니면 'achievement'인가는 나중에 설명하겠어요. 롤즈가 마키아벨리가 중시했던 능력(virtù)과 행운(fortuna)의 구별을 무시한다는 사실도 지적해둘 필요가 있고요.

이제 롤즈가 주장하려는 공정(fairness)으로서 정의를 설명할 수 있습니다. 그는 절차적 공정을 수정함으로써 사회적 행운을 최소화하는 '자유주의적 평등'에서 한 걸음 더 나아가 결과적 공정도 수정함으로써 자연적 행운도 최소화하는 '민주주의적 평등'을 달성해야 한다고 주장하고 있지요.

전자가 1960년대 민주당의 케네디-존슨 정부가 시작한 '우대정책'(affirmative action) 내지 '긍정적 차별'(positive discrimination)인 반면 후자는 롤즈가 주장하는 차등원칙(difference principle)입니다. 롤즈는 차등원칙을 'maxmin', 즉 '[약소자가 향유하는] 최소치의 최대화'로 특징짓지요. 이런 맥락에서 롤즈의 정의론이 권리혁명을 배경으로 한다는 것을 알 수 있어요.

그러나 롤즈가 평등주의자인 것은 아닙니다. 「후기」에서 소개한 것처럼, U^{rich}가 부자의 효용, U^{poor}가 빈자의 효용일 때 공리주의자와 롤즈의 사회후생함수는 다음과 같지요.

$$W = U^{rich} + U^{poor},$$
$$W = \min(U^{rich}, U^{poor}) = U^{poor}.$$

경제성장의 결과 $(U^{rich}, U^{poor}) = (8, 2)$에서 $(24, 6)$과 $(12, 8)$로 변화할 경우, 공리주의자는 전자를 선택하는데, 부자와 빈자 전체의 효용이 더 크기 때문이지요. 그러나 롤즈는 차등원리에 따라 후자를 선택하는데, 빈자의 효용이 더 크기 때문이에요.

공리주의자의 선택보다 롤즈의 선택이 더 평등할 것입니다. 부자와 빈자의 효용이 공리주의자의 선택에서는 4:1로 불변이고 롤즈의 선택에서는 3:2로 축소되거든요. 롤즈는 심지어 $(6, 4)$도 선택할 수 있는데, 경제성장이 정지한 상태에서 재분배가 발생한 경우이지요. 그러나 롤즈가 평등주의자인 것은 아닌데, 경제쇠퇴에도 불구하고 나의 행복보다 남의 불행을 더 기뻐한다는 '질투의 권리선언'에 따라 $(2, 2)$를 선택하지는 않을 것이기 때문이에요.

롤즈는 자신의 정의론에 입각하여 미국에서 불평등을 감축하기 위해 필요한 5대 개혁을 지적한 바 있습니다. 금권정치, 교육 불평등, 보건의료 불평등, 흑인 불평등, 여성 불평등의 개혁이 그것이지요. 그런데 롤즈가 주장하는 정의와 평등은 얄궂게도 미국의 국경에서 멈춘다는 한계가 있어요.

역시 「후기」에서 소개한 것처럼, 밀라노비치(Branko Milanovic)는 롤즈가 『만민법』(萬民法, Law of Peoples, 1999)에서 국제적 불평등을 감축하는 이민에 반대했다는 사실에 주목한 바 있습니다. 달리 말해서 그가 미국인의 '국적프리미엄'(citizenship premium) 내지 '국적지대'(citizenship rent)를 옹호한다는 것이었어요.

롤즈가 평등주의자는 아니라고 했는데, 국내적 차원보다 국제적 차원에서 더욱 그렇습니다. 사회계약의 단위로서 초민족공동체가 불가능한 상황에서 민족자결의 원칙에 따라 민족공동체를 유지해야 한다고 주장하기 때문이지요. 또 국제적 불평등을 감축하려면 중국이나 인도처럼 노동, 그리고 저축과 투자를 통해서 경제성장을 시도해야 한다고 주장하기 때문이고요.

케이헌이 인민주의 비판가로 주목하는 4세대 자유주의자인 라즈는 롤즈 비판가이기도 합니다. 이스라엘 출신의 철학자로 밀의 후예를 자처하는 그는 평등주의적 자유주의자를 비판하고 향상론의 복원을 주장하고 있지요. 케이헌도 인용하고 있는 W. J. Norman, "The Autonomy-Based Liberalism of Joseph Raz", *Canadian Journal of Law and Jurisprudence*, 1989 No. 2를 참고하세요.

라즈가 롤즈를 비판하는 이유는 그의 정의론이 인민주의자와의 대결에서 무력하기 때문입니다. 심지어 남한에서는 롤즈의 정의론이 인민주의자에게 활용되기도 하는 것이고요. 남한에서 롤즈 연구는 1990년 이후 서서히 증가하다가 2010년 이후 급증했는데, 이명박·박근혜 정부에 대한 대안을 인민주의에서 찾으려는 맥락이었다고 추측할 수 있겠지요.

예를 들어 민주당의 대선공약을 특징짓는 경제정책이 경제학에서 점차 이탈하면서 인민주의화되었다는 것은 2012년의 복지국가론

('스웨덴 모델')이 2017년의 소득주도성장론을 거쳐서 2022년에는 급기야 기본시리즈로 변질되었다는 사실에서도 알 수 있습니다. 그 과정에서 롤즈의 정의론을 원용하여 기본소득론을 기본자산론으로 확장할 수 있다는 최광은 박사 같은 사람도 출현한 것이고요.

물론 롤즈에 대한 대안으로 마이클 샌델(Michael Sandel)의 보수주의적 내지 공동체주의적 정의론도 주목받기 시작했습니다. 그의 『정의란 무엇인가』(*Justice*, Farrar, Straus and Giroux, 2009)가 세계 최초로 2010년에 김영사에서 국역되어 6개월 만에 60여만부가 판매되면서 베스트셀러 1위가 되기도 했거든요.

샌델의 『정의란 무엇인가』는 남한과 동시에 일본에서도 번역되어 역시 선풍적 인기를 모았다고 하는데, 일본에서도 2009-12년에 인민주의적 성향의 민주당 정부가 집권했습니다. 남한과 일본에서 샌델이 유행한 이런 기현상은 2007-09년 금융위기를 계기로 객관적으로 평등한 나라일수록 오히려 평등에 대한 주체적 요구가 컸다는 사실을 반영하는 것이지요. 금융위기 직전에 일본에서 출현한 유행어 '격차사회'가 그 상징이라고 할 수 있고요.

그런데 라즈는 평등주의자가 아닌 롤즈가 평등을 표방하는 것은 '레토릭'일 뿐이라고 비판하고 있습니다. '평등을 증진하기(promote) 위한 것이 아니라 [평등이라는 원칙의 명성(good name)을 활용하여] 그와 별개의 원칙에 적합한 대의를 선전하기(promote) 위한 것'이기 때문이라는 것이에요.

라즈가 레토릭이라고 부르는 것은 설득용 수사라는 의미입니다. 실제로 롤즈 자신이 정치철학은 과학과 달리 과학자공동체가 아닌 시민공동체를 대상으로 하는 것이라고 주장하고 있거든요. 특수한 주제에 대한 전문적 지식을 제시하는 것이 아니라 시민 일반의 정치 일반에 대한 판단을 돕는다는 것이고, 따라서 시민이 수용해야 유효한 것이므로, 저자와 독자의 '공동작업'이어야 한다는 것이에요.

아까 4·10총선을 위한 민주당 현수막의 문구인 '정치는 모르겠고, 나는 잘 살고 싶어', '경제는 모르지만 돈은 많고 싶어!'가 지지층을 비하한다는 비판을 받고 곧 철회되었다고 했는데, 아쉬운 일입니다. 롤즈 전공자가 막상 그의 정치철학을 잘 몰랐기 때문인 것 같은데, 민주당 지지층이 정치·경제적 이론에 대해 무지하다는 사실을 너무 감출 필요는 없어요. '못나도 울 엄마'라는 말처럼 그들을 설사 사랑하지는 않더라도 아끼고 보듬어야 하거든요.

울드리지의 『능력주의의 두 얼굴』과 맥마흔의 『천재에 대하여』

마지막으로 능력주의에 대해서도 검토해야 하는데, 에이드리언 울드리지(Adrian Wooldridge)의 『능력주의의 두 얼굴』(2021; 국역: 상상스퀘어, 2023)이 출판되었습니다. 이 책은 능력주의의 역사를 개관하려는 최초의 시도인데, 다만 번역자가 비전문가일 뿐 아니라 영어독해력에도 문제가 많아요. 게다가 출판사에 교열능력을 가진 편집자도 없는 것 같고요. 하기야 이런 책을 번역하고 교열할 실력이면 이미 대학교수가 되었겠지요. 아니 대학교수 중에도 그런 실력이 있는 사람은 별로 없을 것 같고요.

원제는 '재능의 귀족제'(The Aristocracy of Talent)인데, 여기서 귀족제란 '일류'(aristos, the best)의 지배라는 의미입니다. 울드리지는 능력주의가 '현대 세계를 창조한 [프랑스·영국·미국에서의] 혁명의 핵심(heart)'에 있었다고 강조하고 있지요. 또 능력 개념의 진화에도 주목하고 있는데, 19세기의 지적인 동시에 도덕적인 개념이 20세기에 와서 '탈도덕화'되었다는 것이에요. 달리 말해서 지식이 덕성(virtue)과 분리되어 금전과 결합되었다는 것이지요.

울드리지는 5부에서 '능력주의의 위기'에 대해 검토하고 있습니다. 그는 사회적 불안들(anxieties)에 기생하는 능력주의 비판이 제시한 대안이 능력주의에 미달한다고 반박하고 있는데, 민간자본주의나 자유민주정에 대한 옹호와 유사하다고 할 수 있지요. 마치 처칠이 '민주정이란 다른 모든 정부형태를 제외한다면 최악의 정부형태다' (Democracy is the worst form of government except for all those other forms)라고 주장한 것처럼요.

울드리지는 능력주의 비판의 역사를 추적하고 있습니다. 먼저 1930년대에 지능검사(IQ test)에 대한 비판이 있었고, 그것이 전후에 사회학자가 주도한 교육의 하향평준화로 이어졌지요. 달리 말해서 교육에서 선발(selection)과 변별(classification, 서열화) 과정이 폐지되었다는 것이에요. 1960년대에 와서 교육의 하향평준화가 급기야 능력주의 자체에 대한 비판으로 귀결되었고요.

능력주의 비판을 상징한 것이 롤즈의 『정의론』이었다면, 그 효시는 영국 노동당 사회학자 영(Michael Young)의 『능력주의의 흥륭, 1870-2033』(*The Rise of the Meritocracy, 1870-2033*, 1958)이었습니다. 영은 공상과학소설(sf) 형식의 미래학(futurology)을 활용하여 능력주의와 사회주의를 결합한 노동당의 '관리자주의'(managerialism) 내지 '기술관료주의'(technocracy)를 비판했는데, 기독교 사회주의자 토니(R. H. Tawney)의 풍자·야유처럼, 노동당은 '현명한 양치기가 살찌게 기르는 유순한 양떼'의 사회를 지향한다는 것이었지요.

1980년대에 신자유주의와 함께 이른바 '인지엘리트'가 출현하면서 능력주의 논쟁은 한층 심화되었습니다. 엘리트의 기준이 인지능력 (cognitive ability)으로 환원되고 그런 능력을 계발하는 사립학교가 부활·강화되면서 능력이 금전과 결합되었거든요. 능력주의가 금권주의(plutocracy)와 결합하면서 '사이비(bastard) 능력주의', '부패한 (corrupted) 능력주의'가 출현했다는 것이에요.

반면 아시아에서는 능력주의가 부활했다는 것이 울드리지의 판단입니다. 그는 특히 싱가포르에 주목하고 있는데, 국부 리콴유의 롤모델이 공자만이 아니라 케임브리지대학 선배였던 매콜리와 케인즈임을 강조하고 있지요. 또 중국에 주목하고 있는데, 다만 시진핑이 점차 푸틴을 닮아가면서 연고주의가 부활했다고 비판하고 있고요. 일본이나 한국에는 크게 주목하지 않는 것 같아요.

이 대목에서 울드리지가 주목하지는 않는 대니얼 벨의 '고백록'인 『산둥대 학장』(*The Dean of Shandong*, Princeton University Press,

2023)에 주목하고 싶습니다. 신유가를 선전한 『차이나 모델』(2015; 국역: 서해문집, 2017) 덕분에 2017-22년 산둥대 정치행정대학장을 역임한 그는 미국의 '전략적 경쟁' 때문에 시진핑이 푸틴을 닮아간다고 주장하고 있지요. 자기비판은 안 하면서 시진핑을 비판하려고 꼼수를 쓴 셈이에요.

그러면서 벨은 '다섯 왕조, 여덟 가문, 열한 황제'(五朝八姓十一君)를 섬기다가 73세에 병사한 5대10국 시대 재상 풍도를 제사로 인용하고 있습니다. 그러나 그는 풍도가 다음과 같은 자평을 한 사실은 모르는 것 같아요.

아무런 재능이 없는 불량배가(…)늑대와 호랑이 사이에서 입신출세했다.

十無浪子(…)狼虎叢中也立身.

게다가 후대의 사론도 준엄했지요. 구양수는 '염치 없는 자'(無廉恥者)라고 했고, 사마광은 '최고의 간신'(奸臣之尤)이라고 했거든요.

신유가가 출현했던 배경으로 공부(孔府)가 개혁·개방기에 '복원'·'복권'되었다는 사실을 지적하고 싶습니다. 신해혁명과 중국혁명은 물론이고 일제조차 침탈하지 못했던 공부가 문화혁명기에 '파괴'·'탄압'받았거든요. 일대 황조에 국한된 황제의 가문보다 존귀하다는 공자 가문의 2500년에 걸친 역사에 대해서는 본토에 잔류한 77대손 공덕무의 외동딸 가란의 『공자가(家) 이야기』(1998; 국역: 선, 2010)를 참고하세요.

울드리지는 능력주의와 연고주의가 반비례관계라는 사실에 주목하고 있습니다. 선진국을 대상으로 한 '능력주의 점수'에서 최고점은 스웨덴인데, 그 밖에도 미국과 북유럽이 상위권이지요. 또 최저점은 이탈리아인데, 그 밖에도 남유럽이 하위권이고요. 아시아의 경우에 일본은 상위권이고 중국은 중위권인데, 남한은 어떨지 모르겠어요. 아마도 중하위권에 속하겠지요.

울드리지는 결론에서 '능력주의 쇄신(renewing)'을 제안합니다.

능력주의를 기각할 것이 아니라 쇄신하자는 것은 민주주의의 압력(pressure)과 변덕(volatility)을 제한해야 하기 때문인데, 그는 '더 적은 민주주의가 더 좋은 민주주의'(less democracy is better democracy)라는 경제학자 가렛 존즈(Garett Jones)의 주장을 소개하고 있지요. 더 많은 민주주의란 더 나쁜 민주주의인 인민주의로 타락할 것이기 때문이라는 것이에요.

능력주의를 쇄신하기 위해서는 부패한 사이비 능력주의에 대한 비판을 통해 금권주의와 결별해야 할 것입니다. 나아가 탈도덕화된 능력주의인 관리자주의 내지 기술관료주의와도 결별하면서 19세기처럼 능력과 덕성을 결합하는 도덕적 능력주의를 부활시켜야 하는 것이지요. 케이헌이 인민주의에 대항하려면 19세기식 자유주의를 부활시켜야 한다고 주장한 것과 같은 맥락이에요.

울드리지가 능력주의의 역사를 개관하려는 것은 바로 이런 목적 때문이었습니다. 그리하여 다음과 같이 서술하고 있지요.

1부 능력주의 이전
  등급제인간(homo hierarchicus), 가족의 권력, 족벌주의·연고주의·매관매직
2부 현대 이전의 능력주의
  플라톤과 철학자 왕, 중국과 과거제 국가, 유다인
3부 능력주의의 흥륭
  프랑스혁명, 영국혁명, 미국혁명
4부 능력주의자의 전진
  능력의 측정, 능력주의혁명, 소녀의 열공(girly swots)

능력주의 이전 사회는 마르크스처럼 말해서 노예제와 봉건제라고 할 수 있습니다. 중국을 논외로 하면 노예제와 봉건제의 무단통치는 자본주의의 문민통치와 구별되는 것이지요. 또 신분(estate)이라는 등급은 계급(class)이라는 등급과 달리 '이동성'(mobility)에 한계가 있었고요. 물론 중국의 봉건제에서는 문민통치와 계급적 이동성이 얼마간 존재했다고 할 수 있겠지요.

울드리지는 서양에서 능력주의의 기원으로 플라톤의 '철학자 왕'(philosopher king), 즉 '지식귀족'(intellectual aristocrat)이자 '국가

후견인'(guardian)인 엘리트에 주목합니다. 그런 엘리트는 30세부터 통치의 가벼운 예비적 임무를 담당하되 통치의 본격적인 중책은 50세가 되어야 담당할 수 있다는 것이고요.

울드리지는 공자가 마테오 리치에 의해 서양으로 수입되었다는 사실도 주목하고 있습니다. 그러면서 마테오 리치가 공자와 플라톤의 친화성을 강조했다고 주장하는데, 경세학과 철학의 차이나 서양 계몽주의에서 공자의 역할에 대해서는 잘 모르는 것 같아요. 하기야 문화혁명기의 중국에서도 플라톤을 '서양의 공자'라고 비판했다고 하지만요.

유다인의 능력주의도 문제가 있습니다. 랍비가 대표하는 유다인 지식인은 철학자나 신학자로서 경세학과는 무관하기 때문이지요. 현대에도 아인슈타인이나 프로이트 같은 자연과학자나 의사가 배출되었을 따름이고요. 물론 경제학자가 없다는 것은 아닌데, 그러나 리카도는 스미스 같은 경세가라고 할 수 없지요. 마르크스가 스미스보다 리카도를 높이 평가한 것도 이 점을 간과한 탓이고요. 새뮤얼슨이나 애로우도 마셜이나 케인즈 같은 경세가가 아닌 수리경제학자일 따름이에요.

서양에서 능력주의의 홍륭은 프랑스혁명에서 시작되었다는 것이 울드리지의 주장입니다. 「권리선언」 6조가 '능력에 개방된 출세'를 상징한다는 것이에요.

> (…)모든 시민은(…)자신의 능력(capacité)에 따라, 또 자신의 덕성(vertus)과 재능(talents)의 구별 이외의 어떤 구별(distiction)도 없이, 모든 공직에 임명될 수 있는 평등한 권리를 갖는다.

그런데 이런 자유주의적 능력주의는 이 조항 서두의 '법은 전체의지의 표현이다'라는 인민주의와 모순적이기도 하지요.

나아가 프랑스혁명은 능력이란 선천적인 것이 아니라 후천적인 것이라고 주장하면서 교육개혁을 추진했습니다. 중세가톨릭의 아성인 대학(université)을 대체하는 그랑제콜(grandes écoles, 大學)을 신설한 것은 이 때문이었지요. 자연(nature)이 아니라 양육(nurture)의 결과로서 능력이란 루소와 로베스피에르가 아니라 로크의 자유주의에 충실한 주장이에요. 로크주의자는 능력의 90%는 교육의 결과일 따름이라고 주장했거든요. 또 스미스는 잡역부(street porter)와의 차이를 타고난 자질로 간주하는 것을 '학자의 자만심'(vanity of the philosopher)이라고 비판한 바 있고요.

영국에서 능력주의의 효시는 1748년 이후 케임브리지대학에서 실시된 우등졸업시험(tripos)이었습니다. 그 후 케인즈가 '교육받은 부르주아'라고 부르는 지식귀족이 출현했는데, 그 기원은 클래펌파, 퀘이커교도, 유니테리언교도 같은 종교집단이거나 공리주의자 같은 세속집단이었다고 하지요.

지식귀족의 최초의 대표자가 바로 매콜리였는데, 그는 노예제의 폐지를 주장한 성공회 복음주의자인 클래펌파 출신이었습니다. 그는 능력주의의 관점에서 행정고시제도의 도입을 주장하기도 했지요. 나아가 페이비언주의의 창시자인 웹 부부는 자본주의적 능력주의를 상징하는 옥스브리지의 대안으로 사회주의적 능력주의를 상징하는 런던경제대학(LSE)을 설립했는데, 그런 맥락에서 노동당이 노동자의 해방을 위한 수단으로서 능력주의를 수용했던 것이에요.

미국에서 능력주의의 수용은 어쩌면 당연한 일이었습니다. 유럽의 앙시앵 레짐과 결별한 이민자 국가로서 미국을 상징한 것이 바로 자수성가자(self-made man)였으니까요. '정복왕 윌리엄 같은 최초의 왕은 불량배 두목이었을 따름이다'라는 토머스 페인의 말은 100여년 후에 여전히 '모든 왕은 대개 불량배다'라는 허클베리 핀 내지 마크 트웨인의 말로 반복되고 있거든요.

「독립선언」에서 생명과 자유의 권리에 이어 행복추구의 권리라는 어구를 삽입한 제퍼슨에게 권리는 '인위적'인 것이 아니라 '자연적'인 것이었습니다. 나아가 그에게 능력주의는 '인민대중의 행복'을 위한 것인 반면 귀족주의는 '인민대중의 행복'에 반한 것인데, 그런 이유로 '인위적 귀족주의'인 '토지소유자'(Gutsbesitzer, 베토벤)의 귀족주의와 달리 재능과 덕성을 결합한 '두뇌소유자'(Hirnbesitzer, 베토벤)의 귀족주의를 '자연적 귀족주의'라고 불렀던 것이지요.

그러나 제퍼슨을 포함한 미국의 자유주의자가 주장한 능력주의는 노예제로 인해 왜곡되었습니다. 그리하여 링컨이 생명, 자유, 행복추구의 권리를 흑인에게도 확대하자고 주장했던 것이지요. 그러나 남북전쟁 이후 대불황기는 '악덕재벌'(robber baron)이 출몰한 '금박의 시대'(Gilded Age, 마크 트웨인)였어요. 나아가 엽관제(spoils system)로 오염된 '보스정치'(political machine, 계파정치)가 횡행했고요.

남북전쟁 이후 우리가 아는 미국이 출현하는 과정은 법인혁명, 관리자혁명, 케인즈혁명을 통해 독점자본이 법인자본으로 개혁되는 경제적 과정이었습니다. 동시에 인민주의와 진보주의에 대항하여 자유주의가 현대화되는 이념적 과정이기도 했고요. 더 자세한 설명은 『일반화된 마르크스주의 개론』을 참고하세요.

그런데 이런 현대적 개혁 과정과 함께 전간기에 덕성과 분리된 재능을 측정하는 새로운 방법이 모색되기도 했습니다. 그것이 바로 지능검사였는데, '특수한/부분적(specific) 능력'이 아니라 '일반적/전체적(general) 능력'을 측정한다는 명분이었지요. 그러나 급진주의 생물학자 굴드(Stephen Jay Gould)가 비판한 것처럼, 지능검사야말로 '인간에 대한 잘못된 측정'(mismeasure of man)의 대표적 사례라고 할 수 있겠지요.

지능검사는 2차 세계전쟁 전후로 하버드대학의 교육개혁에 적용되었습니다. 1933-53년에 총장으로 재임했던 코넌트(James Conant)는 스포츠와 예능 이외의 영역에서는 능력주의가 인정되지 않는다고 개탄하면서 입시에서 능력주의가 인정되지 않는다면 '절름발이를 축구선수로 만들어 달라는 격'이라고 비판했지요.

코넌트 총장이 대학입시에 활용한 것은 지능검사의 변형인 학업적성시험(Scholastic Aptitude Test)이었습니다. 또 그 일부인 과목시험(Subject Test)으로 성취도시험(Achievement Test)을 보충했다고 하고요. 전자가 일반적/전체적 학업능력을 측정하는 것이라면,

후자는 특수한/부분적 학업능력을 측정한다는 것이지요.

어쨌든 그 결과 능력주의 혁명으로서 기술관료제가 출현했다는 것이 울드리지의 주장입니다. 'technocracy'를 보통 기술관료제라고 번역하는 것은 과학기술자 내지 전문가 출신 관료가 정치인을 대체했다는 사실을 강조하려는 것인데, 전후 일본에서는 관료 출신의 정치인이 자민당의 주류로 부상하기도 했지요.

그런데 울드리지는 언급하고 있지 않지만, 전후 미국대학을 대표하는 것은 하버드대학이 아니라 매서추세츠공과대학이라는 사실을 지적해두겠습니다. 교육개혁에도 불구하고 하버드대학을 상징한 것은 법대와 의대인 반면 매서추세츠공과대학을 상징한 것은 경상계과 이공계이기 때문이라고 할 수 있어요.

마지막으로 능력주의가 흑인과 여성의 해방을 위한 수단이기도 했다는 사실을 지적해두겠습니다. 먼저 1963년 8월 워싱턴행진(The March on Washington for Jobs and Freedom) 중에 마틴 루터 킹 목사는 다음과 같은 연설을 했지요.

> 나에게는 꿈이 있습니다(I have a dream). 나의 어린 네 아이들이 언젠가는 피부색이 아니라 인물(character)로 평가받게 되는 나라에서 살게 될 날이 오리라는 꿈이 있습니다.

여기서 인물은 개인의 능력이라는 의미였지요. 행진 중에 존 바이즈(Joan Baez)가 불렀던 「우리 승리하리라」(We Shall Overcome)는 유신시대 운동권의 애창곡이기도 했어요.

능력주의의 혜택은 여성에게 더 컸는데, 여성이 흑인보다 더 '열공'했기 때문입니다. 또 미국보다 영국의 여성이 그랬는데, 1890년에는 케임브리지대학에서 필리파 포셋(Philippa Fawcett)이 수석졸업생보다 성적이 더 좋기도 했어요. 그러나 여성은 학위취득이 금지되었던 까닭에 수석졸업생이라고 부르지 못해서 '수석졸업생보다 고득점자'(above the Senior Wrangler)라고 불러야 했다는 믿기 힘든 '웃픈' 일도 있었지요.

개인을 중시하는 능력주의와 집단을 중시하는 급진주의의 차이를 강조해둘 필요가 있을 것입니다. 급진주의자들의 구호를 대표했던 '개인적인 것은 정치적이다'(The personal is political)는 개인적 차별(wrong)을 집단적 권리(right)로 해결하려는 '동일성의 정치'(identity politics)를 상징했는데, 예를 들어 블랙 팬서(Black Panther Party, 1966-82)는 흑인, 여성, 동성애자 등등 약소자 집단의 동맹을 지향했지요. 그런데 마르크스주의적 민족주의 이론가 겔너(Ernest Gellner)처럼 말하자면, 동일성의 정치는 계급에게 보내는 편지가 다른 집단에게 잘못 가버린 '가공할 배송사고'(some terrible postal error)라고 할 수 있어요.

니체주의적 포스트구조주의로 정당화되는 동일성의 정치와 함께 이른바 '정치적 올바름'(political correctness)에 대한 거부감이 트럼프 현상을 초래한 계기 중 하나였습니다. 2016년 대통령선거에서 트럼프가 그에 반해 '진정성의 윤리'(ethics of authenticity)를 주장했거든요. 위키피디아에 따르면, 정치적 올바름이란 1930년대에 파시즘이나 스탈린주의의 이데올로기를 지칭하는 개념이었다고 합니다. 그 후 1970-80년대에는 좌파 내부에서 교조주의를 지칭하는 자기비판적 풍자(satire)였다가 1980-90년대에는 우파에서 좌파 교조주의의 멸칭(pejorative)으로 사용되었다고 하고요.

지능지수에 대한 설명을 보충해두겠습니다. 예를 들어 위키피디아에 소개된 터먼(Lewis Terman)의 지능지수 등급표(1937)에 따르면, 140 이상이 최우등급인데, 160대가 0.03%, 150대가 0.2%, 140대가 1.1%여서 도합 1.33%이지요. 또 120-139이면 우등급인데, 130대가 3.1%, 120대가 8.2%여서 도합 11.3%이고요. 따라서 평균등급을 초과하는 지능은 1/8 정도라고 할 수 있어요.

그런데 천재 중에는 최우등급만 있는 것이 아니라 우등급 지능도 아주 많습니다. 15세기 중엽부터 1850년 중엽까지 아동기를 보냈던 천재들에 대한 터먼의 추계를 인용해보겠어요(같은 등급 안에서는 태어난 순서임).

190 존 스튜어트 밀
185 라이프니츠, 괴테
180 벤섬, 매콜리
175 셸링
170 볼테르
150 모차르트, 헤겔, 스코트
145 미켈란젤로, 디킨즈
140 홉즈, 실러
135 다빈치, 몽테스키외, 스미스, 칸트, 베토벤, 다윈
130 스피노자, 뉴튼, 루소, 발자크
125 로크, 바흐
 ?   리카도, 마르크스

제가 좋아하는 천재인 뉴튼과 다윈, 스미스(및 마르크스?), 베토벤의 지능은 최우등급이 아닌 우등급이지요. 그들의 능력은 적성으로서 지능(intelligence)보다 성취로서 지식(intellect)이라는 것을 알 수 있는 대목이에요.

서양에서 천재 개념의 역사에 대해서는 맥마흔(Darrin McMahon)의 『천재에 대하여』(2013; 국역: 시공사, 2017)를 참고할 수 있습니다. 원제는 '신성한 열정 내지 열광'(Divine Fury)인데, 예술적 영감이라는 의미이지요. 서양의 천재 개념이 주로 낭만주의적 문학·예술과 관련된다는 사실을 알 수 있어요. 경우에 따라서는 낭만주의적 철학·신학과 관련될 수도 있고요.

그런데 이 책에서 가장 흥미로운 부분은 전간기에 정치로 '천재숭배' 내지 '천재종교'가 수입되었다는 사실입니다. 특히 히틀러와 스탈린의 '개인숭배'로 인해 '정치종교'가 출현했다는 것이에요. 반면 미국과 영국에서는 보통선거제도가 정착되었다는 것이고요. 양자를 타력에 의한 구원과 자력에 의한 해방에 비유할 수도 있을 것 같다는 생각이 들어요.

스탈린이 자신에 대한 숭배를 위해 레닌 숭배를 이용했다는 사실에 주목할 필요가 있는데, Nina Tumarkin, *Lenin Lives! The Lenin Cult in Soviet Russia*, Harvard University Press, 1983을 참고할

수 있습니다. 반면 레닌은 자신을 '모종의 특별한 개인'(some kind of special person)인 천재 또는 영웅으로 숭배하는 것을 '수치스럽다'(shameful)고 비판했는데, 그런 것은 사실 러시아 인민주의자/사회혁명당의 폐습이었기 때문이지요. 또 마르크스가 '봉건적 사회주의자' 칼라일의 '영웅숭배'를 비판한 적도 있고요.

히틀러의 패배와 스탈린과 모택동의 사망은 천재숭배 내지 천재종교가 쇠퇴하는 계기가 되었습니다. 물론 푸틴과 시진핑이 스탈린과 모택동의 복권을 추진하고 있기 때문에 두고볼 일이긴 하지만요. 게다가 '인민의 천재'(genius populi, the genius of the people, 인민이 자신과 동일시하는 천재)에 대한 열광과 환상은 항상 존재하기 마련인데, 모택동을 '동쪽에서 붉게 떠오른 해'에 비유하던 중국에서 시진핑을 그 계승자로 비유하기도 하거든요.

문화혁명기에 국가처럼 애창되던 '동방홍'이라는 노래의 첫 소절인데, 모택동을 인민의 행복을 추구한 구세주로 묘사하고 있습니다. 나무위키에 따르면, 조선어 판본은 다음과 같아요.

동방에 태양 솟고 　　　　　　　　　　　　東方紅太陽昇
중국에 모택동이 나타났네 　　　　　　　　中國出了個毛澤東
그이는 인민의 행복 위하는 　　　　　　　　他爲人民謀幸福
(…)인민의 대구성[구세주]! 　　　　　　　　(…)他是人民大救星!

그런데 '공산주의는 곧 생활수준의 향상'(Communism means the raising of living standards)이라는 구호 아래 브레즈네프-코시긴이 추진한 소련사회주의의 개혁에 대한 대안으로 이 구세주가 이듬해부터 추구한 인민의 행복이 바로 '문화혁명 10년동란'이었습니다. 당시의 일화에 대한 갖가지 증언은 이미 소개한 『백 사람의 십 년』을 참고할 수 있지요.

그런 증인 중에서 어떤 사람은 2000년 동안 반복된 중국봉건제의 '역사적·문화적 악순환(怪圈)'이라고 주장하기도 했고, 어떤 사람은 봉건사회에서도 없었던 불행이라고 주장하기도 했습니다. 코민테른을 설명하면서 모스크바보다는 오히려 바르샤바나 서울이 더 안전했다고 지적했는데, 스탈린의 대숙청과 모택동의 문화혁명 중 어떤 것이 더 잔혹했는지 굳이 판단하지는 않겠어요.

'머슴이 주인이 된 나라'인 북한에서 김일성 일가에 대한 숭배는 사리부재이므로 언급하지 않겠습니다. 또 '중인이 주인이 된 나라'를 '머슴이 주인이 된 나라'로 만들기 위해 발광을 하는 '문재명' 숭배자도 사리부재이기는 마찬가지이고요. 김대중 정부 이후 '사대부'의 비판은 사라지고 '중인과 머슴'의 아귀다툼만 판치는 풍속과 세태가 한심스러울 따름인데, 그러나 매콜리의 말처럼, '폭정'에 대한 대안이 '분노와 복수'일 수는 없지요.

현재 남한에서 벌어지는 아귀다툼을 '박정희의 사후복수'라고 할 수도 있습니다. 그가 능력주의를 폐기한 결과 하향평준화가 시작된 것이고, 일단 시작된 하향평준화가 '기호 출신의 사대부' 대신 '영남 출신의 중인', 쉽게 말해서 '일류' 대신 '이류'가 주류화되는 데서 멈출 리가 없기 때문이지요. 게다가 3선 도전의 상대로 YS가 부담스러운 박정희가 DJ를 대권주자로 부상시키려는 정치공작을 했다는 설도 있는데, 반호남 정서가 강했던 기청(경기·충청)이 친야에서 친여로 반전되었다는 것이 그 방증일 수 있겠지요. 나무위키에 인용된 1967년 대선과 1971년 대선의 지역별 개표 결과를 비교해보세요.

마지막으로 경세학과 관련된 동양의 인재 개념은 예술과 관련된 서양의 천재 개념과 다르다는 사실도 지적해두겠습니다. 인재(人材)란 나라라는 집을 짓는 데 쓸 수 있는 나무인데, 기둥·들보·서까래·용마룻대가 있고, 그 중에 용마룻대는 하나밖에 없어요. 비유하자면, 기둥과 들보는 팔다리뼈, 서까래는 갈비뼈, 용마룻대는 등뼈라고 할 수 있겠지요. 그래서 『원효대사』(1942)의 서문 격인 「내가 왜 이 소설을 썼나」에서 이광수가 지적했던 것처럼, 원효대사가 자신을 '용마름보'라고 자부했던 것이고요.

마르크스주의 지식인이 되는 것은 쉬운 일인가?

영국의 마르크스주의 지식인들

제가 학부를 다니던 시절 경제학과에서 마르크스주의 경제학의 대표자는 여전히 모리스 돕(Maurice Dobb)과 폴 스위지(Paul Sweezy)였습니다. 그러나 석사과정에 들어가서 존 로빈슨(Joan Robinson)과 새뮤얼슨 사이의 케임브리지 논쟁을 계기로 영국에서 마르크스주의 경제학이 부활한 것을 알게 되었고, 박사과정 1-2년차에 경제학을 중심으로 영국의 마르크스주의를 공부하게 되었는데, 좀 더 자세한 설명은 『현대경제학 비판』의 1강을 참고하세요.

박사논문인 『에티엔 발리바르의 '정치경제(학) 비판'』에서 밝힌 것처럼, 그 후 독일 마르크스주의자를 거쳐 결국 알튀세르를 중심으로 그와 관련된 프랑스 마르크스주의자를 공부하게 되었습니다. 처음에는 영어권에 널리 알려진 마르크스주의 경제학자 베틀렘(Charles Bettelheim)과 마르크스주의 정치학자 풀란차스(Nicos Poulantzas)를 공부하다가 결국에는 알튀세르의 수제자 격인 발리바르를 공부하게 되었던 것이지요.

그러나 당시에는 발리바르의 논저 중 영역된 것이 거의 없어서 제 절친인 송기형 교수의 도움을 받아 불어 공부를 해가면서 이론 공부를 시작할 수밖에 없었습니다. 게다가 국내에서는 발리바르의 논저를 구하는 것이 거의 불가능해서 프랑스에 유학을 간 여러 친구와 선후배의 도움을 받을 수밖에 없었지요. 그들에게 끼친 민폐는 이루 다 말할 수 없을 정도였는데, 제 처지로서는 여전히 보답할 길이 막연하기만 하군요.

그런데 이미 몇 차례 밝힌 것처럼, 저는 알튀세르와 발리바르를 비롯한 그의 몇몇 제자를 제외하고 프랑스 사상가에 대해서는 별로 관심이 없었습니다. 아마도 중고등학교나 대학을 다닐 때 주변에서 사르트르니 실존주의니 하는 것이 '개똥철학' 취급을 받는 것을 본 영향도 없지는 않았을 것 같은데, 직접 공부를 해보니 역시 배울 것이 별로 없기도 했거든요. 저는 푸코니 포스트구조주의니 모두 다 '개똥철학'일 따름이라는 소칼(Alan Sokal)의 주장에 전적으로 찬성하는 입장이에요.

물론 프랑스 마르크스주의자만 공부한 것은 아니었고, 돕 같은 영국 마르크스주의자에 대한 관심도 꾸준했습니다. 영국 마르크스주의자의 대부인 돕의 평전은 두 가지가 있지요. Timothy Shenk, *Maurice Dobb: Political Economist*, Palgrave, 2013; Hans Despain, *The Political Economy of Maurice Dobb*, PhD Dissertation, University of Utah, 2011이 그것이에요. 또 미크(Ronald Meek)가 영국학술원에 제출한 행장(行狀)인 "Maurice Herbert Dobb, 1900-76"(*Proceedings of the British Academy*, Vol. 63, 1977)도 있고요.

케임브리지대학 19학번인 돕은 02학번인 케인즈의 영향으로 역사학에서 경제학으로 전공을 변경하여 1922년에 졸업했습니다. 동시에 1920년에 창당한 영국공산당에 입당하기도 했고요. 돕은 역시 케인즈의 도움으로 1924년에 모교의 강사가 되었지요. 영국 최초의 공산당원 교수가 된 셈인데, 자유민주정은 마르크스주의자도 포용할 수 있다는 대표적 사례라고 할 수 있어요.

돕과 케인즈의 관계에 대해서는 T. E. B. Howarth, *Cambridge between Two Wars*, Collins, 1978에 자세한 증언이 실려 있습니다. 전간기 케임브리지대학의 '교풍'(manners)을 비롯해 그 학문과 정치를 둘러싼 일화들을 정리한 이 책은 1차 세계대전 이후 생존자들이 자신들을 '못난이'(runt, 한배에서 태어난 새끼들 중에서 가장 작고 약한 것)로 간주했다고 증언하고 있지요.

1925년에 케인즈는 신혼여행차 신부 리디아의 고국인 러시아를 방문하고서 다음과 같이 주장했다고 합니다.

> 서유럽의 교양있고 예절바른 지식청년이 [열광/열정이 지배하는] 러시아에서 자신의 이상을 발견하기는 곤란할 것이다.

그러자 바로 그런 청년의 대표자 격으로 마침 케인즈와 거의 동시에 러시아를 방문했던 돕이 러시아는 영국과 달리 혈통귀족이 아니라 '지식귀족'(aristocracy of intellect)에 의해서 통치될 것이라고 반박했다고 하지요.

돕이 러시아에서 레닌이 지향한 '이념정'(ideocracy)이 실현될 것으로 믿었다는 사실을 알 수 있습니다. 게다가 돕은 단순한 '지청'이 아니라 '교양있고 예절바른'(educated, decent) 청년이기도 했지요. 그는 부르주아 가문 출신의 전형적인 영국 신사였는데, '돕을 만나기 전에는 늘 들어왔던 영국 신사를 만난 적이 없다'는 어느 외국인의 경험담을 홉즈봄(Eric Hobsbawm)이 증언했을 정도거든요.

돕이 주목한 이념정 개념에 대해서도 간단하게 설명해두겠습니다. 제도적 친화성에 주목한 전체주의 개념의 대안으로 이념적 이질성을 강조한 이념정 개념에 대해서는 Uwe Backes, "'Ideocracy': A Sketch of the History of a Concept", in *Ideocracies in Comparison*, Routledge, 2016을 참고할 수 있지요.

전체주의는 히틀러주의와 스탈린주의의 제도적 친화성, 예를 들어 사법부에서 검찰의 소외, 나아가 법원에 대한 경찰의 지배에 주목하고 있습니다. 반면 이념정은 히틀러주의와 스탈린주의의 이념적 이질성, 예를 들어 반유다주의 여부를 강조하고 있지요. 또 양자가 공유하는 인민주의에도 종족주의와 노동자주의의 차이가 있다는 것이고요.

전체주의론자인 아렌트(Hannah Arendt)는 이념정은 본질적으로 '논리정'(logocracy)이라고 주장했다고 합니다. 이념으로부터 현실적 근거를 무시하고 논리적 절차만으로 결론을 도출한다는 것이고, 또 자연과 역사의 법칙에 대한 사이비 과학적 신념으로 그런 논리적 절차를 정당화한다는 것이지요. 히틀러주의와 달리 스탈린주의를 특징짓는 '변유'(diamat)와 '사유'(histomat) 같은 것이 그 사례라고 할 수 있겠지요.

사실 스탈린주의와 달리 히틀러주의에서는 강령이나 그것을 근거짓는 이론은 별로 중요하지 않았다고 브라허가 주장한 바 있습니다. 그러면서 '만일 내가 당을 건설했다면, 나는 절대로 강령을 만들지 않았을 것이다'라는 괴벨스의 말을 인용하고 있는데, 알다시피 그는 인민계몽선전부 장관이었어요. 괴벨스의 선전은 마치 광고 같은데, 요즘 유행하는 프레임과 대동소이한 것이지요.

어쨌든 돕은 마르크스뿐만 아니라 마셜의 경제학에도 숙달했다고 합니다. 그는 마셜처럼 '경제적 분석은 역사적 발전의 연구와 결합해야만 의미가 있다'고 주장했지요. 말하자면 '역사과학으로서 경제학 비판'은 아닐지 몰라도 '이론적 역사로서 경제학'이라는 관점을 견지했다는 것이에요. 돕의 제자인 미크가 말년에 스미스 연구에 전념하여 어렵·채집, 목축, 농경, 상업이라는 생존양식(mode of subsistence) 개념을 복원한 것도 이런 맥락에서 이해할 수 있겠지요.

돕 이후에 영국에서 마르크스주의 경제학이 착근했다고 할 수는 없습니다. 1917년생 동갑인 뉴질랜드 출신의 미크나 유다인 출신의 홉즈봄으로는 역부족이었던 셈인데, 게다가 돕 자신도 말년에 스라파주의로 전향했거든요. 하기야 법학자 미노베 다쓰키치, 정치학자 요시노 사쿠조와 더불어 다이쇼 민주주의 3대 사상가로 거론되었던 후쿠다 도쿠조는 마르크스주의자를 논파할 수 있다는 자신감으로 치안유지법(일본의 국가보안법) 제정에 반대했다고 하지요.

그러나 홉즈봄을 무시할 수는 없습니다. 그에 대한 평전의 국역본은 두 가지가 있지요. 먼저 독일현대사를 전공한 자유주의 역사학자 리처드 에번스의 『에릭 홉스봄 평전』(2019; 국역: 책과함께, 2022)이 있는데, 문제는 1000쪽짜리 '벽돌책'(pavé)이라는 것이에요. 에번스가 영국학술원에 제출한 행장인 "Eric John Ernest Hobsbawm, 1917-2012" (*Biographical Memoirs of Fellows of the British Academy*, XIV, 2015)가 있어서 그나마 다행이지만요.

또 알튀세르의 평전을 쓰기도 한 트로츠키주의자 엘리엇(Gregory Elliott)의 *Hobsbawm: History and Politics* (Pluto, 2010)는 200쪽인데, 내용이 압축적이고 문장도 난해하여 국역본을 신뢰할 수 있을지

의문이 듭니다. 또 엘리엇이 참고하는 영국 트로츠키주의의 대표자 앤더슨(Perry Anderson)의 서평논문 "The Vanquished Left" (2002; in *Spectrum*, Verso, 2005)도 읽어야 할 것인데, 역시 국역본을 신뢰할 수 있을지 의문이고요.

부모가 폴란드와 오스트리아 출신의 유다인인 홉즈봄이 마르크스주의를 선택한 것은 바이마르공화국이 붕괴하고 나치가 집권하는 상황에서 '자유주의로부터의 전진'(forward from liberalism, 스티븐 스펜더)이 필요했기 때문입니다. 그런 전진의 상징은 밀의 후예인 자유주의자(나아가 칼라일의 후예인 보수주의자)와 마르크스의 후예인 공산주의자의 연대로서 인민전선이었고, 그 구호는 '비루/야비를 분쇄하자'(Ecrasez l'Infâme, 약어 'Ecrlinf'(에크르랭프))였지요.

사실 이 구호는 볼테르가 제시한 것이었는데, 그가 말하는 비루/야비는 무지/미신 내지 광신(fanatisme, 열광)/독단(intolérance, 불관용)을 의미했습니다. 홉즈봄에 따르면, 계몽주의의 프로젝트란 '인류의 합리적 진보에 기여하는 국가적 제도에 구현된 도덕적 행동의 규칙과 표준의 보편적 체계의 확립'이라는 것이었고요.

마르크스주의 역사학자로서 홉즈봄은 한두 가지 특징이 있습니다. 돕의 제창으로 결성된 '공산당 역사가 그룹' 출신인 그는 돕의 경제사(economic history)나 그 대안으로 제시된 톰슨(Edward Thompson)의 사회사(social history)가 아닌 '사회의 역사'(history of society)를 추구했지요. 또 앤더슨의 주창으로 신좌파가 존숭한 알튀세르의 수용을 거부하기도 했는데, 그러나 톰슨 같은 '동키호테식 비판'은 자제했고요.

홉즈봄은 신좌파가 사이비 마르크스주의자, 즉 '겉으로는(de jure) 마르크스주의자이고 속으로는(de facto) 바쿠닌주의자'일 따름이라고 불신했습니다. 또 1960년대는 '냉전의 불량배(picaro)', 즉 '진보주의자의 무지 내지 반제국주의적 반사작용(reflex)을 착취하는' 사기꾼도 많았다고 증언한 바 있고요.

홉즈봄의 명성은 '장기 19세기'(1789-1914)를 다룬 『혁명의 시대』

(1962), 『자본의 시대』(1975), 『제국의 시대』(1987) 3부작과 '단기 20세기'(1914-91)를 다룬 『극단의 시대』(1994)에 기반하는 것인데, 각각 한길사와 까치에서 국역되었습니다. 그러나 『극단의 시대』와 같은 해에 『장기 20세기』를 출판한 아리기와 비교하면서 홉즈봄의 결함에 주목할 수 있는데, 그것은 특히 축적체계(축적의 구조와 제도) 개념의 결여에서 비롯된 것이지요. 물론 아리기의 축적체계 개념도 뒤메닐이나 폴리의 역사동역학 등으로 보충할 필요가 있지만요.

1917년에 태어나 2012년에 죽은 홉즈봄은 *Interesting Times: A Twentieth-Century Life* (2002; 국역: 민음사, 2007)라는 자서전을 집필하기도 했습니다. 국역본에서는 '미완의 시대'라고 했는데, '난세'(亂世)라고 하는 것이 옳겠지요. 아니면 부제까지 포함해서 '난세의 인생'이나 '난세인'(亂世人)이라고 하거나요. 『극단의 시대』와 거의 비슷한 시기의 생애를 회고하는 이 책을 '홉즈봄의 시대'라고 부를 수도 있고요.

먼저 19세기 역사 3부작인 『혁명의 시대』, 『자본의 시대』, 『제국의 시대』의 결함은 결국 영국이라는 산업혁명의 표준과 프랑스라는 부르주아 혁명의 표준 사이의 '괴리'(décalage, 발리바르)에 대한 인식에서 마르크스가 당면한 곤란에서 비롯된 것입니다. 홉즈봄의 동료인 키어넌(Victor Kiernan)이 『혁명의 시대』에 대한 서평에서 프랑스혁명은 '자본주의를 격려하는 대신 좌절시킴으로써 자멸했다'고 비판한 것도 이 때문이었고요.

그런 결함은 『극단의 시대』에서 재생산되었습니다. 『극단의 시대』가 19세기 역사 3부작에 미달한다는 것이 학계의 통설인데, 그러나 홉즈봄의 명성은 후자보다는 오히려 전자에 의존하고 있지요. 그는 스탈린주의적 진영 테제를 고수하면서 냉전을 특권화하고 있는데, 결국 축적체계의 관점에서 미국자본주의나 소련사회주의에 대해 분석하지 못했기 때문이에요. 게다가 '1990년대의 팡글로스 박사'인 후쿠야마의 '역사의 종언' 테제에 반대한다는 명분으로 냉전에서의 패배조차 인정하지 않고 있고요.

사실 스탈린과 소련에 대한 최고의 역사적 평가를 내린 사람이 바로 홉즈봄이라고 할 수 있습니다. 홉즈봄은 스탈린이 국내에서는 '폭군'(tyrant)이었던 반면 국외에서는 '해방자'(liberator)였고, 2차 세계전쟁에서 연합국이 승리하고 그 후 유럽에서 개혁이 추진된 것도 역시 소련 덕분이었다고 주장했거든요. 루즈벨트와 미국의 역할을 고의적으로 무시했다고 할 수밖에 없겠지요.

나아가 홉즈봄은 소련이 마르크스가 말한 공산주의는 아니었을지 몰라도 '미국에 대한 평형추(counterweight)'였다고 주장합니다. 그 결과로 소련의 해체는 미소 양국에 대한 '하나의 완전한 파국'(an unmitigated catastrophe)이었는데, 구소련 내부에서 무질서와 갈등이 폭발한 것과 동시에 평형추의 소멸로 미국의 몰락도 개시되었기 때문이었다는 것이지요.

이런 맥락에서 홉즈봄이 남한이나 라틴아메리카, 특히 브라질에서 인기가 있는 이유가 마르크스주의자 내지 공산주의자가 아니라 반자본주의자 내지 반미주의자라는 데 있다는 사실을 알 수 있습니다. 엘리엇의 비판처럼, 20세기에 대한 홉즈봄의 인식은 '합리적'이지 않아요. 미국에 대해서는 '괴담적'(teratological)이고 소련에 대해서는 '기론적(奇論的, paradoxical)'이라고 할 수밖에 없거든요.

프랑스혁명과 러시아혁명에 대한 홉즈봄의 관점이 퓌레와의 갈등을 야기한 바 있습니다. 그래서 자서전을 불역하는 문제를 둘러싸고 소동이 벌어지기도 했다는데, 결국 프랑스가 아닌 벨기에서 출판되었지요. 그런데 제 생각으로 퓌레의 프랑스혁명 비판에 찬성했던 말년의 알튀세르 역시 홉즈봄을 지지하지는 않았을 것 같아요.

2011년 12월부터 2012년 11월까지 거의 6개월 간격으로 북한의 김정은, 러시아의 푸틴, 중국의 시진핑이 집권하던 와중에 사망한 홉즈봄이 북중러와 한미일 사이에서 전개되는 신냉전에 대해서는 어떤 입장을 취할지 궁금해지는 대목입니다. 또 러시아-우크라이나 전쟁이나 팔레스타인-이스라엘 전쟁에 대해서는 어떤 입장일지도 궁금하고요.

물론 홉즈봄에게서 배울 것도 많습니다. 그는 새처 정부 출범 1년여 전인 1978년의 강연에서 '노동의 전진은 멈췄는가?'(The Forward March of Labour Halted?)라는 질문을 제기한 바 있지요. 특히 공공부문의 파업을 중심으로 하는 노동당 좌파의 전략이 '국민에게 끼칠 폐해(inconvenience)'를 활용하여 '정부에 대한 압력'을 행사한다는 데 핵심이 있다고 비판한 것이에요.

노동당 좌파의 전략은 노스와 와인개스트가 비판한 것처럼 '폭력과 지대의 교환'을 목적으로 하는 것이었습니다. 물론 중진국 함정을 초래한다는 것이 아니라 선진국에서 중진국으로의 쇠퇴를 초래한다고 해야 하겠지만요. 사실 1976년 외환위기로 인해 노동당 정부는 국제통화기금(IMF)에 역사상 최대 규모인 39억달러의 구제금융을 신청했거든요.

그러나 노동자운동의 이런 타락은 사실 전후 이탈리아에서 시작되었던 것입니다. 공공부문을 기반으로 해서 '전국적 보호-상납체제'(a nationwide patronage system and protection racket)라는 부정·부패체제가 형성되었거든요. 또 1980년대에는 트렌틴의 평의회노조 내지 사회운동노조에 대한 대안으로 '코바스'라는 공공부문노조가 출현하여 기존의 부정·부패체제를 유지하려는 전투적 코퍼러티즘을 표방하기도 했고요.

1979년에 노동당 정부가 외환위기를 수습한 다음 새처의 보수당 정부가 출범하자 홉즈봄은 새처주의를 프로토파시즘으로 간주하고 '인민전선'의 부활을 주장했습니다. 동시에 노동당 좌파의 전략은 '사회파시즘론'의 부활로 간주했고요. 새처주의를 프로토파시즘으로 인식한 것은 그에게 케인즈주의를 대체한 신보수주의 내지 신자유주의 개념이 결여되었기 때문이지요. 하기야 그는 케인즈주의 역시 그다지 중시하지는 않았지만요.

영국에서 인민전선이란 노동당이나 공산당 같은 좌파가 처칠의 보수당과 연대한다는 의미였는데, 새처의 보수당에 반대하면서 부활시키려는 인민전선은 누구와 연대한다는 것인지 궁금합니다. 달리 말해서 처칠의 보수당과 달리 새처의 보수당이 프로토파시스트라는 증거가 무엇인지 의문이라는 것이지요.

케임브리지 좌파에 자연과학자도 있었다는 사실을 지적해둘 필요가 있습니다. 돕보다 한 살 연하로 같은 19학번이었고 역시 공산당원이기도 했던 분자생물학 선구자 버널(J. D. Bedrnal)이 대표자 격이었지요. 그가 공산당원만 아니었으면 노벨상을 받았을 가능성이 높았을 것이라는 설도 있고요.

그 밖에 옥스퍼드 출신으로 다윈과 멘델을 종합하는 신다윈주의 선구자 홀데인(J. B. S. Haldane)과 케임브리지 출신 생물학자 니덤(Joseph Needham)이 있었습니다. 버널과 니덤은 과학사가이기도 했지요. 그들은 1930년대 좌파 과학자 그룹인 '유형의 학회'(Visible College)를 구성하여 활동했어요.

당시 이공계 인력은 중하층 출신이 많았는데, 그들은 사회파시즘 시기에 스탈린주의를 수용했습니다. 또 버널은 냉전기에 즈다노프주의를 지지하기도 했고요. 과학자들이 구좌파의 스탈린주의에서 신좌파의 급진주의로 변모하는 과정에 대한 개관은 게리 워스키의 『과학…좌파』(2007; 국역: 이매진, 2014)를 참고하세요.

나아가 이번에 돕의 제자 중에 '케임브리지 첩보단(spy ring)'의 관련자가 있다는 사실을 처음 알았습니다. 마르크스주의 역사상 가장 유명한 첩보단은 『역사학 비판』에서 소개한 '조르게(Richard Sorge) 첩보단'이었는데, 그보다 훨씬 중요했던 케임브리지 첩보단의 핵심 인물이 바로 돕의 제자인 필비(Kim Philby)였어요. 그는 17년 연상의 선배인 조르게를 존경하여 '그의 사업은 완벽했다(impeccable)'고 상찬한 바 있지요.

케임브리지 첩보단에 대한 변호로는 소련이 붕괴한 직후에 나온 유리 모딘의 『나의 케임브리지 동지들』(1994; 국역: 한울, 2013)이 있습니다. 케임브리지대학 29학번인 필비는 돕의 영향을 받아 역시 역사학에서 경제학으로 전공을 바꾸었지요. 또 30학번인 버저스(Guy Burgess)는 역사학을 전공하면서 돕의 제자가 되었는데, 이

두 사람이 케임브리지 첩보단의 지도자 격이었지요.

『레디앙』의 정종권 편집국장이 구해주어 시노다 마사히로 감독의 『스파이 조르게』(2003)를 본 적이 있는데, 케임브리지 첩보단에 대한 영화도 많이 있습니다. 원작이 존 르 카레의 소설 『팅커, 테일러, 솔저, 스파이』(1974; 국역: 열린책들, 2005)인 앨릭 기니스 주연의 1979년 영국방송공사(BBC) 미니시리즈 7부작이 있고, 게리 올드먼 주연의 2011년 영화도 있거든요.

필비와 친분도 있었던 르 카레에 따르면, '제국을 다스리도록 교련을 받은'(trained to Empire) 엘리트가 제국의 쇠망을 앞두고 소련을 선택했던 것입니다. 그러나 케임브리지 첩보단이 모두 주류층(the Establishment, 상층·중상층) 출신은 아니었어요. 그들이 미국을 선택하지 않은 것은 미국에 대한 우월감의 발로라고 할 수 있지요. 독일을 대안으로 선택할 수 없었던 것은 물론 당연한 일이었고요.

모딘의 해석은 르 카레의 해석과 다른데, 케임브리지 첩보단을 이상주의자 집단으로 묘사했기 때문입니다.

> 고위공무원, 외교관, 상류사회인사로서의 미래를 희생하고 소련 편에 서서 세계혁명이라는 대의의 진전 말고는 아무런 개인적인 보상도 없는 그저 불확실하고 위험스러우며 생색도 없는(thankless) 분투를 했다.

그는 특히 필비를 '청년기의 이상을 포기하지 않은' '지조 있는 사람'(man of honour)으로 묘사했지요.

필비는 자서전 *My Silent War* (MacGibbon & Kee, 1968; 재판: Arrow Books, 2018)에서 1936-38년 대숙청과 1956년 스탈린 비판 이후에도 전향하지 않은 이유를 분명하게 밝힌 바 있는데, 홉즈봄과 비슷했습니다.

> 소련과 공산주의 이념의 힘이 없었다면, 오늘 전세계는 아니더라도 구세계[유럽과 아시아]는 히틀러와 히로히토에 의해 통치되고 있을 것이다.

버저스와 필비는 각각 1951년과 1963년에 소련으로 망명했습니다. 버저스와 달리 필비는 소련에서의 생활에 적응했으나, 그러나 행복한 것은 아니었고 행복한 척했을 따름이지요. '무심코라도 슬픔을 드러내기에는 너무 자존심이 강했다'고 할 수 있거든요. 소련 체제에 실망한 그는 이렇게 말했다고도 하지요.

> 어떤 사람처럼 [공산주의] 대의가 나를 배반했다고 한탄할 수 있을 것이다. 아니면 개인의 탈선이 아무리 거대하다고 하더라도 혁명의 원칙은 결국 살아남을 것이라고 굳게 믿으면서 대의를 고수할 수도 있을 것이다.

죽기 직전에 집권한 고르바초프에 대해 '우리가 오랫동안 기다려온 것이 바로 이 사람이다'라고 한 말 역시 홉즈봄과 비슷했고요.

케임브리지 첩보단에 대한 글을 읽고 영화도 보면서 송두율 교수가 생각났습니다. 송 교수는 2017년 대선 두 달 전에 후마니타스에서 자서전 『불타는 얼음』을 출판했는데, 여기서 문재인 정부 출범으로 귀결된 '촛불혁명'에 대한 기대를 표명하기도 했지요. 또 기본소득론에 대한 지지를 표명하기도 했고요. 그래서인지 2020년부터 오늘까지도 『경향신문』에서 칼럼을 쓰고 있어요.

송두율 교수의 집안은 제주도 출신 재일교포라고 합니다. 서울대 철학과를 졸업한 다음 독일로 유학을 간 그는 1972년에 박사학위를 취득한 다음에도 귀국하지 않았는데, 1974년에 '민건'(민주사회건설협의회)을 조직하고 초대회장을 역임하는 등 친북반한투쟁을 주도하기 위한 것이었지요. 한신대에는 그의 후배들이 많이 있었는데, 역시 서울대 철학과 출신의 독일 유학생인 그들은 안병무 교수 직계로 김수행·정운영 교수를 축출하고 경상학부를 탄압하는 데 선봉을 서기도 했어요.

송두율 교수는 1969년 말의 3선 개헌 직후인 1970년 여름에 이미 방북했다고 합니다. 그는 1967년에 제기된 이른바 '유일사상체계'를 중소간 이념분쟁의 대안으로 생각했기 때문이라고 주장했는데, 별로 설득력은 없어요. 그의 4년 선배로 동일한 경력과 사상을 가진 윤노빈 교수는 1982년에 가족과 동반 월북했거든요. 저와 친했던 경복고-경제학과 3년 선배의 매형이기도 해서 윤 교수의 월북 동기에 대해 대충 들은 바가 있는데, 인터넷에도 다양한 증언이 있지요.
  송두율 교수의 행적 중 가장 석연치 않은 대목은 이미 1993년에 독일 시민권을 취득하고 1997년에는 미국 영주권까지 취득한 그가 2003년에 노무현 정부가 출범한 직후에 귀국을 시도했고, 또 전향서 제출을 거부하다가 추방된 일이었습니다. 그것도 황장엽 씨가 '조선노동당 서열 23위'인 '정치국 후보위원' 김철수가 바로 송 교수라고 고발하기도 한 상황에서요. 서열 23위는 사실 대단한 것인데, 주체사상을 창시한 황장엽 씨조차 26위에 불과했거든요.

프랑스의 좌파 지식인들

  영국에서 지식인을 둘러싼 논쟁이 전개된 적이 있습니다. Stefan Collini, *Absent Minds: Intellectuals in Britain*, Oxford University Press, 2006이 기본 문헌인데, 500쪽이 넘는 방대한 분량에다가 내용도 난삽해서 읽기가 부담스럽지요. 다행히 "Intellectuals in Britain and France in the Twentieth Century: Confusions, Contrasts—and Convergence?", in Jeremy Jennings, ed., *Intellectuals in Twentieth-Century France: Mandarins and Samurais*, Palgrave, 1993에서 그 논지를 알 수 있지만요.
  버크 이래 영국인은 '추상적 사고'를 혐오했는데, 역사적 근거가 있었습니다. 프랑스의 철학적 계몽주의는 사법적 계몽주의를 거쳐 자코뱅의 공포정치로 귀결되었던 반면 영국의 경제학적 계몽주의는 자유민주정으로 귀결되었거든요. 그런 경제학은 이론적 역사로서 역사학과 결합되는 것이었는데, 중국식으로 말해서 '사론으로 사학을 대솔(帶率, 영도)한다'(以論帶史)고 할 수 있지요. 반면 역사철학은 '사론으로 사학을 대체한다'(以論代史)고 할 수 있고요.
  파시즘으로 귀결된 독일의 관념론이나 스탈린주의로 귀결된 소련의 변유와 사유도 역시 추상적 사고의 사례였습니다. 프랑스 정도는 아니더라도 독일과 소련에서도 경제학의 발전은 순조롭지 못했고요.

정운영 선생은 경제학이 앵글로-색슨의 학문이고 프랑스에 경제학은 없다고 주장하곤 했는데, 루뱅대학에서 학부과정과 박사과정을 거치면서 10년간 경제학을 공부한 경험에서 도출한 결론이었지요.

프랑스 지식인의 역사에 대해서는 좋은 책이 몇 권 번역되었습니다. 시앙스포(Sciences Po, 파리정치대학) 교수인 장-프랑수아 시리넬리(Jean-François Sirinelli)와 소르본대학 교수인 파스칼 오리(Pascal Ory)의 『지식인의 탄생』(1986; 국역: 당대, 2005)과 역시 시앙스포 교수인 미셸 비녹(Michel Winock)의 『지식인의 세기』(1997; 국역: 경북대학교출판부, 2008)가 기본 문헌이지요.

시리넬리의 『세기의 두 지식인, 사르트르와 아롱』(1995; 국역: 세창출판사, 2023)과 로널드 애런슨(Ronald Aronson)의 『사르트르와 카뮈, 우정과 투쟁』(2004; 국역: 연암서가, 2011)도 있습니다. 물론 Tony Judt, *Past Imperfect: French Intellectuals, 1944-1956*, University of California Press, 1992도 참고할 수 있고요.

프랑스 지식인의 역사에서 '장기적 추세'를 다음과 같이 시기구분할 수 있습니다.

    1898-44   흥성기(rise and advance)
    1944-68   전성기(climax)
    1968-   쇠망기(decline and fall)

드레퓌스 사건(1898)이 프랑스에서 지식인이 출현한 계기라는 것이 통설입니다. 그러나 1차 세계전쟁이 지식인에게 끼친 영향 역시 무시할 수는 없는데, 엄청난 전사자 때문이었지요. 기성지식인인 초·중등교사, 특히 대학교수의 피해가 컸는데, 1000여명 중 260명이 전사했다고 하지요.

그러나 예비지식인인 대학생, 그 중에서도 중등교사를 양성하는 파리고등사범학교(ENS)를 비롯한 그랑제콜에 재학하는 대학생의 피해가 엄청났습니다. 1914년 당시 고등사범 재학생 200여명 중에서 절반이 전사할 정도였다고 하거든요. 1890년대생인 '95세대', 특히 그 전반부인 1890-95년생을 '대량학살 당한 세대'라고 부르는 것 역시 이 때문이고요.

전후 95세대의 일부가 평화주의를 매개로 공산주의로 전향하면서 1920년대에는 이른바 '교사공화국'(la républque des professeurs)이 출현했습니다. '좌파연합'의 승리와 동시에 이데올로기 투쟁이 격화되면서 우파인 소르본 출신의 변호사와 시앙스포 출신의 정치인·관료 대신 좌파인 고등사범, 특히 철학과 출신이 약진했지요.

그런 상황에서 쥘리앵 뱅다(Julien Benda)가 『지식인의 배반』(*La Trahison des clercs*, 1927; 국역: 이제이북스, 2013)을 출판했습니다. 그는 하느님 대신 인류에게 봉사하는 '성직자'로서 지식인이 드레퓌스 사건이 종결된 이후 인류보편적 가치 대신 계급이나 민족의 특수한 가치를 옹호하며 '인류애' 대신 '정치적 증오의 지적 조직화'에 봉사함으로써 '외국인과의 전쟁'(guerre étrangère)이 아닌 '시민간 전쟁'(guerre civile)이라는 정치문화를 확산시켰다고 고발했지요.

그런데 비눅은 그런 '내전의 문화'를 도입한 것은 오히려 '프랑스의 투쟁'(Action française)으로 결집한 왕당파 내지 가톨릭계인 우파 지식인이었다고 주장합니다. 20세기 내내 그 영향이 지속되었는데, 전간기에는 파시즘과 비시 정부를 지지하기도 했고, 전후에는 르펜 부녀의 국민전선/연합으로 계승되기도 했기 때문이지요.

동시에 1920년대는 소르본 교수직과 아카데미 프랑세즈 회원직을 거부하고서 고등사범 준비반(classe préparatoire)인 앙리4세의 철학·문학교사로 남은 생시몽-콩트의 후예 알랭(Alain, 에밀 샤르티에)에 의해 평화주의가 보급되기도 했습니다. '프랑스의 교사'(praeceptor galliae)라고 불렸던 그의 강의는 고등사범이나 소르본의 재학생도 청강할 정도였다고 하지요.

그러나 1930년대 중반에 반파시즘 인민전선이 출범하면서 알랭의 평화주의는 기각되었습니다. '아무런 유보도 없는' '완전한'(intégral) 평화를 요구했던 그의 평화주의가 파시즘에 대한 양보-굴종-항복, 나아가 반소주의로 악용될 수도 있었기 때문인데, 레닌의 '혁명적 패배주의'(défaitisme révolutionnaire)를 모방한 '파시즘적 패배주의'(défaitisme fasciste)가 출현하기도 했거든요. 하기야 페탱 원수의 비시 정부도 '민족혁명'(Révolution nationale)을 표방했으니 혁명적이라고 할 수도 있겠지만요.

반파시즘 인민전선이 '교사공화국'을 한층 더 구현할 수 있었다는 사실에도 주목할 필요가 있습니다. 초·중등교사 22명과 대학교수 43명이 의회에 진출할 수 있었기 때문이지요. 물론 변호사 출신 의원 119명에는 여전히 미달했는데, 프랑스혁명 이후 150년 동안 지속된 전통을 하루아침에 바꿀 수는 없었지요.

그러나 1940-44년 나치에게 점령당한 4년여 동안 지식인의 대독 협력은 심각했습니다. 그래서 해방 이후 레지스탕스, 특히 공산당이 주도한 지식인 숙청이 불가피했던 것이고요. 그러나 레지스탕스는 신화일 따름인데, 1943년에 전세가 역전된 다음에야 본격화되었고, 그 전에는 공산당조차 지하출판을 통한 이론투쟁이 위주였지 무장투쟁과 첩보활동 같은 실천투쟁은 미미했거든요.

물론 실천투쟁이 없었던 것은 아닙니다. '위대한 카바이예스'(드골)라고 불리는 장 카바이예스(Jean Cavaillès)가 있었는데, 고등사범 23학번 수석입학자(cacique)로 수리논리학자이자 소르본 대리교수(suppléance)였던 그는 선전활동뿐만 아니라 첩보활동과 파괴활동(sabotage)에도 종사하다가 총살되었지요.

전후 지식인 숙청을 주도하기 위해 공산당은 자신이 무려 7만5천 명이나 되는 '총살당한 사람들의 당'(Le Parti des Fusillés)이라고 선전한 바 있습니다. 그러나 이는 터무니없는 새빨간 거짓말이에요. 정치적 성향을 불문하고 레지스탕스 처형자는 1만명이었다는 것이 통설이거든요.

1947년에 냉전이 개시되자 공산당은 점차 '포위된 요새'(forteresse/ citadelle assiégée)로 변모했습니다. 공산당의 '동반자'(compagnon de route) 내지 '동조자'(sympathisant)로서 사르트르가 부상한 것은 바로 이때였는데, 그는 자신이 '회심'했다는 증거로서 '반공주의자는

'대선 불복 2년동란'   177

개새끼다'(Un anticommuniste est un chien)라는 아주 유명한 선언을 하기도 했지요.

반면 공산당에 입당한 지식인은 당에 물질적·정신적으로 종속된 '룸펜지식인'(lumpenintelligentsia), '천민지식인'(pariah intellectual)이었다고 합니다. 물론 그렇지 않은 경우도 있었지요. 예를 들어 1940년대 말에 고등사범 재학생의 15% 정도가 입당했는데, 대부분 이과생이었다고 하지요. 그렇더라도 어쨌든 지식계에서 볼 때 공산당 지식인은 '보잘것없는 멍청이'(poor retard, 데리다)였을 따름이에요.

전후의 신세대 참여지식인으로 1900년대생 '05세대'의 대표자 격인 사르트르가 경쟁자인 카뮈나 아롱을 제칠 수 있었던 것은 친소적 입장 덕분이었습니다. 1950년 한국전쟁 발발 직전 그는 메를로-퐁티와 함께 소련을 변호했지요.

> 현재 소련사회의 성격이 무엇이든지 간에, 소련은(…)우리가 아는 다양한 형태의 착취에 맞서 투쟁하는 세력 편에 서 있다. 러시아공산주의의 변질이(…)마르크스주의적 비판의 실효를 초래하는 것은 아니다.

강제수용소를 고발했던 '크라브첸코에 대한 재판'을 둘러싼 논쟁에 개입한 것인데, 그러나 메를로-퐁티는 결국 한국전쟁 중에 마르크스주의를 포기하고 사르트르와도 결별했어요.

반면 카뮈는 냉전 초기인 1948년에 이미 메를로-퐁티와 그를 지지한 사르트르를 비판했습니다.

> 모든 거짓 이념의 결과는 피인데, 그러나 피를 흘리는 이는 항상 타인이다. 그렇기 때문에 우리 철학자들 중에는 제멋대로 아무 말이나 지껄이는 자가 있는 것이다.

『타인의 피』는 보부아르가 쓴 1945년 소설의 제목이기도 했고요.

나아가 아롱은 『지식인의 아편』(1955)에서 사르트르 같은 좌파 지식인의 마르크스주의적 성향을 비판했습니다.

> 숭고한 목적이 추악한 수단을 용서한다. 현재의 상태에 반대하는 도덕주의자로서 혁명가는 그 행동에서는 파렴치한(cynique)이다.

그럼에도 불구하고 사르트르의 대중적 인기는 아롱을 압도했지요.

> 사르트르와 함께 틀리는 것이 아롱과 함께 옳은 것보다 낫다.
>
> Il valait mieux avoir tort avec Sartre que raison avec Aron.

사르트르의 파트너인 보부아르가 『레 망다랭』(*Les Mandarins*, 1954; 국역: 현암사, 2020)이라는 자전소설에서 해방정국의 지식인 군상을 묘사했는데, 망다랭은 사대부라는 의미이지요. 사르트르로 해석되는 로베르는 잘 알지도 못하면서 강제수용소가 소련의 '체제'(régime)가 아니라 '정책'(politique)과 관련된다고 강변했지요. 그러나 노동소비적 자본축적/기술진보라는 소련사회의 성격으로 인해 강제수용소가 불가피했다는 사실이 1970년대에 와서 베틀렘과 그의 제자 샤방스(Bernard Chavance)에 의해 비로소 해명될 수 있었어요.

그런데 재미있는 것은 사르트르로 해석되는 로베르에 대해 '그는 차악을 선으로 간주하면서' 나중에 '사기꾼'(mystificateur)이나 '인간쓰레기'(déchet)로 취급될 수 있는 위험을 감수한다고 평가한 대목이었습니다. 그만큼 사르트르의 행동이 석연치 않았다는 뜻이겠지요. 이런 평가도 있었습니다.

> 어떤 계획에 집착/몰두할 때 그는 사람을 단순한 도구로 간주한다.

카뮈로 해석되는 앙리의 입을 통해서는 이렇게 말하기도 했고요.

> 누군가를 이용하기로 결정한 이상, 그에게 우정이란 중요하지 않은 것이다.

또는

> 그는 인간에 대한 공감을 유용성에 따라 조절한다.

아녜스 푸아리에(Agnès Poirier)의 『파리 좌안 1940-50』(2018; 국역: 마티, 2019)을 『레 망다랭』의 해설용 자료로 활용할 수도 있을 것입니다. 북서쪽으로 흐르는 센강의 좌안(Rive gauche)이란 파리의 강남으로 프랑스 지식계를 상징하는 장소인데, 여기에는 소르본과 라탱구(Quartier latin)가 있고 또 고등사범과 윌름가(Rue d'Ulm)도 있거든요.

그런데 푸아리에는 프랑스가 나치에 대항할 의지가 별로 없었다는 사실에 주목하고 있습니다. 2차 세계전쟁 초기는 '기묘한 전쟁'(drôle de guerre)이라고 불렀는데, 프랑스군이 1939년 9월 선전포고 이후 독일군이 공격을 개시한 1940년 5월까지 8개월 동안 관망주의(attentisme)로 일관했기 때문이지요. 프랑스군이 3주 만에 패주하자 2주 후에는 프랑스 정부가 항복을 결정했고요. 그런데 뉘른베르크 재판에서 선전포고와 동시에 프랑스군이 공격을 개시했다면 독일군은 1-2주 이상 버티지 못했을 것이라는 증언이 있었어요.

또 독일군의 공격이 시작되자 프랑스 정부는 파리의 파괴를 막기 위해 '무방비 도시'(ville ouverte)를 선언했습니다. 하기야 선전포고 직전에 루브르 박물관 소장품 4000점을 지방의 11개 성(城)에 은닉했다고 하니까요. 푸아리에는 이로써 '예술과 인류에 대한 의무'를 완수했다고 변호하는데, 나치와 싸우기보다 박물관 미술품과 역사적 건물을 지키는 것이 더 중요했다는 것인지 궁금해지는 대목이에요. 프랑스가 항복한 직후 4개월 동안 버킹엄궁을 포함한 런던이 독일 공군의 공습을 받은 '브리튼 전투'가 벌어졌는데, 프랑스와 달리 왜 영국은 나치와 싸웠는지 역시 궁금해지는 대목이고요.

그런데 푸아리에의 이런 입장은 프랑스에서 대독 협력자를 숙청한다는 것이 애당초 불가능했다는 사실을 방증하는 것이기도 합니다. 대독 협력자의 숙청을 상징했던 것은 정치인·관료나 기업인보다는 지식인의 처형이었는데, 비유하자면 자코뱅 공포정치기의 '공화국은 학자가 필요없다!'(La République n'a pas besoin de savants!)는 광기의 재연이었지요.

물론 더욱 눈에 띈 것은 위안부의 처형이었는데, 보부아르는 폭민(mob)으로 변질된 인민(peuple)의 '중세적 사디즘'이라고 비판한 바 있습니다. 또 점령기에 독일군의 지원으로 제작된 불후의 명작으로 『바람과 함께 사라지다』(1939)에 비견되는『천국의 아이들』(1945)의 여주인공 아를레티(Arletty, 레오니 바티아)는 독일군 장교와 동거했다는 이유로 반역죄로 고발되자 이렇게 항변했고요.

내 가슴/심정은 민족적이고 내 엉덩이/성기는 국제적이다!

Mon coeur est français, mon cul, lui, est international!

『레 망다랭』에도 이와 비슷한 에피소드가 나옵니다. 그런데 동성애 위안부는 면책해주었다니, 정말 프랑스인은 알다가도 모르겠어요. 하기야 프랑스인은 고질적인 반페미니스트였던 데다가, 동성애자의 천국인 베를린과 달리 파리는 이성애자의 천국이었으니까 '약소자'라는 변호가 통했을 수도 있었겠지만요.

1956년 흐루쇼프의 스탈린 비판을 계기로 공산당과 결별하려는 지식인의 '사임'(départ)이 광범위하게 나타나자 사르트르도 공산당과 결별했습니다. 또 1956년 가을부터 알제 전투를 계기로 알제리 전쟁이 격화되자 자본주의 비판 대신 식민주의 비판을 내세웠는데, 1954년에 패퇴한 베트남 전쟁에 무관심했던 것과 대조적이었어요. 베트남과 달리 알제리는 정주식민지인 데다가 산유국이라는 차이를 잊어서는 안 되겠지요. 물론 1965년 이후에는 베트남 전쟁 역시 비판했는데, 존슨 정부가 융단폭격에 이어 해병대까지 파병했거든요.

어쨌든 이런 상황에서 알튀세르가 출현했던 것입니다. 『마르크스를 위하여』(1965)의 서문인「오늘」에서 그는 '지식인에 대한 노동자주의적 불신의 반사작용(réflexe)' 때문에 마르크스주의 지식인이 부재하는 대신 '프롤레타리아로 태어나지 않았다는(…)가상의 부채'를 자인하는 사르트르 같은 지식인만 존재한다는 사실이 '프랑스의 불행'(misère française)이라고 주장했지요.

1948-62년에 고등사범의 터줏대감으로 교수자격시험준비반 교사(agrégé-répétiteur/préparateur)를 담당했던 알튀세르의 경력 때문에

고등사범 이과생 대신 문과생이 대거 공산당에 입당하게 되었습니다. '15세대'인 알튀세르(1918년생, 39학번)를 따른 제자들은 '35세대'인 마슈레(1938년생, 58학번)와 페쇠(1938년생, 59학번), '45세대'인 뒤루(1941년생, 60학번)와 발리바르(1942년생, 60학번)와 르쿠르(1944년생, 65학번) 등 10년 가까이에 걸쳐 배출되었지요.

그러나 알튀세르가 상징한 마르크스주의 지식인은 '스승은 이제 그만'(Plus de Maître)이라는 구호를 내건 1968년 5월 학생운동을 계기로 추락하고 말았습니다. 마르크스주의와 포스트구조주의 내지 아나키즘 사이의 모순 내지 분열/동요는 후자의 우세로 진화했고, 결국 좌파 지식인의 대표자로서 알튀세르를 푸코가 대신하게 되었던 것이지요. 사르트르도 학생운동의 지도자 콘-벤디트(Daniel Cohn-Bendit)와 연대하고 프랑스 마오주의자나 독일 적군파를 지지하는 등 백방으로 부활을 시도했는데, 그러나 푸코를 상대하기에는 이미 역부족이었고요.

알튀세르가 사르트르나 푸코와는 달리 프랑스 철학계의 '원시적 이례성'(l'anomalie sauvage, 안토니오 네그리)이었다는 사실을 지적하고 싶습니다. 사실 알튀세르는 순수한 프랑스인도 아니었어요. 그의 조부는 알자스 출신이었는데, 로렌과 함께 중앙프랑크왕국이었던 알자스는 독일에 편입되었다가 프랑스혁명 이후 프랑스화되었지요. 알튀세르의 조부는 보불전쟁에서 패배한 프랑스를 선택하는 바람에 알제리로 이주하게 되었던 것이고요.

이 대목에서 알튀세르가 지적한 프랑스의 불행이 그 국민성과도 무관하지 않음을 알 수 있습니다. 마르크스는 『자본』 1권의 불어판 번역에 즈음하여 라틴계 특유의 '성급하게 결론지으려는' 성향, 즉 '보편적 원리와 일시적 현안의 관련에 대해서 알고 싶어 안달하는' 성향을 경계했는데, 알튀세르는 이 구절을 『'자본'을 읽자』(1965)의 제사(題詞)로 인용한 바 있지요.

그 후 1970년대 말에 이르러 프랑스에서 '지식인의 위기'가 점차 분명해졌습니다. 그런 상황에서 리요타르가 '지식인의 무덤/죽음'을 선언했던 것인데, 프롤레타리아를 비롯한 '보편적 피해자-주체'(le sujet-victime universel)를 약소자(minorité)가 대신하면서 지식인도 '대중지성'이 대신했다는 것이지요. 범죄자·정신병자나 동성애자 등을 지지한 푸코는 아예 'bêtise'를 요구하기도 했는데, 멍청함이라고 번역되는 이 단어는 사실 '짐승이나 벌레'(bête)처럼 이성이 없다는 의미이지요.

그 결과 'engagement'(참여)이 'égarement'(迷妄, 길을 잃고 헤맴)으로 변질된 것인데, 호메이니의 이슬람혁명(1979)을 지지한 말년의 푸코가 역시 그 상징이었습니다. 포스트구조주의는 프랑스에서는 쇠퇴한 대신 미국으로 수출되어 테뉴어를 받아 정교수가 된 '68세대'에 의해 번성할 수 있었지요. 그러나 알튀세르처럼 포스트구조주의자 역시 일본에서는 인기가 없었는데, 요시모토 다카아키에서 비롯된 토착 포스트구조주의자가 이미 존재했기 때문이에요.

쥘리아 크리스테바(Julia Kristeva)의 『사무라이』(1990; 국역: 솔, 1991)는 보부아르의 『레 망다랭』을 모방한 자전소설이었습니다. 망다랭 대신 사무라이라고 한 것은 별로 의미가 없는데, 중국 대신 일본의 지식인을 염두에 두지도 않은 것 같거든요. 필립 솔레르스(Philippe Sollers)의 파트너인 그녀는 포스트구조주의자 군상을 묘사하지만, 재미는 없어요. 포스트구조주의자라는 대상이 대단치 않은데다가 소설가로서 그녀의 재주도 대단치 않았거든요.

1981년에 미테랑의 사회당이 집권하면서 좌파 지식인이 정관계에 진출함으로써 대거 '주류화'되었습니다. 또 1989년에 현실사회주의가 붕괴하기 시작하자 우파 지식인, 즉 토크빌의 후예인 자유주의자가 복권되었는데, 그가 바로 사르트르의 불운한 경쟁자였던 아롱이었지요. 1983년에 아롱이 사망하자 그 이듬해 아롱연구소를 설립한 퓌레는 1989년의 프랑스혁명 200주년과 현실사회주의의 붕괴를 계기로 자코뱅과 볼셰비키의 연속성을 주장한 공산당을 비판하면서 프랑스혁명과 러시아혁명에 대한 반성에 착수했고요.

사르트르와 아롱은 기질적으로도 전혀 상이한 인물이었습니다.

사르트르가 라보엠 기질의 낭만주의자였던 반면에 아롱은 전형적인 부르주아 지식인이었지요. 아롱은 1930-33년 독일연수 중에 파시즘의 위험성을 목격하고 알랭의 평화주의를 기각했어요. 또 '정신에 공포를 야기하는 현실, 바로 그것에 대한 엄격한 사고'의 필요성을 인식하고 콩트-뒤르켐 사회학이 아닌 베버 사회학의 관점에 따라 정치와 역사에 대한 연구를 시작했고요.

냉전기에 아롱은 아직 '자유주의적 조치(procédé)로 전체주의적 침투(infiltration)와 투쟁할 수 있는 방법'이 존재하지 않는다는 사실을 인정하면서도 매카시즘의 '반공주의 광란(frénésie)'을 비판한 바 있습니다. 달리 말해서 방첩 투쟁을 일방적으로 강조하는 매카시즘을 비판하면서 이념 투쟁의 중요성을 환기한 셈이지요.

반면 1933-34년의 독일연수를 '휴가'로 간주한 사르트르는 파시즘의 위험성에 무관심했습니다. 또 알랭의 평화주의를 견지하여 '그 무엇이더라도, 심지어 가장 잔혹한 불의더라도 전쟁보다는 나았다'고 주장했지요. 하기야 사르트르의 평화주의는 정치적 이념이 아닌 이기적 동기에 기인했다고 할 수도 있겠지만요.

전쟁이 발발하자 아롱은 드골이 망명한 런던으로 이주하여 이론 투쟁에 전념했습니다. 반면 사르트르는 정치적 무관심에서 벗어나 작가로서 활동을 개시했지요. 『존재와 무』(*Etre et Néant*; 볼테르에 의한 'To be, or not to be'의 불역인 'de l'être au néant'에서 차용한 제목)를 출판하고 『파리떼』를 공연한 1943년은 그가 작가로서 성공을 거둔 '기적의 해'(annus mirabilis)라고 할 수 있고요.

사르트르가 전후에 참여지식인으로 부상할 수 있었던 것은 물론 점령기에 작가로서 성공한 덕분이었습니다. 그런데 그것이 직접적인 대독 협력은 아니더라도 부역자의 비호 없이 가능했을까 하는 의문이 들어요. 물론 사르트르보다는 오히려 보부아르의 협력 내지 순응이 훨씬 더 두드러졌지만요. 사르트르 부부와 이광수 부부가 그렇게 다른 것인지 아니면 프랑스인보다도 오히려 한국인의 민족성이 더 분노와 복수를 좋아하는 것인지 잘 모르겠어요.

1997년에 사망한 퓌레의 유작인 *Lies, Passions and Illusions: The Democratic Imagination in the Twentieth Century* (2012), University of Chicago Press, 2014는 종교적 신념을 대체한 정치적 신념, 특히 인민주의로 타락한 민주주의라는 신념의 출현을 거짓말/사기와 환상의 결합으로 설명하고 있습니다. 환상은 물론 정념으로 인한 잘못된 가상이고요. 토크빌과 아롱의 후예다운 유언이라고 할 수 있겠지요.

사르트르의 시대가 알튀세르와 푸코의 시대를 거쳐 아롱의 시대로 이행하면서 1세기에 걸친 프랑스 지식인의 역사도 막을 내리게 되었습니다. 2017년에 『리베라시옹』은 이렇게 선언했지요.

슬프다! 레몽 아롱이 옳았다.

Raymon Aron avait raison, hélas!

사르트르의 주도로 1973년에 창간된 좌파 일간지 『리베라시옹』의 자기비판이었던 셈인데, 『한겨레신문』도 한때는 『리베라시옹』을 롤모델로 삼은 적이 있었지요.

러시아의 지식인들

한국사회성격 논쟁 당시 진중권 교수와 대립하던 김정환 시인과 그의 후배들을 도와줄 수 없었던 것은 미처 문예이론까지 공부하지 못한 탓이었습니다. 예를 들어 러시아지식인사에 대해 공부하더라도 레닌을 중심으로 해서 그의 동료나 논적을 공부했지 문예가까지는 공부하지 못했거든요. 물론 마슈레의 문학비평에서 레닌의 톨스토이론이 한 역할을 알고는 있었지만요. 또 소설도 사놓기만 했지 읽을 여유까지는 없었고요.

그래서 『문학 비판』을 쓰고나서 한국사회성격 논쟁을 회고하는 기회에 소설도 없는 것은 중고책을 사가면서 읽어본 것입니다. 먼저 한국문학에서 시작하여 중국문학을 거쳐 일본문학까지 훑어보았지요. 그리고 이번에 러시아 문학에도 도전해본 것이고요. 동아시아문학, 아니 세계문학의 선두주자 격인 일본문학의 역사에서 무엇보다도 러시아문학이 중요했다는 사실을 알게 되었거든요.

러시아문학을 공부하기 위해 먼저 러시아사상사를 공부했는데, 이사야 벌린의 『러시아사상사』(1978; 국역: 생각의 나무, 2008)와 함께 안드레이 발리츠키의 『계몽사조에서 마르크스주의까지』(1973; 국역: 슬라브연구사, 1988)가 유용했습니다. 이 책들을 통해 러시아에서 문학, 특히 투르게네프 문학의 중요성을 깨닫게 되었거든요. 물론 프랑스사상사에서도 앙드레 지드나 로맹 롤랑을 비롯해서 문학이 중요했는데, 그러나 곧 설명할 것처럼 전혀 차원이 달랐어요.

벌린은 『러시아사상사』의 핵심이라고 할 수 있는 「괄목할 만한 십년」(1955-56)에서 러시아사상사에서 문학이 중요하게 된 사정을 설명하고 있습니다. 나폴레옹을 패퇴시킨 러시아는 열강의 반열로 상승하는 동시에 프랑스보다 독일을 모방하여 계몽주의의 대안으로 낭만주의를 수용했는데, 이것이 게르만주의를 모방한 슬라브주의의 기원이었지요.

그리하여 1825년부터 시작된 니콜라이 1세 치세의 러시아에서는 독일처럼 사회정치적 이념 대신 문예와 철학이 우위를 차지했고, 또 독일처럼 절대군주정이 강화되었던 것입니다. 그러나 짜르가 즉위한 날에 일어난 데카브리스트의 봉기가 실패한 이후 인텔리겐치아가 출현했고, 1848년 유럽혁명이 실패한 다음에는 그 중에서 슬라브주의자가 분기했지요.

1840년대 폴란드에서 출현한 인텔리겐치아라는 단어는 1860년대에 러시아로 수입되었는데, 공익을 우선한 비순응주의적인 '도덕적 개인주의자'로서 지식인을 의미하는 것이었습니다. 인텔리겐치아라는 단어가 필요한 것은 지식인의 대다수가 사익을 우선한 순응주의적인 '속물적 이기주의자'였기 때문이지요.

이 시대를 상징하는 인물이 바로 문학비평가 벨린스키와 게르첸이었습니다. 벨린스키는 초기에 서구주의를 견지하며 계몽군주를 지지했어요. 러시아에는 자유와 권리를 보장하는 헌정보다 부르주아 시민사회를 형성하는 교육이 필요했기 때문이지요. 굳이 비유하자면 '[러시아라는] 어린아이에게 완전한 자유를 주는 것은 그를 망치는 길'이므로 계몽군주라는 '유모'가 필요하다는 것이었어요.

그러나 프랑스가 아니라 독일이 '현대인의 예루살렘'이라고 주장하던 벨린스키는 1848년 혁명 초기에 병사하기 직전 프랑스혁명을 수용했습니다.

> 나는 마라식으로 인류를 사랑하기 시작한다. 즉 인류의 가장 작은 부분을 행복하게 만들기 위해서 기꺼이 그 나머지 부분을 불과 칼로 절멸시킬 수 있다는 것이다.

그러면서 계몽군주 니콜라이 1세를 비판했고요.

> 러시아는 심지어 경찰국가에도 미달한다. 단지 공직을 가진(official, 공인된) 도적과 강도가 우글거리는 거대한 조직(corporation)일 따름이다.

공직을 가진 도적과 강도를 중국에서는 관비(官匪, 관료비적)라고 불렀지요.

벨린스키는 혁명운동이 귀족적/지주적 단계를 지나 지방 '잡계급'(raznochintsy, 라즈노친치, 중하급관리·성직자·몰락귀족·상인 등의 중류층) 출신의 '과격파 지식인'(enragé, 격양파)이 혁명의 주역으로 출현할 것을 예상했습니다. 그런 지식인이 곧 설명할 투르게네프의 『아버지와 아들』의 주인공인 니힐리스트 바자로프였고요.

반면 게르첸은 1848년 혁명이 실패한 다음 1840년대인, 즉 '회개한 귀족/지주'이자 '잉여인간'(superflous man, 불필요한 인간)으로서 인텔리겐치아를 비판했습니다. 인간의 생활에 대한 이데올로기의 지배, 달리 말해서 이념정을 비판하기 위한 것인데, 이데올로기적 관점에서의 인간에 대한 설명과 이데올로기를 위한 인간의 봉사는 결국 인간의 희생, 즉 '정치적 생체해부'(political vivisection, 벌린)

'대선 불복 2년동란' 187

로 귀결되기 때문이라는 것이었지요.

좀 더 구체적으로 말하자면, 게르첸은 가톨릭 보편교회의 노예제에 대한 대안으로 그 세속화일 따름인 보편적 사회주의의 노예제를 추구하는 것이 이념정의 사례라고 주장했습니다. 양자 모두 미래의 쾌락을 위해 현재의 고통을 요구하는 '정치적 종말론'인 반면 인간의 생활은 그 과정에 의미가 있다는 것이 그의 주장이었지요.

> 인생의 목적(the goal)은 인생 그 자체다.

> 만일 우리가 과정 그 자체가 아니라 그 종말(the end)에만 주목한다면 인생의 목적(the purpose)은 죽음이다.

『인생』에서 위화가 게르첸의 사상을 따른 것인지는 잘 모르겠어요.

결국 '군주정의 노쇠한 야만과 공산주의의 방종한 야만'을 모두 거부하자는 것이 게르첸의 입장이었습니다. 물론 그가 부르주아지라는 '오합지졸'(conglomerated mediocrity, 밀)의 지배에 찬성하는 것도 아니었는데, '피가로'(Figaro, 하인)의 지배였을 따름이거든요. 물론 자유주의적이라는 점에서는 조금 낫다고 할 수 있겠지만요.

게르첸은 니힐리스트의 '조폭 같은 짓'(organized hooliganism, 벌린)도 비판했습니다. 그러나 니힐리스트의 출현은 불가피했는데, 그들의 그런 행동은 인텔리겐치아라는 1840년대인의 '객설의 죄과'(the fault of idle talk), 즉 '혁명적 정념의 매독'(the syphilis of revolutionary passions)에 대한 반사작용이었다는 것이지요.

그 후 크림전쟁(1853-56)을 계기로 출현하여 1881년 알렉산드르 2세의 암살로 절정에 도달한 것이 프랑스 사회주의를 따라 경제적 평등과 사회적 정의를 표방한 인민주의였습니다. 그들 내부에는 다양한 분파가 있었는데, 아나키스트·테러리스트 같은 니힐리스트의 후예 이외에도 마르크스주의자에게 영향을 끼친 체르니셰프스키가 있었지요.

게르첸이 서구주의의 대안으로 슬라브주의를 수용했다고 한다면, 체르니셰프스키는 서구주의와 슬라브주의의 결합을 시도했다고 할 수 있습니다. 투르게네프의 리얼리즘 소설 『아버지와 아들』(1862)에 대한 반론인 체르니셰프스키의 교육소설 『무엇을 할 것인가?』(1863)는 레닌에게도 영향을 끼쳐 팜플렛(1902)에서 제목을 차용하기도 했지요.

그러나 알렉산드르 2세 암살 이후 러시아에서 사회성격 논쟁이 전개되었습니다. 1880-90년대 러시아에서 산업혁명이 전개되는 와중에 과연 농업사회주의 내지 '비자본주의적 발전'(non-capitalist way of development)이 현실적인가라는 의문이 제기되었고, 플레하노프와 레닌이 인민주의자를 논파한 것이지요. 그 후 마르크스주의자는 합법마르크스주의자와 사민주의자로 분화되었고, 인민주의자 역시 사회혁명당(SR)으로 부활했지만요.

러시아사회성격 논쟁을 중심으로 러시아지식인사를 연구한 것이 발리츠키의 *The Controversy over Capitalism* (Oxford University Press, 1969)이었습니다. 후속 연구인 『계몽사조에서 마르크스주의까지』에서는 지식인사에 대한 연구를 예카테리나 여제 시대의 계몽주의까지 소급했는데, 계몽주의-서구주의-마르크스주의와 낭만주의-슬라브주의-인민주의의 계보를 추적한 셈이었지요.

알다시피 플레하노프는 인민주의의 도덕주의/주관주의/관념론을 비판하면서 마르크스주의로 전향했습니다. 그는 마르크스는 물론 스피노자와 헤겔도 원용했는데, 유물론적 관점에서 볼 때 헤겔보다 스피노자가 우월하다고 주장했지요. 또 게르첸보다는 벨린스키를 선호했는데, 게르첸과 벨린스키를 각각 인민주의자와 마르크스주의자의 기원으로 간주한 셈이었어요.

스트루베 같은 합법마르크스주의자는 비자본주의적 발전이 18세기 독일에서 나온 뮌히하우젠 남작 이야기 같은 허언일 따름이라고 주장했습니다. 알튀세르의 이데올로기론을 발전시키면서 페쇠도 주목한 바 있는 뮌히하우젠 남작의 허풍 중에 늪에 빠지자 자기 머리채를 잡아올려 빠져나왔다는 것도 있는데, 위키피디아에 따르면, 이것이 '뮌히하우젠의 삼자택일 아포리아'(Münchhausen trilemma)이지요.

반면 혁명적 마르크스주의자는 단지 비자본주의적 발전을 비판할 뿐만 아니라 노농동맹을 주장했다는 것이 그 특징이었습니다. 레닌의 대표작인 『러시아에서 자본주의의 발전』(1899)은 산업혁명과정을 분석한 것이고, 『민주주의혁명에서 사민주의자의 두 개의 전술』(1905)은 노농동맹의 관점에서 프롤레타리아 독재를 프롤레타리아와 농민의 '혁명민주주의'(RD) 독재로 구체화한 것이었지요.

『계몽사조에서 마르크스주의까지』는 500쪽이 넘는 방대한 분량인데, 다행히 그 논지는 "Russian Social Thought: An Introduction to the Intellectual History of Nineteenth-Century Russia" (*Russian Review*, Jan. 1977)에서 알 수 있습니다. 또 2005년에 출판된 재판 *The Flow of Ideas* (Peter Lang, 2015)는 이전으로 표트르대제까지 소급하고 이후로 1905년 혁명이 실패한 이후 '마르크스주의의 위기'와 슬라브주의의 부활까지 연장되었고요.

슬라브주의는 새로운 형태로 부활했는데, 그것이 바로 베르댜예프와 불가코프가 주도하고 스트루베도 합류한 신칸트주의 철학 내지 신학이었습니다. 그러면서 언필칭 실증주의 내지 마르크스주의에 대한 대안을 참칭했던 것이고요. 이것이 알튀세르가 주목한 과학의 위기를 착취하는 철학의 대표적 사례였는데, 이에 대한 레닌의 반박이 바로 『유물론과 경험비판론』(1909)이었지요.

그러나 마르크스주의의 위기는 10여년 동안 지속되었는데, 「1905년 혁명에 관한 강의」의 말미에서 레닌은 자신 같은 구세대 생전에 혁명이 발발하지 않을지도 모른다고 고백했을 정도입니다. 1917년 2월 혁명이 발발하기 직전인 1월 말에 취리히에서 청년노동자들에게 한 강의였는데, 러시아혁명사를 읽을 때마다 이 대목에서는 늘 가슴이 먹먹해지지요.

물론 마르크스주의의 위기에 당면했다고 레닌이 맥을 놓고 주저앉아 있었을 리는 없습니다. 그는 『제국주의』(1917)를 집필하기 위해 헤겔의 『대논리학』을 연구하고 『철학노트』(1914-16)를 집필했는데, 그런 이론적 준비 덕분에 귀국하자마자 혁명민주주의를 '인민민주주의'(PD)로 발전시킨 「4월 테제」를 발표할 수 있었지요. 물론 그 이론적 설명은 8월에 집필한 『국가와 혁명』에서 보완되었지만요.

레닌이 1922년 12월 소련 건국을 앞두고 베르댜예프와 불가코프 등을 '철학자의 배'에 태워 추방한 사실을 좀 더 설명해두겠습니다. 1918년 8월 사회혁명당원 카플란(Fanny Kaplan)에게 저격당한 레닌은 후유증으로 1921년 하반기에 발병했지요. 1922년 4월 총탄제거수술과 5월 최초의 뇌졸중 사이에 레닌은 신경제정책기에 또다시 준동하기 시작한 그들을 추방하기로 결심한 것이에요. 세 번의 뇌졸중을 극복하지 못한 레닌은 1924년 1월에 사망했는데, 레닌이 추방하지 않았다면 분명 스탈린이 처형했겠지요.

러시아사상사를 경제학사의 맥락에서 정리한 것이 안드레이 아니킨의 『러시아사상가들』(1988; 국역: 나남출판, 1994)이었습니다. 경제학설사를 전공한 소련 마르크스주의자인 그는 벨린스키와 게르첸을 비판하면서 문학과 철학이 경제학을 보완한 것이 아니라 대체했다고 주장했지요.

나아가 아니킨은 인민주의자 중에서 체르니셰프스키의 독자성을 발견했는데, 푸리에에게서 출발한 그가 경제학 연구에 도달하여 특히 밀의 『경제학 원리』(1848)를 번역하고 해설했다는 사실을 지적했습니다. 또 그가 슬라브주의란 러시아의 '쓰레기'(muck)조차 죽어가는 유럽을 되살리는 데 '신비한 특효가 있다'는 주장이라고 풍자했다는 사실도 지적했고요.

인민주의의 역사는 V. Khoros, *Populism: Its Past, Present and Future* (1980), Progress, 1984를 참고할 수 있습니다. 소련에서는 인민주의를 인민민주주의에 미달하는 혁명민주주의와 동일시하여 물심양면으로 지원했는데, 특히 아프리카를 비롯한 제3세계에서는 우파 인민주의에 비해 좌파 인민주의가 대세라고 평가했기 때문인 것 같아요.

이제 투르게네프에 대해서 설명할 수 있습니다. 그는 마르크스와 생년(1818)과 몰년(1883)이 동일한데, 다만 6개월이 늦었지요. 그는 러시아 지식인으로서는 특이하게 친불주의자나 친독주의자가 아닌 친영주의자였는데, 시빌리티에 대한 숭배는 이런 친영주의에서 비롯되었다고 할 수 있을 것 같아요.

투르게네프에 대한 평전은 레너드 샤피로의 『투르게네프』(1978; 국역: 책세상, 2002)가 있습니다. 샤피로는 벌린보다 한 살 더 많은 죽마고우로 여러 가지로 비교되는 인물이지요. 샤피로는 소련정치의 실증연구로 유명한 런던경제대학의 교수인 반면 벌린은 러시아 사상에 대한 연구로 유명한 옥스퍼드대학의 정치철학 교수였거든요.

투르게네프의 대표작은 『아버지와 아들』(1862; 국역: 문학동네, 2011)인데, 이 작품이 푸시킨의 『예브게니 오네긴』(1833; 국역: 열린책들, 1999) 및 『대위의 딸』(1836; 국역: 열린책들, 1999)과 고골의 『타라스 불바』(1835/42; 국역: 민음사, 2009)에서 시작된 1830-70년대 러시아 리얼리즘의 최고봉이었지요. 그 후에 한 세대의 공백을 극복한 작품이 체호프의 『벚꽃동산』(1904; 국역: 『체호프 희곡선』, 을유문화사, 2012에 실림)이었고요.

도스토예프스키나 톨스토이는 일부러 간과한 셈인데, 『아버지와 아들』을 세계문학사에서 위치짓기 위한 것이기도 합니다. 스코트의 역사소설이 발자크와 디킨즈의 사회소설 내지 풍속·세태소설을 거쳐 투르게네프의 정치소설로 진화했다고 할 수 있거든요. 발자크와 디킨즈 이후 프랑스와 영국에서 투르게네프에 비견되는 사례가 없다는 사실에 주목한다면, 러시아문학의 세계사적 중요성을 간과할 수는 없겠지요.

투르게네프는 '러시아 인텔리겐치아의 연대기'로 다음과 같은 6부작을 집필했습니다.

『루딘』(1856): 『예브게니 오네긴』의 후예인 잉여인간으로서 서구주의자
『귀족의 보금자리』(1859): 서구주의자의 광대화, 슬라브주의자의 등장
『전야』(1860): 불가리아의 '그 전날 밤'(민족해방투쟁의 전야)
『아버지와 아들』(1862): 러시아의 '그 전날 밤'(계급투쟁의 전야)
『연기』(1867): 사기꾼 인텔리겐치아의 등장
『처녀지』(1877): 니힐리스트의 후예로서 인민주의자

'the body and pressure of time'(『햄릿』)과 함께 인텔리겐치아의 변모를 묘사할 수 있는 '전형'(type)을 창조하는 것이 투르게네프의 작의였습니다. 'the body and pressure of time'은 '시대의 형상'으로 번역해야 하는데, 'body'는 'form'과 같은 단어로 '주형(鑄型)으로 만든 형상'을 의미하고 또 'pressure'는 '압형(押型)으로 만든 형상'을 의미하기 때문이지요.

『아버지와 아들』의 소재는 자유주의자가 당면했던 딜레마로서 '정치적 진구렁'(political morass)인데, 그 '곤경'에서 빠져나올 수 있는 방법은 반동화와 급진화였습니다. 물론 급진화도 두 가지가 있는데, 게르첸이 예고한 인민주의와 투르게네프 자신이 예고한 마르크스주의가 그것이었고요. 투르게네프는 자신의 시대를 아리스토파네스의 시대와 비교하기도 했는데, 인민주의자에게 이용당하는 대중의 '쉽게 믿고 쉽게 속는 성향'(輕信, credulity)과 잔혹의 동일성에 주목했던 셈이지요.

『아버지와 아들』에서는 제목 그대로 아버지 세대인 1840년대인의 자유주의와 아들 세대인 1860년대인의 민주주의 내지 인민주의의 갈등이 전개됩니다. 아버지 세대에 속하는 투르게네프는 아들 세대를 대표하는 주인공인 바자로프를 니힐리스트라고 불렀는데, 이것은 허무주의자라는 의미의 세기말 니힐리스트와 달리 의학도답게 실용적 지식만을 숭배하는 조야한 유물론자라는 의미였지요.

『아버지와 아들』에서 투르게네프는 농노해방(1861) 전야를 '희망과 비슷한 실망, 실망과 비슷한 희망의 시기'로 특징짓습니다. 비유하자면 새벽과 해돋이 사이의 새벽녘이나 해넘이와 땅거미 사이의 저물녘이 모두 '어스름하고 희미한 상태'(twilight)인 것처럼 낮이 오는지 밤이 오는지 애매모호한 상태라는 것이지요.

이 작품의 후속작이 풍자소설이라고 할 수 있는 『연기』(1866; 국역: 범우사, 1990)인데, 제목 그대로 알렉산드르 2세의 농노해방에 대한 환상이 연기처럼 사라졌다는 의미였습니다. 경제개혁으로서 농노해방 자체도 불충분했고, 이어진 행정·사법·국방개혁(1864-65)도 불충분했다는 것이지요. 자전적인 요소도 가미된 이 작품에서 투르게네프는 게르첸을 비판하기도 했어요.

『연기』에 비견되는 작품이 '이솝의 언어'(Aesopian language)로 유명했던 미하일 살티코프-셰드린의 『골로블료프가(家)의 사람들』(1875-80; 국역: 문학과지성사, 2010)인데, 이것은 『자본』을 번역한 인민주의자 니콜라이 다니엘손이 마르크스와 엥겔스에게 추천했던 풍자소설이었습니다. 농노해방을 전후로 몰락하게 되는 귀족 3대가 소재인데, '러시아문학에서 가장 우울한 소설'이라고 불리지요.

Stanley Page, "Lenin, Turgenev, and the Russian Landed Gentry", *Canadian Slavonic Papers*, Dec. 1976을 참고하면서 투르게네프와 레닌의 관계에 대해서도 설명을 보충해두겠습니다. 레닌의 가족은 투르게네프 애독자였으며 종종 함께 모여 낭독하기도 했다고 하지요. 형 알렉산드르가 처형된 다음에 레닌도 체르니셰프스키에서 '평생의 과제'를 발견했는데, 그러나 여전히 투르게네프의 애독자로 남았어요. 또 시베리아 유형 중에는 크루프스카야와 함께 투르게네프 독어판을 러시아어로 번역하면서 독어 공부를 했다고 하고요.

에드워드 카가 자신의 논적인 벌린과 반대로 도스토예프스키를 투르게네프보다 고평가했다는 사실을 지적해두겠습니다. 투르게네프의 작품은 '걷기 알맞게 기복이 있는 평지'(pleasant rolling plains)인 반면 도스토예프스키의 작품은 '험난하고 위험한 산과 계곡'(rugged heights and depths)이라는 것이지요. 그는 심지어 도스토예프스키를 셰익스피어와 동급의 작가로 간주하기도 했고요.

이런 차이가 벌린의 자유주의와 카의 낭만주의/공상주의 및 현실주의/권위주의의 차이와 무관하지는 않을 것입니다. 『코뮤니스트』에서 서비스는 카가 포스트빅토리아적 자유주의자에서 준마르크스주의자(quasi-Marxist)로 전진했다고 평가했는데, 그러나 그의 자유주의와 준마르크스주의는 낭만주의/공상주의와 현실주의/권위주의에 의해 왜곡된 것이었지요. 그래서 한때 카가 히틀러를 지지하거나 스탈린을 지지하기도 한 것이고요.

체호프의 『벚꽃동산』에 대해서도 설명해두겠습니다. 체호프의 4대 희곡에서 『갈매기』(1896), 『바냐 삼촌』(1897), 『세 자매』(1901)의 대미를 장식하는 유작 『벚꽃동산』(1904)은 해방농노의 아들인 졸부가 영락한 귀족의 영지를 매입하여 별장촌으로 개발하는 줄거리인데, 절대군주정 아래 천민자본주의로의 이행 과정에서 '과거를 속죄하고 과거와 결별하지 못한' '한심한'(stupid) 사람들을 묘사하고 있어요. 쉽게 말해서 '영웅'이 아닌 '비영웅'(non-hero)에 주목하는 것이지요.

『벚꽃동산』은 희곡이므로 드라마나 연극으로 보는 것이 제격입니다. 대표적인 작품으로 영국방송공사가 리처드 이어 감독과 주디 덴치 주연으로 제작했던 드라마 『벚꽃동산』(1981)이 있고, 또 애플씨어터-안똔체홉학회가 전훈 연출과 박혜성 주연으로 공연했던 연극 『벚꽃동산』(2018)도 유튜브로 공개되어 있지요. 안똔체홉학회 10주년과 관련된 『조선일보』 김기철 기자의 기사 역시 참고할 수 있고요.

체호프를 오마주하며 '쇠락해가는 나라의 한심한(ダメな) 사람들을 애정을 갖고 그리려 한다'는 히라타 오리자의 풍자극 겸 부조리극인 『서울시민』(1989-2011; 현암사, 2015)에 대해서도 주목해두겠습니다. 서울 남촌에 거주하던 일본인 문구상 3대의 가족사를 1909년(이토 암살 직전), 1919년(3월 1일 오전), 1929년(대공황 발발 직전), 1939년(세계전쟁 발발 직후)의 4부작으로 집필한 것인데, '소시민의 죄과와 연대책임'이 주제였지요. 월드컵 직후인 2003년에 1919년 편을 최초로 소개한 사람은 예의 이윤택 극작가/연출가였고요.

고르바초프 이후 옐친-푸틴 시대 러시아에 대한 르포르타주 격인 『세컨드핸드 타임』(2013; 국역: 이야기가있는 집, 2016)에 대해서도 언급해두겠습니다. 저자는 '다큐멘터리 소설'로 유명한 2015년 노벨문학상 수상자 스베틀라나 알렉시예비치인데, 이 작품은 인터뷰를 모은 '구술사'(oral history)이지요. 'secondhand time'은 러시아혁명 이후라는 'firsthand time'에 대비되는 소련 해체 이후라는 의미와 동시에 이제는 '중고품'이 되어버린 공산주의와 관련된 다양한 발언의 기록이라는 의미를 갖는 것이고요.

『세컨드핸드 타임』을 보면, 소련 해체 이후 러시아인은 『벚꽃동산』에 나오는 '과거를 속죄하고 과거와 결별하지 못한 한심한' 사람들처럼 '역사가 없는 인생/생활'(a(…)life(…)without any history)을 영위하는 것 같습니다. 러시아–우크라이나 전쟁에 대한 러시아인의 무지와 무책임이 놀라울 따름이라고 했는데, 이런 맥락에서 어쩌면 당연한 일이라는 생각이 들기도 하네요.

이왕 이야기가 나온 김에 로버트 해리스의 『아크앤젤』(*Archangel*, 1998; 국역: 랜덤하우스, 2008)도 소개해두겠습니다. 소련 붕괴 이후의 러시아를 '[자기들의 히틀러를] 찾아낼 때는 세계가 위험해질(it's watch out, world)' 바이마르공화국에 비유했던 소련사 연구자 켈소 교수가 주인공인 팩션소설인데, 아크앤젤이란 표트르 대제가 개발한 백해의 해군기지인 아르헨겔스크이지요.

스탈린이 자신의 사생아 겸 후계자를 아크엔젤 인근 타이가 숲속에서 몰래 길러왔다는 허구에서 이야기가 시작됩니다. 비밀경찰 출신으로 반(反)고르바초프 쿠데타에 참가했던 스탈린주의자 마만토프가 켈소 교수를 유인하여 히틀러를 능가하는 '20세기의 가장 공포스런(alarming) 인물'이자 '우리가 걱정해야(worry) 하는 유령'인 스탈린의 아들이 존재한다는 사실을 세상에 알린 다음 그를 옹립하여 정권을 장악하려는 음모를 꾸민다는 것이 줄거리이고요.

『아크앤젤』이 예고했던 히틀러 내지 스탈린의 후계자가 바로 푸틴이라고 해석할 수 있을 것입니다. 또 이 해석이 타당하다면 러시아인이 푸틴의 클렙토크라시에 순응하는 것도 당연하다는 생각이 들고요. 2005년에 영국방송공사가 3부작으로 제작한 『아크앤젤』도 유튜브로 찾아볼 수 있지요.

일본의 마르크스주의 지식인들

일본의 마르크스주의자에 대해 알려면 당연히 도쿄대학에 대해 공부해야 하는데, 다행히 다치바나 다카시의 역작 『천황과 도쿄대』

(2005; 국역: 청어람미디어, 2008)가 있습니다. 이미 「2021년 4·7보선」에서 『스무 살, 젊은이에게 고함』(2011; 말글빛냄, 2012)을 소개한 적이 있는데, 다치바나는 일본의 유수한 저널리스트이자 평론가이지요. 남한에서라면 대석학이라 할 만하고요. 하기야 남한 같은 척박한 풍토에서 그런 사람이 나올 수 있을지는 의문이지만요.

『천황과 도쿄대』는 전전의 도쿄대, 즉 이토 히로부미가 현대화된 과거제를 도입할 목적으로 설립한 도쿄제국대학의 역사를 에피소드 중심으로 정리한 책입니다. 중국과 조선에서 과거제 폐지를 현대화의 조건이라고 오해한 반면 이토는 일본에는 없던 과거제를 현대적 형태로 발명해낸 것이지요. 4·10총선에서 '이토 히로부미 인재론'을 제기한 국힘의 성일종 의원이 민주당에게 '토착왜구'로 몰렸는데, 머슴이 주인이 되는 나라를 세우려는 그들 본심의 발로였겠지요.

어쨌든 도쿄대의 역사가 곧 일본지식인의 역사라고 할 수 있습니다. 물론 도쿄대에도 결함이 없지는 않았는데, 애초에는 법학부만 있고 경제학부는 없었거든요. 그래서 도쿄고등상업학교 내지 도쿄상대(히토쓰바시대)를 통폐합하려다 실패한 것이고요. 다이쇼 민주주의의 3대 사상가 중에서 법학자 미노베 다쓰키치와 정치학자 요시노 사쿠조는 도쿄대 교수인 반면 경제학자 후쿠다 도쿠조만은 도쿄상대 교수인 것은 우연이 아니었어요.

반면 박정희 대통령은 종합화를 빌미로 서울상대를 해체하는 데 성공했습니다. 75학번 이후 제대로 된 경제학자가 없는 것은 서울대가 연·고대 수준으로 하향평준화되어 이른바 'SKY 현상'이 출현한 데다가 서울상대가 해체되면서 제대로 된 선배를 볼 수 없었기 때문이지요. 또 경제학과에서 독립한 다음 경영학과는 재벌의 '시다바리'(下張り, 하인)만을 양산했던 것인데, 박 대통령의 목적이 혹시 육사의 시다바리를 양산한 서울법대의 짝을 찾아주려는 데 있었던 것은 아닌가 하는 생각도 들어요.

도쿄대는 의학부도 게이오대와 경쟁하던 처지였습니다. 마치 서울의대가 연대의대(세브란스)와 경쟁하는 것과도 유사한데, 예전에는 독실한 개신교 신자 중에는 서울의대가 아닌 연대의대로 진학하는 경우도 있었다고 하거든요. 또 가톨릭대 성모병원이 빅5에 드는 것도 같은 이유였고요. 의료개혁에 반대하는 의사들의 난동을 보면서 그들에게 히포크라테스 선서 대신 세례증명서를 받는 것은 어떨까 하는 생각이 들기도 했어요. 물론 조국 교수 일가에게 세례증명서 위조쯤이야 '식은 죽 먹기'겠지만요.

메이지유신 이후 정당내각제 내지 보통선거제가 도입되는 50-60년은 일본도 준내란상태였고 그래서 우파는 물론이고 좌파에서도 장사(壯士)라고 불리던 정치불량배가 활개치는 상황이었습니다. 그러나 도쿄대에서 요시노 사쿠조를 중심으로 신인회가 조직되면서 좌파의 중심이 장사에서 지식인으로 이동한 것인데, 자세한 설명은 Henry Smith, *Japan's First Student Radicals*, Harvard University Press, 1972를 참고할 수 있지요.

물론 경제학부에서 부르주아 경제학자 대신 마르크스주의 경제학자가 대거 배출된 것도 중요했습니다. 법학부 경제학 전공 수석졸업자인 오우치 효에를 중심으로 경제학부가 발전하면서 강좌파 이론가인 야마다 모리타로와 노농파 이론가인 사키사카 이쓰로 등이 배출되었거든요. 또 노농파의 후예로는 사키사카의 동기생이자 전후에 일본 마르크스주의의 대표자로 부상한 우노 코조도 있었고요. 물론 법학부 출신의 강좌파 이론가인 히라노 요시타로도 무시할 수만은 없지만요. 아울러 사키사카가 후쿠다와 겨룬 장서가였다는 사실도 지적해두겠어요.

강좌파는 스탈린과 부하린을 추종한 반면 노농파는 마르크스와 레닌을 추종했습니다. 강좌파가 16권짜리 『스탈린-부하린 저작집』(1928-30)을 출판한 반면 노농파는 10권짜리 『레닌 저작집』(1926-27)에 이어서 29권짜리 『마르크스-엥겔스 전집』(1928-33)을 출판한 것이 그 증거라고 할 수 있지요.

부하린은 몰라도 스탈린은 사실 이류 마르크스주의자였습니다. 그가 이론적 토론에 개입하려고 하자 랴자노프(David Ryazanov)가

야유했다는 사실을 트로츠키주의자 도이처(Isaac Deutscher)가 증언한 바 있지요.

코바 그만둬. 웃음거리가 될 짓을 하지 말아(Don' make a fool of yourself).

물론 볼셰비키 내부에서 살아남기 위해 스탈린 역시 나름대로 이론에 '진심'(authentic)이었다고 할 수 있지요. 또 스탈린은 히틀러나 모택동처럼 분서를 자행하지도 않았고요. 예를 들어 제프리 로버츠의 『스탈린의 서재』(2022; 국역: 너머북스, 2024)를 참고하세요.

마르크스주의에 대한 강좌파의 무지를 설명하다보니 영국 버베크 대학에서 강좌파를 소개한 논문으로 박사학위를 받은 김수행 교수가 생각납니다. 1980년대 말 아니면 1990년대 초에 *Marx-Engels Collected Works* (*MECW*)가 영인·판매되었는데, 『자본』 번역자라고 해서 김 교수를 찾아간 외판원에게 자기가 그걸 왜 사야 하냐고 반문했다고 하지요. 그 외판원이 저에게 하소연한 말인데, 나중에 신문에 실린 사진을 보니 *MECW*를 배경으로 찍었더군요. 자기가 생각해도 남사스러워서 결국 한 질을 샀던 것 같아요.

어쨌든 이렇게 해서 신인회의 중심도 26학번 전후로 법학부에서 경제학부로 이동했던 것입니다. 스미스가 인용한 신인회 회원 280명의 구성(%)에 대한 통계가 있는데, 당시 도쿄대는 3년제여서 졸업 연도는 입학 연도에 3을 더하면 되지요.

	23학번	29학번	평균
법학부(법학·정치학)	42	17	26
경제학부(경제학·경영학)	13	46	33
문학부 중 사회학과	25	2	9
문학과	13	5	11
미학과	0	15	8

재미있는 것은 철학과(윤리학과 포함)는 평균 3%였고, 사학과는 1%로 교육학과의 1%와 같았다는 것이지요. 나머지는 의학부 4%, 공학부 1%, 이학부 0.4%, 소속 불명 2.5%였고요.

서울대 운동권의 취약성이 법대나 문리대 출신이 너무 많았다는 데 있지 않을까 하는 생각이 들기도 하는 대목입니다. 제가 늘 강조해온 것처럼, 경제학을 모르고서는 제대로 된 마르크스주의자가 될 수는 없는 법이거든요. 하기야 서울대에 요시노나 오우치 같은 교수 역시 없었으니 학생들만을 탓할 수는 없는 것인데, 김진균-김세균 교수 형제나 김수행 교수는 언젠가 역사의 법정에 소환될 것이라는 생각이 들어요.

도쿄대 내부에서 법학부나 경제학부에 대한 문학부의 '이류 의식'에서 비롯된 '불량배 기질'에 대한 연구로 다카다 리에코의 『문학가라는 병』(2001; 국역: 이마, 2017)을 참고할 수 있습니다. 서울대 운동권에서 상대 출신과 비교할 때 문리대 출신의 기질도 비슷하게 설명할 수 있다는 생각이 드는데, 이 경우에는 문학 전공자뿐만이 아니라 철학·역사학 전공자도 그렇다는 것이 다를지도 모르겠어요. 법대 출신의 그런 기질은 아마도 사법시험에 합격하지 못한 낙오자라는 '열등감' 때문일 것 같기도 하고요.

다치바나가 쓴 책 중에 『일본공산당사』(1978; 국역: 고려원, 1985)도 있습니다. 이 책을 보면 도쿄대에서 신인회가 출현하면서 공산당의 지식인화가 진행되는 것과 동시에 공산당의 '범죄 신디케이트화'(조폭화)도 진행되었다는 사실을 알 수 있지요. 코민테른의 자금지원이 중단되자 공산당원과 정치불량배가 결합한 '전투적 기술단'이 출현하여 이른바 '혁명의 악역'을 청부(請負)했다는 것이에요.

다치바나에 따르면, 전투적 기술단은 4부로 구성되어 분업과 협업을 진행했다고 합니다.

1부　강도
2부　협박·공갈
3부　도박
4부　성매매·포르노

공산당원에게 베버가 말하는 '신념윤리'만 있지 '책임윤리'는 없다는 사실을 알 수 있는데, 이 문제에 대해서는 나중에 설명하겠어요.

공산당에게는 물론 이론적 결함도 많았는데, 강좌파 탓이 컸습니다. 강좌파가 코민테른을 무비판적으로 추종했던 반면 노농파는 비판적이어서 일본사회성격 논쟁이 전개되었던 것인데, 고야마 히로타케의 『일본 마르크스주의사 개설』(1967; 국역: 이론과실천, 1991)이 기본문헌이지요. 또 『일본자본주의 논쟁사』(1953; 국역: 어문학사, 2022)와 『전후일본의 공산당사』(1958; 국역: 어문학사, 2012)도 참고할 수 있고요.

일본사회성격 논쟁은 코민테른의 1927년 테제를 둘러싼 민주변혁 논쟁과 1932년 테제를 둘러싼 자본주의 논쟁으로 구성되었습니다. 그런데 코민테른의 주장과 달리 당시 일본의 사회성격은 혁명 당시 러시아의 사회성격과 거의 동일한 것이었지요. 산업혁명이 러시아보다 10년쯤 늦은 대신 러시아처럼 절대군주정이 아니라 입헌군주정이었으니까요. 게다가 1인당 국민소득을 보면, 일본(1929년 대공황 전야)이 러시아(1차 세계전쟁 전야)의 2배에 가까웠는데, Ekaterina Zhuravskaya et al., "New Russian Economic History", *Journal of Economic Literature*, March 2024를 참고하세요.

일본사회성격 논쟁의 정점은 1934-35년의 야마다와 사키사카의 논쟁이었습니다. 고야마는 야마다의 경제주의를 비판하면서 히라노를 지지하고 있지만요. 1936년에 검거된 야마다와 히라노는 전향한 반면 이듬해에 검거된 사키사카는 전향하지 않았지요. 또 히라노가 전후에 평화운동가로 변신한 반면 사키사카는 여전히 마르크스주의자로 활동했고요.

일본공산당은 인민전선론이 채택된 코민테른 7차 대회 이전에 이미 괴멸되었고 직후에는 그 이론가들도 이렇게 검거되는 바람에 당내에서 6차 대회의 사회파시즘론의 영향이 지속되었습니다. 또 프랑스공산당의 '레지스탕스주의'에도 미달하는 이른바 '비전향 18년'이라는 어처구니없는 고집도 중요했고요. 전향과 비전향의 이분법에 사로잡혔던 일본공산당의 또 다른 결함은 자기비판의 부재였다고 할 수 있는데, 비교하자면 프랑스공산당의 알튀세르 같은 이론가가 부재했다는 것이지요.

이런 맥락에서 나카노 시게하루가 1935년 1월부터 이듬해 1월까지 발표한 자전작품이자 연작단편인 '전향 5부작'을 검토할 수 있는데, 자세한 설명은 서동주 교수의 『나카노 시게하루의 전향소설 연구』(고려대 석사논문, 2001)를 참고할 수 있습니다.

「제1장」: 1931년 9월 만주사변을 배경으로 이듬해 4월 검거 전후의 상황
「스즈키, 미야코야마, 야소시마」: 1933년 6월 '사노-나베야마 전향성명'을 배경으로 한 수감생활과 예심과정
「시골집」: 1934년 전향 직후의 상황과 집필하려는 결심
「하나의 작은 기록」: 1930-34년간 문학예술운동 비판과 자기비판
「소설을 쓸 수 없는 소설가」: 창작의 재개

그런데 나카노의 전향이란 본질적으로 자기비판이라는 사실을 지적하고 싶어요. 물론 전향과 비전향의 이분법만이 존재할 때는 결국 전향과 자기비판을 구별할 수 없게 되지만요.

나카노는 제국대학 예과 격인 '고등학교'에 입학할 때 전국 수석이었는데, 도쿄대 법학부가 아닌 문학부에 진학했습니다. 사실 종합화 이전 서울대에도 그런 일이 있었는데, 제가 아는 사례로는 법학과에 갈 실력인데도 불문과에 진학한 김현 선배가 있었지요. 또 최희준 선배는 서울법대에 합격하면 노래하는 것을 허락하겠다는 부친의 말대로 합격증을 받자마자 8군으로 달려갔다는 전설 같은 이야기를 들은 적이 있어요. 1960년대에는 이미자 가수를 싫어한 사람도 최 선배는 좋아했어요. 그런데 이번에 미스트롯3 결승전에서 이 가수가 부른 노래는 정말 좋던데, 역시 향상심이 있었더군요.

'전향 5부작'의 정점이면서 일본 전향소설의 백미라고 할 수 있는 「시골집」의 클라이맥스는 시게하루(소설에서는 '벤지')와 아버지의 대화입니다. 사무라이의 후예이자 대장성(재무부)/조선총독부의 하급 공무원 출신 자작농 겸 소지주인 부친은 '이제까지 쓴 것을 살리고 싶으면, 붓을 꺾어라'라고 말하면서 일단 전향했으니 글을 쓰는 대신 '농사를 짓는'(百姓する) 것이 좋겠다고 말하지요. 그러나 나카노는

이렇게 말했어요.

> 잘 알겠습니다만, 역시 계속 쓰고 싶다는 생각입니다.

또 나카노는 『개조』 1936년 1월호에 기고한 「'문학자에 대하여'에 대하여」에서 다음과 같이 부연하고 있고요.

> 문학작품으로 생산된 자기비판을 통해서 일본의 혁명운동의 전통에 대한 혁명적 비판에 가담하겠다.

「2022년 3·9대선」에서 이미 지적했듯이, 1880년대 자유민권운동 이후 지사(志士, 시시)가 장사(壯士, 소시)로 변모하면서 야쿠자와 함께 정치깡패나 정치브로커 같은 정치불량배를 형성했습니다. Eiko Siniawer, *Ruffians, Yakuza, Nationalists: The Violent Politics of Modern Japan, 1860-1960* (Cornell University Press, 2008)이 기본 문헌인데, 일본계 저자의 유다계 남편의 성을 일역본에서는 '시나와'(シナワ)라고 했지요. 그러나 저자의 윌리엄즈대 동창인 제 처조카는 '시누어'[sin(j)uːər]라고 하는 것이 옳다고 하네요.

마지막으로 시누어를 참고하면서 정치불량배에 대한 설명을 보충해두겠습니다. 정치불량배는 영국과 미국에서도 존재했으므로, 일본에 고유한 현상은 아니었어요. 영국의 '압력집단'(pressure group)과 미국의 '보스정치'(political machine, 계파정치)와 유사한 것이 1890년부터 일본에서 의회정치가 출범한 후에 출현한 '원외단'인데, 의원단을 보좌하는 원외단은 인텔리단과 폭력단으로 구별되면서도 경계가 분명치 않았지요.

정치불량배를 정치낭인이라고 부르기도 했는데, 낭인(浪人, 로닌)은 유랑자라는 의미이므로 마르크스가 말하던 라보엠/보헤미안과 같은 말입니다. 그들은 외국으로 진출하기도 했는데, 갑신정변을 계기로 조선에 진출했고, 청일전쟁에서는 민비 암살에 관여했으며, 러일전쟁을 계기로 만주까지 진출하여 이른바 '대륙낭인'(continental adventurer)이라 불리게 되었지요.

보통선거제가 도입되자 정치불량배가 소멸한 것도 역시 미국과 영국, 일본 모두 다 마찬가지였습니다. 원외단은 고비용·저효율의 조직이어서 점차 매표행위로 대체되었어요. 그러나 공산당의 출현이라는 새로운 문제가 발생하면서 원외단과 일본의 토착 마피아인 야쿠자의 결합이 본격화되었지요.

그러나 사법성(법무부)은 1925년에 제정된 치안유지법으로 단속할 수 있다고 주장하면서 야쿠자까지 동원하는 데 반대했습니다. 또 1926년에 폭력행위등처벌법이 제정된 이후 내무성 경찰국은 불량배를 단속하기 위해 장사와 야쿠자 이외에도 불량학생과 불량변호사를 포함시켰고요. 쉽게 말해서 사법성과 내무성 경찰국이 단속하는 불량배에 사상범과 폭력배라는 두 종류가 있었다는 것이지요.

일본에 독일 같은 파시스트 운동이 존재하지 않았다는 사실에도 주목할 필요가 있습니다. 대신 일련의 쿠데타 시도를 통해 군부독재가 출현했는데, 이것이 바로 일본의 군국주의(militarism)였지요. 그 결과 정당내각제가 소멸하면서 원외단도 소멸한 것이에요. 앞에서 설명한 것처럼, 독일에서는 군부가 시종 은인자중하는 바람에 나치가 집권할 수 있었지요. 군국주의가 대두한 이후에는 내치에도 점차 헌병이 중요해졌고요.

전후 일본에서는 여성에게도 참정권이 허용되고 더 이상 폭력을 관용하지 않는 여론이 형성되었습니다. 또 금권정치가 폭력정치를 대체하자 원외단도 비서단으로 변모했지요. 물론 예외도 있었는데, 기시 노부스케는 사사카와 료이치, 특히 그 부하로 대륙낭인 출신인 고다마 요시오 같은 정치브로커의 매개로 야쿠자와도 교류했거든요. 그런데 고다마에 대해 미국 중앙정보국(CIA)은 '약점이 있는 고위층'(weak men in high positions)을 악용하는 '전문적인 사기꾼, 깡패, (…)철저한 도적'이라고 평가했지요.

공산당은 폭력투쟁을 견지하다가 1955년 이후에 폭력혁명노선을 포기했습니다. 그러나 1960년대에는 트로츠키주의 등의 영향으로 신좌파가 등장하여 폭력투쟁을 지속했는데, 전공투(전학공투회의)와

적군파가 그 절정이었지요. 그 결과 1970년대 이후에는 신·구좌파가 공멸했고요. 그래서 와다 하루키 같은 강좌파 후예가 남한 진출을 모색했던 것 같은데, 대륙낭인처럼 중국까지 진출하지 못했을 뿐만 아니라 결국『한겨레신문』이나 정대협에게도 버림받았지만요.

전공투 투쟁(1968-69)과 적군파 투쟁(1969-72)이 '에키벤'(驛弁, 역에서 파는 도시락) 대학의 출현에 따른 '논텔리(비지성)와 단게바(단순폭력)'의 확산과 직결된다는 사실도 지적해두겠습니다. 전후 일본에서도 미국식 교육개혁이 진행되면서 수준 미달의 지방대학이 속출했는데, 에키벤 대학은 기차가 서는 역(驛, 에키)마다 도시락(弁当, 벤토) 가게가 있듯이 지방도시마다 대학이 있다는 풍자였지요.

전후에 장사가 소멸한 반면 야쿠자는 계속 번성했습니다. 암시장에서 재일조선인과 그 후견자인 공산당과 경쟁하면서 부활한 다음, 경제성장기에는 도박과 성매매, 나아가 건설과 하역 등 틈새(niche) 산업에 진출했거든요. 또 고다마를 매개로 기시와도 교류했는데, 그 후에 자민당과의 관계가 단절되자 순수한 조폭으로 전환했고요.

일본 정계의 풍운아인 오노 반보쿠(1890-1964)의 일대기가 일본 정치사의 한 측면을 축약하기도 합니다. 메이지대학 변론부 출신인 그는 학생운동 활동가가 원외단 장사와 결합한 이른바 '사나이끼리 쓰키아이(つきあい, 교제와 의리·인정)'의 대표자였지요. 야쿠자와도 친분이 있던 그는 역도산의 후견인으로서 그의 제자 김일의 도일을 돕기도 했고요. 그러나 보통선거제가 도입되자 오노는 1930년대에 중의원에 진출했고 전후에는 중의원 의장(1952-53)을 거쳐 자민당 부총재(1957-60, 1961-64)까지 역임했어요.

남한정치에서는 이승만 정부가 정치불량배를 활용한 반면 박정희 정부는 군부독재를 실시했습니다. 반면 야당은 독재에 저항한다는 명분으로 정치불량배를 활용했는데, YS보다는 DJ가 특히 그랬지요. 하기야 신상사파 이후 조폭계의 주류는 영남계가 아니라 호남계가 장악했으니까요. 그래서 1980년대부터 제가 영남 출신 육사에 대응한 것이 호남 출신 조폭이 아닐까 하는 생각도 한 것이지요.『모래

시계』(1995)에서도 호남 출신인 박태수가 육사를 지원했다 연좌제 때문에 좌절하자 정치깡패로 변모하는 스토리가 나오기도 했고요.

이런 것이 모두 터무니없지는 않다는 것은 호남 출신 정치깡패의 상징 격인 김태촌 씨가 이철승 의원이나 김상현 의원뿐만이 아니라 김근태 의원이나 장영달 의원과도 친분이 있었다는 사실로 충분히 설명할 수 있습니다. 이들은 모두 DJ계였고, 특히 김 의원과 장 의원은 학생운동(민청학련)의 동지로 민청련 활동(의장-부의장)에 이어 열우당 활동(의장-원내대표)도 같이했거든요.

조선의 지식인들

이제 일제강점기 조선의 좌파 지식인들에 대해 검토해보겠습니다. 한국사회사 논쟁 및 한국사회성격 논쟁과 관련해서 백남운-전석담 선생 등에 대해서는 이미 『'한국의 불행'』에서 설명한 적이 있는데, 다만 전 선생에 대한 새로운 연구성과인 고려대 한국사학과 주동빈 박사의 「전석담 역사학의 숨은 '발원지'와 해방 전후 한국사회경제사 인식」(『역사와 현실』, 2020년 겨울)에서 알게 된 새로운 사실을 한 가지만 추가하겠어요.

주동빈 박사의 연구에 따르면, 1916년생인 전석담 선생은 1934년에 제 모교이기도 한 경복고를 졸업했습니다. 전 선생은 나쓰메 소세키의 『도련님』(1906)의 배경이자 그의 절친 마사오카 시키의 모교이기도 한 마쓰야마고를 거쳐 1937년에 도호쿠대 경제학과에 진학했지요. 일제강점기 조선인으로서는 유일하게 전 선생이 진학한 도호쿠대 경제학과의 교수진에는 우노 코조가 있었는데, 1938년에 우노가 검거되자 실망한 전 선생은 1940년 졸업 이후 귀국하여 1942년까지 경성제대 대학원에 재학했다고 하고요.

언젠가 제 사촌형 이야기를 한 적이 있는데, 1924년생인 형은 1943년에 경복고를 졸업하고 서울사대 역사교육과에 진학했습니다. 그 동안 집안에서 쉬쉬한 탓에 얼마 전까지 저도 모르고 있었는데,

아마도 남로당 활동을 하다가 한국전쟁에서 전사했던 것 같아요. '무운장구'(武運長久)라고 쓴 어깨띠를 하고 찍은 독사진과 동생들과 찍은 사진이 있는데, 알고 보니 저희 집에서만 간직하고 있더군요. 그런데 이번에 형이 그런 선택을 하게 된 데는 전석담 선생과의 인연도 작용하지 않았을까 하는 생각이 들었어요.

일제 강점기에 마르크스주의, 그것도 경제학을 공부했던 백남운-전석담 선생은 예외 중의 예외였고 좌파 지식인들은 대체로 문학자였다고 할 수 있습니다. 그 중에서도 특히 임화가 중요했는데, 카프(KAPF, 조선프롤레타리아예술가동맹) 연구를 개시한 김윤식 선생의 평전『임화 연구』(문학사상사, 1989)가 그에 대한 연구의 결정판이었지요. 또 700쪽이 넘는 이 책을 1/7 정도로 축약한 것이『임화』(한길사, 2008)였고요.

임화는 처남 겸 후견인인 이북만과 함께 카프의 1931년 방향전환을 주도했는데, 그 결과 카프는 나프(NAPF, 전일본무산자예술연맹)와 거의 동일해졌습니다. 그 때 이북만과 임화에게 영향을 끼쳤던 사람이 바로 나카노 시게하루였지요. 1928년 말의 어대전(御大典, 쇼와천황즉위식)을 앞두고 조선으로 추방된 이북만 등에게 준 나카노의「비 내리는 시나가와역」(1928)을 번역했던 임화가 나카노에게「우산 받은 요코하마의 부두」(1929)로 화답했던 것이고요.

나카노가 노래하기를,

(…)
오오!
조선의 산아이요 계집아인 그대들
머리끗 뼈끗까지 꿋꿋한 동무
일본 푸로레타리아ー트의 압잡이요 뒷군
가거든 그 딱닥하고 둣터운 번질번질한 얼음장을 투딜여 깨人쳐라
오래동안 갓치엿든 물로 분방한 홍수를 지여라
그리고 또다시
해협을 건너뛰여 닥처 오너라
(…)

'대선 불복 2년동란' 207

압짭이(前だ)와 뒷군(後だ)은 전위(vanguard)와 후위(rearguard)를 의미하는데, 이북만 등이 조선혁명을 민족해방투쟁이 아니라 일본 계급투쟁의 일부로 인식하는 엠엘(ML)파에 속한다는 사실을 시사하는 것이지요. 마치 이르쿠츠크파가 조선혁명의 독자성을 부정했던 것처럼요. 또 나카노에게 화답하여 임화가 노래하기를,

> 항구의 게집애야! 이국의 게집애야!
> 독크를 뛰어오지 마러라 독크는 비에 저젓고
> 내 가슴은 떠나가는 서러움과 내어쫓기는 분함에 불이 타는데
> 오오 사랑하는 항구 요코하마의 게집애야!
> 독크를 뛰어오지 마러라 난간은 비에 저저 있다.
> (…)

1931년과 1934년 두 차례에 걸친 검거사건 이후에 카프가 임화·김남천을 중심으로 하는 전향파와 한설야·이기영을 중심으로 하는 비전향파로 분열된 것과 1931년에 코프(KOPF, 일본프롤레타리아연맹)로 개편된 나프가 나카노 시게하루를 중심으로 하는 전향파와 그의 논적인 구라하라 고레히토를 중심으로 하는 비전향파로 분열된 것이 무관할 리는 없습니다. 그런데 김윤식 선생은 나카노 등의 전향을 수긍하는 것 같으면서도 별다른 설명을 제시하지 못했는데, 아마 전향과 자기비판을 구별하지 못한 탓이겠지요.

코민테른이 사회파시즘론을 폐기하고 인민전선론을 채택해가는 와중에 카프는 물론이고 나프조차도 방향 전환에 혼선을 겪으면서 전향파와 비전향파로 분열된 것은 사회주의적 리얼리즘론의 수용이 그만큼 곤란했던 것과 무관하지 않습니다. 하기야 소련에서도 사회주의적 리얼리즘론의 수립이 순탄했다고 할 수만은 없으니까요. 1934년에 라프(RAPP, 러시아프롤레타리아작가협회)를 소련작가동맹으로 개편하면서 즈다노프가 개입하여 작가는 '인간영혼을 생산하는 공학자'(engineers of human souls)가 되어야 한다는 스탈린의 테제를 강조했거든요.

그러나 그 와중에서도 스코트를 재조명한 루카치와 리프쉬츠의

역사소설론이 제기되었던 것입니다. 또 그들에게 영감을 준 엥겔스의 편지도 발굴되었는데, 말년의 엥겔스는 영국의 작가 하크니스(Margaret Harkness)에게 보낸 이 편지에서 발자크의 『인간희극』(La Comédie humaine)을 가리켜서 '리얼리즘의 승리'(triumph of Realism)라고 부르면서 경향소설(Tendenzroman) 내지 참여소설(roman engagé)을 비판했지요. 앞에서 제가 스코트-발자크-디킨즈-투르게네프 계보에 주목한 것도 이런 맥락을 강조하려는 의도였고요.

카프의 방향 전환을 정당화하기 위해 루카치와 리프쉬츠의 역사소설론에 관심을 표명했던 사람이 바로 김남천이었습니다. 동시에 그는 창작에도 열심이었는데, 김윤식 선생은 『한국근대문예비평사연구』(1973; 개정신판: 일지사, 1976)의 후속작 『한국근대문학사상사』(한길사, 1984)에서 김남천의 전향소설은 루카치는 물론이고 엥겔스에게도 미달한다고 평가절하한 바 있지요. 그러나 이것은 리얼리즘 소설에서 세태·인정소설이 갖는 중요성에 대한 김 선생의 몰인식 때문이라는 것이 제 생각이에요.

박영희가 1933년에 카프를 탈퇴하면서 '얻은 것은 이데올로기요, 잃은 것은 예술'이라고 '예술과 이데올로기의 교환'을 비판한 것처럼, 카프의 결함은 방향 정립에 걸맞는 작품이 없었다는 것입니다. 하다못해 나카노의 '전향 5부작' 같은 작품도 없었거든요. 그나마 김남천의 「맥」(麥, 1941; 『맥』, 문학과지성사, 2006)이 전향문학을 대표했는데, 여기서 그는 교토학파의 영향 아래 '경제학으로부터 철학에의 전향'을 비판한 바 있지요.

어쨌든 카프의 방향 정립을 마무리하지 못한 채 해방을 맞이한 것인데, 그 와중에 임화는 자신과 이북만이 속했던 엠엘파를 계승한 장안파가 아니라 박헌영 선생의 조선공산당을 지지했습니다. 임화가 조공을 지지한 데는 이현상 선생을 따른 경성콤 그룹의 성원이자 당대의 기재(奇才)로 한문학사와 국문학사를 전공했던 김태준과의 인연이 작용했다고 하지요.

임화가 비전향을 자부하던 이기영과 한설야의 대항마로 옹립한 사람이 바로 상허 이태준이었는데, 그는 정지용 등과 9인회를 결성하여 카프에 대항했던 순수문학파였습니다. 마치 나프에 대항했던 다니자키 준이치로와 가와바타 야스나리 같은 '문예부흥파'처럼요. 그래서 '시의 정지용, 소설의 이태준'이라고 했던 것인데, 둘 다 휘문고보에서 가람 이병기 선생의 제자였지요. 그런데 상허 역시 자신의 순수문학이 '소견(消遣, Zerstreuung, 소일) 문학'은 아니었나 하고 회의하던 중이어서 박헌영 선생의 「8월 테제」를 지지하면서 임화와 연대한 것이에요.

알다시피 『문장 강화』(1940)의 저자이기도 한 상허는 단편작가로 유명하여 아쿠타가와 류노스케에 비견되기도 하고 한국의 체호프나 모파상으로 불리기도 했습니다. 저는 현대문학의 본령이 소설(장편)이라고 생각해서 그에게는 관심이 없었는데, 이번에 마음을 고쳐먹고 『해방 전후』(동아출판사, 1995)에 실린 작품도 읽고 김상선 교수의 『상허 이태준 문학 연구』(한빛미디어, 1994) 등도 읽으면서 상허에 대해 공부해보았지요.

상허의 작품에서 1930년대의 세태·인정을 알 수 있습니다. 먼저 「불우 선생」(1932)은 1931년 만주사변을 전후로 급변한 정세에 적응하지 못하고 영락해버린 문화통치기 언론인의 '욕된 삶'을 묘사한 작품이고, 「영월 영감」(1939)은 1930년대 투기열풍에 편승하여 독립운동을 위한 자금을 모은다고 금광투기를 하다가 패가망신한 전직 영월군수를 묘사한 작품이지요. 또 「복덕방」(1937)은 무용가 최승희 부녀를 모델로 해서 항만부지 투기를 묘사한 작품이고요.

반면 해방 이전의 마지막 작품인 「돌다리」(1943)는 일부는 소작을 주고 일부는 자작을 하는 양심적 재지지주를 묘사한 것이었습니다. 땅을 팔고 서울로 올라가 편히 살자는 의사 아들에게 왜 그럴 수 없는지 설득하는 장면이 인상 깊었는데, 아마도 제 처삼촌 생각이 나기도 해서 그랬겠지요. 그 지주가 전라도에 살았다면 머슴 출신 바닥빨갱이에게 학살당했을 것이라는 생각이 들었거든요.

「패강랭」(浿江冷(대동강물이 차갑다), 1938)은 '이 시대 전체에서

긴치 않게 여기는, 지짓지싯[구차하게] 붙어있는 존재'인 지식인과 카페 여급에게 밀려난 평양 기생의 동병상련을 묘사한 작품입니다. 그런데 마지막에 '이상견빙지'(履霜堅氷至, 서리를 밟으면 곧 단단한 얼음이 온다)라는 『주역』의 흉괘(凶卦)를 인용하면서 서리는 얼음의 전조일 뿐 최악의 상황은 아직 오지 않았음을 암시하고 있지요.

그런데 저는 「석양」(1942)도 좋았습니다. 상허가 불혹을 바라보는 39세에 쓴 지천명을 바라보는 초로의 주인공의 연애담인데, 환갑이 큰 잔치였던 당시에는 이미 40대가 초로였어요. 오늘은 50대나 60대가 초로로 간주되지만요. 특히 말미에 인용된 당황조 말기의 대표적 시인인 이상은의 5언절구 중 전구와 결구가 인상 깊어서 지난겨울에 저녁노을을 보려고 서해안에 두 번이나 갔으나 흐린 날씨 때문에 결국 못 보았어요.

노을은 보기에 좋은데,	夕陽無限好
이미 땅거미가 진다네.	只是近黃昏

해가 지기 직전의 저녁노을이 초로라면 해가 진 직후의 땅거미는 노쇠라고 할 수 있겠지요.

가람의 제자인 상허는 상고취향으로도 유명했는데, 「무연」(無緣, 1942)에서 전통을 숭상하는 동시에 은거생활을 선망하는 마음의 한 가닥을 보여주기도 했습니다. 한유의 「이원을 반곡으로 떠나보내며」의 한 구절을 인용하면서 전향하지 않고 '한 사조(思潮)의 밑에 잠겨 살겠다'는 뜻을 드러냈던 것이지요.

살아가는 데 따로 때가 없으며,	起居無時
오로지 내가 편한 대로 한다네.	惟適之安
(…)	(…)
어지럽힘과 다스림을 모르니,	理亂不知
내쫓기거나 올려짐도 없다네.	黜陟不聞

원문은 왕희지체와 문인화로 유명한 명황조 말기 서화가 동기창의 글씨와 그림으로 인터넷에서 찾아볼 수 있어요.

그런 상허의 대표작이 바로 「해방 전후」(1946)였습니다. 40쪽의 길지 않은 분량인데, 고향인 철원으로 낙향하기 이전의 상황에 대한 묘사가 10% 남짓한 분량이고, 나머지는 철원에서 낙향생활에 대한 묘사와 1945년 해방부터 1946년 초까지 해방정국에 대한 묘사가 반분하고 있지요.

'이 한 걸음 한 걸음 절박해오는 민족의 최후'에 있어 '일본이 망하기'만을 기다리면서 '멀어야 이삼 년 동안' '살아 견디어내고 싶었다'는 대목은 비협력자(내지 비전향자)의 자기비판이라고 생각됩니다. 「8월 테제」에서 박헌영 선생이 요구한 것처럼, 단지 일제에 협력하지 않았다는 것이 아니라 반파시즘 투쟁에 참여하지 않았다는 것에서 '조선민족 전체가 엄숙히 자기비판을 하지 않으면 안 되겠다'는 것을 강조한 셈이거든요.

상허는 1943년에 '한 사조의 밑에 잠겨 살기' 위해 '백성은 아전을 볼 수 없고 개는 밤에도 짖지 않는다'(民不見吏, 狗不夜吠, 『후한서』)고까지 할 수는 없을지라도 그리던 고향 철원으로 낙향했는데, 그곳에서 3·1운동 주동자로 고초를 겪은 바 있는 김 직원(直員, 향교를 관리하는 선비) 영감과 교류하게 되었습니다. 그런데 아직도 봉건제에 대한 향수를 버리지 못한 김 직원 영감은 왕세자인 영친왕(순종의 23세 연하 작은동생)을 옹립하여 절대군주정을 복원하기를 희망했지요.

그런데 영친왕의 이복형이자 독립운동에도 관여하여 일제의 핍박을 받은 의친왕(순종의 3세 연하 큰동생)은 입헌군주정을 지지했고, 그런 이유로 대통령의 야망을 불태우던 이승만 박사에게도 핍박을 받았는데, 이해경 여사의 『나의 아버지 의친왕』(진, 1997)을 참고할 수 있습니다. 이번에 영국헌정사를 공부해보니 의친왕의 입헌군주정과 아울러 김성수 선생의 의원내각제를 채택하면 좋지 않았겠나 하는 생각이 들었어요. 그랬다면 오늘 '문재명 정부' 같은 악몽을 꿀 일은 혹시 없었을지도 모르니까요.

어쨌든 상허는 박헌영 선생의 「8월 테제」는 물론이고 찬탁운동에도 전폭 찬성하면서 임화·김남천 등과 민족문화의 해방과 건설을 위한 통일전선, 즉 인민전선에 참여했던 것입니다. 그는 해방이 '도둑같이 뜻밖에 왔다'(함석헌)는 통념을 반박하고 '조선사정에 [대한] 진실한 정신적 준비'와 '치밀한 관찰과 정확한 정세판단'에 연신 감탄하고 있거든요. 반면 해방을 임정이 '독립전쟁을 해 얻은' 것으로 착각한 김 직원 영감은 임정과 반탁운동을 지지했고요.

김윤식 선생은 「해방공간의 정신사」(『해방공간의 문학사론』, 서울대학교출판부, 1989에 실림)에서 임화가 전향 이후 10년을 방황하다 조공을 지지하면서 좌파 문학계로 복귀한 것을 『루가 복음』(그리고 『마태오 복음』)의 '되돌아온 악령'에 비유했습니다. '자기보다 더 흉악한 악령들 일곱'을 데리고 전에 살던 사람에게 돌아가서 그 사람의 형편을 '더 비참하게' 만든 '악령'이라면서 조공에 대한 지지를 비판한 것이지요. 아마도 1980년대 후반에 임화 흉내를 내던 선생 자신의 제자들에 대한 반감이 없지 않았던 것 같아요.

김윤식 선생은 같은 책에 실린 「이태준의 표정」에서 상허의 상고 취향에 대한 거부감을 표명하기도 했습니다. 김 선생이 가람을 추모한 「이병기론: 자생적 사상의 미학」(1970; 『(속)한국근대작가 논고』, 일지사, 1981에 실림)에서 이미 가람 시조의 한계를 '역사의식에 대한 맹목'에서 찾은 바 있다는 사실을 고려할 때 충분히 예상할 수 있는 일이었는데, 영남, 그 중에서도 일본의 영향이 강한 경남 출신인 김 선생에게는 아무래도 기호 사대부의 후예에 대한 반감이 없지 않았던 것 같아요.

「해방 전후」에 비견되는 작품이 임화의 후처 지하련의 「도정」(道程 (어디론가 가는 길), 1946; 『도정』, 현대문학, 2011에 실림)인데, 해방정국에서 어떤 전향자의 '내면풍경'을 묘사했습니다. 전향한 다음에 금광업자로 변신했던 친구가 공산당 최고간부로 또다시 변신한다는 에피소드는 아마 장안파를 비판한 것 같아요. 또 적산을 사유화하려는 노동자와 시민의 수라도(修羅道)도 묘사하고 있는데, 오장환 시인의 「병든 서울」 역시 마찬가지였지요.

(…)
오늘은 더욱 짐승보다 더러운 심사에
눈깔에 불을 켜들고 날뛰는 장사치
(…)

『효풍』(1948)을 발굴함으로써 해방 이후의 횡보 염상섭에 대한 연구를 촉발했던 김재용 교수가 발굴하여 『민족문학사 연구』 10호(1997)에 발표한 상허의 「먼지」(1950)에도 주목할 수 있습니다. 두 작품 모두 단정 수립을 비판하면서 민족해방전쟁의 필연성을 예고한다고 할 수 있는데, 특히 「먼지」는 북한의 단정 수립까지도 비판하고 있어요. 상허는 탁치 논쟁이 전개되던 1946년 여름에 월북하여 가을에 소련을 방문한 다음 『소련기행』(1947)을 쓰기도 했지요.

한국전쟁 전야에 발표된 「먼지」에 자전적 요소는 없어도 「해방 전후」의 후속작으로 간주할 수 있습니다. 「해방 전후」의 말미에서 상허는 김 직원 영감이 '세계사의 대사조 속에 한 조각 티끌처럼 아득히 가라앉아 간다'고 했는데, 상고주의자이자 민족주의자인 「먼지」의 주인공 한뫼 선생 역시 '역사의 먼지'가 되어버리거든요.

그런데 '역사의 먼지(dust)'는 보통 '역사의 쓰레기통'으로 번역되는 'the dustbin/dustheap of history'(트로츠키)를 연상시키는 말이기도 합니다. 'dust'는 'refuse'와 같은 말로 본래 쓰레기라는 뜻이었다가 '잊혀진 것'이나 '알려지지 않은 것'라는 뜻이 추가되었지요. 그래서 'the dustbin/dustheap of history'는 '망각의 피안'으로 번역하는 것이 오히려 더 나은 것이고요.

시집간 작은 딸을 따라 평양에 내려와 살던 고서적 장서가인 한뫼 선생은 오래간만에 서울에 올라와서 남조선이 모리배 세상이 되었다는 사실을 알고나서 '좌익, 우익이 따로 [없이] 눈 바로 배긴 사람은 다 [반대하는 정치]'라고 비판하면서도 북조선 역시 '아무리 잘하는 정치라두 통일과 멀어가는 정치'라고 비판했습니다. '불편부당'하고 '공정'한 중립파를 자임하다가 '역사의 먼지'가 되어버린 한뫼 선생은 다시 평양으로 내려가는 길에 한여울(한탄강)에서 피격·

사망하고 말지요.

해방정국의 유행어 중 하나가 모리배입니다. 주창윤 교수의 「해방 공간, 유행어로 표출된 정서의 담론」(『한국언론학보』, 2009년 10월)과 임세화 박사의 「모리배의 탄생 : 해방기 소설에 나타난 '빈자(貧者)'의 도덕과 '경제적 인간'의 정치학」(『상허 학보』, 50집, 2017)을 참고하세요.

또 깡패나 '가다'(肩, 어깨), 양갈보 등도 유행어였다고 하는데, 해방정국이 곧 불량배의 시대였음을 알 수 있습니다. 그런데 얼치기 사기꾼인 돌팔이를 뜻하는 '85전'(1원에 미달한다는 뜻)은 있었는데, 얼치기 깡패를 뜻하는 양아치는 없었던 것 같아요. 아마도 한국전쟁 이후의 유행어였기 때문인 것 같은데, 사실 해방정국에서 양갈보는 영어를 할 줄 아는 '유엔마담'으로 불량배가 '붙어먹고' 살 수 없는 특수계층이었거든요. 마치 『타짜』(2006)에 나오는 정 마담 역 김혜수 배우의 명대사 '나 이대 나온 여자야'라는 것처럼요.

흥미로운 것은 빨갱이를 가리키는 유행어도 있었는데, 1948년에 미국 연합통신사(AP)의 기자는 이렇게 분류했다고 합니다.

> 토마토: 속도 겉도 모두 새빨간 경우
> 수박: 속만 새빨간 경우
> 사과: 겉만 새빨간 경우

빨갱이의 외연이 확대되면서 1946-47년에는 탁치에 찬성하는 온건 좌파('수박')를 포함하다가 1947-48년에는 급기야 단정 수립에 반대하는 중도파('사과')까지 포함하게 된 사정을 반영한다고 할 수 있을 것 같은데, 이재명 대표 지지자들이 이런 사정을 알고나 수박 타령을 하는지 모르겠어요. 하기야 그들은 한국전쟁을 계기로 대거 출현한 바닥빨갱이의 후예를 자부하고 있겠지만요.

'한민당은 더럽고 공산당은 무섭다'던 정지용도 단정 수립 전후로 '좌경화'되었습니다. 지천명을 바라보던 그는 「조선시의 반성」(『정지용 시와 산문』, 깊은샘, 1988에 실림)에서 '정치·경제사나 계급혁명사나 민족해방투쟁사 등'에 대한 무관심을 자기비판하면서 결론에서는 두보의 오언율시 「장강과 한수」(江漢)의 전연을 인용했지요.

지는 해 앞에 마음은 오히려 씩씩하고
가을 바람에 병마저 나아지는 듯하다.
예로부터 늙은 말을 데리고 가는 것은
먼길을 타고 가려는 생각은 아니라네.

落日心猶壯
秋風病欲蘇
古來存老馬
不必取長途

그런데 정지용이 생략한 전구와 결구에 나오는 '길잡이로서 늙은 말'이란 『한비자』의 관중 고사에 나오는 것으로 그가 배우려는 '정치·경제·역사학도'로 해석할 수 있겠지요.

상허는 9·28 이후에 탈북할 수도 있었다고 하는데, 결국 북한에 남았습니다. 1957년에 남로당계로 숙청당했던 상허에게 1967년에 복권의 기회가 왔지요. 막 개시되고 있던 유일사상체계의 확립에 기여할 수 있는 기회가 주어졌던 것인데, 결국 거부했다고 하고요. 김홍균 기자의 취재노트 「월북작가 이태준의 '통곡의 가족사'」(『월간중앙』, 2000년 11월)를 참고하세요.

결국 상허의 가족은 '멸문지화'를 당하고 마는데, 「일제시대 최고의 문장가 이태준의 통한의 가족사」(KEYS, 7호, 2000년 11월)를 참고할 수 있습니다. 이 기사 첫머리에서 인용된 탈북시인 최진이가 상허 탄생 100주년 기념으로 발표한 「이태준 실화 소설」(『강원도민일보』, 2003년 12월~2004년 3월)도 읽을 만하고요.

상허 가족사 기사의 말미에 인용된 것처럼, 산속에서 농사를 짓고 사는 막내딸이 맏언니에게 한 말에 가슴이 먹먹해집니다.

> 난 아이들에게 문학 안 시키겠어. 농사일이 좋아. 일 년 땀 흘리면 그해 그해 결실이 열리잖아.

아버지의 선택이 자식들의 운명을 결정한 셈인데, 조국 교수가 입에 달고 사는 멸문지화와는 정반대 경우였어요. 역사의 법정에서 상허는 무죄인 반면 조 교수는 유죄이거든요. '문재명' 지지자 등의 발광으로 인해 한민족이 멸망해서 역사의 법정도 열리지 못하는 경우가 아니라면 말이에요.

『변신인형』(1987; 국역: 문학과지성사, 2004)에서 왕멍은 지식인이란 먼 사람을 즐겁게 해주려고 가까운 사람을 괴롭힐 수 있는데, 결국 먼 사람은 (즐겁게 해주지 못했으므로) 고마워하지 않게 되고 가까운 사람은 (괴롭혔으므로) 미워하게 될 수 있다고 했습니다. 물론 '정이 모자라기'(不及情) 때문에 '정을 버린'(忘情) 것이 아니라 '나랏일에 힘을 쓰면서 집안일에 힘을 아낀 것'(克勤於邦, 克儉於家, 『서경』)이지만요.

제가 딸아이 진로에 개입할 때마다 정운영 선생은 그러지 말라고 충고하곤 했습니다. 가장 결정적이었던 개입은 대학에 진학할 때였는데, 생물학과에 가겠다는 딸아이에게 이과는 유학을 가야 하니 안 된다고 했고, 문과도 법대는 못된 짓을 하기 십상이니 안 된다고 했거든요. 다행히 딸아이도 왜 그랬는지 이해해주는 것 같고, 또 저 역시 요즘은 하고 싶은 일을 하도록 뒷바라지만 하고 있지요.

이런 이야기까지 하는 데는 물론 이유가 있습니다. 김수행 교수와 정운영 선생 사이에서 한 가지 중요한 차이는 자식에 대한 태도의 차이였고, 그것이 제게는 충격적이었거든요. 김 교수는 세 아들을 영국인으로 키웠고, 그들을 위해 런던에 주택까지 매입해주었지요. 그렇게 하려고 외환을 '불법으로' 송금한 혐의가 한신대에서 축출된 중요한 이유 중 하나였고요.

반면 정운영 선생은 두 딸과 함께 귀국하여 한국인으로 키웠습니다. 그 과정에서 얼마간 마찰이 생기기도 해서 제게 그런 충고를 했던 것 같고요. 그러나 저로서는 남의 집 자식에게는 마르크스가 어쩌고 레닌과 모택동이 저쩌고 하면서 제 자식은 유학을 보내고 판검사가 되라고 뒷바라지를 할 수는 없었지요. 김수행 교수의 처신은 사기 행각이었다는 제 생각은 여전히 변함이 없어요.

질의와 응답

발리바르식 포스트마르크스주의에 대한 비판

— 『한국사회성격 논쟁 (II)』의 「종합토론」에서 발리바르가 자기비판과 전향 사이의 '좁은 길'을 걷는다고 하신 적이 있는데요.

— 『마르크스의 철학』(1993) 영역본 신판(2017)의 「서론: 알튀세르의 마르크스주의에서 마르크스의 여러 철학들로?」는 독어판 「후기」(2013)이기도 한데, 발리바르는 여기서 지난 20년 동안의 입장 변화를 설명하고 있습니다. 한 마디로 말해서 마르크스주의의 위기 속에서 자기비판을 통해 마르크스주의의 전화 내지 일반화를 추구하려던 알튀세르의 시도를 포기하고 포스트마르크스주의로 전향하겠다는 선언이라고 할 수 있겠지요.

진태원 교수와 배세진 박사 같은 그의 후배/제자는 바로 이 점에 착안하여 제가 발리바르를 잘못 해석하고 있다고 주장해왔습니다. 2007-09년 금융위기를 계기로 발리바르의 입장이 변화하고 있다는 점은 저도 이미 느낀 바 있었지요. 그런데 저는 발리바르의 제자가 아니라 알튀세르의 제자였기 때문에 발리바르를 따라 자기비판을 포기하고 전향하지는 않았던 것이에요.

진태원 교수 등은 발리바르의 이런 입장 변화가 알튀세르에게로 소급되는 것이기도 하므로 제가 알튀세르도 잘못 해석하고 있다고 주장하기도 합니다. 그러나 알튀세르와 발리바르의 연속성은 『대중의 공포』(1997)의 번역자 최원 박사가 주장한 알튀세르와 발리바르의 단절성에 비해서 무리가 많다는 생각이 들어요. 물론 최 박사가 단절성을 과장한 것도 사실인데, 단절성은 『대중의 공포』 이후 오랜 기간에 걸쳐 점차 형성되어온 것이기 때문이지요.

그런데 『알튀세르: 하나의 지적 모험』(*Althusser: An Intellectual Adventure*, 2017)이라는 다큐멘터리를 보고 알튀세르와 저 사이에도 차이가 있을 수밖에 없었다는 사실을 새삼 깨닫게 되었습니다. 2018년 알튀세르 탄생 100주년을 기념해서 제작된 이 다큐멘터리는 발리바르와 뒤루 같은 제자들의 회고로 구성된 것인데, 영어 자막이 달린 판본(https://www.youtube.com/watch?v=udBCW6wwbjA)을 유튜브로 구해볼 수 있습니다.

다큐멘터리의 첫머리는 알튀세르가 1980년 11월 비극 직전인 4월에 이탈리아방송협회(RAI)와 가진 최초의 텔레비전 인터뷰입니다. 그런데 여기서 그는 '가톨릭이었기 때문에 공산주의자가 되었다'고 고백하고 있어요. 가톨릭과 공산주의는 보편주의 내지 국제주의이고, 가톨릭보다는 공산주의가 현대적이기 때문에 그럴 수 있었다는 뜻일 것 같아요.

바로 이 대목에 제가 주목했던 것인데, 저는 '사대부의 후예였기 때문에 공산주의자가 되었다'고 생각하기 때문입니다. 사대부, 그 중에서도 기호 사대부의 유학과 경제학 내지 마르크스주의는 경세학이고, 유학보다는 경제학 내지 마르크스주의가 현대적이기 때문에 그럴 수 있었다는 뜻이지요.

알튀세르의 마르크스주의는 스피노자를 거쳐 예수로 소급하는 반면 저의 마르크스주의는 스미스를 거쳐 공자로 소급하는 것입니다. 달리 말해서 알튀세르는 예수-스피노자-마르크스의 제자인 반면 저는 공자-스미스-마르크스의 제자라고 할 수 있겠지요. 제가 몇 년 전에 이메일 아이디를 천리안의 'spinmax'에서 네이버의 'con-max'로 바꾼 것은 이 때문이에요.

하기야 저는 늘 알튀세르의 제자인 동시에 박현채 선생의 제자임을 자부해왔는데, 박 선생 역시 기호 사대부의 후예였습니다. 저를 아껴주던 정운영 선생은 얼마간 다른데 영남 사대부의 후예이면서 가톨릭이었거든요. 지난 10년 동안 제가 한국사회성격 논쟁의 회고에 진력했던 것도 역시 박 선생의 유훈을 계승하려는 시도라고 할 수 있겠지요.

다큐멘터리의 끝에서 발리바르는 엘렌교살사건이 '알튀세르와의 거울상 관계로부터 해방'의 계기였다고 고백하고 있습니다. 거울상이 스승을 모방하는 제자라는 뜻이라면, 알튀세르에 대한 발리바르의 거리두기는 『대중의 공포』가 출판된 1997년을 전후하여 두 단계로 진행되었다고 할 수 있겠는데, 비유하자면 전기중상주의와 후기중상주의라고 할 수도 있겠지요.

저는 1997년까지 알튀세르와 발리바르의 차이를 그다지 느끼지 못했는데, 전기중상주의는 후기중상주의와 다르게 봉건제와 본질적으로 동일했기 때문입니다. 그러나 1997년부터, 특히 2007-09년 금융위기 이후에는 점차 차이를 느꼈는데, 요즘 그의 글을 읽으면 '랍비의 박식한 설교'를 듣는다는 느낌이에요. 때로는 스피노자가 말한 '객설'(bavardage, chatter) 내지 '망상/미망'(délire, delusion) 같기도 하다는 느낌까지 들고요.

1970년대에 독일 마르크스주의자들은 알튀세르와 달리 발리바르의 스타일이 '무협지 같다'(ritterlich)고 비판한 적이 있는데, 저는 물론 동의하지 않았습니다. 그런데 라비카(Georges Labica)가 승계해준 파리10대학(낭테르) 철학교수직을 8년 만인 2002년에 포기하고 미국에 이어 영국에서 활동하면서 그런 스타일이 점차 눈에 띈다는 것을 저로서도 부정할 수는 없어요. 물론 소오강호(笑傲江湖, 정통문파를 비웃으며 강호를 떠돈다)라고까지 할 수는 없겠지만요.

어쨌든 2007-09년 금융위기가 하나의 전환점이었다는 방증으로 「목적론 대 종말론」(2006; 국역: 『일반화된 마르크스주의의 경계들』에 실림)의 결론을 인용해두겠습니다. 이 글에 대한 해석은 『역사학 비판』을 참고하세요.

> 이미 관찰될 수 있는 [신자유주의적 금융세계화의] 하나의 결과는 마르크스주의의 복귀가 조만간 실현될 수 있고 또 실현될 것이라는 사실이다. 그런데 어떤 형태로 실현될까? 전적으로 이것이 문제다.(…)마르크스주의는 [데리다가 주장한 것처럼 종말론적 정의론이 되는 대신 알튀세르가 주장한 것처럼] 또다시 하나의 과학 또는 이데올로기가 될 것이다. [조직화된 지주(정당, 포럼, 네트워크,…)가 있든 없든 간에 말이다.] 이것이 좋은 일일까? 마르크스주의의 기각이 필수불가결한 비판적 도구를 우리로부터 박탈했다는 사실을 고려할 때, 어쨌든 이것이 전적으로 나쁜 일일 수는 없다.

— 발리바르가 말하는 포스트마르크스주의란 무엇인가요?

— "Philosophy and the Frontiers of the Political: A Biographical-Theoretical Interview" (*Iris*, April 2010)부터 "Bifurcation in the 'End' of Capitalism" (2016; in *The Global Left: Yesterday, Today, Tomorrow*, Routledge, 2022)까지 일련의 논문과 인터뷰에서 그는 포스트마르크스주의를 모색하고 있습니다. 그리고 그 핵심은 자본주의에 대한 새로운 개념화라고 할 수 있고요.

발리바르는 월러스틴의 '역사적 자본주의'(historical capitalism) 개념의 대안으로 '포스트역사적 자본주의'(post-historical capitalism) 개념을 제안하고 있습니다. 그가 말하는 포스트역사적 자본주의는 '순수(pure) 자본주의', 달리 말하자면 그냥 '자본주의'이고 월러스틴이 말하는 역사적 자본주의는 '자본주의로의 이행'일 따름이라는 것이지요. 따라서 역사적 자본주의의 분기 내지 구조적 위기라는 개념도 기각해야 한다는 것이고요.

발리바르는 포스트역사적 자본주의를 '절대적 자본주의'(absolute capitalism)로 이론화하려고 시도합니다. 신자유주의적 금융세계화의 귀결인 절대적 자본주의란 '일반화된 착취'와 '총체적 포섭'으로 특징지어지는데, 전자는 생산과 함께 보건의료와 교육 같은 재생산에서도 자본의 착취가 발생한다는 의미이고, 후자는 자본이 노동과 생활이라는 '인간학적 장벽'을 소멸시킨다는 의미이지요.

동시에 발리바르는 공산주의란 생산양식이 아닌 운동, 즉 절대적 자본주의에 저항하는 '다양한 집단적 주체들'의 운동으로 정의된다고 주장합니다. 또 이런 정의가 『독일 이데올로기』에서 마르크스와 엥겔스가 제시한 '달성해야 할 미래의 상태'가 아니라 '현재의 상태를 지양하는 현실의 운동'으로 정의되는 공산주의의 복원이라고 주장하고요. 그런데 마르크스와 엥겔스의 공산주의는 사회운동화된다고 하더라도 여전히 노동자운동인 반면 발리바르의 공산주의는 노동자운동보다는 오히려 다양한 사회운동이에요.

발리바르가 주장하는 포스트역사적-절대적 자본주의라는 개념에 호응할 사람이 얼마나 있을지 궁금합니다. '이론적 역사로서 경제학'을 지향한 스미스의 『민부론』을 '역사과학으로서 경제학 비판'으로 발전시킨 것이 마르크스의 『자본』이었고, 그런 시도가 그로스만을 거쳐 뒤메닐과 아리기로 계승되었다는 저의 입장에서 그의 주장은 황당할 따름이에요. 진태원 교수 등에게는 마르크스주의나 경제학·사회과학은 몰라도 된다는 복음처럼 들리겠지만요.

"Bifurcation in the 'End' of Capitalism"과 거의 동시에 발표된 "Critique in the 21st Century: Political Economy Still, and Religion Again" (*Radical Philosophy*, Nov. 2016)에서 발리바르는 마르크스주의가 '사회철학'으로서 '사회과학'의 이론적 목적과 실천적 기능을 규정한다고 주장하고 있습니다. 나아가 마르크스주의가 '세속종교'(secular religion)인 사회주의에 대한 이론으로서 종말론적 '정치신학'이라고 주장하고 있고요.

이런 주장과 함께 발리바르는 종교와 문화의 차이에 대한 새로운 인식을 제시하고 있습니다. 그가 「보편의 상 아래에서」(2006; 국역: 『일반화된 마르크스주의의 쟁점들』에 실림)에서 제시한 '번역가능성'(translatability)과 '초공동체적'(transcommunitarian) 교통은 문화가 아닌 종교에는 적용될 수 없다는 것이지요. '종교 비판'과 분리된 마르크스주의적 '경제학 비판'의 정정으로서 '종교 비판'과 결합된 포스트마르크스주의적 '경제학 비판'을 제안하는 것도 결국 이 때문이라는 것이고요.

종교에 대한 발리바르의 관심은 이른바 '세속주의'(laïcité)를 표방하는 프랑스에서 이슬람과의 갈등이 심각하기 때문입니다. 세속주의란 단순한 정교분리가 아니라 '시민종교'(religion civile, 루소)로서 공화주의라는 프랑스 고유의 정치이념이지요. 물론 포스트마르크스주의적 정치철학이 기독교로의 '(재)전환'((re)turn)을 시도하는 동시에 정치신학화하는 경향과도 무관하지는 않은 것 같고요.

포스트마르크스주의적 정치신학에 대해서는 John Roberts, "The

'Return to Religion': Messianism, Christianity and the Revolutionary Tradition", *Historical Materialism*, 2008 Nos. 2 & 3; Roland Boer, "The Perpetual Allure of the Bible for Marxism", *Ibid*, 2007 No. 4 등을 참고할 수 있습니다. 포스트마르크스주의적 정치신학을 주도하는 사람은 예의 바디우인데, 기독교적 공산주의를 원형으로 하는 '공산주의 상수론'에서 이미 짐작할 수 있었던 일이지요.

그런데 발리바르가 말하는 종교란 유럽과 서아시아의 일신교에 국한되는 것입니다. 또 유럽의 기독교, 특히 프랑스 같은 라틴유럽의 가톨릭과 서아시아의 이슬람 사이의 번역불가능성과 초공동체적 교통의 불가능성을 특권화하는 것이고요. 쉽게 말해서 불교, 특히 중국화된 불교로서 선종에는 해당되지 않는다는 것이에요.

기독교와 선종의 차이는 구원 개념과 성불 개념의 차이로 집약되는 것입니다. 쉽게 말해서 예수는 그리스도(구원자)이자 길(진리·영생)인 반면 싯다르타는 견성성불(見性成佛, 자신의 본성을 깨달아 부처가 됨)한 여러 부처 중 하나이므로 역시 길이라고 할 수도 없다는 것이지요.

나는 길이요 진리요 생명이다. 나를 거치지 않고서는 아무도 아버지께 갈 수 없다.

부처를 만나면 부처를 죽이고 조사(祖師)를 만나면 조사를 죽여라(殺佛殺祖).

전자는 기독교 최초의 신학서인 『요한복음』에서의 인용이고, 후자는 달마와 혜능(조계대사) 이후 최고의 선사인 임제의 법어이지요.

기독교와 불교의 이런 차이는 결정적입니다. 그래서 『봉건제론: 역사학 비판』에서 베버의 후예였던 카를 야스퍼스(Karl Jaspers)와 슈무엘 아이젠슈타트(Shmuel Eisenstadt)의 기축시대(Achsenzeit, Axial Age) 개념에 주목하면서 유다교/기독교나 플라톤/아리스토텔레스 철학과 공자/맹자의 유학을 구별한 것이지요. 그러면서 유학의 종차(種差, differentia specifica)를 경세학에서 발견한 것이고요.

불교에도 미륵불이라는 구원자가 있었는데, 다만 예외적이었고 주변적이었습니다. 백련교의 미륵신앙이 농민전쟁의 이데올로기가 될 수 있었던 것은 명교(마니교)의 종말론과 결합했기 때문이에요. 그리하여 원명교체기의 홍건군부터 청말의 의화단운동까지 명·청대의 농민전쟁에서 백련교가 주도적 역할을 했던 것이지요. 나말여초에 미륵불을 자처한 궁예에게 종말론 신학은 없었던 것 같고요.

마지막으로 마르크스주의를 경세학이 아니라 일종의 종말론으로 인식하는 것은 앞에서 언급한 반마르크스주의자 베르댜예프의 지론이었다는 사실을 지적해두겠습니다. 그는 마르크스주의가 유다교적-기독교적 종말론의 세속화된 판본이라고 주장했지요. 레닌이 소련의 건국을 앞두고 그를 '철학자의 배'에 태워 추방한 것은 당연한 일이었어요. 스탈린처럼 처형하지 않았던 것은 레닌에게 시빌리티가 있었기 때문이고요.

베르댜예프의 지론은 한스 켈젠(Hans Kelsen)의 제자인 에리히 푀겔린(Eric Voegelin)에 의해 한층 확대되었습니다. 그는 전체주의의 정치이념이란 '세속종교', 심지어 '세속적 종말론으로서 현대적 그노시스주의'라고 주장했지요. 나아가 카를 뢰비트(Karl Lowith)는 마르크스주의를 포함한 현대적 정치이념은 모두 유다교적-기독교적 종말론의 세속적 판본이라고 주장한 바 있고요.

— 진태원 교수 등의 입장은 무엇인가요?
— 진 교수는 「필연적이지만 불가능한: 한국에서 알튀세르 효과」에서 저와 과천연구실의 작업을 폄훼하고 있습니다. 이 글은 『이론』 창간호에서 정운영 선생이 소개한 바 있는 프랑스의 *Actuel Marx*에 기고한 글의 한글판인데, 저뿐만 아니라 남한 좌파 전체를 폄훼하면서 자신과 자신의 후배/제자를 국제적으로 홍보하는 글 같아요. 그래서 정성진 교수의 『마르크스주의 연구』에는 싣지 못하고 『황해문화』(2020년 가을)에 실은 것이 아닐까 하는 생각도 들고요.

특히 저에 대해서 진태원 교수는 『캉디드』(*Candide*, 1759; 국역: 열린책들, 2009)에서 볼테르가 말한 것처럼 '비방과 욕설'(médisance et sottises)로 일관하고 있습니다. 그는 한국사회성격 논쟁에서 제가 발리바르와 짜골로프를 결합시킨 것은 '견강부회'였고, 나아가 과천연구실 최초의 성과인 『마르크스주의의 전화와 '인권의 정치'』는 알튀세르와 발리바르를 비롯한 다른 연구자들의 '짜깁기'였다고 주장하고 있어요. 이유는 제가 '소화하기에는 너무 난해할 뿐더러 너무 광범위한 주제'였다는 것이고요.

그런데 저로서는 한국사회성격 논쟁이나 마르크스주의의 일반화에 기여한 바가 전혀 없는 진태원 교수가 어떻게 제가 돌팔이 내지 사기꾼인 줄 아는지 궁금할 따름입니다. 한국사회성격 논쟁과 함께 마르크스주의의 일반화는 그가 '소화하기에는 너무 난해할 뿐더러 너무 광범위한 주제'였거든요. 그의 주장은 역시 볼테르가 말했던 '개똥철학'(mauvais raisonnements, 사이비 토론)이나 '가짜뉴스'(fausses nouvelles)일 따름인데, 그에 대해 개인적으로 얼마간 알고 있는 저로서는 그냥 '무지의 발로'라고 치부하고 있지요.

배세진 박사는 조금 다른 것 같은데, 『마르크스주의 연구』(2023년 1호)에 실은 「알튀세르의 철학적 유산을 상속받기 위한 필연적이면서도 불가능한 시도」를 보면, 저를 돌팔이나 사기꾼으로 취급하는 것 같지는 않아요. 물론 진태원 교수나 심지어 자신에게도 배울 것이 많다고 주장하는 것을 볼 때 나중에 관록이 붙으면 진 교수처럼 자고자대(自高自大, 스스로 높고 크게 여김)할지도 모르겠다는 생각이 들기도 하지만요.

배세진 박사는 제가 두 개의 원인론을 포기하면서 이데올로기론을 제도론으로 대체했다고 비판하고 있습니다. 그러나 알튀세르의 이데올로기적 국가장치론에서처럼, 이념과 제도는 양자택일의 문제가 아니고 게다가 이념보다 제도가 우선하는 것이지요. 또 역사과학으로서 경제학 비판과 함께 '인권의 정치로서 이데올로기 비판'을 포기한 것은 발리바르 자신이었고, 그 결과 역사철학은 아니더라도 정치철학으로 회귀한 것 같고요.

발리바르가 인권의 정치 대신에 주장하고 있는 '민주정의 민주화'

나 '갈등적 민주정'은 대안세계화운동 이후에 출현한 아랍의 봄이나 오큐파이운동 같은 좌파 인민주의운동에 너무 관대한데, 이른바 '1968년 혁명'을 재평가하려는 것도 이 때문인 것 같아요. 또 다양한 집단적 주체들의 운동으로서 공산주의라는 새로운 정의를 제시하려는 것도 이 때문인 것 같고요.

저는 진태원 교수 등이 주장하는 포스트아나키즘이 발리바르식 포스트마르크스주의와 동일할 리는 없다고 생각합니다. 하기야 진 교수는 저를 비판할 때나 알튀세르와 발리바르를 인용하고 있고 그 밖의 경우에는 오히려 푸코를 비롯해서 다양한 니체주의적 포스트구조주의자를 추종하고 있어요. 그는 본래 마르크스주의자가 아닌 니체주의자였거든요. 사실 진 교수 등은 알튀세르의 효과나 유산은 '필연적이지만/필연적이면서도 불가능하다'고 주장하는데, 그 핵심은 불가능하다는 데 있지요.

2008년 광우병 소동, 2014년 세월호침몰사건 등을 계기로 전개된 일련의 '계속적'(?) 촛불혁명의 와중에 진태원 교수가 이른바 '을의 민주주의'라는 이름으로 인민주의를 주창했습니다. 그래서 제가 진 교수나 그의 후배/제자의 포스트아나키즘을 비판했던 것이에요. 그 덕분에 진 교수가 '문재명 정부'를 추종하는 학비(學匪, 학술비적)로 『한겨레신문』에 발탁될 수 있었던 것 같지만요. 마치 김윤식 교수를 무고한 덕분에 『한겨레신문』에 발탁된 이명원 비평가처럼요.

전간기 독일에서 '보수혁명'

— 발리바르가 슈미트에게 관심을 갖는 것은 무슨 이유인가요?
— 절대적 자본주의를 '홉즈적 자연상태의 일반화'로 인식하면서 슈미트의 홉즈론에 주목하는 것 같습니다. 슈미트의 『토머스 홉즈의 국가론에서 리바이어던』(1938)의 불역본에 대한 머리말인 "Schmitt's Hobbes and Hobbes's Schmitt" (2002, in *Balibar and the Citizen Subject*, Edinburgh University Press, 2017)가 대표적이지요.

나아가 슈미트에 대한 발리바르의 관심은 라클라우와 함께 좌파 인민주의론을 주창하는 그의 파트너 샹탈 무프(Chantal Mouffe)가 자유민주정을 비판하기 위해 슈미트의 복권을 시도하기 때문이기도 한 것 같습니다. 발리바르가 주장하는 갈등적 민주정이나 민주정의 민주화 역시 자유민주정에 대한 대안을 모색하는 것으로 인민주의 내지 파시즘의 위험에 대한 관심은 별로 없는 것 같아요.

슈미트는 하이데거와 함께 히틀러를 지지한 대표적인 보수주의 지식인이었던 반면 이미 언급한 융 역시 히틀러에 반대한 대표적인 보수주의 지식인이었습니다. 바이마르공화국에서 다양한 보수주의 지식인이 출현한 것을 두고서 '보수혁명'(Konservative Revolution)이라고 부르기도 하는데, 그들은 히틀러의 집권을 둘러싸고 찬반 양론으로 분열되었지요.

슈미트에 대한 소개로는 Lars Vinx, "Carl Schmitt", in *Stanford Encyclopedia of Philosophy*, 2019를 참고할 수 있습니다. 또 Peter Caldwell, "Controversies over Carl Schimitt", *Journal of Modern History*, June 2005; David Dyzenhaus, "Why Carl Schmitt?", in *Law as Politics: Carl Schmitt's Critique of Liberalism*, Duke University Press, 1998도 참고할 수 있고요.

토크빌이 영국이나 미국과 달리 프랑스에서 정치가 종교전쟁으로 변질된 것은 자코뱅 때문이라고 비판한 적이 있는데, 자코뱅의 후예를 자처한 슈미트도 정치를 종교전쟁으로 인식했습니다. 종교전쟁적 정치관을 특징짓는 것은 '피아의 구별'을 통해서 배제와 절멸을 정당화하는 '진영의 논리'이지요. 나아가 진영의 논리를 관철시키기 위해서는 일체의 '혁명적 행위'가 초래하는 정치적 위험을 필요악으로 감수해야 한다는 것이고요.

이 점에서 파시즘과 스탈린주의는 모두 자코뱅의 후예라고 할 수 있습니다. 자코뱅이 'people's enemy'(인민의 적)인 'enemy people'(적대인민)을 설정한 것처럼, 파시즘과 스탈린주의는 'nation's enemy'(민족의 적)인 'enemy nation'(적대민족)과 'class enemy'(계급의 적)

인 'enemy class'(적대계급)를 설정한 셈이거든요.

　나아가 슈미트는 정치와 도덕의 차이를 강조했는데, 선악을 구별하는 도덕과 달리 정치는 적군과 우군을 구별한다는 것입니다. 쉽게 말해서 '선인이 적군일 수 있고, 악인이 우군일 수 있다'는 것이지요. 이른바 '조국 사태'의 와중에 윤석열 검찰총장이 '피아를 구별하지 못한다'는 비난이 제기되었는데, 웬 헛소리인가 했더니 이런 심오한 철학적 근거가 있었더군요.

　그런데 발리바르의 해설에서 홉즈에 대한 슈미트의 관심이 특히 합법/불법조직(lawful/unlawful system)에 대한 구별이었다는 사실을 알게 되었습니다. 홉즈의 불법조직에는 불량배조직 이외에 반국가조직과 비정규조직(irregular system)이 있는데, 그는 휘그나 청교도 같은 비정규조직이 반국가조직화되면서 가톨릭 같은 기존의 반국가조직을 대체했다고 주장하기도 했지요.

　그러나 반국가조직은 국가의 입장일 따름이고 반국가조직의 입장에서는 국가를 전복하려는 혁명조직일 수 있습니다. 또 반국가조직으로서 혁명조직은 불법조직이라는 측면에서 불량배조직과 친화성이 있을 수 있고요. 반체제활동가(dissident)와 불량배(delinquent)가 혼효되는 것은 이 때문일 것 같은데, 결국 피아의 구별은 선악뿐만 아니라 합법/불법의 구별과도 무관한 셈이지요. 마르크스가 라보엠이라 부르고 레닌이 출세주의자와 투기꾼이라 부른 불량배가 혁명 과정에 개입하는 이유를 이렇게 설명할 수도 있겠지요.

　최근에 발리바르가 인권의 정치 대신 주장하는 '민주정의 민주화' 내지 '갈등적 민주정'은 구성(constitution)에 우선하는 봉기(insurrection)를 확대 해석한 결과라고 할 수 있습니다. 구성은 제도적 질서로서 국가 내지 헌정을 의미하는 반면 봉기는 국가에 대한 반역 내지 헌정 중단을 의미하는데, 인권의 정치와 달리 민주정의 민주화나 갈등적 민주정에서는 반체제활동가의 반역과 불량배의 반역을 구별할 수 없게 되었거든요. 마치 위화가 증언한 것처럼 '반역은 정당하다'(造反有理)라는 구호 아래 '어떤 불량배짓(胡作非爲)이더라도 혁명적 행위로 간주된다'는 것이에요.

그런데 마르크스주의자는 물론이고 아나키스트도 불량배로 간주되는 것을 싫어하는 것 같습니다. 현실사회주의가 붕괴하던 와중에 아나키스트가 기록하는 혁명사로써 '사기꾼들(imposteurs)이 독점하고 또 다른 사기꾼들이 기록하는' 역사를 고발하는 미셸 라공의 『패자의 기억』(1990; 국역: 예하, 1992; 재출판: 책세상, 2014)을 한번 읽어보세요. 마르크스주의적 혁명사와 대조하면서요.

라탱구 인근 센강 좌안에서 '자신의 유일한 재산(seul avoir)인 장서를 헐값에 팔아치우는 헌책장수(bouquiniste)'의 일대기를 묘사하면서 라공은 아나키스트를 자처하는 불량배를 쉽게 구별할 수 있는 방법을 강조하고 있는데, 진정한 아나키스트는 고기나 술을 먹고 마시는 것보다 책 읽는 것을 더 좋아하기 때문이라는 것이었지요.

라공은 불량배를 의미하는 10여개의 단어를 동원하는데, 그 중에서 특히 볼테르가 경계한 'canaille'(카나이)에 주목할 수 있습니다. 과거 천민을 가리키기도 했던 이 단어가 프랑스식 '바닥빨갱이'를 의미할 수도 있거든요. 'canaille'는 'racaille'(라카이)와 같은 말인데, 그런데 발리바르가 지적하듯이, 요즘 'racaille'가 스스로 'caillera'(카이라)라고 하는 '백슬랭'(back slang, 철자를 전도한 속어)이 유행한다고 하지요. 마치 '조야하다'(rude)고 비판받은 스탈린이 스스로 '상놈'(a crude man)임을 자인한 것과 비슷한 것 같아요.

— 보수혁명에 대해서도 설명해주세요.
— 간단한 소개로는 전진성 교수의 『보수혁명: 독일지식인들의 허무주의적 이상』(책세상, 2001)과 위키피디아의 「보수혁명」 항목을 참고할 수 있습니다. 보수혁명가는 크게 청년보수파와 민족혁명파로 구별할 수 있고, 또 청년보수파는 친나치파와 반나치파로 구별할 수 있다고 하지요.

그러나 그들은 모두 'das Volk', 나치처럼 말하자면 '피와 땅'(Blut und Boden)을 중시한다는 점에서 보수주의자였습니다. 그들은 계몽주의에 반대하는 반자유주의자였는데, 영국에서 보수주의자가 계몽주의에 찬성하면서 자유주의자와 타협과 합의를 이룬 것과 대조적이었지요. 자유주의자와 보수주의자의 관계가 계몽주의의 문제로 소급한다는 사실을 확인할 수 있는 대목이에요.

낭만주의자의 후예인 청년보수파는 바이마르공화국과 동시에 제2제국에 대한 대안을 추구했는데, 그들이 청년보수파라고 불린 것은 제2제국의 노장보수파와 대조된다는 의미였습니다. 청년보수파는 말하자면 '제3제국'을 지향했던 것이지요. 그러나 슈미트나 하이데거 같은 친나치파만 있었던 것이 아니에요. 슈타우펜베르크나 융 같이 나치에 반대했던 청년보수파도 있었는데, 대통령내각의 수장이었던 브뤼닝, 파펜, 슐라이허도 마찬가지였다고 할 수 있지요. 이들 청년보수파는 나치의 인민주의나 인종차별주의/반유다주의에 반대했던 것이에요. 바르트, 본회퍼와 함께 고백교회를 지도한 니묄러 역시 반나치 청년보수파였고요.

역사철학자인 슈펭글러도 청년보수파였는데, 『서양의 몰락: 세계사형태론의 개요』(*Der Untergang des Abendlandes: Umrisse einer Morphologie der Weltgeschichte*, 1918/22)라는 대저에서 역사신학으로서 역사철학을 선언한 셈입니다. 마치 슈미트가 정치신학으로서 정치철학을 선언한 것처럼요. 그런데 슈펭글러는 1936년에 죽음을 앞두고는 '10년 안에 독일제국은 더 이상 존재하지 않을 것이다'라고 예언하기도 했다고 하지요.

슈펭글러가 제시한 역사신학으로서 역사철학은 목적론적 역사학의 대안으로서 종말론적 역사학 내지 묵시론적 역사학이었습니다. 목적론적 역사학의 대표자는 볼테르였는데, 그는 신학적 역사학의 대안으로서 철학적/이론적 역사학이 '구원이라는 기독교적 소망을 향상적 진보라는 무한한 희망으로 세속화했다'고 주장한 바 있지요. 앞에서 인용했던 「목적론 대 종말론」에서 발리바르는 알튀세르가 추구한 역사과학으로서 경제학 비판이 목적론도 아니고 종말론도 아니라고 주장했는데, 그런 주장에 대한 저의 해석은 역시 『역사학 비판』을 참고하세요.

1차 세계전쟁의 참전군인 출신으로서 '잃어버린 세대'(Verlorene Generation, Lost Generation)인 민족혁명파의 특징은 '모험심'(das abenteurliche Herz)으로 충만한 '모험가'(der Abenteurer)라는 데 있었습니다. 청년보수파가 중장년층 이데올로그인 반면 민족혁명파는 청년층 행동파였거든요. 전후에 슈미트도 자신을 '하나의 지적 모험가'(ein intellektueller Abenteurer)라고 불렀지만요. 알튀세르 다큐멘터리에 '하나의 지적 모험'(An Intellectual Adventure)이라는 부제를 붙인 것은 무슨 특별한 이유가 있는 것 같지는 않고요.

범이슬람주의와 파시즘의 친화성을 강조한 허프가 프랑크푸르트 학파의 입장에서 보수혁명을 비판했다는 사실도 지적해두겠습니다. J. Herf, *Reactionary Modernism: Technnology, Culture, and Politics in Weimar and the Third Reich*, Cambridge University press, 1984; "Comments on the Frankfurt School's Critical Theory", in *The Weimar Moment: Liberalism, Political Theology, and Law*, Lexington Books, 2012를 참고하세요.

그러나 프랑크푸르트 학파의 한계에도 주목해야만 할 것입니다. 프랑크푸르트 학파는 칼 포퍼의 신실증주의를 비판하면서 베버의 인문학적 사회학으로 회귀했는데, 이 점에서 프랑크푸르트 학파는 신칸트주의의 좌파적 후예라고 할 수 있지요. 신칸트주의 대표자인 리케르트는 법칙정립적(nomothetic) 자연과학이 아닌 개성묘사적(ideographic) '문화과학'의 철학, 즉 보편화가 아닌 개별화의 철학을 주장한 것으로 유명했지요. 그리고 베버는 리케르트의 문화과학의 철학을 매개로 랑케의 실증사학과 리스트의 역사학파를 인문학적 사회학으로 변모시킬 수 있었고요.

프랑크푸르트 학파의 한계는 앞에서 지적한 독일적 자유주의자와 보수주의자 사이에서 타협과 합의가 불가능했다는 특수성과도 관련된다고 할 수 있습니다. 독일적 경제학으로서 역사학파의 대표자인 좀바르트는 보수혁명을 지지했던 반면 독일적 사회학의 대표자인 베버는 바이마르공화국을 지지했거든요. 그런데 1년 연상인 좀바르트가 1941년까지 장수했던 반면 베버는 1920년에 요절했어요.

저는 사실 베버에 대해서는 공부한 적이 없습니다. 그래서 이번에 그의 강연록 『직업으로서의 학문』(나남출판, 2006)과 『직업으로서의 정치』(나남출판, 2007)를 읽어본 것인데, 그에게도 배울 것이 있다는 사실을 알게 되었지요. 『학문』은 1917년 11월 7일의 강연이었는데, 같은 날 러시아혁명이 발발했고, 『정치』는 1919년 1월 28일의 강의였는데, 10일 전에 강화회의가 개시되었고 또 13일 전에는 로자와 리프크네히트가 나치당 돌격대의 전신이었던 사민당 의용군에게 암살당했지요.

혁명과 패전의 와중에 진행된 이 두 강연은 1920년에 스페인 독감으로 사망한 베버의 유언이라고 할 수 있습니다. 그가 말하는 직업은 독어로 'Beruf', 영어로 'vocation'인데, 두 가지의 의미가 있어요. 먼저 생업인데, '그 직업으로 산다'(von dem Beruf leben, live by the vocation)는 말처럼 수단으로서 직업이 있지요. 그러나 베버는 학문이나 정치는 소명, 즉 '그 직업을 위해 산다'(für den Beruf leben, live for the vocation)는 말처럼 목적으로서 직업이어야 한다고 강조한 것이지요.

소명으로서 직업은 '잘 할 수 있는 일을 한다'는 의미로 칼뱅교파나 청교도에게는 익숙한 것이라고 합니다. 유가의 직업 개념 역시 비슷하다고 할 수 있고요. 반면에 '잘 할 수 없는 일이더라도 해야 한다는' 루터교파나 가톨릭에게는 직업이 운명(Schickung, fate)인데, 가톨릭인 나폴레옹도 '정치는 운명(fatalité)'이라고 말한 적이 있다고 하지요.

박정희 대통령의 하향평준화 덕분에 학문이나 정치가 소명이라고 생각하는 엘리트는 소멸한 것 같습니다. 대신 학문은 몰라도 정치가 운명이라고 강변하는 노무현 대통령과 문재인 대통령이 출현했는데, 역시 그들이 가톨릭이기 때문인 것 같다는 생각이 들어요. 그런데 자신들이 운명으로 받아들인 정치가 나라를 어떻게 망쳤는지 한번

이라도 생각해본 적이 있을까요.

정치를 가리키는 독어의 'Politik'이나 불어의 'politique'에는 정략이나 정책이라는 의미도 있습니다. 그런데 영어의 'politics'는 정치나 정략만을 의미하고 정책을 가리키는 단어는 'policy'인데, 정략과 정책이 분화할 만큼 정치가 진화했다는 사실을 가리키는 셈이지요. 또 경세학을 가리키는 영어의 'statecraft'는 불어에는 없고, 독어의 'Staatskunst'는 정략에 가깝다는 사실도 지적해두겠어요.

베버가 학문과 정치를 연결하려는 시도에는 반대했다는 사실에 주목해야 할 것입니다. 학문은 존재·사실·실증의 영역이고 정치는 당위·가치·규범의 영역이라는 것이지요. 물론 베버는 니힐리즘적인 니체의 철학과는 달리 학문과 정치가 양립할 수 있다고 주장했고요. 베버는 마르크스-레닌이 주장하는 정치를 근거짓는 역사과학이라는 학문에 대한 대안으로 리케르트의 문화과학을 구체화한 인문학적 사회학을 제창했지요.

베버는 정치의 근거를 학문이 아니라 윤리에서 발견해야 한다고 주장했습니다. 또 '신념윤리'만으로는 불충분하고 '책임윤리'도 필요하다는 것이었고요. 그가 말하는 신념은 'Gesinnung', 'conviction'인데, 의도(intention) 내지 목적(purpose)이라고 할 수 있겠지요. 그러나 의도한 목적과 그 결과(consequence)가 다를 수 있으므로, 베버가 결과에 대한 책임인 'Verantwortung', 'responsibility'를 강조했던 것이고요. 영어에서 책임을 가리키는 일반적 단어는 'duty'나 'obligation'인데, 특히 선출직의 책임은 'accountability'라고 하고, 비선출직의 책임은 'responsibility'라고 한다는 사실도 지적해두겠어요.

베버에 따르면, '자신의 대의를 위해 사는'(leben seiner Sache, live for his cause) 또는 '자신의 과업을 위해 애쓰는'(trachten nach seinem Werk, strive after his work, 니체) 신념정치가는 이렇게 말합니다.

> 세상 사람들이 무지하고 비천한 것이지 내가 그런 것이 아니다. 결과에 대한 책임은 나에게 있는 것이 아니라 그들에게 있다.

'대선 불복 2년동란' 233

신념이나 의도/목적으로 결과를 정당화할 수는 없다는 베버의 주장에 반대할 도리는 없어요. 폭력적 수단을 정당화할 수 없다는 것은 물론 당연한 일이고요.

반면 책임정치가는 이렇게 말한다고 베버는 주장합니다.

나는 여기 서 있다. 그와 달리 할 수는 없다.

Hier stehe Ich, Ich kann nicht anders.

이것은 보름스제국의회에서 루터의 발언이었는데, 나는 내 행동과 그 결과(Forge, consequence)에 책임을 진다, 그러나 그럼에도 불구하고 내 신념과 그에 따른 행동을 부정할 수는 없다는 의미였지요. 브레히트는 마르크스주의자에게 '히포크라테스 선서'가 필요하다고 주장했는데, 베버의 책임윤리 역시 그 대안일 수 있겠지요.

영국의 보수주의

— 독일의 보수주의와 영국의 보수주의가 조금 다르다는 생각이 드는데요.

— 20세기 영국 보수주의를 상징하는 두 인물은 처칠과 새처인데, 박지향 교수가 쓴 『윈스턴 처칠』(아카넷, 2023)과 『대처 스타일』(기파랑, 2007; 재판: 김영사, 2012)이 읽을 만합니다. 기번과 매콜리의 후예를 자처하는 처칠은 회고록 『2차 세계전쟁』(전6권, 1948-53; 축약본 국역: 까치, 2016)에서 수상이 된 날 '운명과 함께 걷고 있음'(walking with destiny)을 깨달았다고 했는데, 바로 이 구절이 『처칠』의 부제이지요. 여기서 운명은 'fate'가 아니라 'destiny'임에도 주목해야 할 것이고요.

처칠은 2003년 '19세기 이후 유럽의 위인들'에 대한 영국과 프랑스 등지의 여론 조사에서 1위를 했다고 하는데, 미국인인 루즈벨트는 여기에 포함되지 않았습니다. 그러나 1968년 뉴욕외신기자클럽에서 기자들을 대상으로 한 여론 조사에서 처칠은 1위, 루즈벨트는 2위의 순서였지요. 처칠에 대한 이런 평가는 당연히 2차 세계전쟁에서의 역할 때문이었고요.

처칠은 1940년 6월 프랑스를 비롯한 유럽 전체가 나치에게 항복한 상황에서 1941년 12월 일본의 진주만 기습을 계기로 미국이 참전을 결정할 때까지 1년 반 동안 영국의 항전을 지도했습니다. 물론 애틀리와 노동당의 지원으로 거국내각(national government)을 구성할 수 있었고요. '반사실적 역사'의 사례로 '역사적 개인'(historical individual)에게 주목하면서 홉즈봄은 러시아혁명에서 레닌을 거론했는데, 2차 세계전쟁에서 처칠도 거론할 수 있겠지요.

필비는 스탈린 덕분에 독일 파시즘과 일본 군국주의를 패퇴시킬 수 있었다고 주장하는데, 그러나 우선 처칠, 그 다음에 루즈벨트와 스탈린 덕분이라고 하는 것이 좀 더 정직한 태도입니다. 히틀러는 스탈린은 존경하고 루즈벨트는 얕보았으며 처칠은 미워하고 두려워했다고 하는데, 아마도 벙커에서 자살할 때까지 영국이 프랑스처럼 항복하지 않은 이유를 이해하지 못했을 것 같아요.

히틀러의 '생활권'은 사실 미국의 아메리카 먼로주의를 유럽에도 적용하자는 주장이었습니다. 고노에 후미마로 총리의 '동아신질서' 내지 '대동아공영권' 역시 아시아 먼로주의라고 할 수 있지요. 흔히 인용되는 키케로나 벤저민 프랭클린의 다음과 같은 격언도 있고요.

나쁜/불의의 평화가 좋은/정의의 전쟁보다 낫다.

A(n) bad/unjust peace is better than a good/just war.

처칠이 존재하지 않았고, 또 루즈벨트가 히틀러와 고노에의 제안을 수용했다면, 2차 세계전쟁이라는 재앙을 겪지 않고 독일과 일본이 미국과 체제경쟁을 할 수 있었을 것인데 말이에요. 2차 세계전쟁이라는 재앙을 겪은 다음에 소련이 미국과 체제경쟁을 한 것처럼요.

러시아의 침공에 맞선 우크라이나나 하마스의 테러에 맞선 이스라엘을 이해하지 못하는 사람들에게 파시즘과 군국주의에 맞선 영국과 미국에 대해서는 어떻게 생각하는지 묻고 싶어요. 하기야 '개똥밭에 굴러도 이승이 좋다'는 것이 전라도 속담이라고 하지만요.

   수상으로 취임한 다음 처칠의 첫 연설에 너무나도 유명한 구절이 나옵니다.

   내가 제안할 것은 피와 노고/투쟁과 눈물과 땀 말고는 아무것도 없습니다.

   I have nothing to offer but blood, toil, tears and sweat.

위키피디아에 따르면, '피와 땀과 눈물'은 시어도어 루즈벨트나 처칠 자신의 연설 등의 선례가 있는데, 이번에는 '노고/투쟁'을 삽입한 것이 특징이었지요.

   처칠에 대한 영화로는 앤서니 매카튼 각본과 게리 올드먼 주연의 『다키스트 아워』(2017)가 있습니다. 영화의 클라이맥스는 지하철에서 처칠이 히틀러와 파시스트에게 저항하는 데 찬성하는 시민을 만나는 허구의 장면인데, 어린 소녀까지 포기하면 '안 된다'고 외치자 처칠이 아이에게 매콜리의 담시 『호라티우스』(1842; 기원전 6세기 로마 공화정 출범 직후의 영웅)의 27연을 외워주다가 그만 울게 되지요. 그래서 마지막 두 행은 흑인 청년이 대신 외워주고요.

그러자 수문장 호라티우스가 용감하게 외쳤다: "이 세상의 모든 사람에게 죽음은 언젠가 찾아오리니. 나는 가장 명예롭게 죽겠노라, 두려운 적과 맞서, 조상들의 무덤과 신들의 성전을 지키면서 싸우다가."	Then out spake brave Horatius, The Captain of the Gate: "To every man upon this earth Death cometh soon or late. And how can man die better Than facing fearful odds, For the ashes of his fathers, And the temples of his gods?"

   한동훈 장관이 비대위원장 수락 연설에서 '공포는 반응[통제할 수 없는 감정]이고, 용기는 결심[이성적으로 선택할 수 있는 행동]이다'

(Fear is a reaction, courage is a decision)라고 처칠을 인용했는데, 같은 맥락입니다. 이재명과 그의 민주당이 두려운 적이더라도 용감하게 맞서 싸우자는 것인데, 다만 한동훈 위원장과는 달리 처칠은 국왕과 국민, 심지어 애틀리와 노동당 등의 지지를 받았지요.

영화에서는 충분히 강조되지 않았는데, 파시스트와 싸우기 위해 처칠의 보수당은 애틀리의 노동당과 거국내각을 구성했습니다. 이를 통해 영국의 보수주의가 프랑스는 물론이고 독일의 보수주의와도 전혀 다르다는 것을 알 수 있지요. '프랑스의 투쟁'은 공화주의자와 싸우기 위해 파시스트와 연대했고, '청년보수파'는 자유주의자와도 파시스트와도 싸웠거든요.

한 마디로 말해서 런던 컨센서스 같은 파리 컨센서스나 베를린 컨센서스는 존재하지 않았다는 것입니다. 윤석열 정부 최대의 결함 역시 서울 컨센서스가 존재하지 않는다는 것인데, 심지어 4·10총선 직후에는 영남 민심을 등에 업고 홍준표 대구 시장을 앞세워 한동훈 위원장을 공격하는 황당한 일까지 벌어졌지요. 마치 태조가 여진족을 등에 업고 안변(원산 인근) 부사 조사의를 앞세워 태종을 공격한 것처럼요. 다만 윤 대통령은 아직 현직이라는 것이 걱정스러워서, 한 위원장의 당권 도전을 지지하는 여론이 형성된 것 같아요.

윤석열 정부의 이런 결함은 '3당 합당' 이후에 전개된 민주계와 민정계의 갈등 속에서 민주계가 점차 약화되었다는 반증일 것입니다. 민정계가 상징하는 영남 보수주의는 자유주의와 타협·합의할 의지가 없는 것 같거든요. 하기야 엠엘파-장안파에서 통혁당-엔엘파에 이르는 영남 마르크스주의자에게도 기호 마르크스주의자와의 갈등이 최우선이었으니까요.

이런 맥락에서 박지향 교수의 영국 보수당에 대한 개론서『정당의 생명력』(서울대학교출판문화원, 2017)에도 주목할 수 있습니다. 보수당의 이론을 설명하는 1부는 별로 설득력이 없어서 사족이라고 할 수 있는 대신 역사를 설명하는 2부에서 역시 박 교수의 장기가 살아있다고 할 수 있지요.

보수당의 역사는 17세기 후반 영국혁명기로 소급하는 것입니다. 1660년 왕정복고와 1688년 명예혁명 사이인 1678년에 가톨릭 군주를 인정하지 않는 '왕위배제법안'(Exclusion Bill)을 둘러싼 논쟁이 전개되면서 신권주의자 휘그와 분립된 왕권주의자 토리가 출현하는 양당제가 성립한 것이지요.

1832년 1차 선거법 개정 직후 토리는 필의 주도로 보수당이라는 명칭을 채택했고, 1846년에는 휘그와의 합의를 통해 곡물법을 폐지했습니다. 그 후 보수당의 자유무역론자인 필주의자(Peelite)가 휘그와 결합하여 자유당이 출범했고, 자유당의 보수당과의 경쟁 속에서 1867년 2차 선거법 개정이 실현되었던 것이지요. 필주의자의 후예가 바로 자유당의 글래드스턴이었고 그의 경쟁자가 바로 보수당의 디즈레일리였고요.

19세기 후반 대불황기는 정치적으로 자유당과 보수당 양당제의 전성기였고, 글래드스턴과 디즈레일리의 경쟁이 그것을 상징했다고 할 수 있습니다. 그 후 아일랜드자치법안(1886)을 둘러싸고 자유당이 분열했고, 보호무역의 부활을 위한 관세개혁운동(1903)을 둘러싸고 보수당이 분열했지요. 급기야 전간기에 자유당이 노동당으로 교체되면서 휘그와 토리, 자유당과 보수당이 경쟁했던 고전적 양당제의 시대가 끝나게 되었고요.

자유당이 현대화된 것이 노동당이라고 할 수 있는데, 자세한 설명은 『역사적 마르크스주의』를 참고할 수 있습니다. 자유당과 보수당의 합의는 물론이고 노동당과 보수당의 합의를 위한 이론적 근거는 물론 경제학이었지요. 자유당과 보수당이 스미스-리카도 고전경제학에 합의했듯이 노동당과 보수당은 마셜-케인즈 현대경제학에 합의했다고 할 수 있거든요.

물론 그 사이에 웹 부부가 도입했던 당헌4조를 둘러싸고 논쟁이 전개되었습니다. 페이비언주의적인 입장에서 제창된 국유화 조항이 쟁점이었는데, 애틀리 내각(1945-51) 이후에 결국 제임스 미드(James Meade)에 의해 논파되고 케인즈주의로 대체되었지요. 그 사이 케인즈의 후계자 지위를 놓고 미드와 경쟁하던 존 로빈슨은 결국 칼레츠키주의로 전향했는데, 케인즈조차 '후생가외'(後生可畏)라고 '경외'했던 스라파는 문화혁명과 주체사상에 열광하기도 했던 그녀의 실력을 전혀 인정하지 않았어요('자네가 경제학에 대해 뭘 알아').

그러나 노동당 좌파는 케인즈주의의 도입에 반대하면서 국유화의 확대를 주장하기도 했습니다. 무솔리니가 제창한 국가지주회사를 핵심으로 하는 이른바 '대안경제전략'이 그것인데, 공공부문노조가 그들의 근거지였지요. 그 전략을 이론적으로 지지한 사람이 김수행 교수의 스승 격인 벤 파인이었는데, 그래서 김 교수가 '소련이 아닌 영국이 진정한 사회주의다'라고 강변한 것 같아요. 나아가 김성구 교수도 파인과 대안경제전략을 사회진보연대가 채택하도록 시도한 적이 있고요.

공공부문노조가 주도한 1978-79년 총파업은 1926년 총파업 이래 최대 규모였고, 그로 인해 야기된 '불만의 겨울'(Winter of Discontent, 셰익스피어)이 새처가 12년 동안 집권하게 된 계기였습니다. 1976년 외환위기는 영국경제에 대한 심각한 경고였는데, 미국 다음인 1인당 국민소득이 프랑스는 물론 이탈리아에게도 추월당했기 때문입니다. 종속이론가 프랑크(Andre Gunder Frank)는 *Crisis: In the Third World* (Heinemann, 1981)에서 영국이 반주변부나 주변부로 전락할 위기에 처해 있다고 진단하기도 했고요.

밀이 보수당을 '멍청이 정당'(stupid party)이라고 부른 적이 있는데, 이제 노동당도 '미치광이/멍청이 좌파'(loony left)라고 불리게 된 것입니다. 그래서 홉즈봄이 노동당 좌파를 비판했던 것이고, 웹 부부가 창간한 주간지 『새로운 경세가』(*New Statesman*)의 편집인이던 존슨(Paul Johnson)이 1970년에 편집인을 사임하고 급기야 1977년에는 노동당을 탈당하면서 '파시스트 좌파'(Fascist Left), 즉 '아무것도 모르는 좌파'(know-nothing left)의 '파시스트적' 반지식인주의를 고발하기도 했던 것이지요.

새처가 집권하면서 영국은 미테랑이 집권한 프랑스를 추월하고 또다시 미국을 추격할 수 있었습니다. 새처가 집권한 1979-90년과 미테랑이 집권한 1981-95년에 양국의 정책이 분기한 탓이지요. 쉽게 말해서 영국과 달리 프랑스는 신보수주의 내지 신자유주의 개혁을 실행하지 못했던 것이에요. 하기야 영국과 달리 프랑스에는 여전히 경제학이 착근하지 못했다고 할 수밖에 없으니까요. 1997년 여름에 유럽에 가본 적이 있는데, 런던과 파리의 첫인상이 너무도 달라서 깜짝 놀랐어요. 역시 프랑스가 영국보다는 하수로구나 하는 생각이 들기도 했고요.

루비니를 검토할 때 인용한 Fernández-Villaverde et al., "The Wealth of Working Nations"를 보면, 1981-2009년의 미국과 영국·프랑스의 3가지 성장률은 다음과 같아요.

	미국	영국	프랑스
경제성장률	2.71	2.30	1.84
인구 1인당 성장률	1.74	1.84	1.31
노동연령 1인당 성장률	1.78	1.88	1.42

새처에 대한 영화는 메릴 스트립 주연의 『철의 여인』이 있습니다. 새처가 사망하기 한 해 전인 2012년에 상영되었는데, 내용이 너무 압축적이어서 박지향 교수의 책을 먼저 읽어둘 필요가 있어요. 또 치매에 걸린 새처의 '회상'(flashback)이라는 형식도 조금 기이하다고 할 수 있지만, 어쨌든 볼 만한 영화이지요.

영국의 보수주의가 토리 이전으로 소급하는 것은 당연한 일인데, 박지향 교수의 『영국사』(개정판: 까치, 2007)를 참고할 수 있습니다. 그런데 제임스(Lawrence James)의 *Aristocrats: Power, Grace and Decadence* (Little, Brown, 2009)에 따르면, 귀족(상류층)의 역사를 다음과 같이 시기구분할 수 있지요.

1066-1603   상승 (노르만 정복부터 튜더 왕조까지)
1603-1815   평형 (스튜어트 왕조부터; 1714년 하노버 왕조부터 '귀족의 세기')
1815-   하강 (나폴레옹 전쟁 종료부터)

또 *The Middle Class: A History* (Little, Brown, 2006)가 제시하는 부르주아지(중류층)의 역사에서 월폴 내각을 계기로 출현한 내각제와 선거법 개정을 계기로 출현한 의원내각제가 결정적이었고요.

  1350-1720   기원 (백년전쟁 발발과 페스트 창궐 이후)
  1720-1832   출현 (남해거품사건 발발과 그 이듬해 월폴 내각 출범 이후)
  1832-1914   번성 (1차 선거법 개정 이후)
  1914-   생존 (1차 세계전쟁 이후)

나폴레옹 전쟁 이후 귀족이 하강했다는 것은 자신의 경제적 목표를 추구하는 대신 자본주의의 정치적 관리자로 변모하게 되었다는 의미입니다. 부르주아지는 경제적 능력만을 보유했으므로 그들에게 결여된 정치적·군사적·문화적 능력을 활용하여 자본주의에서 생존하게 된 것이지요.

물론 부르주아지도 정치적·군사적·문화적 영역에서 귀족의 능력을 모방하려고 노력했는데, 이튼·해로우 같은 사립기숙학교를 거쳐 옥스퍼드·케임브리지에 진학함으로써 귀족과 융합했던 것이지요. 영국에는 두 가지 '속물'이 있었다고 하는데, 귀족을 선망하는 'snob'과 귀족을 질투하는 'philistine'이 그것이었지요.

사립기숙학교에 대해서는 이케다 기요시의 『자유와 규율』(1949; 국역: AK커뮤니케이션즈, 2016)을 참고할 수 있습니다. 또 옥스브리지는 페터 자거의 『옥스퍼드 & 케임브리지』(2003; 국역: 갑인공방, 2005)를 참고할 수 있는데, 관광안내서 같은 책이면서도 아쉬운 대로 읽을 만하지요.

옥스퍼드의 교풍은 인문학이 중심인 반면 케임브리지의 교풍은 과학이 중심이었는데, 뉴튼에 이어서 다윈과 맥스웰은 케임브리지 출신이었습니다. 또 매콜리에 이어서 마셜과 케인즈 역시 케임브리지 출신이었고요. 전간기에 옥스퍼드는 평화주의자의 근거지였던 반면 케임브리지는 마르크스주의자의 근거지였지요. 돕에 이어서 홉즈봄, 필비와 버저스 등 첩보단 역시 케임브리지 출신이었거든요.

그런데 귀족에 대한 선망, 특히 교육에 대한 선망은 부르주아지에 국한된 것은 아니었습니다. 그런 선망을 상징한 것이 토머스 하디의 자전소설이라고도 해석되는 『주드』(Jude the Obscure, 1895; 국역: 민음사, 2007)였지요. 이것은 『테스』(1891)의 자매서였는데, 이 두 작품이 그의 마지막 소설이자 대표작이었어요. 그 후 그는 소설이 아닌 시에 전념했거든요.

『주드』는 학자를 소망했으나 거절당한 '이름 없는'(the Obscure) 석공 주드의 비극적 인생유전이 소재였고, 『테스』는 남자들에게 농락당한 '순결한 여자' 테스의 비극적 인생유전이 소재였습니다. 학교와 가족을 비판하는 두 작품에 대해 보수주의자들의 분노가 폭발하여 급기야 분서가 자행되기도 했어요. 게다가 영국인 최초로 『정글북』(1894-95)의 작가 키플링이 노벨문학상을 수상하자 그가 결국 소설을 포기하고 시에 전념하게 되었다는 설도 있는데, 스탈린과 푸틴은 키플링의 팬이라고 하지요.

고아인 주드는 10여년 동안 라틴어와 그리스어를 독학하여 석공의 도제가 되었습니다. 그 후 석공을 생업으로 하면서 '크라이스트민스터'(옥스퍼드)대학에 진학하여 신학자가 되는 것을 목표로 정진하던 주드는 고종사촌 수를 만나 사랑하게 되었지요. 수는 테스와는 또 다른 '순결한 여자'로, 『주드』에도 『테스』와 비슷한 소재가 가미되었음을 알 수 있는 대목이에요.

그러나 수를 사랑하면서 주드의 인생유전이 시작되었습니다. 『주드』의 클라이맥스는 크라이스트민스터대학 졸업식날 구경꾼들에게 한 주드의 즉석연설이었습니다. 처음으로 크라이스트민스터에 온 지 8-9년이 지난 다음 자신의 고통스런 경험을 회고하는 것이었는데, 요지는 다음과 같았어요.

> 신분이나 재산 같은 '이점'이 없이 '자신의 재능이나 소질'만을 따라 진로를 선택했으나 결국에는 실패했다;
> 그리하여 병들고 가난해졌으나 '나 말고 누구에게도 해를 끼치지 않겠다'는 '생활규칙' 아래 살고 있다;
> 다만 '우리의 사회규칙 어딘가에 무엇인가 잘못이 있다'는 사실을 지적하고 싶은 생각이다.

운명과의 대결에서 패배한 주드의 유언은 자신의 생일을 저주한 욥의 말(『욥기』)이었습니다.

내가 난 날이여 사라져버리고, 사내아이를 배었다고 하던 그 밤도 사라져버려라.
(…)
나는 어찌하여 모태에서 죽지 아니하였고, 나오면서 숨지지 아니하였는가?
(…)
[그러면] 나 지금 누워서 안식을 누릴 터이고, 잠들어 쉬고 있을 터인데.
(…)
[무덤은] 낮은 자와 높은 자의 구별이 없고, 종이 주인의 손아귀에서 풀려나는 곳. 그런데 어찌하여 고달픈 자에게 빛을 주시고, 괴로운 자에게 생명을 주시는가?

1899년에 옥스퍼드 시내에 옥스퍼드대학과 대비되는 러스킨대학(Ruskin Hall)이 설립되었는데, 노조활동가를 위한 칼리지였지요. 이 대학을 '주드대학'이라고 명명하자는 제안이 있었다고 하는데, 이 역시 영국 노동자운동이 능력주의를 추구했다는 방증이라고 할 수 있겠지요.

『테스』는 로만 폴란스키 감독과 나스타샤 킨스키 주연으로 1979년에 영화화되었는데, 그러나 『주드』는 20년 정도 지난 1996년에야 영화화되었습니다. 그러나 책 100쪽을 영화 20분으로 축약하다 보니 줄거리도 크게 수정되어 수와의 비련이 중심이 되어 작의와는 멀어졌다고 할 수밖에 없지요. 1971년 영국방송공사의 미니시리즈 6부작은 지루하기만 하고 내용도 별로 없고요.

앞에서 현재 남한에서 벌어지는 아귀다툼을 '박정희의 사후복수'라고 할 수 있다고 했습니다. 경기·경복·서울 같은 서울의 '일류'(the best) 중·고등학교를 폐지한데 이어서 서울대를 연·고대 수준으로 하향평준화한 것이 '문재명' 현상을 초래했다는 것이지요. 그나마 중·고등학교조차 다니지 않고 대학에서도 사법시험 준비에만 몰두했을 이재명 대표에게 무슨 인성을 기대할 수 있겠어요. 물론 이 대표를 지지하는 40-50대와 전라도·경상남도 출신의 불량배 기질과 하층민 기질 역시 문제이지만요.

베네딕토 16세 교황에 대하여

― 포스트마르크스주의적 정치철학이 기독교의 (재)해석을 통해 정치신학화한다고 하셨는데요….

― 먼저 기독교에 대한 제 생각을 밝혀두겠습니다. 6년 반 동안의 서울대 경제연구소 조교직에 이은 한신대 경상학부 부임의 선택, 그 후 김수행·정운영 두 선배의 축출부터 과천연구실의 출범까지 우여곡절이 없었더라면, 아마도 42년 동안 대학 교직에만 몸담았던 제 인생은 줄곧 평탄했으리라는 생각이 들어요.

그러나 한신대에 35년 동안 재직한 덕에 기독교를 믿지는 않아도 기독교에 대한 관심이 생겼습니다. 또 가톨릭보다는 개신교에 관심이 많은데, 특히 서울과 경기도에서 개신교가 애국계몽운동 등 나름대로 긍정적 역할을 했던 반면 가톨릭은 황사영백서사건이 상징하는 것처럼 부정적 역할을 했다는 판단 때문이지요. 해방 이후에 가톨릭이 선전해온 안중근과 그 일가의 역할도 역시 부정적이었다는 것이 제 판단이고요.

그러던 중 우연히 라칭거 추기경의 책을 읽게 되었는데, 그는 20세기 최고의 신학자 중 한명이기도 합니다. 요한 바오로 2세 교황 시절 교황청 신앙교리성 장관을 지낸 그는 결국 교황직을 승계하여 베네딕토 16세 교황이 되었는데, 거의 1000년 만에 나온 독일 출신 교황이었다고 하지요. 어쨌든 플라톤이 말한 '철학자 왕'(philosopher king)과 비슷한 '신학자 교황'(theologian pope)이 된 사람이 바로 라칭거 추기경이에요. 그래서인지는 몰라도 교황을 선출하는 비밀회의인 콘클라베(conclave)가 역사상 가장 짧았다고 하고요.

베네딕토 16세의 평전으로는 존 알렌(John L. Allen Jr.)의 『교황 베네딕토 16세 평전』(2000; 국역: 한언, 2006)이 있습니다. 또 신학에 대해서는 Pablo Blanco, "The Theology of Joseph Ratzinger: Nuclear Ideas", *Theology Today*, 2011 No.2; Tracey Rowland, *Ratzinger's*

Faith, Oxford University Press, 2008; Aidan Nichols, *The Thought of Pope Benedict XVI*, Burns & Oates, 2007를 참고할 수 있고요.

베네딕토 16세의 신학을 이해하기 위해서 교회의 '현대적 개혁'(aggiornamento)을 주제로 1962-65년에 열린 2차 바티칸공의회에서 제기된 토마스주의 논쟁에 주목해야 합니다. 이성의 한계에 대한 이 논쟁은 이성의 한계로서 신앙이라는 전통적 쟁점과 더불어 이성의 한계로서 역사라는 현대적 쟁점을 제기했는데, 후자가 바로 '역사적 예수'라는 쟁점이었지요.

요한 바오로 2세가 토마스주의자라고 한다면 베네딕토 16세는 아우구스티누스주의자라고 할 수 있습니다. 그러나 베네딕토 16세는 아우구스티누스주의가 토마스주의의 대안은 아니고 그 '평형추'(counterweight)라고 강조하고 있지요. 가톨릭 신학에서 토마스를 삭제할 도리는 없거든요.

토마스주의의 결함은 신앙과 이성을 분리시킬 뿐만 아니라 후자의 우위를 주장하는 데 있습니다. 반면 아우구스티누스주의는 신앙과 이성을 결합하는 동시에 전자의 우위를 주장하고요. 신앙과 이성을 신학과 철학이라고 해도 큰 문제는 없는데, 토마스는 일차적으로 철학자라고 할 수 있는 반면 아우구스티누스는 일차적으로 신학자라고 할 수 있다는 것이에요.

아우구스티누스는 신앙의 우위를 주장하면서도 이성을 부정하지 않습니다. '이해하려고 믿는다'(credo ut intelligram)는 그의 말이 그 증거인데, 이것은 '불합리하므로 믿는다'(credo quia absurdum)는 호교론자 테르툴리아누스의 말과 대조되는 것이지요. 달리 말해서 '신학에 봉사하는 철학'(philosophia ancilla theologiae)이 필요하다는 것인데, '과학에 봉사하는 철학'이 필요하다는 알튀세르의 말과 비슷한 것이에요. '과학에 봉사하는 철학'은 마르크스주의적인 반면 '과학을 착취하는 철학'은 스탈린주의적이라는 것이 알튀세르의 지론이고요.

알튀세르는 과학에 봉사하는 철학이 마르크스주의적이라고 주장한 반면 바스카(Roy Bhaskar)는 로크로 소급하는 '비판적 현실주의'

(critical realism)의 전통이라고 주장한 바 있습니다. 로크는 자신이 뉴튼이라는 '도편수'(master builder)를 돕는 '막일꾼'(underlabourer) 임을 자처한 바 있거든요.

베네딕토 16세는 이성이 종교만이 아니라 예술에 대해서도 개방적이어야 한다고 주장하고 있습니다. 그가 말하는 예술은 전통의 미술뿐만 아니라 음악이기도 한데, 그는 전례음악뿐만 아니라 고전음악, 특히 모차르트와 바흐, 심지어 베토벤의 고전음악도 중시하고 있지요. 게다가 능숙한 피아니스트라고 하고요.

나아가 토마스주의적 이성이 '자연적 이성'(ratio naturalis)이라면 아우구스티누스적 이성은 신앙으로 '정화된 이성'(ratio purificata), 즉 '순수한 마음'(cor purum)입니다. 달리 말해서 아우구스티누스적 이성은 사랑이라고 할 수도 있는데, 베네딕토 16세가 특히 강조하는 사랑에 대해서는 곧 설명하겠어요.

그런데 이성의 두 가지 한계인 신앙과 역사의 결합에도 주목할 필요가 있습니다. 베네딕토 16세의 가장 유명한 저서는 세 권으로 구성된 『나자렛 예수』(국역: 바오로딸, 2012-13)인데, 2005년에 교황으로 선출되면서 완간이 몇 년 지연되었다고 하지요.

1권(2007): 마지막 1주일, 즉 '수난주간'을 제외한 예수의 공생활
2권(2011): 예루살렘 입성부터 수난까지 수난주간과 부활
3권(2012): 공생활 이전의 유년기

『나자렛 예수』는 『요한복음』의 '신앙의 그리스도'의 관점에서 '역사의 예수'를 묘사하면서 '케리그마(kerygma, 복음의 선포) 내지 신앙의 그리스도'만을 부각한 불트만을 비판하고 있어요. 동시에 예수 그리스도의 '인성과 신성의 연합'(the union of humanity and divinity)을 강조하고 있고요.

그러나 『나자렛 예수』보다 『예수님과 사도들 그리고 초대교회』(2007; 국역: 가톨릭출판사, 2015)가 더 감명 깊었습니다. 2006-07년 1년 동안 31회의 수요일반알현시간 교리교육(catechesis)을 녹취한

책으로 예수와 제자들 사이의 관계를 통해 성서의 핵심을 설명하고 있는데, '신학자 교황'이 명불허전임을 알 수 있었지요. 또 베네딕토 16세에 대해 공부할 필요성을 깨닫기도 했고요.

예수는 성전과 산헤드린(의회 겸 법원)을 장악한 사두가이파를 도적/강도(thief/robber)라고 비판함으로써 십자가형이라는 수난(passion)을 유도했습니다. 그리고 수난을 앞두고 제자들에게 순교를 감수한 전도를 당부했는데, 순교하지 않았던 예외가 '사랑하시는 제자'(the Beloved) 요한과 마리아 막달레나(막달라 출신의 여인)였지요. 교리교육에서 전도자로서 주교의 타락으로 인한 개혁의 필요성이 지적되기도 했고요.

예수의 친전제자(親傳弟子, 직접 가르친 제자)로서 전도의 사명을 띤 열 두 제자를 사도(apostle)라고 부릅니다. 그러나 예수의 제자가 이들에게 국한되었던 것은 아닌데, '부르심을 받은 사도'(apostle by vocation) 바울로와 마리아 막달레나 때문이었어요. 두 사람은 베드로를 포함한 열 두 제자를 능가한 제자였지요. '기득권'(gain(s), 이익)을 '장해물'(loss, 손해)로 여기고 '쓰레기'(rubbish)처럼 버렸던 바울로가 없었다면 기독교도 없었겠지요. 또 토마스는 마리아를 '사도 중의 사도'라고 불렀어요. 게다가 최초의 순교자도 사도가 아닌 사도의 보조자(deacon, 집사) 스테파노였고요.

그런데 베네딕토 16세의 책을 읽고 교회의 '주춧돌'(foundation)인 사도들 중에서도 베드로(Petros, 바위/반석)가 특별한 사도인 이유를 알게 되었습니다. 그가 다른 사도들을 대신해서 질문하고 예수가 답변하는 과정에서 가르침이 더욱 깊어진 것인데,『마태오 복음』에만 나오는 '하늘나라의 보상'에 대한 베드로의 질문에 대해 '포도원 일꾼과 품삯'으로 비유한 예수의 답변이 대표적이라고 할 수 있지요.

루뱅가톨릭대학 유학 시절에 정운영 선생의 친구이기도 했던 반 파레이스(Philippe Van Parijs)가 능력주의 비판과 기본소득론의 전거로 오남용하기도 하는 이 구절은 예수의 제자로 위장한 출세주의자나 투기꾼에 대한 경고일 수도 있다는 생각이 들었습니다.『고린토

후서」에서 바울로도 '거짓(false) 사도', 즉 '사기를 일삼는'(deceitful) '사이비'(disguising) 사도를 경계하고 있거든요.

『마태오 복음』에서 예수는 밀과 가라지의 비유를 들기도 합니다. 그런데 추수 때 가라지를 뽑는다는 것은 조금 이상하지요. 예수와 제자들이 농부가 아니었기 때문인지 아니면 유다인은 김매기를 안 했기 때문인지 잘 모르겠는데, 그러나 유다교의 종말론을 계승했기 때문일 수도 있겠지요. 추수 때는 '세상이 끝나는 날'(the end of the age), 즉 '최후의 심판'(the Last Judgement)이 이루어지는 날이라는 뜻이거든요.

베네딕토 16세는 교리교육을 통해 특히 기독교적 사랑의 중요성을 강조하고 있습니다. 사랑에는 필리아(philia)와 아가페(agape)가 있는데, 전자는 조건부 사랑이고 후자는 절대적 사랑이지요. 쉽게 말해서 필리아는 이익의 교환을 근거로 하는 교환적 사랑인 반면 아가페는 희생을 감수하는 증여적 사랑이라는 것이에요.

그리스 철학의 기본개념이 필리아인 반면 기독교의 기본개념은 아가페라는 것인데, 유학에서 말하는 인(仁)과도 비슷한 개념입니다. 그러나 아리스토텔레스도 이익의 필리아만 있는 것이 아니라 아주 드물지만 선(善)의 필리아도 있다고 주장하지요. 또 선의 필리아는 아가페와 마찬가지로 증여적 사랑이라는 것이고요.

예수와 제자들 사이에도 적용되는 아가페는 코이노니아(koinonia, communion)이기도 합니다. 코이노니아는 우리말로 친교라고 번역되는데, 영어로는 'fellowship/companionship/comradeship' 등으로 번역되기도 하지요. 그리고 친교를 위한 전례가 예수가 마지막 만찬에서 빵과 포도주로 가르친 성찬례(Eucharist)이고요.

사랑과 전례의 결합은 공자가 인과 예(禮)의 결합을 강조한 것과 마찬가지라는 생각이 듭니다. 앞에서 이성이 예술에 대해서도 개방적이어야 한다고 했는데, 전례와 음악의 결합은 공자가 예와 악(樂)의 결합을 강조한 것과 마찬가지라는 생각도 들고요. 나아가 기독교는 의(義, righteousness) 내지 정의(justice)를 강조하므로, 공자와인의예악(仁義禮樂)을 공유한다고 할 수 있어요.

예수는 『마태오 복음』의 '산상 설교'(the Sermon on the Mount) 서두에서 의에 대해 가르치고 있습니다.

> 의로운 일(righteousness)에 주리고 목마른 사람들은 행복하리니, 그들은 만족할 것이다.(…)의로운 일을 하다가 박해를 받는 사람들은 행복하리니, 하늘 나라가 그들의 것이다.

그래서 기독교에서는 하늘 나라(kingdom of heaven) 또는 하느님 나라(kingdom of God)를 '정의의 왕국'(domain of justice)이라고 부르기도 하는 것이지요.

그런데 열 두 제자가 전도한 'fellow national', 즉 유다인 대신에 'fellow man' 내지 'fellow citizen', 즉 이방인에게도 전도함으로써 친교의 범위를 확대하는 보편교회로서 가톨릭을 탄생시킨 사람이 바로 바울로였습니다. 실제로 『신약성서』의 절반은 바울로와 관련된 내용인데, 바울로의 전도 여행을 설명하는 『사도행전』과 바울로의 사목서간의 분량이 『마태오 복음』 등 4대 복음서의 분량과 완전히 동일하거든요.

사목서간 중 하나인 「고린토 전서」에서 바울로는 보수주의적인 사두가이파와 자유주의적인 바리사이파가 공유하는 율법 대신 예수의 사랑을 강조합니다. 그러면서 '친절하고'(kind, 시빌리티를 갖고), '무례하지'(rude, 조야하지) 말라고, '시기·질투하고'(envious) '원망하지'(resentful, 원한을 품지) 말라고 가르치고 있지요.

기독교적 사랑에는 '하느님은 사랑이십니다'(「요한의 사목서간」)라는 구절에서처럼 하느님의 사랑을 의미하는 카리타스(caritas)도 있습니다. 이것은 부자간의 사랑인데, '산상 설교'에서 예수가 가르친 「주의 기도문」(The Lord's Prayer)에서 하느님을 '하늘에 계신 우리 아버지'(Our Father in heaven)라고 부르거든요. 쉽게 말해서 '혈육의 부자'가 아닌 '신앙의 부자' 사이의 사랑이 카리타스이지요.

베네딕토 16세는 예수와 제자의 관계가 주인(master)과 종(servant/

slave)의 관계가 아니라고 강조하고 있습니다. 주인이 아니라 선생 (master)이고 종이 아니라 제자(disciple)인데, 『요한복음』에서 예수는 '종은 주인이 하는 일을 모른다. 그러나 나는 너희에게 내 아버지에게 들은 것을 모두 다 알려주었다'라고 그 차이를 설명하고 있지요. 나아가 선생과 제자는 모두 하느님의 아들인 형제가 되기도 하고요. 이렇게 예수와 제자의 친교가 점점 심화된다고 할 수 있어요.

마지막으로 예수의 제자/형제가 되는 데 별다른 자격이 있는 것이 아니라는 사실에도 주목할 필요가 있습니다. 불량배(rogue)와 창녀/간음녀(prostitute/adulteress), 즉 '세상에서 가장 비천한 자'(the least, the rubbish of the world)도 그렇게 될 수 있었거든요. 다만 기독교적 사랑을 실천해야 한다는 조건이 있었지만요. 공자도 '가르침에 차별이 없다'(有敎無類)라고 했는데, 불량배(野人) 출신의 자로가 공자의 가르침으로 선비가 되어 죽을 때 갓을 고쳐 썼다는 일화가 전해오고 있지요.

— 정치신학으로서 정치철학 또는 역사신학으로서 역사철학에 대해서도 설명해주세요.
— 헤겔에게서 역사철학은 정치철학의 결론이었습니다. 그런데 베네딕토 16세는 역사신학 내지 역사철학은 수용하면서 정치신학 내지 정치철학은 부정하는 입장이지요. 반면 발리바르는 정치철학 내지 정치신학은 수용하면서 역사철학 내지 역사신학은 부정하는 입장이고요. 하기야 진태원 교수 등의 주장처럼 발리바르가 말년의 알튀세르를 따라 '해후의 유물론'(matérialisme de la rencontre)을 추구한다면 역사 개념을 부정할 수밖에 없겠지만요.

베네딕토 16세는 신학교과서인 *Introduction to Christianity* (2000; 영역: Ignatius Press, 2002)의 「서문」에서 전후사의 두 개의 이정표로 1968년과 1989년을 설정한 바 있습니다. 이 책의 초판이 출판된 1968년은 마르크스주의로 기독교를 비판한 학생운동이 절정에 도달한 해로 신학교수 시절의 경험과도 직결되었지요. 그런데 현실사회주의가 붕괴한 1989년에 막상 마르크스주의의 대안으로 제기된 것은 기독교가 아니라 오히려 포스트모더니즘적 니힐리즘으로서 니체주의였다는 사실을 설명할 필요가 있다는 것이에요.

베네딕토 16세에 따르면, 마르크스주의의 대안으로 기독교가 부활하지 못한 이유는 기독교 자체가 마르크스주의화되었기 때문입니다. 그는 1968년을 계기로 자유주의자에서 보수주의자로 전향했다는 비판에 대해 '변화한 것은 내가 아니라 다른 사람들이다'라고 반박한 적이 있는데, 자유주의 신학에서 출발한 현대 신학이 점차 정치화되면서 결국 마르크스주의를 수용하게 되었다는 것이 그의 주장이지요.

그런 이유로 베네딕토 16세가 정치철학(political philosophy) 내지 정치신학(political theology)을 부정하면서도 역사철학(philosophy of history) 내지 역사신학(theology of history)은 견지했던 것입니다. 또 역사신학의 핵심을 '세상의 종말과 하느님 나라의 도래에 대한 선포'라는 의미의 종말론으로 인식했고요.

신학교수 시절 마지막 저서인 『종말론』(1977, 개정판: 2007; 국역: 생활성서사, 2020)에서 베네딕토 16세는 이렇게 주장했습니다.

> 종말론과 정치의 분리(setting asunder)는 기독교 신학의 근본과제 중 하나다. 신학자는 그 과제를 실행함으로써 그 자신이 라이벌 젤롯의 [정치적] 종말론에 반대하시던 예수 그 분의 길을 따르고 있음을 알 수 있다.

종말론이 정치가 아니라 사랑과 결합되어야 한다는 주장이었지요. 알다시피 젤롯은 보수주의적인 사두가이파와 경쟁한 자유주의적인 바리사이파 중의 급진분파였는데, '반란'(insurrection/rebellion)을 주도한 '비적'(bandit)으로 예수 대신 십자가형이 사면된 바라빠가 바로 젤롯의 지도자였어요. 예수와 함께 십자가형을 당한 두 사람은 젤롯의 성원이었고요.

베네딕토 16세는 교수자격논문(1957)에서 토마스와 같은 시대에 활동한 보나벤투라의 종말론을 연구한 바 있습니다. 프란치스코회 신학자 보나벤투라는 프란치스코의 관점에서 베네딕토회 신학자

요아킴의 종말론을 수용했지요. 그러나 보나벤투라의 종말론에 대한 베네딕토 16세의 연구는 박사논문(1953)의 주제인 아우구스티누스와의 '대화' 속에서 이루어졌습니다. 토마스의 신학이 논리주의적인 반면 아우구스티니스의 신학은 논리-역사주의적이거든요.

그러나 아우구스티누스의 목적론과 보나벤투라의 종말론 사이에 '논쟁'이 제기될 수 있다는 사실도 지적해두겠습니다. 사실 목적론과 종말론은 그리스적인 순환적·원형적 시간관을 대체한 기독교적인 단선적·선형적 시간관에서 비롯된 두 가지 역사관이거든요. 목적론과 종말론의 대립이란 단선적·선형적 시간관을 전제하는 것이기도 하므로, 양자의 대립을 지양하기 위해서는 폴리비오스의 순환적·원형적 시간관을 홍성과 쇠망의 시간관으로 발전시켰던 스미스와 마르크스가 필요하다는 것이 제 생각이에요.

자유주의 신학에 대한 비판이 정치화 내지 마르크스주의화되는 과정을 간략히 정리해두겠습니다. 1차 세계전쟁을 계기로 바르트의 자유주의 신학 비판은 불트만의 실존주의 신학으로 변모했지요. 또 2차 세계전쟁 이후 마르크스주의가 기독교에 도전하기 시작했는데, 베네딕토 16세는 불트만의 '해후의 신학'(Theologie der Begegnung)이 역사신학을 포기했기 때문이라고 주장했어요.

기독교에 대한 마르크스주의의 도전을 대표한 것은 블로흐였는데, 그는 마르크스주의를 의지주의적 종말론과 동일시하면서 '마치 신이 없는 것처럼'(esti Deus non daretur) 신의 역사를 인간의 의지로 대체했습니다. 나아가 블로흐를 따르는 몰트만의 '희망의 신학'이나 몰트만의 영향을 받으면서도 벤야민과 마르쿠제를 따르는 메츠의 '정치신학'은 종말론과 정치를 결합했는데, 메츠는 다른 신학자들과 달리 가톨릭이었어요.

라틴아메리카의 해방신학 역시 종말론과 정치를 결합한 것으로 1968년에 콜롬비아 메데인에서 열린 라틴아메리카주교회의를 계기로 출현했습니다. 1978년에 즉위한 요한 바오로 2세가 해방신학에 대한 비판을 제기한 것은 이듬해였는데, 그 핵심은 구속(salvation,

구원)에 대한 기독교적 해석이 아닌 마르크스주의적 해석이었지요. 또 1981년에는 해방신학 비판을 진전시키기 위해 라칭거 추기경을 교황청 신앙교리성 장관으로 발탁했던 것이고요.

신앙교리성 장관 시절 해방신학에 대한 베네딕토 16세의 비판은 공식적으로는 「'해방신학'의 몇 가지 측면에 관한 지침(Instruction)」 (1984)과 「기독교인의 자유와 해방에 관한 지침」(1986), 비공식적으로는 *The Ratzinger Report*, Ignatius, 1985에 집약되어 있습니다. 그 핵심은 해방신학이 구속사(salvation history)를 마르크스주의화하여 구속을 '빈민의 해방', 특히 '자기구원'(self-redemption)으로 환원했고, 나아가 사랑을 '빈민을 위한 선택'(option for the poor), 달리 말해서 '빈민의 편을 드는 것'(taking sides with the poor)으로 환원했다는 것이지요.

구속사의 마르크스주의화에서 결정적 영향을 끼쳤던 사람이 바로 아르네케르(Marta Harnecker)였습니다. 칠레 출신 가톨릭으로 1962-68년에 알튀세르에게 배운 아르네케르의 『역사유물론의 기본 개념』(1969)은 역사과학으로서 경제학 비판을 핵심으로 하는 알튀세르의 마르크스주의에 대한 최선의 교과서였지요. 정운영 선생의 지도교수였던 자크 구베르뇌르(Jacques Gouverneur)가 이 책을 불어로 번역했는데, 서울대에 기증된 정 선생의 애독서인 이 책에는 구베르뇌르가 직접 서명하기도 했어요.

해방신학에 영향을 끼친 것은 물론 알튀세르적 마르크스주의만이 아니었습니다. 위에서 언급한 것처럼 블로흐, 벤야민, 프랑크푸르트학파 등의 서구마르크스주의나 라틴아메리카 토착 경제이론이라고 할 수 있는 종속이론도 큰 영향을 끼쳤거든요. 정운영 선생이 『이론』(1993년 여름)에 번역한 엔리케 두셀(Enrique Dussel)의 「해방신학과 마르크스주의」를 보면, 그밖에도 다양한 마르크스주의가 영향을 끼쳤음을 알 수 있지요.

다만 소련 마르크스주의는 예외였는데, 라틴아메리카에서 그만큼 공산당이 취약했기 때문입니다. 그렇지만 알튀세르적 마르크스주의가 소련 마르크스주의를 대행했다고 할 수도 있는데, 양자의 관계에 대해서는 N. S. 아프타노모바의 「알튀세르의 사상적 진화의 단계들」(1987; 국역: 『루이 알튀세르, 1918-1990』, 민맥, 1991에 실림)을 참고하세요. 아르네케르도 라피두스(I. Lapidus)와 오스트로비치아노프(K. Ostrovityanov)의 소련 최초의 『경제학 교과서』(1928)를 추천하면서 '간결성과 과학적 엄밀성의 조화'를 상찬하고 있고요.

이 대목에서 해방신학과 민중신학의 차이에 대해서도 언급해둘 필요가 있는데, 말년의 안병무 교수는 해방신학처럼 민중신학에서도 마르크스주의적 경향이 강화되자 해방신학과 달리 민중신학의 핵심은 민중이 아니라 신학이라고 주장했거든요. 1986년에 안 교수가 김수행·정운영 두 교수의 사임을 강요하고 나아가 경상학부의 해체를 시도한 것은 우연이 아니었어요. 물론 경상학부가 해체된 것은 안 교수를 필두로 한 신학부 교수들의 강제라기보다는 오히려 김상곤 교수와 그 측근들인 경상학부 내부 '폴리페서들'의 선택이었지만요.

그런데 두셀에 따르면, 1974년을 전후로 해방신학의 빈민 개념이 변화했다고 합니다. 계급이 아니라 인민을 강조하기 시작했다는 것인데, 1955년에 쿠데타로 축출된 페론이 1973년에 복귀했거든요. 1974년에 페론이 사망하자 부인 이사벨이 권력을 승계하여 쿠데타로 또다시 실각할 때까지 2년 간 집권했고요. 두셀의 글은 1992년에 발표된 것인데, 1989-91년에 현실사회주의가 붕괴한 다음 이런 과정이 더욱 가속화되었을 것으로 짐작할 수 있겠지요.

해방신학이 마르크스주의에서 인민주의로 전향한 것과 노동자당(PT)과 룰라의 변질이 무슨 관련이 있을지 궁금해지는 대목입니다. 이번 총선에서 이재명 대표와 민주당이 뜬금없이 룰라와 노동자당을 소환했거든요. 룰라와 노동자당이 비리에 대한 논란을 잠재우고 3선에 성공한 것처럼 이 대표와 민주당도 차기 대선에서 승리할 것이라는 기대에 부푼 것 같아요. 룰라와 노동자당의 비리는 위키피디아를 참고하고, 이 대표와 민주당의 비리는 나무위키를 참고하세요.

2013년에 베네딕토 16세가 사임하고 후임으로 선출된 프란치스코는

1300년 만에 선출된 비유럽 출신 교황이자 남반구 출신으로는 최초의 교황으로 해방신학에 대한 입장도 유화적이었습니다. 그의 추기경 시절(2001-13)은 2001년 12월 아르헨티나소 이후 키르치네르 부부 집권기(2003-15)와 대부분 일치했는데, 그 부부는 추기경을 정치적 라이벌로 간주했지요. 그 이유는 이중적이었는데, 프란치스코 교황은 1976년 쿠데타에 동조했을 뿐 아니라 그 후에 회개하여 인민주의적 성향을 띠기도 했거든요.

넷플릭스 영화 『두 교황』(The Two Popes, 2019)은 베네딕토 16세에서 프란치스코로 교황이 교체되기 직전의 에피소드에 대한 앤서니 매카튼의 연극을 영화화한 것입니다. 교황이 자발적으로 사임한 것은 700년 만의 일이었는데, 그러나 영화에서는 보수적 교황을 진보적 교황으로 교체할 필연성만을 강조했다는 비판이 있었어요. 위키피디아에 소개된 배런(Robert Barron) 주교의 "The One Pope"(Word on Fire, Oct. 2022)를 인터넷으로 찾아보세요. 베네딕토 16세를 비판하는 영어권 최초의 평전을 집필한 알렌은 배런 주교의 동료이기도 하지요. 어쨌든 볼 만한 영화이니까 시간을 내서 한번 보세요.

마지막으로 베네딕토 16세가 자유주의도 비판했다는 사실을 언급해 두겠습니다. The Ratzinger Report와 거의 동시에 발표된 "Church and Economy: Responsibility for the Future of the World Economy" (Communio, Fall 1986)에서 그는 경제법칙을 일종의 '자연법칙'으로 간주하는 자유주의와 마르크스주의를 비판하면서 기독교적인 '도덕 경제론'을 그 대안으로 천명한 바 있지요.

이런 도덕경제론은 바울로의 「에페소 서간」에 나오는 '사랑 가운데 진리'를 연상시키는 사회경제적 회칙(Encyclical, 회람서간) 「진리 가운데 사랑」(2009)으로 발전합니다. 이 회칙은 2007-09년 금융위기의 와중에 사회경제적 문제와 관련된 도덕적·정의론적 원칙으로 '증여와 사랑의 경제'(economy of gratuitousness and fraternity)를 천명한 것인데, 도덕(the good)·정의(the right)와 결합되어야 하는 기독교적인 진리(the true)의 구체적 사례라고 할 수 있겠지요.

성철 스님에 대하여

— 요즘 성철 스님에 대해 주목하시는 무슨 이유라도 있나요.

— 발리바르를 비판하면서 강조했듯이, 기독교 이외의 종교, 특히 중국화된 불교로서 선종에 대한 관심, 나아가 한국 선종의 중흥조인 서산대사와 사명대사의 직계인 성철 스님에 대한 관심 때문입니다. 그래서 「2020년 4·15총선 전후」에서 '어째서 도적[땡추중(黨聚僧, 불량배 승려)]이 부처를 팔아먹는가'(云何賊人裨販如來, 『능엄경』) 라는 성철 스님의 '할'(喝, 꾸짖기)을 흉내내 '어째서 인민주의자가 민주주의를 팔아먹는가'라고 일갈해보기도 했던 것이지요.

성철 스님은 도반(道伴, 같이 도를 닦는 벗)인 청담 스님과 함께 불교정화운동의 선구자였는데, 일본 불교의 잔재인 대처승 숙청이 그 목적이었습니다. 1954년에 이승만 대통령의 유시로 시작된 정화운동은 비구승 2백명(및 비구니 4백명) 대 대처승 7천명(및 그 일가)이라는 수적 열세 때문에 김두한 의원에게 의존했는데, 쉽게 말해서 조폭생활을 청산한 김 의원의 아우들을 '급조승'으로 동원했던 것이지요.

그리하여 청담 스님이 불교정화를 3단계로 나누어 자신은 1단계를 맡고 2, 3단계는 성철 스님에게 맡겼던 것입니다.

1단계: 승단 정화, 즉 대처승 숙청
2단계: 비구승단 정화, 즉 비구승 교육
3단계: 신도 정화, 즉 기복(祈福, 복을 빎)신앙을 수복(修福, 복을 받도록 덕행을 닦음)신앙으로 전환

청담 스님이 맡은 1단계는 수행 환경을 마련하는 것이었고, 성철 스님이 맡은 2, 3단계는 수행 그 자체였지요. 굳이 비유하자면 청담 스님과 성철 스님은 '창업'과 '수성'을 분담했다고 할 수 있고요.

대처승의 뿌리는 아주 깊었습니다. 예를 들어 조정래 작가의 부친 조종현 시인은 결국 거사(居士, 출가하지 않은 재가 불자)를 자처한

대처승 선구자 한용운 시인 이상으로 대처승 '확신범'이었다고 할 수 있지요. 총독부의 시범대처승으로 연세대 인근 봉원사와 함께 대처승 총본산이던 순천 선암사의 부주지를 역임한 그는 해방 후에 선암사를 총본산으로 한 태고종이 아닌 법화종과 불입종에서 활동했는데, 법화종과 불입종은 일본의 니치렌종(日蓮宗)/창가학회와 친화성이 있는 교파였지요.

1970년대에 『창작과비평』은 한용운 시인을 민족문학의 선구자로 격상시키기 위해 대처승을 미화하기도 했습니다. 대처승이 일본식 문명개화와 유럽식 종교개혁을 추진했다고 선전했던 것인데, 기독교와 불교를 혼동한 무지의 발로였을 따름이지요. 그 덕분에 한용운 시인의 후예를 자처한 민중불교가 준동하면서 1980년에 신군부가 개입한 10·27법난을 자초하기도 했고요.

성철 스님은 '절[재산] 뺏기'만큼이나 '권력 뺏기'도 싫어했는데, 그래서 종정에 취임한 다음 '부처 장사'와 '민주주의 장사'에 골몰한 땡추중을 꾸짖었던 것입니다. 1980년 10·27법난을 수습하기 위해서 이듬해 종정에 추대된 스님의 법어인 '산은 산이요, 물은 물이로다'는 여러 가지로 해석되는데, 땡추중에 대한 경고라는 의미도 있다는 것이 제 생각이에요. 자신에게 올가미를 씌우려는 바리사이파에게 '카이사르의 것은 카이사르에게 돌리고 하느님의 것은 하느님께 돌려라'라는 예수의 말씀과도 통할 것 같고요.

『두 교황』을 보면, 베네딕토 16세가 성철 스님과 비슷하다는 사실을 깨달을 수 있습니다. 그 역시 '그리스도 장사'와 '민주주의 장사'를 비판했거든요. 먼저 성철 스님이 대처승에 맞서 불교를 지키려 했던 것처럼 베네딕토 16세도 개신교에 맞서 가톨릭을 지키려 했던 것이지요. 나아가 두 분 다 종교는 경세학이 아니라는 사실을 강조했던 것인데, 자력신앙인 불교와 달리 타력신앙인 기독교는 그만큼 더 어려웠겠지요.

성철 스님의 불교나 베네딕토 16세의 가톨릭처럼 경세학을 자임하지 않고 정교분리를 준수하는 모든 종교는 자유주의는 물론이고

마르크스주의와도 공존할 수 있습니다. 저희 월정 할아버지(윤근수)와 사명대사 같은 조선의 사대부와 선승 사이의 교류와 우정에서 그 선례를 발견할 수 있는데, 예를 들어 박동춘 교수의『조선의 선비 불교를 만나다』(이른아침, 2017)와 이종찬 교수의『조선조 유가가 승려에게 준 시』(학고방, 2019) 등을 참고하세요. 중국이나 서양에도 비슷한 선례가 있는지는 잘 모르겠지만요.

성철 스님에 대한 공부는 김택근 시인의『성철 평전』(모과나무, 2017)과 원택 스님의『성철스님 시봉이야기』(개정증보판: 장경각, 2016)에서 시작해야 합니다. 스님이 20세기 한국에서 최고의 선사(禪師, 참선수행하는 중)라는 사실은 전혀 이론의 여지가 없는데, 스님의 참선수행과 관련된 무수한 전설이 있지요.

  1940년에 시작한 8년 동안의 장좌불와(長坐不臥, 선방에서 눕지 않고 앉은 채로 수행함)
  1955년에 시작한 10년 동안의 동구불출(洞口不出, 선방의 울타리 밖으로 나가지 않은 채로 수행함)
  1993년에 열반하면서 남기신 100여과의 사리(신도들의 사리/불탑신앙에 부응함)

선종승의 자력수행이 참선인 반면 교종승의 간경(看經, 경전공부)이나 염불승의 염불기도는 타력수행이라고 할 수 있습니다. 염불 중 가장 유명한 것은 물론 기복신앙과 관련된 '나무아미타불'과 '나무관세음보살'이고 또 '나무시아본사(是我本師, 나의 스승)석가모니불'도 있는데, '나무'는 기독교의 '아멘'처럼 '믿습니다'라는 뜻이지요.

뿐만 아니라 성철 스님의 불교교리 연구는 교종승을 능가한다는 평가도 받았습니다. 스님의 주저는 56세 때 행한 100일 동안의 강의(法門, 가르침)를 녹취한『백일법문』(1967)과 고희(1981)에 종정으로 추대된 직후 발표한 저서인『선문정로』(1981)와『본지풍광』(1982)이 있지요.『선문정로』와『본지풍광』은 스스로 '부처님께 밥값 했다'고 할 정도로 자부심이 컸던 책이에요. 더 자세한 설명은 원택 스님이 자신의 고희 기념으로 엮은『아침 바다 붉은 해 솟아오르네』(장경각,

2015)를 참고할 수 있고요.

『백일법문』은 불교의 본질인 중도사상에서 출발하여 인도의 원시불교('근본불교')와 대승불교에서 중국의 교종과 선종까지 불교사를 개관하고 있습니다. 성철 스님의 말씀이 모두 옳다는 것은 아닌데, 예를 들어 불교와의 친소관계를 기준으로 육왕심학이 정주리학보다 낫다는 평가에는 찬성할 수 없어요. 그런데 스님이 계시던 해인사 백련암 기둥의 대련(對聯)은 주자의 시구였지요.

은거하며 또 무엇을 구하는가,	隱居復何求
무언 속에서 도심이 자란다네.	無言道心長

『선문정로』(禪門正路)는 참선수행의 보고서 겸 지침서인데 쉽게 말해서 '견성성불'하는 선종의 공부법에 대한 교과서입니다. 스님은 교종의 점오점수설을 비판할 뿐만 아니라 선종의 돈오점수설조차 사교입선(捨敎入禪, 교종을 내버리고 선종을 받아들임)이 불충분하다고 비판하면서 돈오돈수설을 주장한 바 있지요. 점오점수설과 돈오점수설 때문에 땡추중, 즉 불교계의 사기꾼이나 돌팔이가 창궐한다는 것이에요.

『본지풍광』(本地風光, 깨달은 눈앞의 본성과 풍경)은 참선수행법에서 가장 중요한 선종 5가 중 임제종의 간화선(看話禪)에서 화두로 사용하는 공안, 즉 불조(佛祖, 부처와 조사)의 언행을 정리한 교과서입니다. '언'이란 선문답이고 '행'이란 할(喝, 꾸짖기)과 방(棒, 몽둥이질)이지요. 육조 혜능의 '이 뭐꼬'(是甚麿)가 언이고, 임제 조사의 '살불살조'가 할이며, 덕산 화상의 몽둥이질이 방이고요. 성철 스님에게 언은 '이 뭐꼬'였고, 할은 '이 도둑놈아, 밥값 내놔라'였는데, 아마도 방은 없었던 것 같아요.

이광수의 동갑내기 8촌형제로 교종의 강사(講師, 경전을 가르치는 중) 겸 역경사(譯經師, 경전을 번역하는 중)로 유명했던 사람이 운허 스님인데, 대종교(단군교) 계열 독립운동가였던 그는 개신교(흥사단)를 거쳐 불교로 개종했지요. 운허 스님이 주지였던 경기도 진접읍의 봉선사가 교종의 총본산이고, 청담 스님이 주지였던 서울 청담동의 봉은사가 선종의 총본산이에요.

동학도였던 이광수는 개신교(흥사단)를 거쳐서 불교에 귀의하여 '법화행자'를 자처했습니다. 그의 불교는 교종, 그 중에서도 니치렌종이었던 것인데, 니치렌종 고유의 종말론적 교리는 다카야마 조규 같은 니체주의자, 나아가 기타 잇키 같은 파시스트와 미야자와 겐지 같은 스탈린주의자에게도 매력적이었지요. 그런데 「난제오」(亂啼烏(울부짖는 까마귀), 1940)에서 그는 선종과 비교할 때 교종의 한계를 암시하기도 했어요.

「2020년 4·15총선 전후」에서 「난제오」 인용에 잘못이 있어 바로잡겠습니다. 김윤식 선생조차 『이광수와 그의 시대』(한길사, 1986)에서 이광수의 잘못을 바로잡지 못해 저도 지나쳤어요. 선사대사는 서산대사로 바로잡았으나, 「독남화경」((讀南華經, 『장자』를 읽으며)은 「서남화권」(書南華卷, 『장자』를 읽고나서)으로 바로잡지 못했지요. 또 '孼虎'(고양이)가 아닌 '孼狐'(나쁜 여우), '祥麟'(좋은 기린)이 아닌 '祥獜'(좋은 기린)이 맞는데, 이대형 교수의 「조선시대 승려문집의 『장자』 수용과 활용」(『불교학 연구』, 2016년 9월)을 참고하세요.

그러나 성철 스님이 시도했던 2단계 정화운동은 결국 실패하고 말았다는 사실도 지적해둘 필요가 있습니다. 이 대목에서 성철 스님을 도와서 승가대학의 설립을 추진한 이한상 사장에게 주목해야 할 것인데, 그는 풍전산업과 대한전척의 재력으로 성철 스님을 도와서 덕산 거사라는 법명도 얻었지요. 풍전산업과 대한전척은 현대건설 등의 노가다와는 비교가 되지 않는 1960년대 최고의 건설회사였는데, 조흥은행본점사옥에 이어서 정부종합청사를 건설하고 섬진강댐에 이어서 팔당댐을 건설한 것이 그 증거라고 할 수 있지요.

이한상 사장은 정치에도 관심이 많아 김종필 의원을 후원하면서 3선 개헌에도 반대했다고 합니다. 그래서 박정희 대통령의 졸개인 이후락 비서실장과 충돌할 수밖에 없었는데, 그것이 바로 1969년 전국신도회장 선거였지요. 당시는 물론이고 지금까지도 남한 최대의 종교는 불교였거든요. 어쨌든 박 대통령의 눈 밖에 나버린 이 사장은 1971년 대선 직후에 미국으로 도피할 수밖에 없었으니 승가대학의 설립이라는 성철 스님의 꿈도 그렇게 사라질 수밖에 없었던 것이에요.

아울러 이한상 사장과 제가 개인적 인연이 있었다는 사실도 밝혀 두겠습니다. 이희승 선생(전의 이씨)은 제 외가(전주 이씨)와 사돈으로 외조부와 동향이었고, 이 사장은 이 선생의 일가였지요. 그래서 제 외삼촌 중에는 풍전산업에 근무한 분도 있었고 저와 외사촌들은 이 사장을 '풍전 아저씨'라고 불렀어요. 게다가 이 사장은 제 아버지의 경성공립직업학교(서울과기대) 토목과 1년 선배였지요. 그런 인연으로 어머니와 결혼이 성사된 것 같은데, 집안일에 무관심했던 터라 어른들이 살아계실 때 물어본 적이 없어 저만의 짐작이에요. 어쨌든 성철 스님에 대한 관심에는 이런 개인적 사정도 있다는 사실을 밝혀 두어야만 할 것 같아서요.

성철 스님의 열반송(涅槃頌)에서 정화운동의 실패로 인한 회한을 읽을 수 있다는 것이 제 생각입니다.

한평생 살아가며 뭇사람을 속이니   生平欺誑男女群
죄업은 하늘 너머 수미산을 지나네.   彌天罪業過須彌
만 갈래 한을 품고 지옥에 떨어지니   活陷阿鼻恨萬端
불그레 저녁해는 청산에 걸려 있네.   一輪吐紅掛碧山

『두 교황』의 마지막에 베네딕토 16세가 프란치스코에게 고해하면서 어릴 적부터 공부만 해왔는데, 이제 와서 보니 '의미도 효과도 없음'(empty and void)을 알겠다고 말하지요. 신학의 정립을 통해 가톨릭을 정화하려던 자신의 구상이 실패했음을 자인하는 대목으로 해석할 수 있는데, 1980년 11월 비극 전야의 알튀세르도 같은 생각이었을 것 같아요. 물론 세 분과는 비교할 수 없는 처지이겠으나, 저 역시 '남한운동권 정화'의 실패에 대한 회오가 없을 수 없어서 자기비판 삼아 이 글을 쓰게 된 것이고요.

서론 ··· 263

대선 불복과 제2의 촛불혁명 ································· 265

    대선 불복 · 265
    친북중러·반한미일 노선 · 269
    제2의 촛불혁명 · 275
    운동권과 이재명의 일체화 · 279

폭동주의적 혁명관 ··· 281

    동란으로서 촛불혁명 · 281
    깡패와 사기꾼의 난입 · 286
    '아Q 혁명관'의 일반화 · 290
    '분노와 복수'의 외침 · 293

반이론주의와 '비전향' ··· 297

    한국사회성격 논쟁의 소멸 · 297
    '책 없는 시대': 문투에서 무투로 · 301
    전향과 비전향의 이분법: 자기비판의 부재 · 306
    반경제학의 프로토파시즘 · 310

'파시즘화 경향'의 정치관·역사관 ························· 314

    사상의 자유에 대한 탄압 · 314
    '분열증적 파시즘'과 '전복적 선전·선동' · 316
    법치의 파괴와 '경찰독재' · 319
    종교전쟁식 정치관 · 322
    종말론적 지도자 숭배 · 323

'반파시즘 국민전선'은 가능한가 ··························· 327

    혁명적 정세인가 반혁명적 정세인가 · 327
    반파시즘 인민전선 · 331
    무법에서 법치와 헌정으로 · 335
    시빌리티와 향상심의 복원 · 338

운동권의 '풍속과 세태' 비판

유주형·김태훈

서론

과천연구실은 이른바 '촛불혁명' 이후 운동권이 문재인 정부와 '운명공동체'가 되었음을 비판했다. 그런데 이번 총선을 계기로 운동권은 이재명이라는 카리스마적 '지도자'(Führer)와 완전히 일체화된 것으로 보인다. 386세대 전대협 출신 친문재인계에 의해 프로토파시즘으로서 인민주의가 주류화됐다면 X세대 한총련 출신 친이재명계에 의해 '파시즘화 경향'이 심화한 것이다. 기우이겠지만, 이번 총선이 파시즘의 독재정을 예고한 '운명의 날'(Schicksalsdatum)일지도 모를 일이다.

이전에 비슷한 성격의 글에서 문재인 정부 5년간 노동자운동의 노선과 정책을 비판했는데,[1] 이번에는 운동권의 '풍속과 세태'를 비판한다. 특히 현실사회주의의 붕괴를 전후한 운동권의 세대 교체와

---

1) 『문재인 정부 비판』(공감, 2020)에 실린 「남한 노동자운동의 쇠망」과 『재론 문재인 정부 비판』(공감, 2021)에 실린 「4·7보선 전후 문재인 정부 비판」을 참고할 수 있다.

그로 인한 운동권의 풍속과 세태의 변화에 초점을 맞출 것이다. 운동권의 기질화된 행동이 일체의 규범을 무시하는 수준에 이르러 세부적인 노선·정책 비판이 무의미하다는 판단에 이르렀기 때문이다.

현재 운동권의 주류를 이루는 한총련 세대의 풍속과 세태는 마르크스가 '라보엠'(la bohème, 보헤미안)이라고 부른 '불량배', 달리 말해서 레닌이 숙청할 것을 제안한 '출세주의자'(careerist)와 '투기꾼'(adventurer)의 일반화라고 할 수 있다. 윤석열 정부 출범 이후 대선 불복과 이른바 '제2의 촛불혁명' 주장에서 나타나는 운동권의 혁명관과 반(反)이론주의, '파시즘화 경향'의 정치관·역사관이 문제라고 할 수밖에 없으므로, 이것을 비판해 보겠다.

이 글이 운동권에 대한 비판이기 이전에 같은 세대에 속하는 필자들의 자기비판으로 읽히기를 바란다. 아래에서 거론하는 문제점들은 사실 동서고금의 혁명사에서 형태를 조금씩 달리하며 반복적으로 발생한 문제점들이었다. 그럼에도 이론적 전통이 단절된 우리 세대는 그런 역사의 교훈을 미처 깨닫지 못하고 잘못된 길로 들어섰던 바, 그 과오를 반성해 보려는 것이다. 이런 자기비판은 자신이 의도한 목적과 다른 결과까지도 책임지겠다는 베버식 '책임윤리'(ethic of responsibility)의 반영이기도 하다.

안타깝게도 우리의 비판은 현재의 주체 역량에 비춰볼 때 실행가능성을 전제한 전망적 대안이 아니라 회고적 '복기(復棋)'에 불과한 것이다. 이를테면 영화 『태백산맥』(1994)에서 염상진의 대사처럼 '대체 어디서부터 무엇이 잘못된 걸까? 할 수만 있다면 처음부터 다시 시작하고 싶다'는 반추일 따름인 것이다. 아래에서는 최근 2년간 운동권의 동향을 정리한 다음, 이로부터 제기되는 쟁점을 『한국사회성격 논쟁 세미나 (I)~(III)』(공감, 2020-22)과 이 책에 함께 실린 「'대선 불복 2년동란'」의 논지를 바탕으로 역사적·이론적으로 논의해 보겠다.

대선 불복과 제2의 촛불혁명

대선 불복

2022년 3·9대선 패배 직후부터 시작된 민주당과 운동권의 대선 불복은 윤석열 정부 1-2년차 내내 지속되었다. 촛불혁명의 연장선에서 이재명 후보의 당선을 기대했던 운동권은 윤석열 후보의 신승에 승복할 수 없었다. 나아가 윤석열 대통령의 당선이라는 대선 결과를 역사의 퇴보로 평가했다. 민주노총은 선거 다음 날 논평에서 '윤석열 대통령도 끌어내려질 수 있음을 명심하라'고 경고했고, 진보당은 대통령직인수위가 발표한 110개 국정과제가 '과거 회귀'라고 비판했다. 민주노총은 아직 임기가 시작되지 않은 윤석열 대통령직인수위원회에게 '친재벌 반노동정책 폭주'를 멈추라고 요구하기도 했다.2)

대선 직후 핵심 쟁점은 윤석열 인수위의 친재벌 폭주가 아니라 민주당의 '검수완박'(검찰 수사권의 완전한 박탈) 입법 폭주였다. 4월 중순 민주당은 검찰의 수사권과 기소권을 분리하는 '검찰청법·형사소송법 개정안'을 발의했다. 그리고 민주당은 법안 처리 과정에서 국민의힘을 배제한 채 온갖 편법을 동원하는 등 정당정치와 의회정치를 부정했다. 정의당은 '방향은 정당하나 속도 조절이 필요하다'고 주장하다가 중재안이 나오자 '비판적 지지'로 돌아섰다. 반면 진보당은 처음부터 '검찰개혁 실현을 위해 최선을 다하겠다'고 선언했다.

민주노총을 비롯한 운동권은 민주당의 '검수완박'에 대해 침묵하거나 동조했고, 동시에 극단적 투쟁 방식으로 각자의 특수한 요구를 제기했다. 민주노총파리바게뜨지회는 3월 말에 단식투쟁을 시작했고, 민주노총은 '반(反)노동정책'에 저항한다는 구실로 '쪼개기 집회'

---

2) 민주노총, 「20대 대통령 선거 결과에 대한 민주노총 입장」, 2022. 3. 10.; 민주노총, 「새정부에 요구한다, 친재벌 반노동정책 폭주를 멈춰라! 민주노총 기자회견 보도자료」, 2022. 4. 11.; 진보당, 「윤석열 정부 110개 국정과제, '미래 도약' 아닌 '과거 회귀' 종합판」, 2022. 5. 3.

를 강행했다. 전국장애인차별철폐연대는 3월 말부터 매일 삭발투쟁을 진행했고, 4월부터는 차별금지법제정연대의 단식투쟁이 시작되었다. 정의당 장혜영 의원은 민주당이 '검수완박'을 강행했듯이 차별금지법도 강행하라고 요구했다.

『세미나 (III)』에서 설명했듯이, 문재인 정부의 검찰개혁은 문민화 이전의 '경찰사법'으로 회귀할 우려가 있었다. 건국 이후 전두환 정부까지 한국의 사법제도는 비밀경찰인 중앙정보부·보안사령부가 지배하던 '경찰사법'이었다. 검찰개혁은 문민화 이후 문관인 검찰을 통해 점진적으로 사법의 중립성이나 독립성을 지향해 온 과정을 다시 무관인 경찰 중심의 사법으로 역행하려는 것이었다.

운동권은 민주당의 '검찰공화국' 프레임에 동참했다. 민변(민주사회를위한변호사모임)과 더불어 참여연대가 대표적이었는데, 윤석열 총장이 2019년에 조국 법무부장관을 수사한 것을 '검찰정치의 시작'으로, 2021년에 중수청(중대범죄수사청) 설치 법안을 이유로 검찰총장직을 사임한 것을 '검찰정치의 본격화'로, 그리고 2022년에 윤석열 정부가 출범한 것을 '검찰공화국 등장'이라고 규정했다.3)

일부 민주노총 활동가들도 검찰공화국 프레임에 동참했다. 단지 윤석열 대통령 본인이 검찰총장 출신이라는 이유로 윤석열 정부를 '검찰공화국'이라고 비난했는데, 자유주의적 법치(rule of law)와 인민주의적 내지 전체주의적 법치(rule by law)의 관계를 혼동하거나 검찰사법과 경찰사법의 관계를 전도하는 식이었다. 심지어 추미애 장관의 '검찰파쇼' 주장과 비슷하게 별다른 근거도 없이 윤 대통령을 '검찰독재'라고 비난하거나 '자유주의적 독재정치'라는 형용모순적 수사를 남발할 따름이었다.4)

그러나 검찰파쇼 내지 검찰독재라는 주장은 파시즘과 스탈린주의 같은 전체주의가 검찰사법이 아니라 경찰사법에 의존했다는 사실을

---

3) 참여연대 사법감시센터, 『문재인 정부 5년 검찰보고서 종합판: 표류하는 검찰개혁 다가오는 검찰공화국』, 2022.; 민변·참여연대, 『윤석열 정부 100일 권력·사법 및 노동·민생경제 정책 진단과 평가』 토론회』 자료집, 2022.
4) 김장호, 「검찰공화국의 어두운 그림자」, 『민플러스』, 2022. 5. 3.

무시한 결과였다. 동시에 파시즘·스탈린주의와 군부독재를 혼동한 결과였는데, 군부독재는 문민통제를 거부하고 군인이 정치를 지배하는 것을 말한다. 한국의 군부독재에서든 히틀러 치하의 독일이나 스탈린 치하의 소련과 시진핑 치하의 중국에서든 검찰사법이 아니라 경찰사법이 핵심이었다.

지방선거 패배 이후 정의당은 민주당 2중대 노선에 대한 평가를 둘러싸고 자중지란에 빠졌다. 이은주 비상대책위원장은 민주당의 검수완박에 찬성한 것을 후회한다고 밝히기도 했다. 그 후 이정미 대표 체제하에서 정의당은 윤석열 정부 퇴진 투쟁에 동참하면서도 이재명 대표의 체포동의안에는 찬성했다. 대신 이를 둘러싼 당 내부의 논란과 혼란은 끊이질 않았다. 결국 민주당 2중대 역할은 '검수완박'을 적극 지지하며 이재명 대표를 엄호한 진보당으로 넘어갔다.

민주당과 운동권은 2022년 10월 말 이태원에서 핼러윈축제 당시 발생한 압사사건을 윤석열 대통령 퇴진 운동의 계기로 활용했다. 민주당은 사건 발생 직전에 이재명 대표의 최측근이자 정치자금법 위반으로 구속된 김용 민주연구원 부원장에 대한 검찰 수사에 대응하던 중이었다. 윤석열 정부가 '군부독재보다 더한 검찰독재'라며 '심판'을 선언하던 와중에 발생한 이태원압사사건은 민주당과 친명세력에게 천재일우의 기회였다.

이른바 '조국사태' 이후 매주 촛불집회를 개최하던 '촛불행동'은 이태원압사사건이 발생하자 곧바로 촛불집회를 추모집회로 전환했다. 이재명 대표의 측근이 조직한 '이심전심'이라는 단체의 경우 민주당 당원을 조직적으로 동원하기도 했다. 그리고 북한이 지령했다는 '퇴진이 추모다'라는 구호를 외쳤다. 민주노총 역시 원래 예정된 11월 '전태일 열사 정신 계승 노동자대회'의 기조를 '이태원참사 대통령 사과, 국무총리 사퇴, 책임자 처벌'로 급전환했다.

사건·사고이든 참사이든 가해자(원인제공자·예방책임자)가 있을 수도 있고 없을 수도 있다. 반면 피해자의 원한 때문에 없는 가해자를 만들어 내는 것이 바로 '마녀사냥'인데, 박근혜 대통령이나 윤석열 대통령이 세월호침몰사건이나 이태원압사사건의 가해자라고 주장한 것이 그런 경우에 해당했다. 다만 민주당은 이태원압사사건을 근거로 윤석열 대통령의 퇴진을 주장하기에는 무리라고 판단하고 대신 이상민 행정안전부장관을 탄핵했다. 헌정사 최초로 국무위원을 탄핵한 사례였다.

민주당은 2023년 7월의 해병대원익사사건도 이태원압사사건과 마찬가지로 대선 불복의 계기로 활용했다. 이재명 대표는 이태원압사사건과 해병대원익사사건이 윤석열 정부의 양대 실정이라고도 주장했다. 그러나 이태원압사사건 이상으로 해병대원익사사건을 '실정'(失政, 정치·정책의 실패)으로 규정한 것은 납득할 수 없는 처사였다. 그래서 차마 민주당도 이종섭 국방부 장관을 탄핵하지는 못했던 것 같다.

이태원압사사건 이후 2022년 11월의 화물연대파업과 12월의 민주노총총파업 같은 정치파업이 감행되었다. 문재인 정부에서 급성장한 공공부문노동조합이 파업을 주도했다. 민주노총과 공공운수노조가 제시한 파업의 명분은 윤석열 정부가 민영화를 추진한다는 것이었다. 그러나 민주노총·공공운수노조의 '민영화' 비판은 경제학적 근거가 없었는데, 단적으로 말해서 민영화와 사유화를 구별하지 않았다. 전자는 공기업에 민간기업의 경쟁원리나 수익성 기준을 도입하거나 민간자본에 경영을 위임하는 것을 의미했고, 후자는 국유화된 자본을 민간자본에게 불하하는 것을 의미했다.

민주노총을 비롯한 운동권은 민영화에 반대한다면서 '시장 대 국가', '민영화 대 국유화 내지 공공성'을 대립시켰는데, 이는 경제학적 비판보다는 오히려 인민주의적 프레임에 가까웠다. 현대경제학이 자유시장주의나 시장만능주의를 주장하는 것은 아니기 때문이다. 게다가 모종의 국가자본주의론을 주장하는 것은 현실사회주의의 실패에 대한 자기반성이 부재하다는 사실의 방증이기도 했다.

운동권은 윤석열 정부 1년차부터 퇴진 투쟁에 돌입하면서 특히 반일 민족주의를 일종의 지렛대로 삼았다. 2023년 들어 윤석열 대통령이 징용노동자에 대한 배상 문제의 해법으로 '제3자 변제안'을 제시하며 한일 관계의 복원을 추진하자 운동권은 반일 감정을 고조시키면서 규탄 수위를 높였다. 진보당은 노골적으로 '친일 매국 정권'이라고 매도하기도 했다. 운동권이 윤석열 정부의 외교노선을 문제 삼으면서 반일투쟁을 확대한 것은 동아시아의 외교안보정세가 급박하게 돌아갔기 때문이기도 했지만 곧 살펴볼 것처럼 총선에 대비하려는 목적이 있었기 때문이기도 했다.

진보당의 대응 기조에 발맞춰 민주노총은 2023년 5월 윤석열 정부 출범 1주년을 맞아 윤석열 정부 퇴진 투쟁을 선포했다. 그리고 민족해방(NL) 계열 연대체인 한국진보연대 등과 함께 윤석열정권퇴진운동본부(준)를 구성해서 '일본 핵오염수 해양투기 저지 투쟁'에 집중했다. 그러자 과거에 역시 한국진보연대 등이 주도했던 '광우병 촛불시위'의 괴담 선동을 반복하는 것 아니냐는 비판이 제기되었다. 그리고 문재인 정부에서 보조금을 받았던 단체들이 투쟁에 참여하고 있다는 점도 폭로되었다.

친북중러·반한미일 노선

2022년 러시아의 우크라이나 침공 이후 동아시아의 외교안보정세는 급변했다. 러시아에 이어 북한이 핵전쟁을 예고했고, 중국도 대만 침공을 공언했다. 이에 미국과 일본은 『미일방위협력을 위한 지침』을 개정하고 미일연합사령부 신설을 추진하는 등 억지능력의 강화를 모색했다. 이러한 정세에서 윤석열 정부가 추진한 한미일 외교안보관계의 복원은 문재인 정부의 친북·연중·비미·반일 성향을 정상화하는 것이자 트럼프 대통령의 재선에 대비하는 것이었다. 운동권은 친북중러·반한미일 노선에 근거해 윤석열 정부의 대미·대일 외교정책을 비판했다.

이재명 대표와 운동권은 우크라이나 전쟁에 대해 비슷한 입장을 보였다. 2022년 대선 시기에 러시아가 우크라이나를 침공하자 당시

대선 후보였던 이재명 대표는 '전쟁인가 아니면 평화인가'라는 프레임을 제시하며 억지(deterrence)는 전쟁을 야기할 따름이니 대화를 통해 평화를 추구해야 한다고 주장했다. 이재명 후보는 우크라이나의 '6개월 초보 정치인' 대통령이 나토 가입을 추진함으로써 러시아의 푸틴 대통령을 도발했다는 망언까지 서슴지 않았다. 문재인 대통령도 미국의 주요 동맹국 중 유일하게 러시아 경제제재 동참을 유보한 바 있다.

진보당은 2022년 2월 말 우크라이나 사태의 '평화적 해결'을 촉구하는 논평을 낸 다음, 2년 동안 러시아의 잔인무도한 침공이 지속되었음에도 침묵으로 일관했다. 다만 '윤석열 정부의 우크라이나 무기지원은 절대 안 된다'는 논평을 추가했을 뿐이었다. 민족해방파 내지 주체사상파는 우크라이나 사태가 '젤렌스키 정부를 지원하는 미국'과 '우크라이나 내 두 공화국의 분리·독립 결정을 옹호하는 러시아' 사이의 분쟁이며 '전형적인 대리전'이라고 주장했다.5)

그러나 우크라이나 전쟁은 푸틴이라는 '독재자'이자 '불량배'가 도발한 '구(舊)소련 제국주의'의 침략전쟁이자 우크라이나의 '독립전쟁'(민족해방전쟁)이었다. 푸틴에게 도전하여 세계를 단결시킨 젤렌스키 대통령은 전쟁 발발 직후 '우리는 우리나라의 독립을 지킨다'고 선언한 바 있다. 젤렌스키는 우크라이나 전쟁을 1939년 독일의 폴란드 침공에 비유하기도 했다. 당시 영국과 프랑스의 독일에 대한 유화정책이 결국 2차 세계전쟁으로 귀결되었던 역사를 미국과 유럽연합이 다시 반복해선 안 된다는 의미를 담고 있었다.

민주노총은 침공 한 달이 지난 2022년 3월 말에서야 논평을 냈다. 러시아는 우크라이나에서 전쟁을 중단하고 즉각 철군해야 한다는 범속한 주장이었다. 게다가 후속 실천도 없었다. 2003년 미국의 이라크 침공 당시 사업장별 중식집회와 대규모 도심집회를 개최하고

---

5) 강호석, 「우리가 몰랐던 우크라이나 사태의 3가지 진실」, 『민플러스』, 2022. 5. 9.; 정혜연, 「우크라이나 전쟁은 전형적인 대리전이다」, 『민중의소리』, 2022. 10. 25.

전쟁반대 대표단을 이라크에 파견하기도 했던 민주노총이 러시아의 우크라이나 침공에 대해서는 제대로 된 집회 한 번 개최하지 않았던 것이다.

대신 민주노총은 우크라이나에 대한 무기 지원에 반대하는 성명을 냈다. 그러면서 윤석열 정부가 '가치외교'를 표방하며 '자국의 실리'를 최우선으로 추구하지 않는다고 비난했다. 참여연대 등 친민주당 운동권도 러시아의 우크라이나 침공을 규탄하면서도 우크라이나 무기 지원에는 반대했다.6) 그러나 이재명 대표와 운동권이 주장하는 '억지의 토대 없는 대화'는 양보에서 시작하여 굴종을 거쳐 결국 항복으로 귀결될 따름이라는 점에서 심각한 문제점이 있었다.

운동권 전반은 윤석열 정부의 한미일 외교안보관계의 복원을 반평화적·반민족적인 정책이라고 비난했다. 우선 대미정책과 관련해서, 진보당은 대선 후 바이든 대통령의 방한으로 이뤄진 2022년 5월 한미정상회담의 결과에 대해 사실상 전쟁위기가 최고조에 달했던 2017년 정세로 돌아가게 됐다고 주장하며 '반동적 퇴행'으로 규정했다. 또 2023년 한미정상회담에 대해서는 '신냉전 반평화 굴종외교'로 규정했다.7)

그러나 신냉전을 주도한 것은 2007-09년 금융위기를 계기로 파시즘의 부활을 시도한 푸틴의 러시아였다. 탈냉전은 곧 체제경쟁에서 사회주의가 자본주의에게 패배했다는 의미였고, 사회주의에서 자본주의로 이행(transition)하는 체제전환이 탈냉전의 행동 규범이었다. 탈냉전을 거부한 것은 2012년 2차 집권에 성공한 푸틴이었다.

푸틴의 러시아는 클렙테스(kleptes, 도적)의 지배를 의미하는 클렙토크라시(kleptocracy)로 타락했다. 옐친 시대에 출현한 마피아경제를 지배하는 과두제가 푸틴 시대에는 국가권력을 사유화한 푸틴과

---

6) 민주노총, 「전쟁 개입! 전쟁 동참 선언! 윤석열 정부는 우크라이나에 대한 살상무기 지원 중단하라!」, 2023. 4. 21.; 참여연대, 「우크라이나에 대한 무기 지원 반대한다」, 2023. 4. 21.

7) 진보당, 「'과거 회귀'와 '조공외교'로 얼룩진 한미정상회담」, 2022.. 5. 23.; 진보당, 「신냉전 반평화 굴종외교로 얼룩진 한미정상회담」, 2023. 4. 27.

그의 측근에 의해 오히려 강화·발전되었다. 푸틴은 스스로 마피아 두목이 되었다고 할 수 있었다. 시장경제와 자유민주정을 거부하면서 푸틴이 유럽연합의 확대에 대한 대안으로 제시한 것이 이른바 '유라시아연합', 즉 유럽의 러시아화였고, 그 첫 단계가 바로 우크라이나의 침공이었다.

민주노총이나 진보당이 반미로 일관한 반면 운동권 일각에서는 양비론적 반(反)제국주의를 주장하기도 했다. 러시아-우크라이나 전쟁의 본질은 냉전 종식 이후에도 종식되지 않고 있는 미국과 러시아라는 세계 패권국가, 즉 제국주의 국가들 간의 패권 경쟁의 산물이므로 미국과 러시아의 제국주의적 패권 정책에 모두 반대한다는 논리였다.8) 이런 구좌파의 반제국주의론은 미국도 러시아도 모두 악이라는 주장인 셈이었다. 이런 주장은 미국도 제국주의이고 독일도 제국주의라는 이유로 반파시즘 인민전선을 독소불가침조약으로 대체한 스탈린의 주장과 다를 바 없으며, 푸틴의 우크라이나 침공 책임을 희석하는 것이었다.

윤석열 정부의 대일 정책에 대해서도 운동권은 반일노선으로 일관하며 대선 불복의 근거로 삼았다. 반일노선의 실체는 일본을 여전히 '전범국'으로 취급하면서 적대시하는 것이었다. 진보당은 대선 시기에 윤석열 후보에 대해 '동족인 북한에게는 언제든지 전쟁을 할 수 있고, 전쟁 발발 시에는 외세인 일본을 끌어들이겠다는 발상을 가진 매국노, 제2의 이완용'이라고 힐난했다. 한일정상회담에 대해서는 '2023년 판 내선일체 선언'이라 논평했고, 인도-태평양전략은 '한국이 일본과 미국의 요구에 동조해 중국과 러시아, 북한과 싸우겠다는 의미'라고 주장하기도 했다.9)

---

8) 『러시아·우크라이나 전쟁 어떻게 볼 것인가?』, 노동당 토론회 자료집, 2022. 4. 27.; 「우크라이나 전쟁과 국제 반전운동의 전망」, 『노동자연대』, 421호, 2022. 6. 14.
9) 진보당, 「'유사시 일본군 한반도 진출 허용'이라는 충격적 망언, 윤석열 후보는 제2의 이완용이 되려는 것인가!」, 2022. 2. 26.; 진보당, 「한일 정상회담은 일본에 굴종하는 윤석열 정부의 2023년판 내선일체 선언이다.」, 2023. 5. 9.

그러나 이런 주장은 국제정세에 대한 자의적 해석일 따름이었다. 미국·일본의 자유민주정-민간자본주의와 중국의 권위독재정-국가자본주의 간 체제경쟁에서 대내정책과 대외정책의 구별은 무의미하고 '경제안보(economic security)는 곧 국가안보(national security)'를 의미했다. 일본을 군국주의의 부활로 규정하는 것도 오류였는데, 아베-기시다 총리가 오바마 대통령의 자유주의를 계승해서 오히려 트럼프 대통령의 인민주의를 견제했다는 미국 내 평가도 많기 때문이다. 일본의 재무장을 비판하려면, 남북한도 일본처럼 전쟁을 위한 군비를 축소 내지 포기해야 하고, 특히 북한은 핵무장을 포기해야 마땅한 것이다.

문재인 정부에서 운동권은 '역사적 원한'(historical animosities) 내지 '피해자 심성'(victim mentality)/'피해자중심주의'(victimism)를 지속적으로 선동했다. 민주노총은 한일정상회담에 대해 가해자인 일본의 전범기업에게 면죄부를 주고 과거 식민지배 역사를 부정해 온 일본 정부의 입장을 인정하는 선언이라며 합의사항을 폐기하라고 주장했다.10) 진보당은 윤석열 정부가 제시한 위안부와 징용노동자 문제의 해법에 대해서는 정부수반이 자기 마음대로 사법부의 판결을 무너뜨리고 피해자의 권리를 박탈했다는 이유로 '헌법 위반'이라고 주장했다.

그러나 '전범기업'과 '전범국가'라는 규정은 오류인데, 2차 세계대전을 계기로 전범이라는 개념이 국민 전체에서 개인, 즉 지도자로 변화했기 때문이다. 그리고 한일위안부합의에 대한 거부는 실상 북일 국교정상화를 통해 경제위기를 탈출하려고 했던 과거 김정일 위원장 체제하 북한의 입장과도 다른 것이었다. 고이즈미 총리와 김정일 위원장의 북일 국교정상화 회담에서는 한일 국교정상화 당시 식민배상금/독립축하금 명목으로 일본이 남한에 지불한 5억달러에 상응

---

10) 민주노총, 「국가의 자주적 존엄성과 국민의 자존심을 짓밟은 망국적 한일정상회담 규탄한다」, 2023. 3. 17.; 진보당, 「'백기투항'과 '조공외교'로 일본의 식민지배 합법화한 굴욕회담, 반드시 철회시켜야 한다」, 2023. 3. 17.

하는 100억달러를 북한에 지급하기로 합의되었지만, 이때 위안부 문제는 거론되지도 않았다.

프랑스와 영국, 폴란드와 러시아도 역사적 원한으로 특징지어진 '적대민족'(enemy nation)이었다. 그러나 그런 적대가 패배로 귀결되면 승복했지, 원한을 품고 '다시는 지지 않겠다'(문재인 대통령)고 공언하지는 않았다. 문재인 대통령과 운동권의 반일주의는 유다인이 부와 권력, 지식과 문화를 독점하고, 바로 그것이 불의의 원천이라고 부당전제했던 나치의 반유다주의와 유사한 것이었다.

박유하 교수의 『제국의 위안부』(뿌리와 이파리, 2013) 사건은 문재인 정부와 김명수 사법부가 '사상의 자유', 그 중에서도 '학문의 자유'를 탄압한 국제적 스캔들이었고 인민주의가 자유와 더불어 법치와 기본권을 부정하는 프로토파시즘이라는 사실을 보여준 사례였다. 박 교수는 2017년 1월의 1심에서 '학문의 자유'로 무죄가 선고되었지만, 문재인 정부 출범 이후인 10월의 2심에서 '학문적 의견이 아닌 허위사실'을 통한 명예훼손으로 1000만원 벌금형이 선고된 바 있다.

국제정세에 대한 운동권의 오판은 팔레스타인-이스라엘 전쟁에서도 반복되었다. 2023년 10월 사우디아라비아와 이스라엘의 국교 정상화를 방해하려는 목적에서 하마스가 이스라엘 민간인에 대해 잔혹한 테러를 자행했지만, 운동권 대부분은 반격 내지 응징에 나선 이스라엘을 규탄하는 데 집중했다.

하마스의 테러에 침묵했던 진보당은 '이스라엘은 반인도적 전쟁범죄를 즉각 중단하라'는 논평을 발표했다. 민주노총은 이스라엘 침략행위의 빌미가 된 하마스의 기습공격은 수십 년에 걸친 이스라엘의 팽창주의·식민주의 정책이 원인이라고 주장했다.[11] 이들은 하마스의 테러를 팔레스타인 민족해방운동과 동일시하고 테러를 이스라엘에 대한 대항폭력으로 이해했다.

---

11) 진보당, 「이스라엘은 반인도적 전쟁범죄를 즉각 중단하라!」, 2023. 10. 19.; 민주노총, 「이스라엘은 가자지구 집단학살을 멈추고 즉각 휴전을 수용하라」, 2023. 11. 8.

그러나 팔레스타인-이스라엘 전쟁을 도발한 하마스의 책임을 간과할 수는 없다. 아랍민족주의인 파타와 범이슬람주의인 하마스의 갈등으로 인해 오슬로 협정이 2000년에 끝내 무효화되었는데, 이는 이스라엘에서 노동시온주의적 노동당과 중도파 정당이 몰락하고 보수당이 부상하게 된 원인이었다. 팔레스타인-이스라엘 전쟁은 유다민족주의와 범이슬람주의의 투쟁이라는 종교전쟁의 성격을 띠고 있었다. 배제와 절멸을 정당화하는 종교전쟁의 '진영의 논리'는 공멸로 귀결될 가능성이 큰 것이었다.

제2의 촛불혁명

정권 퇴진 투쟁과 친북중러·반한미일 노선으로 일관했던 운동권의 대안은 결국 제2의 촛불혁명이었다. 송영길 대표의 양보로 인천 계양구 보궐선거에서 당선되고 당 대표까지 맡게 된 이재명 대표는 4·10총선 공천 과정에서 '비명계 공천학살' 또는 '비명횡사·친명횡재'를 통해 '이재명의 민주당'을 현실화했다. 대선 패배의 일차적 책임자가 부활해 대선 불복을 주도하며 현 정권의 조기 퇴진과 차기 정권을 도모하게 된 과정에서 친명세력과 운동권의 '촛불연합'이 중요한 역할을 했다.

친명세력과 운동권의 대선 불복을 제2의 촛불혁명론을 통해 일관되게 옹호한 것은 백낙청 교수였다. 백 교수의 촛불혁명을 재개하자는 주장은 이재명을 지지하자는 주장과 결합되었고, 친문-친명이 분열되는 과정에서도 중요한 기준선이 되었다. 백낙청 교수는 대선 종료 일주일도 지나지 않은 상황에서 '이재명은 김대중 이후 최고의 정치지도자'라며 이 대표가 민주당을 장악할 필요성을 강조했다.[12] 그리고 유튜브 방송을 통해 지속적으로 대선 불복을 선전·선동했다. 4·10총선 직전 백낙청 교수는 '다시 이재명의 시간이 왔다'면서 민

---

[12] 「대선에 패배한 촛불들이여, 이제 민주당을 장악하자!」, 백낙청 홈페이지, 2022. 3. 16.

주당의 공천 파동을 옹호했다.

  백낙청 교수와 운동권에게 촛불혁명은 단순히 정권교체를 의미하는 것이 아니라 '새로운 체제'로의 전환을 의미했다. 백낙청 교수는 '4기 민주당정부'가 아니라 '2기 촛불정부'를 강조했다. 지난 대선은 민주당이 '정권교체' 프레임에 몰려 패배했는데 이는 촛불혁명의 진행이라는 시대의 흐름에 부응하지 못했기 때문이라는 이유였다. 특히 1기 촛불정부가 실패한 것은 '머리 좋고 학벌 좋은 사람들', 즉 문재인이 발탁한 고위관료와 민주당의 전통적 주류 정치인이 촛불혁명을 배반한 탓이었다.13)

  민주노총 역시 문재인 정부가 정권재창출에 실패한 것이 촛불을 배신했기 때문이라고 평가했다. 민주노총은 문재인 정부가 촛불을 배신하면 총파업하겠다고 경고한 바 있는데, 결국 2021년 연말에 문 대통령이 박근혜 대통령을 특별사면하자 참여연대 등 촛불혁명에 동참했던 단체들과 함께 문재인 정부가 '촛불을 배신했다'고 규탄하기도 했다. 당시 민주당 대선 경선 과정에서는 이재명 후보가 '촛불은 기득권을 무너뜨리라는 명령'이라며 이낙연 후보의 사면론을 비판하던 중이었다.

  촛불혁명은 한편에서는 친명세력이 비명세력을 배제하는 근거가 되었고, 다른 한편에서는 운동권과 친명세력이 연합하는 근거가 되었다. 제2의 촛불혁명은 '새로운 체제'를 지향하기 때문에 선거를 통해 당선된 정부의 정통성을 부정하는 것뿐만 아니라 대통령을 조기에 퇴진시키는 것도 정당한 것으로 간주되었다. 이런 관점에서는 총선에서 민주당이 승리해서 윤석열 정부를 심판하는 것과 무관하게 대통령을 퇴진시키는 것이 요구되었다.

  백낙청 교수에게 촛불혁명은 박정희·전두환 정부 시절로 돌아가려는 이명박·박근혜의 '점진 쿠데타'를 막아내고 새로운 체제로 이행하는 계기였다. 윤석열 정부의 탄생은 촛불혁명의 와중에 벌어진

---

13) 백낙청, 「성공하는 2기 촛불정부를 만들려면」, 『창비주간논평』, 2021. 12. 31.; 「2기 촛불정부와 22대 총선」, 『창비주간논평』, 2023. 12. 29.

'변칙적 사건'이었다. 백 교수는 박정희·전두환 정부 이전 이승만 정부로의 복귀를 시도한다는 점에서 윤석열 정부가 군부독재에도 미달하는 클렙토크라시(kleptocracy)라고 주장했다. 또 윤석열 정부는 친일이라는 점에서 반일적인 이승만 정부에도 미달했다고 주장했다.

클렙토크라시 개념을 윤석열 정부에 적용하는 것은 '분열증적 파시즘'(schizofascism)에 특징적인 '전복적(undermining) 선전·선동'의 전형적 사례였다. 이런 주장은 백낙청 교수가 헌정을 부정하는 근거가 되었다. 윤석열 정부 자체가 '헌정 중단'의 '변칙적 사태'이므로 더 이상 헌법 절차를 기다릴 필요 없이, 촛불과 반촛불 세력간 '건곤일척의 대회전'을 벌여 정부를 조기에 무너뜨려야 한다는 것이었다. 백 교수는 윤석열 정부의 '헌법 파괴' 이전에 이미 2016-17년 촛불혁명으로 인해 현행 헌법은 정상적 작동을 멈추었다고도 주장했다. 이런 백 교수의 역사관·정세관은 운동권에 광범위하게 공유되었다.

천주교정의구현사제단의 창립자인 함세웅 신부도 4·10총선에 즈음하여 '검찰독재를 뿌리 뽑고 다시 촛불혁명을 완성하자'고 주장했다. 함 신부는 진보당 윤희숙 대표와의 대담에서 '동학과 기독교 신학처럼 우리 민족과 고통받는 사람을 사랑하는 진보당이 촛불혁명을 완성할 동력'이라고 평가하기도 했다. 이런 평가는 촛불혁명을 완성하려면 총선에서 야권총단결을 통해 '촛불세대'로 세대 교체가 필요하다는 논리로 연결됐다.[14]

제2의 촛불혁명 주장을 통해 2016-17년 촛불혁명의 특징인 가짜뉴스와 프레임, 기득권에 대한 시기와 질투, 분노와 복수, 원한의 정치가 다시 나타났다. 앞서 언급한 검찰독재 프레임이나 한일정상회담에 즈음한 오염수 괴담 외에도 '군부독재세력의 후예', '토착왜구'와 같은 프레임도 반복되었다. 이태원압사사건과 해병대원익사사건에 대한 민주당과 운동권의 대응은 세월호침몰사건 이후 박근혜 대통령 퇴진 시위로 발전한 원한의 정치를 반복하는 것이었다.

---

14) 함세웅 신부-윤희숙 대표 대담, 「민주주의의 갈림길에서 길을 묻다」, 진보당, 『너머』, 2024. 2. 5.

총선이 다가오면서 촛불혁명은 정부 심판론의 주요 동력이 되었다. 민주노총은 '윤석열이 퇴진해야 하는 백만 스물한 가지 이유'로 윤 대통령이 이명박-박근혜 대통령에도 미달하는 대통령이라는 이유를 들며 '나라 말아먹는 속도가 역대급'이기 때문에 남은 임기 4년을 다 채우면 안 된다고 주장했다. 2심 징역형 선고에도 불구하고 사법부의 '배려'로 구속을 면한 조국 전 장관은 촛불집회에서 '3년은 너무 길다'는 피켓을 들더니 총선에 즈음하여 신당을 창당했다.

이재명-조국을 지지한 운동권에게 이재명 대표와 조국 대표의 범죄는 전혀 문제가 되지 않았다. '피아의 구별'에 몰두하다 보니 평범한 시민이면 누구나 가지기 마련인 죄의식(guilt)이나 수치심(shame) 따위는 안중에도 없었기 때문이다. 가령 백낙청 교수는 총선 승리를 위해 '사법 리스크'가 있는 이재명 대표를 교체해야 한다는 주장에 대해 '검찰독재의 본질을 외면하는 터무니없고 저열한 주장'이라고 폄훼했다. 민중당 시절 국회의원 특권 폐지 운동을 진행했던 진보당은 이 대표에 대한 체포동의안이 부결되자 '사필귀정'이라는 논평을 냈다.15) 민주노총은 침묵으로 일관했다.

백낙청 교수는 이이화 선생과 마찬가지로 촛불혁명의 기원을 동학농민전쟁으로 소급하기도 했다. (폭력적) 동학농민전쟁에서 시작된 후천개벽운동이 (평화적) 3·1운동 이후 4·19, 5·18, 6월항쟁을 거쳐 촛불혁명으로 분출했다는 것이다. 이런 역사관은 친문-친명세력과 운동권이 공유하는 것이었다.

박근혜 대통령 퇴진 촛불시위 당시 이재명 성남시장은 이해찬 당시 노무현재단 이사장과 함께 한 자리에서 '전봉준 장군으로부터 시작된 혁명을 이제 [촛불혁명을 통해] 완성해야겠다'고 선언한 바 있다. 진보당은 강령 전문에 '동학농민혁명부터 촛불혁명까지의 민중투쟁의 역사와 정신을 계승한다'고 명시하기도 했다. 촛불혁명은 운동권 출신의 친문-친명세력과 진보당·민주노총 등 현역 운동권이 공유하는 모종의 혁명관 내지 활동노선이 되기에 이르렀다.

---

15) 진보당, 「검찰의 이재명 대표 체포동의안을 반대한다!」, 2023. 2. 13.

운동권과 이재명의 일체화

2024년 4·10총선에서 운동권은 민주당의 비례위성정당에 참여했다. 한국진보연대, 참여연대, 민변, 그리고 이수호·김명환 민주노총 위원장 등이 참여한 연합정치시민회의는 그 명분을 제공하며 민주당과 진보정당 사이의 매개가 되었다. '비례연합정당'은 비례위성정당과 다르다고 강변하면서 진보정당들이 민주당과 연합할 것을 제안했던 것이다.16) 한편 정의당 등은 병립형 회귀가 '촛불에 대한 배신'이라고 주장했는데, 민주당 이재명 대표에게 비례위성정당 창당을 먼저 요구하는 셈이었다.

진보당은 이미 2023년 보궐선거로 당선된 강성희 의원이 처럼회에 가입하기도 하고 '이낙연 신당은 야권연대 대상이 아니다'라고 주장하는 등 친명 행보를 보이고 있었다. 민주당이 비례위성정당 창당을 결정하자 진보당은 기다렸다는 듯이 참여를 결정했다. '검찰독재 윤석열 정권의 폭정·폭주·퇴행을 반드시 막고, 미완의 촛불혁명을 완성해 새로운 대한민국을 만드는 게 총선을 앞둔 대한민국 정치의 최우선 과제'라는 명분이었다.17)

진보당이 비례연합정당에 합류하자, '친자본 보수양당' 지지를 금지한 민주노총의 정치방침에 어긋난다는 비판이 제기되었다. 그러나 '윤석열 정권 퇴진'이라는 목표를 위해 '모든 가능성을 열어 두고 총선공동대응을 적극 추진한다'는 총선방침에 적합하다는 반론도 제기되었다. 통합진보당 이석기 의원의 경기동부연합 출신이자 진보당과 친화적인 양경수 민주노총 위원장은 진보당의 위성정당 참여를 사실상 인정했다. 진보당의 민주당 위성정당 참여가 민주노총 총선방침을 위반한 것인지에 관해 특별한 판단을 제시하지 않았던 것이다.

---

16) 「멋지게 이기기 위한 박석운의 제안 "야권 비례연합, 후보단일화 하자"」, 『민중의소리』, 2023. 12. 21.
17) 「진보당, 민주진보연합 비례정당 참여 결정」, 『매일노동뉴스』, 2024. 2. 13.

이런 결과는 양경수 위원장이 연임에 성공할 때부터 예상된 바였다. 민주노총 위원장 선거 과정에서 민족해방파와 경쟁했던 현장파 후보의 공약은 크게 다를 바 없었는데, 단지 '역대급 탄압에 맞선 역대급 투쟁'이라는 '보다 더 강력한 윤석열 퇴진 투쟁'을 주장할 따름이었다.18) 이는 민족해방파와 현장파가 노동조합에 대한 도구주의적 사고와 함께 해방과 변혁보다는 '동란'(動亂, upheaval)에 가까운 투쟁관을 공유하고 있음을 방증했다.

2024년 4·10총선의 결과는 지난 2020년 총선의 복사판이었다. 조국신당과 이낙연신당까지 합쳐서 범민주계가 186석을 확보하여 지난 총선의 184석에서 2석이 늘었고 국민의힘은 108석을 확보하여 지난 총선의 110석에서 2석이 줄었다. 정의당이 확보했던 나머지 6석은 진보당과 이준석신당이 반분했다. 이번 총선에서의 참패로 윤석열 정부 5년은 여소야대로 일관하게 되었다.

총선 결과 친이재명을 표방한 한총련 출신 X세대가 대거 정치권에 진입했다. 정치에 진출한 한총련 출신 X세대는 전대협 출신 386세대와 마찬가지로 '세대 교체론'을 주장했다. 한총련 세대가 주축이 된 민주당 원외단체인 더민주전국혁신회의는 '새로운 인물들로 이재명의 민주당이 어떤 미래 비전을 가지고 있는지 보여줘야 한다'고 주장하며 민주당 386세대에게 불출마를 요구했다. 전남대 총학생회장이자 한총련 5기 의장이었던 강위원 씨나 조선대 총학생회장이자 남총련 6기 의장이었던 정의찬 씨 같은 이재명 대표의 측근들이 당내 투쟁의 전면에 부상했다.

정의당의 몰락은 1986-88년 이른바 '3저호황' 이후 남한에서 실험되어 온 사민주의가 결국 인민주의에게 패퇴했다는 증거였다. 민주노총의 카운터파트였던 민주노동당을 계승한 정의당은 '민주대연합' 노선과 단절하고 민주당의 '자유주의' 노선과 구별되는 진보정당 노선의 정립이 필요하다고 반복적으로 주장했었다. 그러나 정작 '진보'

---

18) 「민주노총 임원선거 투표 시작 "내가 바로 윤석열 퇴진 적임자"」, 『매일노동뉴스』, 2023. 11. 21.

의 의미, 다시 말해서 자신의 독자적인 이념과 노선을 정립하지 못했다. 영국에서 진보주의는 현대화한 자유주의로서 사회민주주의이고, 미국에서는 진보주의가 자유주의에 미달한 인민주의였는데, 과연 정의당의 진보는 무엇인지 의문부호가 붙을 수밖에 없었다.

심상정 대표는 2020년 총선에서 의견그룹간 노선 경쟁을 통한 이념의 쇄신이 아닌 세대 교체를 대안으로 선택했는데 2024년 총선에서는 이마저도 실패로 귀결된 것 같다. 장혜영·류호정 의원 등 신세대의 출몰은 『세미나 (Ⅲ)』에서 설명한 '이데올로기의 소멸'로 특징지어진 소련의 '마지막 세대'에 유비할 수 있었다. 정의당 탈당 세력들은 이준석신당, 이낙연신당, 조국신당으로 뿔뿔이 흩어졌다. 정의당은 민주당의 비례연합정당에 불참하면서도 윤석열 정부 심판이 시대정신이라고 주장하는 등 분명한 노선을 갖지 못했다.

이재명 대표가 '종북 논란'에도 불구하고 진보당을 비롯한 운동권을 위성정당에 포용한 것은 민족해방파가 자신의 '호위무사'가 될 것으로 판단했기 때문일 것이다. 대선 불복에 이어 윤석열 정부 퇴진을 주장하고 친북중러 노선으로 일관하면서 '제2의 촛불혁명'을 제기했던 운동권은 4·10총선을 계기로 이 대표와 완벽한 운명공동체가 되었다. 7개 사건, 10개 혐의와 관련해 3개의 1심 재판이 진행 중인 이 대표의 '사법 리스크'가 조만간 현실화될 것이다. 과연 진보당과 민주노총은 이 대표의 바람대로 '검찰독재 윤석열 정부 퇴진'을 주장하며 촛불을 들고 광장에 나설 것인가.

폭동주의적 혁명관

동란으로서 촛불혁명

촛불혁명론의 가장 큰 문제점은 혁명관 그 자체에 있다. 혁명을 단지 기존의 규범과 질서를 어지럽힌다는 의미의 난장(亂場)이나 난동, 심지어 폭동이나 내전을 함축하는 동란(動亂)과 혼동하는 것이다. 그러나 '난리가 나기를 바라는'(幸亂) 것이 혁명적인 것은 아니다. 동란으로서 혁명관은 혁명의 주체로서 사이비 지식인과 난민의 결합을 상정하고, 종국에는 반이론주의 내지 반지식인주의로 귀결된다는 점에서 반드시 해명과 비판이 필요한 문제다.

혁명사와 혁명전통에 대한 운동권의 통념을 정정하는 것으로부터 출발해 보자. 촛불혁명의 기원을 민족사적으로는 동학농민전쟁으로, 세계사적으로는 프랑스혁명으로 소급하면서 '미화'하는 혁명사관이 문제로 제기된다. 물론 동학농민전쟁과 프랑스혁명에 촛불혁명을 유비하는 것은 어불성설이다. 그러나 촛불혁명에 동참한 운동권이 동학농민전쟁과 프랑스혁명을 이념형으로 지향한다는 사실 자체가 진지하게 재고해야 할 문제인 것이다.

우선 동학농민전쟁은 반제·반봉건을 지향한 미완의 혁명이 아니라 조선이 복원력을 상실하고 망국에 이르게 된 결정적 계기였을 따름이다. 『세미나 (I)』에서 자세히 설명했듯이, 고종과 민비가 시대착오적 망동을 자행하던 상황에서 동학농민전쟁이 청일전쟁의 계기가 되면서 외세의 개입을 자초한 데다가 동학도의 후예인 일진회가 한일합방청원운동을 주도함으로써 조선이 식민지로 전락하는 데 기여했기 때문이다.

일각에서 주장하듯이 동학농민전쟁의 성격을 갑오개혁과 반대로 '아래로부터의' 부르주아 혁명으로 해석하는 것도 요령부득이다. 중국 봉건제의 태평천국농민전쟁과 마찬가지로 조선 봉건제의 동학농민전쟁이 채택한 일종의 종교적 공산주의로서 종말론적 이데올로기는 자본주의로의 이행에 부적합했기 때문이다. 이 점에서는 공산주의의 역사에서 농민전쟁에 주목하고 농민의 혁명적 역할에 대해 강조해 온 이론적 전통 역시 얼마간 정정할 필요가 있다.

동학농민전쟁과 맥락은 다르지만 프랑스혁명도 '자본주의를 격려하는 대신 좌절시킴으로써 자멸했다'고 해야 할 것이다. 운동권이 촛불혁명과 프랑스혁명을 유비하는 것은 프랑스혁명이 부르주아 혁명의 '표준'(standard), 즉 기준이자 모범이라는 정통 사관을 전제한 것이다. 이런 사관은 사실 마르크스 자신에게서 유래한 것으로, 이후 러시아혁명과 중국혁명에서 많은 혼란을 초래한 바 있다.

그러나 혁명 이후 프랑스에서 19세기 내내 산업자본주의와 부르주아 헌정질서가 안정적으로 착근하지 못했다는 사실에 비춰보면, 프랑스혁명은 부르주아 혁명으로서 실패했다고 할 수밖에 없다. 비슷한 이유로 러시아혁명과 중국혁명이 사회주의 혁명으로서 성공했는가라는 질문에 대해서도 부정적으로 대답할 수밖에 없는데, 현실 사회주의의 붕괴가 그 증거라고 할 수 있다.

프랑스혁명과 사회주의 혁명에 대해서는 앞으로 계속 재론하기로 하고, 여기서는 일단 촛불혁명을 동학농민전쟁과 프랑스혁명에 유비할 때 드러나는 역설에 주목해 보겠다. 조선 쇠망기 당대사인 『매천야록』을 집필하고 경술국치에 즈음하여 순국한 황현은 동학농민전쟁을 동학도와 난민(亂民)의 결합으로 규정한 바 있다. 이것을 일반화하면 사이비 지식인과 폭민(暴民)의 결합이라고 할 수 있고, 따라서 프랑스혁명도 자코뱅이라는 사이비 지식인과 상퀼로트라는 폭민의 결합으로 규정할 수 있다. 촛불혁명도 친문-친명 운동권과 '깨시민'의 결합이라는 점에서는 동학농민전쟁과 프랑스혁명을 계승했다고 할 수 있다.

사이비 지식인과 폭민의 결합으로서 동란의 중요한 특징은 이론을 구호로 대체하는 반이론주의에 있다. 이런 측면에서 촛불혁명관에 가장 부합하는 역사적 사례는 역시 중국의 문화혁명이다. 중국의 '문혁세대' 소설가 위화에 따르면, 문화혁명기 풍속과 세태를 상징하는 것은 '반역은 정당하다'(造反有理)는 조반파의 구호였다. 이 구호에 따라 조반파의 '어떤 불량배짓(胡作非爲)이라도 혁명적 행위로 간주되었다'는 것이다. 위화에 대해서는 이 책에 실린 「'대선 불복 2년동란'」을 참고할 수 있다.

『세미나 (III)』에서 지적했듯이, 문화혁명의 가장 큰 비극은 '반역은 정당하다'는 구호 이외에 변변한 정치노선이나 그것을 근거짓는 이론이 없었다는 데 있다. 모택동 사상이 마르크스주의의 역사에서 한때 스탈린주의의 대안으로 간주되었던 사실에 비추어 볼 때 이러한 극적인 반전도 반드시 해명과 비판이 필요한 문제다.

『세미나 (I)』에서 설명했듯이, 모택동의 사회주의혁명론과 사회주의건설론은 한국사회성격 논쟁에서 민중민주(PD)론의 중요한 이론적 전거 중 하나였다. 모택동의 관료자본주의론과 대과도기론이 각각 스탈린주의의 식민지반봉건사회론과 소과도기론에 대한 비판으로 간주되었기 때문이다. 또 모택동은 '인민 내부의 [비적대적] 모순'에 주목한 부단혁명론의 관점에서 대약진운동을 전개했다. 그러므로 이때까지 모택동은 충분히 '이론적 활동가'로 평가될 수 있었다.

하지만 모택동과 4인방이 주자파와의 이데올로기 투쟁을 위해 학생 조반파인 홍위병을 동원하는 과정에서 이론은 사라지고 '반역은 정당하다'는 구호만 난무하게 되었다. 이와 함께 부단혁명론이 계속혁명론으로 급진화되었고, '혁명세력'인 홍오류(紅五類) 외에 '반혁명세력'으로 분류된 흑구류(黑九類)에 대한 폭력이 정당화되었다. '자본주의적 길과 공산주의적 길의 [적대적] 투쟁'에 주목한 계속혁명론이 '인민전쟁론'(임표)으로 변질되었던 것이다.

'문화혁명 10년동란'은 모택동의 '폭동주의'(putschism) 혁명관의 자연스러운 귀결이었다. 모택동은 혁명이 '폭동'이자 '폭렬(暴烈, 난폭·격렬)한 행동'이라는 것을 지론으로 삼았다. 또 '우리의 혁명은 전쟁과 같다'(我們的革命和打仗一樣)면서 종종 혁명과 전쟁을 유비하기도 했다. 혁명을 유가사상의 도리(道理)로서 인(仁)과 예(禮), 그리고 그와 상통하는 자유주의의 정치문화로서 시빌리티(civility)와 상극을 이루는 개념으로 이해한 것이다. 그는 연안 시대에 '반역은 정당하다'는 구호를 마르크스주의의 원리로 격상시키기도 했는데, 문화혁명의 '혁명적 폭동주의'를 예고했던 셈이다.

조반파의 사이비 혁명적 광기를 지배한 것은 청년·빈민·무지자에 대한 미신이었다. 이를테면 '청년이 노인을 이기고, 무지자가 지식인을 이기며, 빈곤하고 무지한 계층일수록 혁명적이다'라는 식이었다.

그 결과 문화혁명은 특히 '아홉 번째 반혁명분자인 구린내 나는 늙은이'(臭老九)라는 멸칭으로 불린 지식인에게 지옥도(地獄道)일 수밖에 없었다. 문학가인 파금이 증언하듯이, '반동권위'로 분류된 지식인들은 '사상개조', 즉 세뇌를 피할 길이 없었다.

따라서 모택동의 문화혁명은 레닌적 의미에서 문화혁명이 결코 아니었다. 레닌은 부르주아 문화의 비판적 계승이라는 문화혁명관을 제시한 바 있는데, 스탈린이나 모택동의 문화혁명관과 엄밀히 구별되는 것이었다. 특히 모택동의 경우에는 부르주아 지식을 무용하다고 경시한 것을 넘어 죄악시하기에 이르렀기 때문이다. 이러한 반이론주의 내지 반지식인주의의 결과로 학문의 세대간 단절과 함께 마르크스주의와 지식인이 소멸한 것은 당연한 이치였다.

문화혁명 당시 분서(焚書)는 그 원조인 진시황이나 히틀러를 능가하는 수준이었다. 학문의 자유에 대한 탄압을 대표하는 것이 바로 논저와 교육에 대한 검열과 금지로, 금지는 분소(焚燒, burning), 즉 분서로 나타날 수도 있다. 이 사실 하나만으로도 스탈린과 모택동에 대한 역사적 평가가 역전될 수도 있다. 스탈린은 모택동과 대조적으로 책을 소중히 다뤘기 때문이다. 분서로 상징되는 반이론주의 때문에 모택동은 마르크스주의의 역사에서 스탈린을 능가하는 폭군으로 평가될지도 모른다.

요컨대 '나라의 큰 어지러움을 거쳐 나라의 큰 다스림에 이른다'(天下大亂達到天下大治)는 모택동의 문화혁명 구상은 폭정으로 귀결되었을 따름이다. 문화혁명은 마르크스적 의미에서 혁명이 아니라 인민주의적 의미에서 동란이었다. 마르크스주의에서 혁명은 인간이라는 주체의 해방과 생산관계라는 구조의 변혁의 결합, 나아가 대항폭력이 아니라 폭력에 대한 비판으로서 시빌리티의 결합이어야 한다. 해방과 변혁의 결합도, 폭력에 대한 비판도 아니었던 홍위병의 반란(造反)은 혁명이 아니라 동란에 불과했고, 따라서 그들이 진압하고자 했던 우파의 난동(翻天)과 하등 다를 바 없이 반혁명적이었다.

이런 역사적 평가에 따르면 모택동 사상이 스탈린주의의 대안이기는커녕 인민주의와 의지주의에 불과하다는 소련 학계의 전통적 시각이 정당화된다. 중국공산당이 빈농·고농·객가 출신의 토비, 즉 공비(共匪, 공산비적)일 따름이라는 것이다. 나아가 모택동의 공산주의가 토비주의(banditism)에 불과하다면 모택동을 명청교체기 농민전쟁군의 수령 이자성에 비유했던 장개석의 판단도 정당화될 것이다. 이자성의 난에 대해서는 『세미나 (II)』를 참고할 수 있다.

깡패와 사기꾼의 난입

혁명과 동란의 혼동은 동시에 혁명에 투신하는 진정한 지식인으로서 혁명가와 사이비 지식인으로서 '불량배'의 혼동으로 이어진다. '불량'이란 '행동규범이 없다'는 뜻이고 '배(輩)'란 무리라는 뜻이므로, 불량배는 '고립을 두려워하여 패거리를 짓고 공익을 버리고 죽기로 사익(私益)을 지키는 깡패와 사기꾼' 같은 자들이라고 할 수 있다. 불량배 개념은 국가에 적용할 수도 있는데, 특히 탈냉전 이후 국제적 행동규범을 무시하는 북한·중국·러시아가 바로 '불량국가'(rogue state)다.

과천연구실이 불량배의 역사에 주목한 것은 촛불혁명 과정에서 정치불량배 이외에 '문재명 정부'를 추종하는 관계·법조계·학계의 지식인이 대폭 증가했기 때문이었다. 이들이 무리를 지어 우리 사회의 제도와 이데올로기를 문란케 하기 때문에 관비(官匪, 관료비적)·법비(法匪, 법률비적)·학비(學匪, 학술비적)라고 규정했던 것이다. 특히 이재명 대표 체제하에서 한총련으로 상징되는 1990년대 이후의 운동권이 급부상했는데, 이들을 마르크스가 말한 '인간쓰레기'로서 라보엠이라 부르지 않을 도리가 없을 것이다.

한편 깡패와 사기꾼의 비유는 단순한 은유가 아닌데, 이재명 대표가 연루된 불법대북송금 사건에서처럼 김성태 쌍방울회장과 이화영 경기도부지사 및 이재명 경기도지사라는 명백한 실례가 있기 때문이다. 이재명 대표에게 깡패와 사기꾼 중 누가 '불량배의 의리'(不義之義, 정의롭지 않은 의리)에 충실하냐는 질문 같지 않은 질문을 던진다면 무어라 대답할지 궁금해지는 대목이다.

그래서 『세미나 (Ⅲ)』은 혁명 과정에서 깡패와 사기꾼의 난입이라는 난제에 도전하기 시작했고, 연구 결과 이런 문제가 동서고금의 혁명사에서 빈번했음을 알게 되었다. 봉건제의 경우 명청 교체기 농민전쟁의 수령 이자성이나 조선 말기의 동학도가 대표적 사례였다. 명황조 말기의 여곤은 빈민·불량배·사교도·모반가라는 네 가지 유형의 '난리가 나기를 바라는 백성'(幸亂之民)을 거론했는데, 이중 뒤의 두 가지가 사이비 지식인에 해당된다.

일본의 부르주아 혁명인 메이지유신에서도 '난리가 나기를 바라는 사무라이'(幸亂之士)가 있었다. 판적봉환과 폐번치현으로 몰락한 '불평사족'(不評士族)이 대표적이었다. 이들 지사(志士, 시시)가 자유민권운동 이후 장사(壯士, 소시)를 거쳐서 점차 정치깡패나 정치브로커 같은 정치불량배로 변모했는데, 개중에는 정치낭인(浪人, 유랑자)이 되어 만주까지 진출한 이른바 '대륙낭인'(continental adventurer)도 있었다.

사회주의 혁명에서도 불량배의 난입은 피할 수 없는 문제였다. 러시아에서 1917년 2월혁명과 10월혁명, 그리고 1918-21년 전시공산주의를 계기로 신입 당원이 폭증했는데, 이들은 볼셰비키의 역사에 대해 무지한 이른바 '탯줄 없이 태어난 세대'(아서 쾨슬러)였다. 마르크스는 일찍이 무지와 미신으로 인한 열광이 사익(私益) 추구와 결합하면 분노와 복수로 폭발하기 마련임을 경고한 바 있다. '난폭하고 양심불량인'(맥더모트와 애그뉴) 신참 볼셰비키가 정확히 그런 경우였다.

레닌은 이렇게 혁명 이후 공산주의자에게 '거머리처럼 달라붙어온', 출세주의자(careerist)와 투기꾼(adventurer)이라는 '이질분자'(alien elements)의 숙청을 제안했다. 자신의 능력과 무관하게 수단과 방법을 가리지 않고 출세에 혈안이 된 이 '인간쓰레기'들을 방치하는 한

혁명의 진로가 불투명해질 것이기 때문이었다. 아니나 다를까 레닌 사후에 그런 대표적 투기꾼이 전면에 등장했으니, 바로 1917년 2월 혁명 직후에 볼셰비키에 입당해서 스탈린 치하 비밀경찰의 수장이 된 베리야였다.

문제는 이런 투기꾼에 의한 러시아혁명의 타락이었다. 그 자신이 '무한한 야망과 유한한 능력의 모순'을 지닌 투기꾼의 사례였던 스탈린은 집권을 위해 '고참 볼셰비키' 출신 당료와 관료를 무자비하게 숙청했다. 당의 이념과 혁명의 승리를 위해 출세주의자와 혁명투기꾼을 숙청했던 레닌과 정반대로 자신의 '욕망'을 위해 '온갖 종류의 투기꾼과 출세주의자의 집결지'인 비밀경찰을 동원해 대숙청의 공포정치를 자행했던 것이다. 그 결과 소련은 레닌 같은 이데올로그가 지향했던 이념정(ideocracy)이 아니라 베리야 같은 욕망의 화신이 추구했던 클렙토크라시(kleptocracy)로 타락할 수밖에 없었다.

그렇다면 1989-91년 현실사회주의 붕괴 이후 운동권에 출세주의자와 투기꾼이 대거 유입된 이유와 원인은 무엇인가. 다시 말해서 운동권이 이념 대신 욕망을 선택하게 만든 풍속과 세태는 무엇이었나. 이런 풍속과 세태를 파악하기 위한 유력한 통로는 리얼리즘소설 내지 전향소설이다. 그러나 국내에는 현실사회주의 붕괴 이후 운동권의 풍속과 세태를 형상화한 리얼리즘소설 내지 풍자소설은커녕 전향소설 역시 희귀하고, 하다못해 제대로 된 '후일담소설'(김윤식)조차 없는 실정이다.

그래서인지 386세대와 X세대는 무라카미 하루키의 『상실의 시대』(원제: 『노르웨이의 숲』, 1987)를 전향소설의 대용물로 활용했던 것 같다. 그러나 부르주아적이지도 사회주의적이지도 않은 하루키의 '리얼리즘'은 오에 겐자부로의 '마술적(magical) 리얼리즘'이나 '기괴한(grotesque) 리얼리즘'을 심화했을 따름이다. 일본 문학사에 대해서는 『세미나 (III)』을 참고할 수 있다.

여기서는 만하임의 세대론에 의지해서 운동권의 세대 교체에 초점을 맞춰보겠다.19) 『세미나 (I)』의 한국 현대지식인사 연구의 결론은 386세대가 '이태'(異胎) 또는 '귀태'(鬼胎)라는 것이었다. 이것은 '부모를 닮지 않은 귀신의 자식'이라는 의미로, 386세대가 마르크스주의자 내지 좌파로서 1930년대생을 계승한 1950년대생과 달리, 비마르크스주의 내지 포스트모더니즘으로 대거 전향했기 때문이다. 사상은 유지하되 활동하지 않는 행동적 전향과 달리 이론적 전향은 개념과 이론이 결여되었기 때문에 발생한다. 이론적 전향은 이론적 무능을 반영하는 것이다.

386세대의 이데올로기를 (재)생산한 교육 제도에 주목할 경우, 박정희 정부의 중·고교 평준화 및 서울대 본고사 폐지를 핵심으로 하는 교육의 하향평준화가 세대적 특질에 영향을 끼쳤음을 알 수 있다. 게다가 현대화를 명분으로 유가적 지식인의 전통이 단절된 것도 큰 영향을 미쳤다. 하향평준화 교육의 첫 세대로서 386세대에서 엘리트의식이 소멸하는 동시에 이론적 역량도 쇠퇴한 것은 당연했다.

1970년대까지 구세대 운동권이 자신에게 보장된 지위를 포기하고 운동에 투신한 소수의 엘리트였던 반면 386세대 운동권은 하향평준화 세대에 적합한 '출세의 지름길'(終南捷徑)로서 운동에 투기한 '대중지성'이었다는 것이 『세미나 (Ⅲ)』의 잠정적 결론이었다. 하물며 하향평준화를 넘어 학력인플레이션과 학력거품화를 경험한 X세대 운동권은 지식인으로서 실격이라고 할 수밖에 없을 것이다.

전대협-한총련 세대를 특징짓는 운동권의 대중화는 학생운동이 기존의 정파 구조를 해체하고 학생회 운동에 전념한 결과이기도 했다. 한총련 세대에 이르면 민족해방파는 물론이고 민중민주파도 문투, 즉 이론 학습이 아니라 무투, 즉 대중 동원에 치중하면서 학생회라는 활동형태와 조직형태를 무비판적으로 추수하기에 이르렀다.

---

19) 세대 연구는 성장기에 공유한 역사적 경험, 특히 중등교육의 경험에 주목한다. 베이비붐세대는 3선개헌부터 10월유신까지, 386세대는 10월유신부터 3저호황까지, X세대는 3저호황부터 문민화까지, Y세대 혹은 MZ세대(바링허우세대)는 문민화부터 1997-98년 경제위기를 거쳐 2007-09년 금융위기 직후까지가 중고등학교를 다닐 때의 시대적 배경이다. 세대 연구에 대한 자세한 설명은 『세미나 (I)』을 참고할 수 있다.

1990년대의 퇴조기에 학생운동이 선택했던 학생회 운동은 이론과 이념의 쇠퇴를 가속화하는 동시에 각종 출세주의자와 투기꾼이 자랄 수 있는 자양분을 제공했다.

게다가 한총련 세대에서는 '애국적/진보적 사회 진출'이라는 명분으로 전향이 공공연히 권장되기도 했다. 때마침 등장한 김대중-노무현 정부는 운동권이 주류화되는 결정적 계기를 제공했다. 한편으로는 김대중 정부 이래 인민주의적 비정부기구(NGO)가 다른 한편으로는 노무현 정부가 도입한 로스쿨이 전향 운동권이 허명을 얻고 망상을 지속하는 유력한 통로가 되었다.

죄의식까지는 아닐지라도 수치심을 모르는 세태가 확산된 결과, 오늘 정관계·학계·법조계의 불량배 지식인과 각종 소셜미디어에서 활약하는 미디어 명망가('에듀테이너'·'폴리테이너')가 양산되었다. 학생운동이 마르크스주의나 노동자운동의 산실이 아니라 인민주의와 촛불혁명의 진원지가 되었던 셈이다.

'아Q 혁명관'의 일반화

베리야를 사례로 삼아 투기꾼의 동기를 설명할 수 있다. 인간 행동의 원인으로서 동기(motive)에는 의도(intention/purpose) 내지 목적(end) 이외에도 이념과 욕망이 있다. 그 중에서 마르크스주의가 주목하는 것은 물론 이념, 즉 이데올로기이다. 단적으로 말해서 이데올로기가 없는 인간 세계는 식욕과 성욕 같은 본능만 존재하는 동물적 세계이기 때문이다.

희대의 투기꾼 베리야의 동기를 지배한 것은 권력욕과 그 부산물로서 '재물' 및 '여자'였다. '문재명 정부'에 동참한 운동권도 크게 다르지 않았다. 각종 권력형 비리나 일련의 '미투' 사건에서 나타나듯이, 권력욕 충족이 재물욕·성욕 충족을 위한 충분조건이었던 것 같기 때문이다. 마치 '내가 갖고 싶은 재물은 모두 내 것이고, 내가 갖고 싶은 여자도 모두 내 것이다'(我要什麼就是什麼, 我歡喜誰就是誰)

라는 아Q처럼 말이다.

아Q의 욕망은 북경에 입성한 다음 '재물과 여자를 탐하지 않는다'(不愛財, 不姦淫)는 군율을 위반한 이자성의 그것과 동일하다. 앞서 언급한 것처럼, 모택동 역시 '우리는 결코 이자성처럼 되면 안 된다'(我們決不當李自成)는 다짐을 저버린 바 있다. 따라서 투기꾼의 혁명관을 '아Q의 혁명관'으로 일반화할 수 있다. 변혁과 이행에 관한 과학적 이론과 이념을 거부하고 욕망과 사익을 추구하는 혁명관이라는 뜻에서 말이다.

『세미나 (III)』에서 비판한 것처럼 이재명 대표는 전형적인 '욕망의 인간', 즉 아Q의 혁명관을 가진 투기꾼이다. 그의 모든 행동의 동기는 욕망, 그중에서도 권력욕이다. 그가 말하는 실용주의란 자기 편의에 따라 원리와 원칙을 무시하는 기회주의에 불과하다. 게다가 그는 죄의식이나 수치심을 모르는 냉소주의자로, 박근혜 대통령을 '존경한다고 했더니 진짜 존경하는 줄 알더라'고 한 것처럼 어떠한 진정성도 찾기 어렵다.

조국 대표도 아Q의 혁명관을 상징하는 인물이다. 수많은 조국 일가 비리 중에서도 입시 비리는 특히 1970-80년대 운동권에 대한 모독이었다. 운동에 대한 금전적 보상은 물론이고 자녀에 대한 입시 특혜란 과거에는 상상조차 할 수 없던 일이었다. 『세미나 (III)』에서 소개한 『변신인형』의 표현을 빌리면, 1970-80년대 운동권은 먼 사람을 즐겁게 해주려고 가까운 사람을 괴롭힐 수 있었다. '나랏일에 힘을 쓰면서 집안일에 힘을 아꼈기'(克勤於邦, 克儉於家, 『서경』) 때문이다. 그러나 조 대표 같은 386세대 운동권은 먼 사람을 즐겁게 해준다면서 오히려 가까운 사람만 즐겁게 했던 셈이다.

X세대 한총련 출신 친명 정치인도 운동에 인생을 던졌다고 할 수 있다. 다만 운동권 출신이라는 이력 이외에 달리 출세할 방법이 없는 무자격자들이라는 점에서 투신이라기보다는 '투기'(投機)라고 해야 옳을 것이다. 그래서 이재명 대표한테 더더욱 '올인'하는 것이 아닌가 생각되기도 한다. 4·10총선에서 친명 X세대 한총련 출신과 친

문 386세대 전대협 출신이 아귀다툼(餓鬼道) 내지 아수라장(修羅道)을 펼친 것을 보고 과연 이들이 운동과 정치를 어떻게 사고했는지 많은 이들이 회의했을 것이다. 어쨌든 '비명횡사·친명횡재'에서 보듯이 투기의 결과는 '대박'이었다.

『세미나 (II)』에서 설명했듯이, 불량배 운동권이 정치권에 대거 진입하게 된 책임은 김대중 대통령에게 있다. 1992년 대선에서 패배한 당일 정계 은퇴를 선언했던 김대중 후보가 2년만에 정계에 복귀하면서 '운동권 대부' 김근태를 비롯한 재야운동권을 공식적으로 흡수·통합하여 새정치국민회의를 창당한 것이 계기였다. 또 김 대통령이 강력히 주장하여 도입된 지방자치제의 영향도 무시할 수 없다. 지방자치제는 운동권 출신이 정계에 입문하는 등용문이 된 동시에 정치인의 지방색, 그리고 정치인과 지방 토호, 심지어 깡패·사기꾼의 유착이 강화되는 계기가 되기도 했다.

물론 혁명은 '모범생'만으로 시작될 수 없다. 주류질서, 즉 기존의 표준을 무비판적으로 수용하는 것이 아니라 의문을 품고 문제를 제기하는 것이 첫걸음이기 때문이다. 하지만 조건이 부가되는데, 어디까지나 마르크스주의 이론과 그에 적합한 규범을 실천해야 한다는 것이다. 언젠가 레닌도 '불량배 공산주의자'가 되지 않으려면 경제학, 역사학, 나아가 '일상생활의 리얼리티', 즉 세태와 인정을 알아야 한다고 충고한 바 있다.

이런 마르크스주의의 교육관은 공자와 예수의 교육관과 하등 다를 바 없다. 공자는 '가르침에 차별이 없다'(有敎無類)고 했고, 예수도 불량배와 창녀/간음녀(prostitute/adulteress) 같은 '세상에서 가장 비천한 자'(the least, the rubbish of the world)를 제자/형제로 삼았다. 다만 공자와 예수의 가르침을 실천해야 한다는 조건이 있었을 따름이다.

아Q의 혁명관이 일반화한 결과는 '클렙토크라시'(kleptocracy), 즉 '클렙테스'(kleptes, 도적)가 지배하는 나라일 것이다. 현재 클렙토크라시의 대표적 사례는 푸틴 대통령이 지배하는 러시아와 김정은 위원장이 지배하는 북한이다. 물론 남한에서 클렙토크라시의 출현을 예단하려는 것은 아닙니다.

그러나 문재인 정부 이후 만연한 '이권카르텔에 의한 국민약탈'이 지속·심화된다면 '중진국 함정'은 불가피할지도 모릅니다. 『세미나(I)(III)』에서 설명했듯이, 군부독재 시절 재벌과 군부의 지대공유제(rent sharing)가 문민화 이후 재벌과 민주노총의 지대공유제로 이행하면서 금권주의와 인민주의가 공존하게 된 데다가 군부 대신 법원이 정치화되어 선거정치에 참여하게 되었기 때문입니다.

'분노와 복수'의 외침

지금까지 주로 사이비 지식인에 초점을 맞췄다면, 이제는 이들과 함께 촛불혁명을 추동하는 난민(亂民) 내지 폭민(暴民)의 문제에 초점을 맞춰보겠다. 혁명과 동란을 구별하기 위해서는 지식인뿐만 아니라 인민의 행동규범도 무시할 수 없기 때문이다. 현실사회주의에서도 난민 내지 폭민은 혁명을 타락시키는 하나의 요인이었는데, 문화혁명 당시 위화가 말한 '풀뿌리', 즉 하층민 출신의 '불량(光棍) 조반파'가 대표적 사례였다.

레닌이 『인민의 벗이란 무엇인가』에서 마르크스주의자('사회민주주의자') 내지 자유주의자('합법마르크스주의자')와 투쟁하는 인민주의자('인민의 벗')의 정체를 폭로하는 데 심혈을 기울였던 이유를 상기해야 할 대목이다. 그러나 레닌의 후예들은 그를 계승하는 데 실패했다. 끝내 마르크스주의와 인민주의를 혼동했던 것인데, 역시 해명과 비판이 필요하다.

우선 인민 개념을 특정할 필요가 있다. 공산주의 내지 사회주의적 민주정은 물론 자유주의적 민주정에서도 헌정의 주권적 주체로 상정되는 인민과 민주정을 인민정으로 타락시키는 헌정파괴적 주체로서 난민 내지 폭민을 엄밀히 구별해야 하기 때문이다. 역사적으로 다양한 형태로 존재하는 인민주의가 공유하는 특징은 엘리트와 대중의 대립이고, 이때 인민은 엘리트와 대립하는 대중이라는 의미이기 때문에 인민이나 대중은 'people'이나 'mass' 같은 중립적 개념으로 표현할 수 없다. 그래서 엘리트와 대립하는 하층민이라는 개념이 추가되어야 한다.[20]

민주주의를 인민주의로 타락시키는 것이 데마고그(demagogue, 대중선동가)의 데마고기(demagogy, 대중선동)이다. 그래서 때로는 인민주의를 '데마고그의 지배'(demagarchy)라고 부르기도 한다. 인류 역사상 최악의 데마고그는 바이마르공화국을 파시즘으로 타락시킨 히틀러였다. 히틀러의 나치당은 본래 노동자당이었는데 훗날에는 노동자·농민·수공업자·소상인 등 말하자면 유다인 자본가 등을 제외하고 전인민을 포괄하는 인민주의 정당이 되었다. 1939년 개전 직전에는 하층민이 쇄도하면서 당원이 배증했는데, 종전시 인구의 10%를 초과할 정도였다고 한다.

하층민의 대중정당이라는 점에서는 스탈린의 소련공산당과 김일성의 조선노동당, 도쿠다 규이치의 일본공산당도 유사했다. 이들의 집권 과정에서 당원이 급증했던 것인데, '양은 적더라도 질이 좋은 것이 차라리 더 좋다'(better fewer, but better)는 레닌의 소수정예의 '규칙'을 위반한 것이었다. 문제는 이러한 당원의 급증이 스탈린의 노동자주의(workerism)와 김일성의 빈농주의의 기초가 되어 사회주의의 타락에 일조했다는 데 있다. 마치 모택동의 중국공산당이 풀뿌리(빈농·고농·객가) 출신의 비적, 즉 공비(共匪, 공산비적)의 정

---

[20] 민주정을 타락시키는 타락한 인민(demos)으로서 'ochlos'(오클로스)는 사나운 인민이라는 의미의 폭민보다는 오히려 나라를 어지럽히는 인민이라는 의미의 간민(奸民)이나 난민(亂民)으로 옮기는 것이 적절하다. 실제로 나라를 어지럽히는 데는 비폭력적 방법이 훨씬 더 많다. 타락한 군주로서 참주(僭主, 사이비 군주)도 폭군보다는 오히려 간군이나 난군을 의미한다. 나라를 어지럽히는 군주는 폭력적 방법을 쓸 수도 있고 비폭력적 방법을 쓸 수도 있다. 예를 들어 연산군이나 광해군 같은 폭군이 아니더라도 간군·난군일 수 있는데, 외척세도정치를 조장한 정조나 그를 따라 민씨 척족을 중용한 고종이 그런 경우다. 또 타락한 귀족정으로서 과두정의 주체도 주로 간신·난신인데, 서양의 야심가나 탐욕가, 중국의 타락한 문벌이 그런 경우다.

당이라는 비판을 자초했던 것처럼 말이다.

스탈린은 집권 과정에서 자신의 '대중적 토대'를 확보하기 위해 '능력주의' 대신 노동자에 대한 '우대정책'(affirmative action)을 채택했다. 정치노선으로서 노동자주의는 레닌이 신경제정책(NEP)에서 복원한 노농동맹 같은 정치적 역할을 포기하고 노동자의 경제적 이익을 추구하는 것을 말한다. 노동자가 광의의 '계급적 이익'(class interest) 대신 협의의 '직업적 이익'(craft interest)을 추구한 것이다. 이런 의미에서 노동자주의가 스탈린주의의 본질이라고 할 수도 있다. 노농동맹 대신 농민의 일방적 희생을 요구하는 농업집단화·중화학공업화가 곧 스탈린의 이른바 '사회주의 생산양식'의 본질이기 때문이다.

스탈린의 대숙청은 러시아혁명을 공포정치로 타락시켰다. 자칭 의적(義賊, 의로운 도적) '코바'인 스탈린에 의해 마르크스주의가 인민주의적인 원한의 정치, 달리 말해서 분노와 복수로 귀결되는 증오의 정치로 전락한 것이었다. 스탈린의 공포정치가 인민주의적이었던 것은 인민 자신이 '인민의 적'에 대한 대숙청에 열렬히 호응했기 때문이었다. 결국 스탈린주의는 자코뱅의 인민주의로 소급될 수밖에 없었다.

김일성도 집권 과정에서 자신의 대중적 토대를 확보하기 위해 빈농주의라는 형태로 스탈린주의를 극단화했다. 지주와 부농뿐만 아니라 중농의 토지도 소작농뿐만 아니라 머슴에게도 분배한 데 이어, 정치사상·계급교양의 부족에도 불구하고 소작농·머슴 등 빈농을 대거 입당시켜 일당국가와 개인숭배의 기틀을 마련했다. 이른바 '머슴이 주인이 된 나라'(태영호)가 출현하게 된 것이다. 오늘 그 결과는 세계 최빈국이자 자칭 '핵강국'인 김일성 일가의 '절대군주정'이다.

그렇다면 촛불혁명에 동참한 인민의 심성을 어떻게 묘사할 수 있을까. 역시 리얼리즘소설의 도움이 필요한데, 『세미나 (I)~(III)』에서 논평한 대로 당대 서울 중산층의 '풍속과 세태' 내지 '인정'을 형상화한 작품을 찾기는 쉽지 않았다. 그래서 대신 마르크스와 엥겔스가 가장 애호한 발자크와 디킨즈를 통해 촛불혁명의 풍속과 세태를 간접적으로 파악하고자 시도했다.

발자크는 1815년 나폴레옹 패망 이후 한 세대를 특징지은 '질투의 권리선언'(déclaration des droits de l'Envie, 발자크의 『베아트릭스』) 에 관심을 기울였다. 그는 '1816-48년의 성장 중인 부르주아지', 즉 천민부르주아지의 성장과 그들에게 승복하지 않는 하층민이라는 풍속과 세태(moeurs)를 묘사했다. 이를테면 나의 행복보다 남의 불행을 더 기뻐하는 인정(coeur humain)이라든가 향상의 전망 부재에 따른 하층민의 분노와 복수의 심성을 형상화했던 것이다.

발자크의 후예라고 할 수 있는 디킨즈는 1848년 혁명과 1851년 쿠데타의 원인을 찾아 1756-63년 7년전쟁 직후의 한 세대로 소급했다. 그는 대표작 『두 도시 이야기』에서 자유주의자 밀과 보수주의자 칼라일의 '런던 컨센서스'를 충실히 반영하여 '영국의 행복'과 '프랑스의 불행'을 대조했다.

디킨즈의 『두 도시 이야기』에 따르면, 사업가와 '정직한 일꾼'의 분업과 협업으로 상징되는 런던, 즉 영국은 귀족정을 중심으로 군주정과 민주정을 결합한 혼합정체였다. 반면 귀족과 하층민의 적대로 상징되는 파리, 즉 프랑스는 군주정이 타락한 참주정과 민주정이 타락한 인민정의 악순환에 빠졌다. 작중에서 프랑스혁명의 잔혹을 상징하는 '분노와 복수의 여신'(Fury)은 '가슴 아픈 피해의식과 뿌리 깊은 계급적 증오' 때문에 가해자뿐만 아니라 그 연고자들의 '몰살' 을 목적으로 삼았다.

'영국의 행복'과 관련하여 매콜리는 휘그 사관에 입각해서 『영국사』를 집필했는데, 영국의 경제성장이 프랑스와는 달리 '국왕의 폭정'이나 '하층민의 분노와 복수'가 없었기 때문이라고 주장한 바 있다. 영국의 '눈부신 자유주의', 즉 '민족의 육체적, 정신적, 지성적 향상의 역사'를 프랑스에서 벌어진 '국왕의 폭정' 및 '하층민의 분노와 복수'의 악순환과 대비했던 것이다.

이처럼 자유주의는 참주정에 의한 자유·소유·생명의 침해는 물론

인민정에 의한 침해도 경계했다. 로크와 몽테스키외가 절대군주정이라는 참주정을 비판했다면, 스미스의 동지인 버크는 프랑스혁명으로 참주정을 대체한 인민정을 비판했다고 할 수 있다. 나아가 존 스튜어트 밀은 '대중의 폭정/다수의 횡포'(tyranny of the masses/the majority)에 대한 토크빌의 비판을 수용하면서 인민주의·공리주의적인 평등투표(equal vote) 대신 차등투표(weighted vote)를 지지하기도 했다.

대중의 열광/열정의 중화를 중시한다는 점에서 자유주의와 마르크스주의는 공통점이 있었다. 자유주의를 근거짓는 스미스의 경제학은 무지와 미신, 나아가 종교 내지 이념에 고유한 '광신'(fanaticism, 열광) 내지 '열정'(enthusiasm)을 비판하면서 과학과 예술에 적합한 '중용'(moderation)을 제창했다. 그는 광신이나 열정을 독에 비유한 반면 중용을 해독제에 비유하면서, 공동체에서 이탈한 하류층, 즉 농촌의 농민이 아니라 도시의 노동빈민에 대한 교육을 강조했다.

레닌도 비슷한 취지에서 대중의 혁명적 열광/열정에 감염되어 부화뇌동하던 볼셰비키를 비판한 바 있다. 볼셰비키라면 과학에 근거한 이데올로기로서 '과학적 세계관'에 충실한 정치노선, 즉 정강(政綱, 정치의 줄거리 내지 정책기조)으로 대중을 지도해야 한다는 취지였다. 그가 당내에서 출세주의자와 투기꾼에 대한 숙청을 주장한 것도 이런 맥락에서였다.

반이론주의와 '비전향'

한국사회성격 논쟁의 소멸

혁명관의 결함은 우리 세대 운동권의 고질적인 반이론주의에서 기인하는 문제이다. 현실사회주의 붕괴 이후 한국사회성격 논쟁이 중도반단된 결과 한총련 세대가 한국자본주의와 그 변혁전망의 특수성을 사고할 수 없었던 것이 핵심적 원인이었다. 이것은 자기비판의 부재라는 또 다른 문제점을 낳았는데, 운동권 전반이 전향과 비전향의 이분법에 매몰되었던 것이다. 대체 어디서부터 무엇이 잘못된 것일까?

1980년대 중후반 한국사회성격 논쟁을 통해 부활한 남한의 마르크스주의는 이내 1989-91년 현실사회주의의 붕괴라는 격변을 맞게 되었다. 민중민주론은 스탈린주의에 대한 비판적 시각을 내재하고 있었지만, 운동권 전반에 밀어닥친 충격을 막기에는 역부족이었다. 한국사회성격 논쟁이 중도반단됨에 따라 1990년대에 남한에서도 프랑스의 마르크스주의 철학자 알튀세르가 말한 '마르크스주의의 위기'가 도래했다.

현실사회주의의 붕괴에 대응하여 과천연구실처럼 마르크스주의의 위기를 인식하고 해결하려는 신좌파적 태도도 존재했지만, 위기를 부정하거나 침묵(무시 내지 용인)하는 구좌파적 태도가 더욱 만연하게 되었다. 마르크스주의를 버리고 포스트모더니즘으로 전향한 민중민주파 출신의 일부 연구자·활동가들은 이념을 의지나 욕망의 문제로 치환하기도 했다. 물론 가장 큰 문제는 대다수 386세대가 주체사상이나 마르크스주의를 포기하면서 그 대안으로 인민주의를 수용한 것이었다.

요컨대 현실사회주의의 붕괴라는 세계사적 격변에도 불구하고 마르크스주의의 위기를 전화 내지 일반화하려는 시도보다는 이론적 전향이 대세를 이뤘고, 전향하지 않은 경우에도 구좌파적 반응이 주를 이뤘다. 오늘 운동권이 비가역적 위기에 처하게 된 원인은 1990년대 초반 마르크스주의의 위기 대응의 오류로 소급한다고 할 수 있다.

2000년대에는 운동권의 대량 전향 내지 주류화를 기화로 마르크스주의의 위기를 기회로 활용하는 특이한 현상이 발생하기도 했다. 트로츠키주의는 스탈린주의가 아니라는 '알리바이'를 제시했고 네그리주의는 '고백'과 알리바이를 결합했다. 그러나 한국자본주의와 그 변혁전망의 특수성을 사상하고 영구혁명으로서 세계혁명을 주장할 따름인 트로츠키주의나 급진주의 내지 아나키즘에 불과한 네그리주의는 한국사회성격 논쟁과 애당초 무관한 세력이었다.

2007-09년 금융위기는 역사과학으로서 마르크스주의가 결국 현실의 검증에 실패하여 오도된 이론으로 전락하거나 또는 검증에 성공하여 유용한 이론으로 변화할 수 있는 기로이자 마지막 기회였다. 그러나 자본주의의 최종적 위기를 예고하는 금융위기가 폭발하는 동시에 마르크스주의를 재건할 유력한 기회로 간주되던 대안세계화운동이 쇠퇴하는 역설적 정세가 전개되었다.

대안세계화운동 안에서 대안좌파를 재건하려던 시도가 퇴조하는 동시에 신자유주의의 본거지인 미국과 유럽에서 인민주의가 약진하면서 2010년대에 세계적으로 일체의 사회운동이 소멸했다. 한국에서도 김대중-노무현 정부에서 발호하기 시작한 인민주의가 2012년 대선 이후 급부상하면서 2016-17년의 '촛불혁명'과 문재인 정부의 출범으로 귀결되었다. 이후 문재인 정부 '5년동란'을 거치며 일체의 사회운동이 인민주의에 잠식되었고, 이로써 마르크스주의의 부활을 위한 노력도 끝내 실패로 귀결되었다고 판단된다.

오늘 마르크스주의의 상황은 실로 처참한데, 이미 '서서 죽은' 상태이거나 그렇지 않았더라도 인민주의와 혼동되기 때문이다. 달리 말해서 온갖 사이비 마르크스주의자가 혁명을 수행한다는 구실로 '반인류범죄'를 자행하는 지경에 이른 것이다. 이처럼 마르크스주의가 사이비 사상으로 타락한 상황에서는 설사 마르크스 자신이 부활한다고 해도 반혁명 내지 반마르크스주의라는 '어이없는 죄목으로 처형될'(이문열)지 모를 일이다.

운동권에서 이념과 이론이 쇠퇴한 결과는 정세에 대한 적합한 인식의 결여로 나타났다. 노동자운동 내부에서 발리바르가 말한 정세의 변화에 대응하는 '이론적 역량과 정치적 용기'가 쇠퇴한 것이다. 그 결과 운동권에서 베틀렘이 말한 '반조류'(反潮流, go against the tide), 즉 '궁벽한 처지에서도 원칙을 지키고 시류에 편승하지 않는다'는 기풍이 사라지고, '원칙을 버리고 시류에 편승하는'(順應潮流, go with the tide) 세태가 일반화된 것인지도 모르겠다.

과천연구실이 예상한 것처럼 금융위기 직후인 2012-13년을 전후로 세계정세가 급변했지만, 노동자운동은 지난 10여년 동안 그 함의를 분석하고 대응하는 데 실패했다. '구체적 정세에 대한 구체적 분석'이 아니라 기존의 통념으로 정세의 변화를 자의적으로 재단하고 관성적으로 대응했던 것이다. 이것은 자본주의의 역사동역학에서 2007-09년 금융위기가 갖는 역사성에 대한 몰인식 때문이었다.

그 결과 2012-13년경 구(舊)사회주의권에서 거의 동시적인 반동(backlash)이 출현했다는 사실을 인식하지 못했다. 푸틴 대통령의 2차 집권과 시진핑 주석의 집권, 양자에 얼마간 앞선 시점에서 김정은 위원장의 3대 세습이 잇달아 발생했음에도 말이다. 결국 러시아와 중국은 각각 세계적 차원에서 '파괴자/교란자'(disrupter)와 미국의 '전략적 경쟁자'로 등장했고, 북한은 지역적 차원에서 파괴자/교란자로 변모했다.

시진핑은 등소평의 '도광양회'(韜光養晦, 힘을 기르면서 드러내지 않는다)를 폐기하고 중국몽, 나아가 강군몽을 제창하면서 아시아·태평양에서 미국의 헤게모니에 도전하기 시작했다. 김정은 위원장은 선대와 차원이 다른 일련의 핵·미사일실험을 감행하면서 미국과 핵전쟁 전야를 방불케 하는 상황을 초래했다. 그러나 노동자운동은 이런 반동의 세계사적 함의를 인식하지 못하고 예와 마찬가지로 반한미일·친북중러 노선을 고수할 따름이었다.

운동권은 세계정세의 변화라는 관점에서 2022년 3·9대선과 2024년 4·10총선의 핵심 쟁점을 파악하는 데 실패했다. 이것은 맹목적인 반한미일·친북중러 노선에 상응하는 반(反)보수주의 노선의 자연스러운 귀결이었다. 대불황의 재발이나 파시즘의 부활, 심지어 3차 세계전쟁 같은 파국이 임박한 현정세를 1930년대와 비교하는 것이 적절할 것이다. 경제정세의 경우 미국경제가 과거처럼 자본축적과 경제성장을 재개함으로써 '2차 대불황'을 극복할지 여부가 쟁점이고, 이데올로기 정세의 경우 과거와 달리 공산주의의 전망은 부재한 반면 파시즘의 전망은 건재하다는 것이 쟁점이다.

'책 없는 시대': 문투에서 무투로

위화는 문화혁명의 반이론주의를 '책 없는 시대'라고 증언한 바 있다. '문투'(文鬪, 이론투쟁)가 아닌 '무투'(武鬪, 폭력투쟁)가 지배하는 시대라는 뜻이었다. 문화혁명과 비슷하게, 한국사회성격 논쟁의 소멸 이후 반이론주의가 운동권의 풍속과 세태로 자리 잡은 결과 한총련 세대는 '이론투쟁 없는 폭력투쟁'으로 일관할 수밖에 없었다.

무투는 비단 1990년대의 적나라한 폭력투쟁뿐만 아니라 2008년 광우병 촛불시위 이후 일반화한 사회운동의 '가두화'(街頭化)에서도 발견된다. 앞서 지적한 대로 운동권은 2007-09년 금융위기와 그에 후속하는 2012-13년 구(舊)현실사회주의 국가의 동시적인 반동이라는 세계사적 격변에 대한 이론적 분석과 대응에 소홀했다. 그 대신 2014년 세월호침몰사고, 2015년 민중총궐기, 2016년 국정농단사건을 계기로 한 가두시위에 전념했다.

정파의 이념과 노선을 공론화하는 기관지는 사라지고 활동가의 정념과 객설을 공유하는 소셜미디어가 그 자리를 점차 대체했다. 소셜미디어를 통한 선전·선동은 문화혁명의 대자보투쟁과 유사했는데, 둘 다 이론, 즉 과학적 분석이나 객관적 인식을 결여하고 대신 인격화된 '적'을 상정했다는 점에서 결국 무투의 변종이었기 때문이다. 문혁 당시 대자보집필자를 '간자'(杆子, 몽둥이 내지 무장대오)라고 불렀던 것도 그런 이유였다. 이런 풍속과 세태 속에서 본질적으로 사상운동인 사회운동의 관념도 가두시위 내지 군중운동으로 변질되었다. 이론은 없고 구호만 난무하는 가두시위 자체가 운동권의 '폭력화' 내지 '불량배화'를 표상했다.

이재명 대표 덕분에 4·10총선 전후로 한총련의 폭력투쟁을 상징하는 인물들이 정치권에 출몰했다. 대표적인 인물은 강위원 이재명 당대표 특보로, 그가 의장으로 재임하던 1997년의 한총련 출범식에서는 시위진압 경찰 1명과 '프락치'로 오인된 민간인 1명 등 2명이 피살된 바 있다. 그는 민주당 내에서 '수박'이니 '비명횡사·친명횡재'니 하는 논란을 야기한 민주당 원외단체 더민주전국혁신회의의 공동대표도 역임했다. 더민주전국혁신회의는 1890년대의 일본에서 의회정치가 도입된 이래 출현한 원외단과 성격이 유사한데, 의원단을 보좌하는 원외단은 인텔리단과 폭력단으로 구별되면서도 경계가 분명치 않았다.

돌이켜 보면, 한총련 세대, 그 중에서도 주체사상-민족해방파의 폭력성은 탈냉전 이후 북한이 '불량국가'로 타락하는 과정에 평행했다. 불량국가에 대한 맹종이 민족해방파 운동권 자신이 불량배로 타락하는 결정적 원인이었다. 『세미나 (II)』에서 설명했듯이, 탈냉전을 위한 '게임의 규칙'이자 '행동의 규범'이 바로 소련의 페레스트로이카·글라스노스치, 중국의 개혁·개방, 베트남의 도이머이(Doi Moi, 쇄신·개방) 같은 사회주의에서 자본주의로 이행(transition)하는 체제의 전환(transformation)이었다.

그러나 소련과 중국의 체제 전환을 사회주의의 '배신'으로 무고하던 북한은 1989-91년에 현실사회주의가 붕괴한 이후 1990년부터 마이너스 경제성장을 경험하고 1996년부터 '고난의 행군'이 시작되자 결국 핵무장을 선택하게 되었다. 마찬가지로 386세대의 정계 진출을 출세주의자의 '배신'으로 비난하던 한총련 세대는 북한사회주의의 위기를 부정하거나 위기에 대해 침묵하면서 북한의 핵무장을 옹호하는 방향으로 노선을 선회했다.

한총련은 북한사회주의의 위기의 원인을 '외세', 즉 '미제국주의'와 김영삼 정부의 탓으로 돌리면서 반미자주화 투쟁과 김영삼 정권 퇴진 투쟁을 급진화하는 것을 돌파구로 삼았다. 본래 일제와 미제라는 외세에 의해 억압받는 민족을 변혁의 주체로 상정한다는 점에서 민족해방파의 민족해방론은 이미 인민주의의 변종으로 볼 수 있었다.

하지만 북한사회주의 위기의 원인마저 외부에서 찾으려는 것은 '원한의 정치', 즉 분노와 복수로 귀결되는 증오의 정치일 따름이었다.

한총련 세대는 극단적인 폭력투쟁을 전향한 386세대와 자신을 구별하는 징표이자 혁명운동의 순수성과 진정성을 실현하는 길이라고 간주했던 듯하다. 그 실상은 1993년 김영삼 정부 출범 이후 통일운동의 노선 분화에 즈음하여 한총련 주류 세력이 남한 통일운동에 대한 북한의 지도력을 관철하는 것으로 나타났다. 문익환 목사가 '새로운 통일운동체(새통체) 건설'을 위해 범민련(조국통일범민족연합)의 해소를 제안하자, 한총련 주류는 '범민련 사수'를 주장하며 강하게 반발했다.

『세미나 (I)』에서 자세히 설명했듯이, 문익환 목사는 1987년 대선과 1992년 대선에서 김대중 후보에 대한 '비판적 지지'를 하지 않았기 때문에 3당합당으로 집권한 김영삼 대통령을 지지할 수 있었다. 그런데 범민련에서 문익환 목사가 '안기부(국가안전기획부) 프락치'였다는 설이 제기되었고, 문 목사는 그런 마타도어에 항의하다가 1994년에 심장마비로 사망했던 것이다. 한총련 주류는 통일운동의 노선 분화를 강경 투쟁으로 무마하려고 시도했고, 이는 1993-94년 한총련 출범식과 범민족대회의 폭력시위로 드러났다.21)

이처럼 북한사회주의의 위기나 통일운동의 모순을 외부화, '무투화'함으로써 돌파하려는 한총련 주류의 대응 방식은 1996-97년의 폭력투쟁으로 확대재생산되었다. 한총련 주류는 1996년 범민족대회 당시 연세대 점거투쟁이 '김영삼 정부 타도를 위한 전민항쟁의 불씨'가 될 것으로 기대했고, 이어서 1997년의 한총련 출범식이 1년 전 연세대에서 '잔인하게 짓밟힌 것에 대한 복수전'이라고 사고했다. 그러나 1996-97년 한총련의 극단적 폭력투쟁은 1960-70년대 일본 학생운동의 소멸을 자초한 1968-69년 전공투의 폭력투쟁과 야스다강

---

21) 김영삼 정부에서 통일운동의 노선 분화와 한총련의 폭력투쟁에 대해서는 임필수, 「김영삼 정부 시기의 통일운동」, 『계간 사회진보연대』 172호, 2020을 참고할 수 있다.

당 점거투쟁, 그리고 1969-72년 적군파의 테러리즘을 연상케 할 따름이었다.

「'대선 불복 2년동란'」에서 설명했듯이, 폭력투쟁이 난무한 1960-70년대 일본 학생운동에서 '에키벤'(驛弁, 역에서 파는 도시락)이라는 말이 유행했다는 사실을 상기할 수 있다. 에키벤 대학이란 지방대학을 가리키는 말로, 기차역마다 도시락(弁当, 벤토) 가게가 있듯이 지방마다 대학이 있다는 풍자와 야유였다. 전후 교육개혁에 따른 지방대학의 설립과 학생운동에서 '논텔리(비지성)와 단게바(단순폭력)'의 확산이 연관되었기 때문이다.

관련해서 과거에 범민련 사무처장을 역임하다 전향한 뒤, 4·10총선에서 국민의힘 한동훈 비상대책위원회의 위원으로 발탁되기도 했던 민경우 씨의 증언에 주목할 수 있다.[22] 민경우 씨에 따르면 1980년대 중반까지 학생운동은 서울대가 주도하다가 전대협이 출범한 1987년부터는 이인영 의원(전대협 1기 의장)이 대표하는 고려대와 임종석 대통령 비서실장(전대협 3기 의장)이 대표하는 한양대가 주도하게 되었다. 그리고 한총련이 출범한 1990년대 중반 이후에는 전남대 등 지방대학이 주도하게 되었다. 민경우 씨는 이 과정에서 농촌 출신 운동권이 학생운동의 중심이 되었다고 기술했는데, 모택동의 중국공산당이나 김일성의 조선노동당에 유비해서 한총련의 '농민화'라고 할 수도 있겠다.

한총련을 주도했던 남총련(광주전남총학생회연합)의 지방민 내지 하층민(subaltern) 심성에 특별히 주목할 수 있다. 남총련 출신 한 운동권의 회고에 따르면 남총련 정신이란 서울 운동권, 특히 '80년대 초반 학번 서울대 운동권'의 그것과 선명히 대비되는 것이었다. '가투[무투]는 잘하지만, 말싸움[문투]에는 젬병이었고, 동지들끼리 싸우는 것[논투]은 정말로 싫어했다'는 것이다. 그리고 이런 한총련 세대, 즉 호남인과 40-50대의 결집이 2016-17년 촛불혁명 이후 한국 사회의 변화를 추동하는 원동력이라는 것이다.[23]

---

22) 민경우, 『스파이 외전: 남조선 해방전쟁 프로젝트』, 투나미스, 2023.

이런 하층민/지방민 심성은 광주·전남의 운동권에 국한된 것은 아니었다. 이재명 대표와 마찬가지로 성남을 정치적 본거지로 삼는 이석기 의원의 경기동부연합 사례가 대표적이다. 소년기에 광주대단지사건('성남민권운동'), 청년기에 광주항쟁을 경험한 뒤 주체사상을 수용한 이석기 의원의 하층민/지방민 심성은 2013년 내란음모 사건 당시에 일찍이 지적된 바 있다.24) 민경우 씨에 따르면, 현재 민주노총과 진보당을 각각 대표하는 양경수 민주노총 위원장과 강성희 전 의원은 이석기 의원의 직계 대학후배이자 기아차와 현대차 비정규직노동자운동 출신이라는 공통점이 있다.

폭력투쟁이라는 점에서는 민중민주 계열의 학생운동도 별반 다르지 않았다. 한국사회성격 논쟁의 소멸로 인해 이론과 이념이 약화된 상황에서 민중민주계 역시 그 공백을 모종의 급진주의로 대체했다고 할 수 있다. 대표적으로, 민중민주파가 수권한 1996년 서울대 총학생회의 경우 네그리를 모방하여 '전복의 지성, 거리의 싸움꾼'을 표방했는데, 이들이 호명한 좌파는 단지 기성질서에 '불복종'하는 '주류질서의 전복자'일 따름이었다.

한총련 주류의 폭력투쟁에 비견되는 민중민주 계열의 폭력투쟁은 김영삼 정부의 문민화에 대한 몰인식에서 기인했다. 민중민주파는 3당합당을 '보수대연합에 의한 계급동맹 역전 전략'으로 간주하고 한총련과 '따로 또 같이' '김영삼 정권 타도'를 목표로 삼았다. 그러나 박정희 정부의 관료자본주의가 육성한 재벌을 개혁하려던 전두환 정부의 경제개혁과 박정희-전두환 정부의 군부독재를 문민화하려던 노태우-김영삼 정부의 정치개혁을 모조리 '보수반동'으로 규정한 것은 정세분석의 치명적 오류였다. 이런 오류의 기저에는 윤치호-김성

---

23) 신희주, 『응답하라, 한총련: 다시 쓰는 90년대 학생운동사』, 민플러스, 2021. 이 책은 친진보당 성향의 인터넷매체인 『민플러스』에 연재된 기사를 엮은 것으로, 저자는 1973년에 광주에서 출생하고 1991년에 전남대에 입학한 학생운동권 출신이라고 한다.
24) 임미리, 「'경기동부연합'의 기원과 형성, 그리고 고립」, 『기억과 전망』 28호, 2013.

수-윤보선-김영삼 대통령으로 이어지는 한국 자유주의의 계보와 이념에 대한 몰이해가 있었다.

결론적으로 일본 학생운동과 남한 학생운동 모두 사회성격 논쟁이 소멸한 이후 폭력투쟁 일변도였다는 점에서 공통점이 있었다. 하지만 중요한 차이가 있었는데, 전자가 폭력투쟁의 최종적 패배를 인정하고 어느 순간에 운동을 청산한 반면 후자는 패배를 인정하지 않고 2000년대에 들어서도 망상(妄想) 내지 미망(迷妄)을 지속했다는 점이다. 북한사회주의의 보위라는 목표 아래 반미자주화와 반보수주의 전민항쟁 노선을 촛불혁명으로 계승했던 것이다.

전향과 비전향의 이분법: 자기비판의 부재

친명 한총련 세대 운동권은 친문 전대협 세대 운동권이 촛불혁명을 '배신'했다고 비난하면서 촛불혁명의 '계속과 완수'(계속혁명)를 주장하고 있다. '비전향'을 구실 삼아 '추궁자로서의 자격'을 결코 포기하지 않으려는 것이다. 그러나 전향 운동권 못지않게 비전향 운동권에게도 문제가 없는 것은 아니다. 오히려 전형자와 전혀 다른 차원에서 비전향자도 자기비판이 불가피한데, 비전향의 논거가 북한의 절대군주정과 남한의 인민정 내지 파시즘, 한마디로 '전체주의'를 수호하는 데 있기 때문이다.

민족해방파 운동권이 문재인 정부에 실망한 이유는 김정은 위원장이 2019년의 '하노이 노딜' 이후 문 대통령에게 실망한 이유와 흡사했다. 『세미나 (III)』에서 설명했듯이 김 위원장이나 민족해방파는 문 대통령에게 반일 노선에 버금가는 반미 노선을 기대했던 것 같은데, 아무래도 문 대통령으로서는 반미가 부담스러웠을 것이다.

문 대통령은 처음에 중재자(arbiter, 심판자), 즉 헤게몬의 역할을 자처하다가 정작 결정적 순간에 중개자(middleman), 즉 중매인이라고 한 발 뺀 셈이었다. 사실 주체사상과 무관한 문 대통령에게 촛불혁명이란 단지 집권을 위한 난장(亂場)에 불과했다. 그런데 김 위원장이나 민족해방파는 문 대통령에게 동상이몽 격으로 '머리가 깨져 피를 흘리는'(頭破血流, 시진핑) 혁명을 기대했던 것 같다.

문재인 정부에 대한 실망은 이재명의 민주당에 대한 지지를 합리화하는 논거로 발전했다. 진보당은 4·10총선에서 민주당의 위성정당인 민주개혁진보연합 참여 이유를 '2032년 진보집권을 향한 대장정의 첫걸음'이라고 설명했다. '야합'이 아니라, 선거정치라는 현실 장벽을 넘고, 윤석열 정부 심판 민심에 가장 잘 부합하며, 원내 진출과 '진보적 국회' 건설에 최적화된 경로라는 것이다.

진보당과 친화적인 민주노총의 양경수 집행부도 이재명 대표와 밀착했다. 양경수 집행부의 사무총장을 역임한 전종덕 씨가 더불어민주연합 비례대표 후보로 공천·당선된 것이 직접적인 증거다. 이에 대해 민주노총 내부에서는 집행부 스스로가 선거방침을 위반했다는 비판이 제기되기도 했다.25) 이처럼 민족해방파가 자기 정치방침의 관철을 위해서 대중조직 내에서 패권주의를 노골화하는 사례는 과거에도 다반사였다.26)

진보당은 '보수'를 청산하면 '민주'와 '진보'가 경쟁하게 되고 종국에는 '진보'가 집권할 수 있다는 '진보적 민주주의' 노선을 제창했다. 진보적 민주주의는 보수라는 '적폐'의 완전한 청산을 급선무로 설정한다는 점에서 백낙청 교수가 제시한 '민중 주도의 민주주의'와 접점이 많았다. 전통적인 구도로 표현하자면, 주체사상을 신봉하는 종북 민족해방파와 '비주사' 친북 민족해방파 사이의 긴밀한 제휴가 형성되었던 것이다.

통합진보당 해산 이후 와신상담하던 진보당에게 결함투성이 이재

---

25) 정경윤, 「4·10총선과 노동자 정치세력화」, 민주노총 부설 민주노동연구원 이슈페이퍼 2024-01, 2024. 4. 26.
26) 민족해방파가 북한의 3대 세습 및 핵무장의 옹위를 정치활동과 대중운동의 최우선 목표로 설정한다는 사실은 이미 수차례 확인된 바 있다. 2000년대에 김정일 위원장이 핵무장을 본격화하던 상황에서 민족해방파는 이른바 '군자산의 약속'을 통해 민주노동당·민주노총의 장악을 감행했고, 2012-13년 김정은 위원장의 3대 세습이 강행되는 과정에서는 민주노동당을 통합진보당으로 재편한 뒤 이석기 의원 등이 내란음모를 감행하기도 했다.

명 대표 체제는 절호의 기회로 여겨졌을지도 모른다. 쌍방울 김성태 회장처럼 진보당도 결함이 많은 정치인일수록 자신에 대한 지지에 대해 훨씬 후한 대가를 치른다는 점을 노렸을 법하다. 사실 '약점이 있는 고위층'을 악용하는 '전문적인 사기꾼, 깡패,(…)철저한 도적', 즉 정치불량배의 전통은 일본의 장사(壯士, 소시)나 야쿠자 이외에도 영국의 '압력집단'(pressure group)과 미국의 '보스정치'(political machine, 계파정치)에서도 발견되는 보편적 현상이다.

이재명 대표 입장에서도 운동권과의 전면적인 제휴가 사익에 부합했다. 당면한 '사법 리스크'를 방어하고 장차 집권을 도모하기 위해서는 '친위대'인 출세주의자·투기꾼 외에도 '돌격대'가 필요했기 때문이다. 파시스트 기질이 다분한 이 대표로서는 진보당을 매개로 한 민주노총 등 대중조직의 동원, 즉 제2의 촛불혁명이 절실했을 것이다. 순전히 이 대표의 관점에서만 생각해 보면, 김대중 대통령이 그랬던 것처럼 '독재'에 대항한다는 명분으로 정치불량배가 필요했을 따름이다.

이재명 대표의 운명과 마찬가지로 그가 자신의 호위를 위해 동원한 정치불량배의 미래도 현재로서는 점치기 어렵다. 일본·영국·미국처럼 선거정치에 적응하면서 제도권에서 순치될지, 아니면 전전(戰前)의 일본공산당처럼 '범죄 신디케이트화'와 폭력투쟁의 길을 걸을지, 이도 저도 아니면 힘러의 친위대(SS)가 게슈타포를 동원하여 룀의 돌격대(SA)를 숙청한 '장검의 밤' 같은 사태를 맞이할지 미지수이다. 다만 분명한 사실은 희대의 불량배 이재명 대표와 전향한 출세주의자·투기꾼, 비전향을 명분으로 한 민족해방파의 유착이 국내정세는 물론 국제정세를 교란하는 핵심 요인이 되었다는 점이다.

민족해방파의 맹목적인 '비전향' 논리를 도쿠다 규이치 서기장이 지도한 전후 일본공산당의 사례에 유비할 수도 있다. 『세미나 (III)』에서 설명했듯이, 도쿠다 서기장은 이른바 '비전향 18년'의 상징적 인물이었다. 이것은 공산당이 치안유지법으로 탄압받기 시작한 1928년부터 패전하는 1945년까지 전향하지 않고 투쟁했다는 의미였다.

그러나 도쿠다 서기장은 본래 이론적으로는 무능한 데다 장기적 수감생활로 인해 정세판단력까지 취약해졌다.

전후 일본공산당의 결정적 패착은 이른바 '전후 문제'를 올바로 인식하지 못한 데 있었다. 일본공산당이 전후에도 부르주아 민주변혁을 주장하기 위해 예의 식민지반봉건사회론을 주장하는 가운데 일본자본주의는 '요시다 독트린' 아래 자유주의적 경제대국으로 급부상하고 있었다. 하지만 일본공산당은 이런 사실을 인정하지 않았다. '55년 체제'는 자유주의의 부활과 동시에 강좌파가 주도한 마르크스주의의 파탄을 의미했다. 역설적이게도 '비전향 18년'을 고수한 결과 일본공산당은 전후의 정세 변화에 적응하는 데 실패하고 말았다.

일본공산당에서 이론과 그에 기초한 정치노선의 공백은 가부장제와 관료주의의 지배로 귀결되었다. 이론적·정치적 자격을 결여한 관료적이고 가부장적인 지도부 밑에서 당원이 급증했고, 그 와중에 출세주의자와 투기꾼은 물론이고 밀정/첩자도 대거 유입되었다. 그런 상황에서 이론과 무관한 분파, 즉 종파(sect/faction)가 형성되었고 한국전쟁의 와중인 1950-51년에는 종파투쟁이 격화되었다. 또한 1951년 4전협(전국협의회)과 5전협의 결정에 따라 1952년에 '양키 고홈'이라는 구호 아래 '화염병봉기주의'라는 폭력투쟁노선이 채택되었다. 그러나 우여곡절 끝에 1955년의 6전협에서 폭력투쟁노선이 폐기되었고 당원도 급감하면서 일본공산당은 쇠망의 길을 걸었다.

한편 정의당처럼 일종의 양비론, 즉 반윤석열-비이재명 노선을 견지하면서 최소한 이재명의 민주당을 지지하지 않았다고 변명할 수도 있다. 그러나 해방 직후 박헌영 선생이 「8월 테제」에서 준엄하게 촉구했던 것처럼 단지 일제에 협력하지 않았다는 것이 아니라 반파시즘 투쟁에 참여하지 않았다는 것에서 '조선민족 전체가 엄숙히 자기비판을 하지 않으면 안 되겠다'고 할 수 있다. 단지 이재명의 민주당에 협력하지 않았다는 것이 아니라 우리 세대 운동권 전체가 반(反)인민주의 투쟁에 참여하지 않았다는 점에서 자기비판이 필요한 것이다.

서두에서 자기비판의 필요성을 언급하면서 '무엇이 잘못되었나?'라고 자문했다. 「'대선 불복 2년동란'」에서 소개한 버나드 루이스의 표현을 빌리면 이 질문은 두 가지 의미로 해석될 수 있다. 하나가 '누가 우리에게 잘못했나?'라는 해석인 반면 다른 하나는 '우리가 무엇을 잘못했나?'라는 해석이다. 우리 세대 운동권에게 익숙한 것은 물론 전자의 방식으로, 자기 잘못을 반성하기보다는 피아를 구별하여 '외부의 적'(일본)이나 '내부의 적'(친일파 내지 '토착왜구')에게 책임을 전가하는 방식이다. 반면 후자는 자기비판의 방식으로, '어떻게 잘못을 바로 잡을까?'라는 다른 질문을 제기하는 것이다.

반경제학의 프로토파시즘

2007-09년 금융위기 이후 남한에서 인민주의가 계속해서 확산했다는 사실은 민주당의 경제정책의 변화에서도 확인된다. 민주당의 대선공약을 특징짓는 경제정책에서 반경제학적 색채가 강화된 것이다. 2012년의 복지국가론('스웨덴 모델')이 2017년의 소득주도성장론을 거쳐서 2022년에는 급기야 '기본시리즈'로 변질되는 과정에서 각 정책의 이념형은 사민주의에서 진보주의 내지 인민주의를 거쳐 급기야 파시즘적 경향으로 변화했다.

이런 추세는 4·10총선에서도 계속되었다. 이재명의 민주당은 확대판 기본시리즈인 '기본사회정책'과 더불어 가구당 100만원 상당의 '민생회복지원금'을 공약으로 제시했다. 특히 후자의 경우 2020년 총선에서 '대박'을 터뜨린 코로나19재난지원금 같은, 21세기판 '고무신·막걸리 선거'의 부활을 재현하려는 의도였을 것이다. 결과는 이번에도 역시 대박이었다. 다만 '선거권과 고무신·막걸리의 교환'의 대가는 선거인의 몫일 텐데, 고무신·막걸리라는 정치적 '외상'을 갚지 못할 경우 파산할 수밖에 없을 것이다. 그리고 파산할 경우 인민정이 파시즘으로 귀결될지도 모른다.

민주노총은 2020년 코로나19재난지원금과 관련하여 재난기본소득을 주장하면서 기본소득을 검토한 바 있는데, 2024년 민생회복지원금에 대해서는 찬성하지 않았다.27) 그러나 특별한 경제학적 근거가 있었던 것은 아니다. 민주노총은 문재인 정부의 소득주도성장에 대해 '최저임금 1만원'이라는 노동자주의적 대안을 제시한 바 있는데, 지금은 민주당의 경제정책에 대한 논쟁 자체가 부재한 것 같다. 그밖에 민생회복지원금에 찬성하면서 민주노총을 비판한 기본소득당의 사례가 있지만, 민주당의 위성정당에 불과하므로 별다른 언급이 불필요할 것이다.

각종 기본시리즈가 난무하는 현정세에서는 '보편적 아르헨티나화'에 대한 루비니의 경고를 새겨들을 필요가 있다. 그는 2007-09년 금융위기가 여전히 해결되지 않은 상황에서 새로운 금융위기가 추가되어 조만간 '최대의 부채위기'(the Mother of All Debt Crises)가 발생할 것으로 예상한다. 그가 보기에 부채위기의 해결은 난망한데, 일체의 경제원리나 경제법칙을 거부하는 인민주의가 보편화된 결과 위기 해결을 방해하는 방식도 그만큼 다양해졌기 때문이다. 따라서 아르헨티나가 '하나의 예외가 아니라 규칙 그 자체가 된다'는 것이다.

주지하듯이 아르헨티나가 부국에서 빈국으로 추락한 것은 반경제학적 인민주의 탓이었다. 아르헨티나에서 인민주의의 원조는 정의당(Partido Justicialista)의 페론 대통령이었다. 그는 경제를 화수분으로 간주했는데, '인민, 특히 노동자에게 가능한 모든 것을 퍼주라'고 한 것이 그 증거다. 페론의 정의당은 21세기에 '좌파 인민주의'를 내건 네스토르/크리스티나 키르치네르 정부(2003-15)로 계승되었다.

좌파 인민주의론은 에르네스토 라클라우(Ernesto Laclau)의 파트너 샹탈 무프(Chantal Mouffe)에 의해 제기되었는데, 이들이 자유민주정을 비판하기 위해 나치의 '계관법학자'인 슈미트의 복권을 시도했었다는 사실도 염두에 둘 필요가 있다. 실제로 아르헨티나 인민주

---

27) 민주노총의 기본소득 검토에 대해서는 김남수 외, 『기본소득 쟁점 및 사례 연구』(민주노총 민주노동연구원, 2020) 참조. 또 민생회복지원금에 대해서는 민주노총 논평 「월급 빼고 다 오르는 시대, 무엇이 민생인가?: 여야 영수 회담에 부쳐」(2024. 4. 22.) 참조.

의의 뿌리는 파시즘에 있었다. 『세미나 (III)』의 「서문」에서 지적한 것처럼, 페론의 인민정 아래 아르헨티나는 '도망 나치의 천국'(Eldorado of Nazis on the run)이었다. '국가사회주의'(Nationalsozialismus), 즉 나치라는 명칭 자체에서도 드러나듯이 파시즘의 경제정책은 반자유주의, 즉 반경제학적이었다.

『공산주의자 선언』에서 마르크스와 엥겔스는 반자유주의로서 사회주의와 자유주의의 비판으로서 사회주의, 즉 공산주의를 예리하게 구별했다. 달리 말해서 자유주의를 비판/지양하는 것이 아니라 반대/거부해도 '사회주의'라고 할 수 있는데, 국가사회주의는 후자에 해당한다. 이 점에서는 오늘의 북한·러시아·중국도 사회주의 국가라고 할 수 있겠다. 문제는 그런 사회주의가 자유주의에 미달한다는 데 있다. 마르크스 자신의 대안은 물론 반경제학이 아니라 경제학 비판을 통해 자유주의를 공산주의로 한 단계 발전시키자는 것이었다.

기본시리즈에서 파시즘의 징후를 발견하기란 그리 어렵지 않다. 우선 루비니가 주목한 것처럼, 기본소득론의 한 가지 근거로서 인공지능론에 주목할 수 있다. 말하자면 인공지능의 도입으로 경쟁에서 탈락한 개인인 루저('loser')가 기본소득을 제공하는 카리스마적 '지도자'(Führer, 총통)가 지배하는 공동체(Gemeinschaft)에 자발적으로 예속된다는 것이다. 이때 지도자는 예속된 '루저'가 배달음식과 비디오게임을 즐길 수 있도록 '생활공간'(Lebensraum)을 확보해야 할 것이다. 히틀러에게 그것은 유럽의 정복을 통한 '국내제국'의 건설이었다.

히틀러의 집권이 독일 인민(das Volk)의 '민족주의적 원한'(콜프) 내지 반경제학적 심성에서 상당 부분 기인한다는 점에도 주목할 수 있다. 1차 세계전쟁 이후 베르사유조약에 따라 독일에게 부과된 배상금 문제는 미국이 제시한 1924년의 도즈 플랜에 의해 어느 정도 해결되었고, 또 도즈 플랜을 더욱 개선할 영 플랜이 1929-30년 대공황 발발 전후에 제기되기도 했다. 그런데 영 플랜을 둘러싼 논쟁 과정에서 배상금 자체에 대한 원한이 폭발하면서 나치가 일거에 약진하게 되었다. 종국에는 베르사유조약을 폐기한 히틀러의 생활공간론이 출현하면서 2차 세계전쟁이 발발하게 되었다.

반경제학이 투쟁하는 두 계급의 '공멸'(der gemeinsame Untergang, 마르크스)로 끝날 수도 있음을 보여준 또 다른 사례로 '대안경제전략'으로 지칭된 영국 노동당 좌파의 국유화 전략을 꼽을 수 있다. 과거 운동권 일각에서는 대안경제전략을 신자유주의에 대한 정책대안으로 소개한 바 있다. 운동권에서 국유화는 여전히 '사회주의의 ABC'로 여겨지는데, 현실사회주의의 붕괴는 물론이고 노동당 좌파의 전략적 실패에 대해서도 충분한 반성이 이루어진 것 같지는 않다. 게다가 대안경제전략이 무솔리니의 파시즘적 경제강령을 기원으로 한다는 사실도 무시된 것 같다.

전후에 노동당은 애초 페이비언주의적 입장에서 제창된 국유화 조항(당헌 4조)을 폐기하고 경제정책 노선을 케인즈주의로 전환했다. 케인즈주의의 채택은 전간기에 노동당이 자유당을 대체하면서 자유당을 현대화했다는 증거였다. 19세기에 자유당과 보수당이 스미스와 리카도의 고전경제학에 합의했듯이 20세기에 노동당과 보수당은 마셜과 케인즈의 현대경제학에 합의한 셈인데, '런던 컨센서스'의 토대에 경제학이 있었다는 사실을 알 수 있는 대목이다.

그러나 노동당 좌파는 노선 전환에 반대하면서 오히려 국유화의 확대와 급진화를 주장했다. 바로 『역사적 마르크스주의: 이념과 운동』(공감, 2004)에서 비판한 바 있는 대안경제전략이었다. 대안경제전략은 유럽연합 가입에 반대하면서 민족경제의 경쟁력을 제고하기 위해 국가지주회사를 설립하는 동시에 국가지주회사를 통해 국유화의 대상을 성장산업 전체로 확대하자는 정책이었다. 나아가 대안경제전략을 관리하는 기구로서 노사정위원회도 제안되었다.

대안경제전략 자체의 결함과 더불어 또 다른 문제는 영국 노동당 좌파의 근거지가 문재인 정부 이후 민주노총과 마찬가지로 공공부문노동조합이었다는 데 있었다. 홉즈봄이 비판했듯이, 공공부문의 파업을 중심으로 하는 노동당 좌파의 전략은 '국민에게 끼칠 폐해'를 활용하여 '정부에 대한 압력'을 행사하는 것을 핵심으로 하는 것이었다. 달리 말해서 '폭력과 지대의 교환'이 목적이었다.

노동당 좌파의 전략은 자충수가 되었다. 폭력과 지대의 교환이 야기한 '폭력의 함정'(violence trap)은 영국이 '선진국에서 중진국으로 쇠퇴'하는 결과로 나타났다. 선진국으로서는 초유의 1976년 외환위기로 노동당 정부가 국제통화기금(IMF)에 사상 최대 규모인 39억달러의 구제금융을 신청하게 된 것이다. 그 결과 프랑스는 물론 이탈리아에게도 추월당했는 데도 불구하고 영국 좌파는 공공부문노동조합을 중심으로 1978-79년에 총파업을 불사했다. 그러나 총파업은 '불만의 겨울'을 거쳐 새처의 장기 집권으로 귀결되고 말았다.

새처 집권 이후의 영국자본주의는 미테랑 집권 이후의 프랑스자본주의를 추월할 수 있었다. 새처 내각이 신보수주의 내지 신자유주의적 개혁을 실행한 반면 국유화를 공동강령으로 하는 사회당-공산당 좌파연합의 후보로 집권에 성공한 미테랑 정부는 그럴 수 없었기 때문이다. 정작 미테랑 정부의 국유화 시도는 헌법재판소의 반대와 자본도피로 1-2년 만에 포기되었다. 또 다른 측면에서 미테랑의 집권은 프랑스 좌파의 '무덤'이었는데, 좌파 지식인이 정관계에 진출함으로써 대거 주류화되었기 때문이다.

'파시즘화 경향'의 정치관·역사관

사상의 자유에 대한 탄압

문화혁명에서 이론을 구호로 대체하는 반이론주의는 특히 지식인에 대한 탄압에서 '파시즘화 경향'(tendance fasciste, 발리바르)을 극명히 드러냈다. 비슷한 맥락에서 돌격대에게 체포되기 직전 투신자살을 선택한 오스트리아의 유다계 지식인 프리델(Egon Friedell)

은 파시즘을 '머슴(Hausknecht)에 의한 양반(Noblesse), 인애(仁愛), 교양, 이성의 박해'로 규정한 바 있다.

문재인 정부와 이재명의 민주당, 심지어 운동권 내에서도 '파시즘화 경향'이 발견된다고 할 때 하나의 명백한 증거는 사상의 자유를 탄압 내지 경시하는 것이다. 문재인 정부에서 통과된 이른바 '5·18 왜곡처벌특별법'(5·18민주화운동등에관한특별법 일부개정 법률)과 박유하 교수의 위안부 관련 논란이 대표적 사례다. 특히 박 교수 논란은 학문·예술·언론에서 나타나는 이견조차 처벌할 수 있다는 '뉴 노멀'을 보여준 사례로, 국제적 스캔들로 비화하기도 했다.

운동권이 오히려 사상의 자유를 억압하는 역설은 현실사회주의에서 자유·인권·법치 같은 자유주의적 가치를 부정했던 것에서 이미 확인된 바 있다. 1968년 프라하의 봄을 계기로 본격화한 소련 반체제운동의 핵심적 주장은 인권, 즉 영국 관습법에서 유래한 '신체의 자유에 대한 보호'(habeas corpus)와 '정신의 자유에 대한 보호'(habeas animam)였다. 양자를 상징한 것이 '개인의 생명과 자유와 안전에 대한 권리'와 '사상의 자유', 즉 '양심과 표현의 자유'에 대한 권리였다.

1970-80년대 남한 재야운동도 인권침해에 항의하면서 법치를 요구했다는 점에서 소련 반체제운동의 지향과 동일했다. 재야운동의 대표적 인물이 바로 전태일 열사의 전기 작가이자 1988년 민변의 설립을 주도한 조영래 변호사였다. 인권과 법치를 통칭한 것이 민주화이므로 반체제운동 내지 재야운동(dissident movement)을 민주화운동(democratic movement)이라고 부르기도 했다. 그러므로 김대중-노무현-문재인 정부 아래에서 민변이 정치화되면서 오늘 법비의 소굴이 된 것은 통탄할 만한 일이다.

이재명의 민주당이 현실화되는 과정에서 급부상한 '개딸'(개혁의 딸) 현상을 두고 많은 이들이 '홍위병'을 연상했는데, 일리가 있었다. 다만 주로 인터넷 공간에 서식한다는 점에서 문화혁명의 홍위병보다는 1990년대 중반에 출현한 네티즌(網民)인 애국주의 '분노청년'에 가까운 것 같다. 중국의 대표적 자유주의 지식인인 리쩌허우는 분노

청년이 애국을 빌미로 욕설을 퍼붓는 폭민(暴民)이라는 의미에서 국수주의(國粹主義, chauvinism)와 민수주의(民粹主義, populism)가 결합한 파시즘이라고 비판하기도 했다. 리쩌허우와 분노청년에 대해서는 『세미나 (Ⅲ)』을 참고할 수 있다.

운동권에서 사상의 자유에 대한 옹호가 불철저하거나 심지어 모순적이라는 사실은 국가보안법 비판의 관점에서도 재확인된다. 사상의 자유, 즉 양심과 표현의 자유에 대한 옹호가 아니라 북한 체제, 심지어 김정은 위원장의 3대세습까지 옹호하는 관점으로 변질되었기 때문이다. 하기야 북한은 '오물풍선' 살포조차 '표현의 자유'라고 강변했을 정도다. 관련해서 『문재인 정부 비판』을 참고할 수 있다.

국가보안법 관련 사건에서 운동권이 즐겨 인용하는 「그들이 처음에 왔을 때…」(Zuerst kamen sie…)라는 시는 히틀러 치하에서 본회퍼와 함께 고백교회의 지도자였던 니묄러 목사가 종전 직후에 발표한 것이다. 파시즘을 고발한 시가 민주당에서는 이재명 대표를 변호하는 용도로 활용되기도 했는데, 곧 살펴볼 민주당의 '분열증적 파시스트' 기질을 보여주는 사례일 것이다. 니묄러 목사의 시에 대한 자세한 설명은 「'대선 불복 2년동란'」을 참고할 수 있다.

'분열증적 파시즘'과 '전복적 선전·선동'

촛불혁명에서 범람한 각종 가짜뉴스나 데마고기의 특징은 우리 사회의 비극을 정치적 목적으로 활용하고 특히 여성성을 공격한다는 데 있었다. '무책임한 권력을 행사하는' 황색 저널리즘을 넘어 가히 흑색선전·선동이 판치는 블랙 저널리즘의 세상이 되었다고 하겠다. 이런 가짜뉴스나 데마고기는 바이마르공화국 말기를 방불케 하는 일종의 '저강도 내란상태'를 낳고 있다.

『세미나 (Ⅱ)』에서는 가짜뉴스 내지 데마고기의 원천으로서 '프레임'(frame) 내지 '담화모형'(narrative framework/framing)에 주목한 바 있다. 무엇보다도 문재인 정부가 검찰이라는 '악당'을 처단하는

'영웅'을 자처했기 때문이다. 급기야 이재명의 민주당과 운동권은 윤석열 정부를 '검찰파쇼' 내지 '검찰독재', 나아가 '헌정 유린, 법치 파괴' 세력이라고 규정하기에 이르렀는데, 단지 적반하장(賊反荷杖)이라는 비유로 그칠 문제가 아니다. 파시즘 내지 전체주의의 위험성을 환기하기 때문이다.

러시아 푸틴 대통령의 이데올로그인 두긴은 우크라이나 국민과 젤렌스키 대통령을 파시스트라고 불렀다. 국내에서도 일부 반한미일·친북중러 성향의 운동권이 이런 주장에 동조하면서 러시아를 지지했다. 최근 미국 대학가에서 유행하듯이 이스라엘을 파시즘으로 규정한 것도 유사한 사례다. 이스라엘이 파시즘이라는 프레임 내지 선전·선동은 꽤 긴 역사가 있는데, 과거 아랍민족주의에 대한 지원에서 주도적인 역할을 담당했던 동독이 그 원조였다.

스나이더는 파시스트가 민주정을 자처하면서 민주정을 파시즘이라고 선전·선동하는 것을 '전복적(undermining) 선전·선동'으로, 또 그런 선전·선동, 즉 프레임을 지속적으로 반복함으로써 '진실'을 호도하는 '가짜 민주정'을 '분열증적 파시즘'(schizofascism)으로 개념화한 바 있다. 이런 전복적 선전·선동의 궁극적 문제점은 인민의 지지를 얻어 인민을 희생시킨다는 데 있다. 그래서 그가 이런 무책임한 선동가들을 '가학성 인민주의자'(sadopopulist)라고 부른 것이다. 자세한 설명은 「"대선 불복 2년동란"」을 참고하기 바란다.

그런데 인민이 전복적 선전·선동과 분열증적 파시즘의 일방적인 희생자는 아니다. '정치에서 속았다는 변명은 통하지 않는다'(코와코프스키)는 말도 있는데, 인민주의자에게 이용당하는 대중의 '쉽게 믿고 쉽게 속는 성향'(輕信, credulity, 투르게네프)이 잔혹과 결합할 수도 있기 때문이다. '나라의 흥망은 필부에게도 책임이 있다'(天下興亡, 匹夫有責, 고염무).

현실과 진실 대신 포스트모던한 대안현실(alternative reality)과 탈진실(post-truth)이 맹위를 떨치게 된 것은 정론을 포기한 '한경오'와 문화방송(MBC), 나아가 각종 유튜브방송이 탈진실의 정치를 통해 파시즘을 지향한 탓이기도 하다. 또한 국민 다수의 여론을 형성하는 공익에 봉사하려는 정론 저널리즘이 아니라 특정 정파, 심지어 특정 정치인을 옹호하는 사익에 봉사하려는 정파 저널리즘이 디지털 저널리즘의 확산에 의해 가속화되고 있기 때문이다.

정파 저널리즘 내지 디지털 저널리즘은 언론의 사명인 사실 확인 대신 '주장'이나 '지지' 내지 '확증'을 제공한다. 게다가 이들에 의한 가짜뉴스(fake news)는 단순히 잘못된 정보(誤報, misinformation)가 아니라 조작된 오보(misleading information)로서 역정보(逆情報, disinformation)를 의미한다. 이 때문에 단순한 사실의 확인이 아니라 진실의 확인이 필요하다. 탈진실, 즉 '진실 다음에 파시즘이 온다'(post-truth is pre-fascism)는 말을 명심해야 한다.

오늘 인민주의자 내지 파시스트의 전략에서 점차 억압과 이데올로기의 비중이 하락했다는 사실에도 주목해야 한다. 과거의 물리적 억압 대신 이른바 '좌표 찍기'를 통한 '괴롭히기'가, 그리고 과거의 이데올로기적 세뇌 대신 이른바 '창피주기'와 소셜미디어를 통한 프레임과 가짜뉴스가 그들의 새로운 전략이 되었기 때문이다. 과거와 구별되는 파시즘의 새로운 특징이 파시즘을 식별하고 그것에 대항하는 것을 어렵게 만드는 요인이라는 점에 주의해야 한다.

가짜뉴스와 데마고기의 활용이라는 측면에서 히틀러는 인류역사상 최악의 '천재'였다. 『세미나 (I)』에서 지적했듯이, 그는 『나의 투쟁』(1925)에서 데마고기의 본질을 정확하게 설명하고 있다. 한 구절만 다시 인용하자면, '이 세상의 거대한 변혁을 추동하는 힘은 언제나 대중을 진정시키는 과학적 지식보다는 오히려 대중을 격발시키는 광신, 때때로 돌진시키는 히스테리에 있었다.' 니체처럼 말하자면, 하층민의 종교를 추동하는 힘은 바로 '원한'(resentment), 즉 분노와 복수로 귀결되는 증오의 감정에 있다는 것이었다.

역사의 아이러니는 히틀러가 이런 구상을 할 수 있었던 배경에 독일판 법비의 도움이 결정적이었다는 것이다. 「'대선 불복 2년동란'」에서 자세히 설명했듯이, 히틀러는 1923년 뮌헨 쿠데타의 실패에도 불구하고 수감 1년여 만에 바이에른 주대법원의 특사로 석방되면서 『나의 투쟁』에서 제시한 '합법적' 집권 구상을 실현할 수 있었다.

법치의 파괴와 '경찰독재'

나치의 집권은 '법률가 없이 법치를 파괴할 수는 없다'(스나이더)는 역설을 생생히 증명한 사례였다. 히틀러를 방면한 일개 법원과 판사의 '결단'뿐만 아니라 판검사·변호사·법학자를 포괄하는 나치법률가동맹이 조직되어 나치의 약진에 크게 기여했던 것이다. 히틀러는 검찰을 소외시키고 법원과 경찰을 중심으로 사법부를 재편했는데, 이 점에서는 스탈린도 대동소이했다. 그래서 파시즘과 스탈린주의의 제도적 친화성에 초점을 맞추는 전체주의론은 사법부에서 검찰의 소외, 나아가 법원에 대한 경찰의 지배에 주목한다.

이런 맥락에서 우리는 '문재명 정부'의 검찰개혁이 오히려 전체주의적 '경찰독재'를 지향하는 것은 아닌가 하는 의문을 제기하게 된다. 문재명 정부의 법치는 '정치의 사법화'(judicialization of politics)보다 훨씬 더 심각한 '사법의 정치화'(politicization of the judiciary)였고, 그런 목적을 달성하기 위한 수단 중 하나가 이른바 '검수완박'이었기 때문이다.

'문재명 정부'를 지지하는 운동권이 윤석열 정부를 '검찰독재' 내지 '검찰파쇼'로 프레이밍 하는 이유에는 윤 정부를 박정희·전두환의 군부독재, 나아가 파시즘과 유비하려는 의도가 숨겨져 있다. 그러나 검찰은 군부나 경찰 같은 무관이 아니라 판사와 함께 문관인데다가 군부독재 시절의 사법제도는 검찰이 아니라 경찰이 주도했다. 게다가 군부독재와 파시즘 사이에는 엄연한 차이가 있는데, 후자는 군부가 아닌 경찰에 의존했다는 점에서 전자와 결정적인 차이가 있었다. 등소평 이후 중국의 권력 기반 역시 공안이라고 불리는 경찰인데, 문재인 정부의 검찰개혁에서 중국 공안이 하나의 모델로 검토되었던 것은 공공연한 비밀이다.

히틀러는 나치법률가동맹의 조력을 받긴 했지만 사실 법과 법조인을 경멸했고, 법치의 핵심 요소인 법의 합리성·예측가능성·완전성 등을 전면적으로 공격했다. 파시즘은 독일의 법학자 라드브루흐가 말한 '합법적 불법'(gesetzliches Unrecht) 상태를 넘어서 숫제 '무법상태'(lawlessness)라고 할 수 있었다. 정치범을 위한 '인민재판소'(Volksgerichtshof, People's Court)에서 상영한 단심제 '연극재판'(Schauprozess, show trial)이 단적인 사례로, 이것은 스탈린이 정적을 숙청하기 위해 모스크바에서 상연한 연극재판과 동일했다.

인민재판소의 수장으로서 히틀러의 졸개를 자처한 자가 바로 프라이슬러였다. 판사는 물론 검사 역할까지 도맡은 프라이슬러의 별명은 '피의 판사'(Blutrichter)로, 그가 숭배한 인물은 동시대 소련에서 '스탈린의 법률가'로 맹위를 떨친 비신스키였다. 1939년경에 이르러 인민재판은 나치 친위대 및 게슈타포의 수장이었던 힘러가 지배하게 되었는데, 소련에서도 1938년경에 이르러 '스탈린의 힘러'라 불렸던 베리야가 대숙청을 진두지휘하게 되었다. 푸틴이 숭배하는 러시아혁명기의 기독교 파시스트 일리인은 이러한 파시즘의 무법상태를 찬양한 바 있다.

이처럼 법을 무시하는 파시스트의 행동과 범죄자의 행동은 사실 구별이 어려운데, 이재명 대표와 조국 대표가 그런 사례다. 대선 불복 과정에서 이 대표와 조 대표가 보여준 법의 무시 내지 법치의 파괴는 가히 무법상태를 방불케 했다. 현실의 법정에서 유죄가 선고되자 '양심의 법정'이나 '역사의 법정'에서 무죄라고 강변하면서 '법정모독'을 자행한 이 두 인민주의자의 행태는 우리 사회가 파시즘에 한 걸음 더 가까이 다가갔다는 생생한 증거이다. 과거 군부독재에 의해 훼손된 법치가 인민주의자들에 의해 훼손되었다는 사실을 확인할 수 있는 것이다. 자유민주주의적 법치를 부정하고 파괴하는 것도 프로토파시즘으로서 인민주의와 파시즘의 전형적 특징인 것이다.

민주당의 '법률가동맹'으로 전락한 민변과 그 주변의 폴리페서(polifessor)는 차치하더라도, 노동자운동이 이런 인민주의자들의 검찰독재 내지 검찰파쇼 프레임에 동조하여 부화뇌동한 것은 두고두고 반성해야 할 일이다. 역시 법과 법치, 나아가 도덕에 관한 우리 세대 운동권의 맹목 때문이었는데, 자세한 내용은 『문재인 정부 비판』과 『재론 문재인 정부 비판』을 참고할 수 있다. 여기서는 앞서 언급한 '폭력과 지대의 교환'이라는 관점에서, 노동자운동이 경제투쟁에서 '폭력'을 일상화하고 있다는 점을 반성해 보겠다.

와인개스트를 비롯한 정치경제론자들이 국가의 기능 중에서 사법과 관련된 기능, 한 마디로 국내 '평화'를 유지하는 기능에 주목하는 것은 '폭력의 함정'이라는 위험 때문이다. 후진국은 '빈곤의 함정'(poverty trap)을 벗어나더라도 '중진국 함정'(middle-income trap)에 빠질 수 있는데, 이 중진국 함정을 초래하는 것이 바로 '폭력과 지대의 교환'이다.

중진국은 폭력의 잠재성을 가진 집단에게 독점적 권리, 달리 말해서 신분화된 권리로서 '지대'(rent)를 허용함으로써 잠재적으로 폭력적인 집단을 순치하여 평화를 유지한다. 그런데 중진국이 후진국으로 전락하지 않기 위한 필요악으로서 폭력과 지대의 교환은 동시에 중진국이 선진국으로 진입하는 데 결정적 장애가 된다. 따라서 '정의', 달리 말해서 법치는 사회의 유지는 물론 사회의 발전을 위한 필수적 기초가 된다.

착취의 모순과 이데올로기적 반역의 해후로서 혁명, 즉 구체제의 변혁과정에서 실정법의 위반은 불가피할지도 모른다. 하지만 현체제 내에서 신분화된 권리로서 지대를 보장받기 위한 경제투쟁에서 폭력을 일상화하는 것은 폭력과 지대의 교환을 영속화하는 것에 불과하다. 폭력을 행사하지 않는 한 지대를 얻을 수 없음을 스스로 인정하는 셈이기 때문이다.

이런 관점에서 앞서 제기한 운동권과 불량배의 혼효라는 문제를 재조명할 수 있다. 반체제운동에 복무하는 활동가조직은 기존 체제를 전복하려는 혁명조직인데, 국가의 입장에서는 반국가조직일 수밖에 없다. 즉, '불법조직'인데, 이 점에서는 불량배조직과 매한가지라고 할 수 있다. 그런데 활동가가 합법과 불법의 구별에 무감한 채 선과 악의 구별조차 무시하고 오로지 피아의 구별에만 몰두한다면, 국가의 입장에서가 아니더라도 활동가조직과 불량배조직의 구별은 모호해질 수밖에 없다. 그리고 이런 모호성은 인민주의와 파시즘이 공유하는 종교전쟁식 정치관으로 이어질 공산이 크다.

종교전쟁식 정치관

만일 피아 구별만이 쟁점이 된다면 계급투쟁을 '인민전쟁', 심지어 '종교전쟁'으로 이해하는 것도 얼마든지 정당화될 것이다. 한국에서 종교전쟁적 정치관의 조짐은 촛불혁명의 이른바 '적폐청산' 과정에서 일찌감치 예고된 바 있다. '촛불시민'의 박근혜 대통령과 최순실 일가에 대한 태도와 문재인 대통령과 조국 일가에 대한 태도가 극명한 대조를 이룬 것이 단적인 사례다.

이것은 촛불혁명에 동참한 전향·비전향 운동권이 '페어플레이' 대신에 노신이 말한 '당동벌이'(黨同伐異, 옳고 그름을 떠나서 같은 패거리는 돕고 다른 패거리는 친다)를 정치의 원칙으로 채택했다는 방증이었다. 적폐청산 과정에서 '물에 빠진 개를 힘껏 두들겨 패자'(痛打落水狗)면서 '너 죽고 나 살자'(你死我活), 심지어 '너 죽고 나도 죽자'(予及汝偕亡)라는 극단의 정치를 실천했던 셈이다. 촛불혁명에서 정사(正邪) 내지 시비(是非)가 아니라 애증(愛憎) 내지 호오(好惡)를 기준으로 삼아 악의적인 비방과 조소가 난무한 것도 이런 사정을 반영한 현상이었다. 촛불혁명은 이른바 '기득권'에 대해 물리적으로만 비폭력적이었을 뿐 상징적으로는 무수한 폭력을 가했던 것이다.

종교전쟁적 정치관은 한 마디로 '진영의 논리'라고 할 수 있다. 피아 구별을 통해서 상대방의 배제와 절멸을 정당화하고, 이런 과정에서 일체의 '혁명적 행위'가 초래하는 정치적 위험을 필요악으로 감수해야 한다는 논리인 것이다. 이처럼 '목적이 수단을 정당화한다'는 식의 종교전쟁식 정치관은 프랑스혁명기의 자코뱅에서 유래한 것으로 나치의 계관법학자 슈미트에 의해 개념화되었다.

슈미트는 정치에서 선악의 구별은 무의미하다는 논리로 나치를 정당화했다. 그에 따르면 도덕과 정치는 엄연히 구별되는데, 전자의 핵심이 선악의 구별에 있다면 후자의 핵심은 적군과 우군의 구별에 있다. '선인이 적군일 수 있고, 악인이 우군일 수 있다'는 그의 논변은 우리 편이기만 하면 '어떤 불량배짓이더라도 혁명적 행위로 간주되었다'는 문화혁명기 풍속과 세태를 선취했던 셈이다.

우리 정치권과 운동권에서 이런 종교전쟁식 정치관은 무엇보다도 인민주의자와 민족해방파가 공유하는 반일 민족주의에서 발견된다. 이들의 반일 민족주의는 파시즘처럼 적대민족을 설정한다는 점에서 적대인민이나 적대계급을 설정한 자코뱅이나 스탈린주의보다 한층 위험하다. 이들이 '피해자 심성' 내지 '피해자중심주의'의 관점에서 '역사적 원한'을 동원한다는 점에서 그 위험성은 배가될 수 있다. 이런 종교전쟁식 정치관은 '적의 적은 친구'라는 논리로도 이어져 반한미일·친북중러 노선을 합리화하기도 한다. 그러나 2000년대 이후 서아시아(중동)에서 전개된 유다민족주의와 범이슬람주의의 투쟁이 그렇듯이 종교전쟁적 정치관의 귀결은 공멸일 가능성이 크다.

미국에서도 트럼프라는 희대의 인민주의자 때문에 정치적 극단주의 내지 국내테러리즘이라는 새로운 위험이 제기되었다는 사실을 환기할 필요가 있다. 2020년 미국 대선에서 바이든 후보가 당선되자 결과에 불복한 트럼프 대통령의 선동에 따라 그 지지자들이 의사당에 난입한 사상 초유의 사건이 발생했던 것이다. 그래서 자유주의자 오바마 전 대통령은 '상대를 적으로 간주하는' '이기주의, 부족주의, 분열주의'로서 인민주의를 타파하자고 제안하기도 했다.

종말론적 지도자 숭배

촛불혁명의 열광/열정을 상징한 장면 중 하나는 '깨시민'(깨어있는 시민)을 자처하던 공지영 작가가 이른바 '조국 사태' 와중에 '문프

[문재인 대통령]께 모든 권리를 양도해 드린' 것이었다. 방금 말한 당동벌이(黨同伐異)와 함께 '영도자가 우리 대신 생각한다!'(Der Führer denkt für uns!)는 나치의 구호가 떠오른 것은 당연했다. 인민주의와 나치즘에서 영도자와 개인의 무비판적 동일화는 감정의 감염 내지 이입(empathy/Einfühlung)의 결과라 할 수 있다. 반면 자유주의와 마르크스주의에 적합한 감정은 공감(sympathy/Mitgefühl)인데, 이런 맥락에서 브레히트는 '소격/거리두기'(Verfremdung)를 주창하기도 했다.

문재인 대통령보다 한층 열광적인 지지층을 보유한 이재명 대표와 관련해서는 더욱 황당한 사례가 속출했다. 민주당의 송영길 전 대표가 '릴레이 이재명 바로알기 캠페인'을 제안했다가 정의당으로부터 '낯 뜨거운 개인숭배'라는 비판을 자초한 것이 대표적 사례다. 한총련 세대라면 1997년의 '강위원 의장님 따라 배우기 운동'을 충분히 연상할 수 있는 에피소드였다. 이후로도 이재명 대표의 개인숭배는 그칠 줄 몰랐는데, 4·10총선에서 갖은 막말 논란에도 불구하고 당선된 한신대 김준혁 교수가 이재명 대표를 정조에 비유한 것이 비근한 사례였다. 김 교수가 의도한 바는 아닐지라도 이 대표를 정조에 비유한 데에는 일리가 없지 않았다.

정조는 군사(君師, 군주이자 스승)를 자임하면서 규장각에서 초계문신(抄啓文臣)을 육성했는데, 말하자면 스탈린이 '경애하는 지도자 겸 교사'로 불리거나 모택동이 '문무겸비의 영웅'을 자처한 것과 유사했다. 군사를 자처한 정조는 간군(奸君, 나라를 어지럽히는 임금)일 따름이었는데, 왕권을 최대화하고 신권을 최소화함으로써 외척의 세도와 조선의 망국을 예비했기 때문이다. 관련한 설명은 『세미나 (I) (III)』을 참고할 수 있다.

예시는 이 정도에서 그치고, 촛불혁명의 주요한 '이론적 원천'인 백낙청 교수에게 주목해 보겠다. 백 교수는 대선 불복과 제2의 촛불혁명을 선동하면서 동학의 후예인 원불교의 후천개벽사상을 설파했다. 후천개벽사상은 '새로운 시대를 열기 위한 동란'이므로 종말론의 일종인데, 종말론은 역사의 종언에 선행하거나 동행하는 사건에 의해 역사가 중단되면서 영원이 도래한다는 역사관을 말한다.

백 교수가 후천개벽으로서 제2의 촛불혁명을 통해 새로운 시대로서 '민중 주도의 민주정부'를 주창한 것은 이재명 대표를 일종의 구세주인 영도자로 간주했음을 함의한다. 1차 세계전쟁의 패배와 대불황이라는 정세에서 '민족주의적 원한'과 분별력 없고 시빌리티 없는 극단주의에 경도된 독일 인민이 마침내 도래한 영도자로서 총통이 지배하는 공동체(Gemeinschaft)에 예속되면서 독재정이 시작된 것처럼 말이다.

정치지도자에 대한 종말론적 개인숭배는 일종의 '정치종교'의 출현으로 이해되어야 한다. 이 점에서도 역시 파시즘과 스탈린주의는 공통적인데, 히틀러와 스탈린이라는 지도자에 의한 인민의 구원, 즉 자력이 아닌 타력에 의한 해방을 상정하기 때문이다. 이는 곧 파시즘과 스탈린주의가 유다교적-기독교적 종말론의 세속화된 판본일 수도 있음을 시사한다. 반대로 진정한 마르크스주의적 전통은 일체의 개인숭배를 비판한다. 가령 레닌은 자신을 천재 또는 영웅으로 숭배하는 것을 엄중히 비판한 바 있다.

그러나 불행하게도 우리 운동권에 친숙한 것은 주체사상의 핵심으로서 수령론이다. 민족해방파는 단순히 주체사상을 수용한 것을 넘어서 수령론을 대중운동의 일반적 원리로 승격시키기도 했다. 그러나 북한에서 사회주의가 주체사상의 정립 이후 3대 세습을 통해 절대군주정으로 타락하는 과정, 나아가 절대군주정의 안전보장을 위해 핵무장을 강행하는 과정을 볼 때, '지도자'(leader)는 문명적인 반면 '수령'(head)은 야만적이라는 레닌의 통찰은 부정할 수 없는 진실일 수밖에 없다.

『세미나 (II)』에서 설명했듯이 북한사회주의가 타락하게 된 발단은 '바보' 김일성 주석이 '이론가' 박헌영 선생을 숙청한 사건이었다. 김 주석이 박 선생과 남로당 등 국내파를 숙청한 다음에 그에 미달하는 연안파와 소련파, 나아가 갑산파를 숙청하는 것은 그리 어렵지 않은 일이었다. 그 결과 김 주석은 스탈린을 능가하는 개인숭배를 통해 부자세습에 성공할 수 있었다. 달리 말해서 김 주석의 대숙청과 개인숭배는 스탈린주의의 극단적 사례에 불과했다.

북한의 사회주의건설과 관련하여 극단화된 스탈린주의로서 김일성주의 내지 주체사상이라는 개념은 북한의 농업집단화와 중화학공업화가 소련보다 훨씬 더 철저했다는 사실로도 설명된다. 농업집단화와 중화학공업화의 경제적 결과도 상이했는데, 소련은 '중진국 함정'에 빠진 반면 북한은 '빈곤의 함정'에 빠졌던 것이다. 나아가 과도한 농업집단화와 중화학공업화는 북한이 탈냉전의 '게임의 규칙'에 적응하는 것도 방해했는데, 중국이나 베트남처럼 개혁·개방을 통한 체제 전환을 가로막는 핵심 요인이었기 때문이다.

김일성주의의 반경제학도 극단화된 스탈린주의라는 설명에 부합하는 것이다. 스탈린주의에서는 '변유'(diamat, 변증법적 유물론)에서 '사유'(histomat, 역사유물론)가, 사유에서 경제학이 도출되는 반면 주체사상에서는 변유의 폐기에서 출발해서 사유와 경제학도 폐기된다. 비록 스탈린주의가 철학에 의한 경제학의 조작(manipulation)을 시도했다고 하지만 어쨌든 경제학을 중시한 반면, 극단화된 스탈린주의로서 김일성주의는 경제학을 철저히 무시했다고 할 수 있다. 요컨대 주체사상, 즉 주체철학은 '사회주의 생산양식론'으로서 스탈린의 경제학마저 폐기했던 것이다.

히틀러의 패망과 스탈린·모택동의 사망은 지도자 개인을 '인민의 천재'로 추앙하는 '천재숭배' 내지 '천재종교'가 쇠퇴하는 계기가 되었다. 그러나 '인민의 천재'에 대해 열광/열정을 투사하는 숭배자는 언제나 존재하기 마련인데, 최근 들어 푸틴 대통령과 시진핑 주석이 스탈린과 모택동을 복권시키는 중이라는 사정도 함께 고려하지 않을 수 없다.

좀 더 시야를 넓혀 보면, 2012-13년 이후 민주정을 대체하는 '강자(strongman)의 정치'가 이미 곳곳에서 출현했음을 알 수 있다. 이때 강자는 '의지와 성격의 힘'이나 '무력'으로 지도하는 자, 즉 파시즘이나 군국주의의 지도자라는 의미이다. 세계화의 와중에 경쟁에서 탈락한 개인이 자발적으로 카리스마적 지도자에 예속되면서 권위독재정이 부활하는 과정으로도 이해할 수 있다. 자유민주정에 도전하는 권위독재정은 결국 '힘이 법이다'(Might is right, 힘이 시비(是非, 옳고 그름)를 판단한다)라는 강자의 지배를 의미한다. 이상의 논의는 『세미나(I)(III)』을 참고하기 바란다.

한편 원불교도인 백낙청 교수 외에도 민중신학을 주장하는 일부 기독교계가 윤석열 정부에 반대하면서 이재명 대표를 지지하기도 했다. 종교가 일종의 경세학을 자임한 셈이었다. 과거 재야운동의 지도자였던 안병무 교수가 제창한 민중신학은 본질적으로 인민주의적이었다. 민중신학에서 마르크스주의적 경향이 강화되자 안 교수는 민중신학의 핵심이 민중이 아니라 신학이라고 주장하면서 민중신학의 반공주의적 본질을 천명한 바 있다. 안병무 교수에 대한 비판은 『세미나 (I)』을 참고할 수 있다.

반면 베네딕토 16세와 성철 스님이 갈파했듯이, 종교는 경세학이 아니다. 종교는 종교일 따름이다. 또 마르크스주의는 종말론이 아니다. 마르크스주의에서 역사는 사건이 아니라 구조나 체계와 관련되는 것으로, 공산주의로의 이행은 역사의 중단이 아니라 계속을 의미하기 때문이다. 또 구세주의 구원, 즉 타력에 의한 해방이 아니라 노동자의 자기해방, 즉 자력에 의한 해방을 지향하기 때문이다.

'반파시즘 국민전선'은 가능한가

혁명적 정세인가 반혁명적 정세인가

활동가들에게 최우선 과제는 현정세가 공산주의로 이행하는 혁명적 정세인지 아니면 파시즘으로 퇴행하는 반혁명적 정세인지를 판단하는 것이다. 애석하게도 많은 활동가가 이재명의 민주당과 그와 유착한 진보당이 '민주', '진보' 세력인 반면 윤석열 정부와 보수주의 세력이 '프로토파시즘'이라고 판단하는 듯하다. 그리고 민주·진보세력의 연합을 통한 제2의 촛불혁명이 민주화와 진보를 향한 결정적 일보라고 판단하는 듯하다.

그러나 파시즘은 보수주의가 아니라 인민주의에 뿌리를 둔다는 사실이 재차 강조될 필요가 있다. 히틀러도 스탈린이나 자코뱅처럼 모종의 '인민'(das Volk)을 이상화했다. 다만 스탈린의 인민은 노동자인 반면 히틀러의 인민은 '종족/민족'(ethnos)이라는 차이가 있었을 따름이다. 물론 둘은 자코뱅의 후예라는 점에서 공통점이 더 많았는데, 자코뱅의 '인민의 적'을 모방해서 각각 '계급의 적'과 '종족/민족의 적'을 설정한 것이 대표적이다.

과천연구실은 2022년 3·9대선에서 '반파시즘 인민전선'에 유비되는 '반파시즘 국민전선'의 형성을 기대한 바 있다. 이재명 대표가 당선된다면 문재인 정부라는 인민정이 이재명 정부라는 파시즘으로 한 걸음 더 퇴보할 것은 자명했기 때문이었다. 2024년 4·10총선의 구도와 쟁점도 '제2의 대선'이라는 말이 있을 정도로 크게 다르지 않았다. 그러나 결과에서 나타나듯이, 4·10총선은 대선 이후 2년간 지속된 '대선 불복'의 절정이었다.

민주노총과 진보당을 비롯한 운동권 주류가 이재명의 민주당과 일체가 된 것은 어찌 보면 당연한 일이었다. 민주노총은 문재인 정부에서 공공부문을 중심으로 조합원이 배증하여 제1노총이 될 수 있었던 데다가, 통합진보당 이석기 의원의 직계 후배인 양경수 위원장 역시 친북중러·반한미일 성향이기 때문이다. 정의당이 20년 만에 원외정당으로 전락한 대신 이석기 의원의 통합진보당을 계승한 진보당이 다시 원내정당으로 복귀한 것도 운동권 내 역학관계의 변화를 보여주었다. 대선 불복의 과정에서 친북중러·반한미일 성향의 운동권이 득세하게 된 것이다.

현재 운동권의 정세 인식을 평가하기 위한 핵심적 기준은 러시아의 우크라이나 침공 이후 국제정세에 관한 입장이다. 국제적으로 좌파 안에서 3분 구도가 형성되었는데, 러시아를 악으로 간주하는 반면 미국을 선으로 간주하는 반파시즘론, 러시아와 미국을 모두 악으로 간주하는 반제국주의론, 러시아를 선으로 간주하는 반면 미국을 악으로 간주하는 반미론이 그것이다.

민족해방파는 전형적인 반미론을 주장했다. 진보당은 우크라이나 전쟁이 나토(NATO, 북대서양조약기구)의 동진 전략이 낳은 참사라며 미국의 '반러·반중 정책'을 비난하는 데 방점을 찍었다. 그러나 이런 논리대로라면 우크라이나뿐만 아니라 나토에 가입한 러시아의 인접국 핀란드와 스웨덴도 침공당해야 마땅할 것이다. 또 진보당은 우크라이나에 대한 무기 지원에 반대했는데, 그렇다면 우크라이나 사태의 해법은 결국 항복일 따름이다. 나아가 진보당은 '가치동맹'이 아니라 '실리외교'를 대안으로 제시했는데, 결국 남한이 미국과 일본이 아닌 북한과 중국·러시아와 공조해야 한다는 주장이었다.28)

그러나 북중러의 군사적 도발이 세계적·지역적 질서를 파괴·위협하는 상황에서 한미일 공조를 반대하는 것은 러시아에 이은 중국과 북한의 오판 가능성만 키울 따름이다. 다시 말하지만, 현재는 사회주의와 자본주의가 대결하는 것이 아니라 권위주의 내지 독재주의와 자유주의가 대결하는 형세다. 요컨대 강대국이 약소국을 침략하는 것이 정당한가, 인류 절멸을 초래할 불량국가의 핵위협이 정당한가라는 관점에서 국제정세를 판단해야 한다. 향후 북한의 도발에 대비해서 남한이 억지력으로서 자위력과 제휴국/동맹국을 갖춘 대만의 길을 걸을 것인지 아니면 둘 다 결여된 우크라이나의 길을 걸을 것인지 판단하려면 말이다.

노동당(과거의 노동자의힘)과 노동자연대(과거의 다함께) 등 트로츠키주의적 성향의 구좌파는 미국이나 유럽연합도 러시아와 마찬가지로 제국주의이고 우크라이나는 괴뢰일 따름이라는 반제국주의 양비론을 주장했다. 관련해서 국제사회주의경향(IST)의 기함조직인

---

28) 진보당, 「2023년 진보당 정책당대회 선언문」, 2023. 9. 9.

영국사회주의노동당(SWP)의 캘리니코스는 한국전쟁이 '제국주의의 대리전'이라는 클리프의 독단적 주장에 따라 우크라이나의 항전도 '제국주의의 대리전'으로 폄훼했다.

그러나 한국전쟁은 베트남전쟁과 마찬가지로 전형적인 민족해방전쟁이었고, 우크라이나의 항전도 '민족해방전쟁'이다. 다만 한국전쟁과 달리 우크라이나가 러시아를 먼저 공격하지 않았다는 점에서 민족'방어'전쟁이라고 할 수도 있겠다. 이들이 우크라이나 전쟁의 성격을 오해하고 대응 방향을 오도한 것은 푸틴 러시아의 사회성격과 한국사회성격 논쟁에 무지하기 때문이다.

반혁명의 기운이 고양되는 정세에서 마르크스주의는 파시즘을 저지하기 위해 자유주의와 제휴해야 한다. 개인의 자유, 즉 국가·학교·가족 같은 전체에 우선하는 개인의 자유가 자유주의와 공산주의가 공유해야 할 핵심 가치가 되어야 하기 때문이다. 소련 사회주의가 경제의 침체와 동시에 정체의 해체를 맞이한 것은 그 이념이 자유주의/개인주의를 지양한 것이 아니라 그것에 미달했기 때문이었다.

『세미나 (III)』에서 강조했듯이, 마르크스가 말하는 공산주의는 자유주의/개인주의에 대한 단순한 반대나 거부가 아니라 자유주의/개인주의를 한층 더 발전시킴으로써 지양하자는 것이다. 자유주의/개인주의는 '좋은 것'(good)이므로 우리에게 요구되는 것은 그것을 지양하는 '더 좋은 것'(better)이지 그것에 미달하는 '나쁜 것'(bad)이나 '더 나쁜 것'(worse)은 아니라는 것이다.

디미트로프가 강조한 것처럼, 일정에 오른 것은 더 이상 혁명적 투쟁이 아니라 반혁명에 대한 투쟁이다. 대불황과 파시즘, 세계전쟁이 예상되는 '임박한 파국'(레닌)에서 1세기 전 반파시즘 인민전선의 이론과 실천을 되돌아보게 된다. 다만 서두에서 전제했다시피 아래의 제안은 전망적이 아니라 회고적이다. 특히 남한에서 마르크스주의는 소멸했거나 인민주의와 혼동되고 자유주의는 취약하거나 부재한 반면 보수주의는 반동적이기 때문이다. 그리고 프로토파시즘으로서 인민주의의 대중적 토대가 공고하기 때문이다.

반파시즘 인민전선

현정세에서 통일전선 내지 인민전선 전술을 둘러싼 운동권의 결정적 오판은 보수주의에 대항하기 위해 인민주의와 제휴한다는 데 있다. 보수주의적인 윤석열 정부에 대항하기 위해 인민주의적-프로토파시즘적인 이재명의 민주당과 연대한 것이 패착이라는 것이다.

이런 오류는 마르크스주의의 역사에서 통일전선·인민전선의 이론과 실천에 대한 운동권 다수의 오해에서 기인한다. 결론부터 말하자면, 레닌의 통일전선은 자유주의 세력과 제휴한다는 데 핵심이 있었다. 나아가 디미트로프의 인민전선은 파시즘의 부상에 맞서 자유주의 세력은 물론 보수주의 세력과도 제휴한다는 데 핵심이 있었다.

우선 레닌이 코민테른 3차대회(1921)에서 사민당을 비롯한 개량주의자와의 협력이라는 문제를 제기하면서 통일전선에 대한 반대를 '좌익주의자의 멍청한 짓'이라고 비판했다는 사실에 주목할 수 있다. 1920년 이후 독일혁명이 퇴조하자 레닌은 국내적으로는 신경제정책(NEP)을 핵심으로 하는 일국사회주의 건설을 본격화하는 동시에 국제적으로는 통일전선론을 제기했다.

그러나 독일혁명이 실패로 귀결된 이후에 독일공산당은 오히려 사민당에 대한 적대로 일관하면서 급기야 사민주의와 파시즘이 동일하다는 이른바 '사회파시즘론'을 주장했다. 레닌 사후에 집권한 스탈린의 영향 아래에서 코민테른 6차대회(1928)는 반동부르주아지보다 오히려 자유부르주아지가 위험하다는 스탈린의 '주요타격방향' 개념을 응용하여 사회파시즘론을 제기했다.

반대로 코민테른 7차대회(1935)에서 디미트로프는 레닌이 제안했던 통일전선론을 프티부르주아지나 자유부르주아지와의 협력으로까지 확대한 인민전선론을 제안했다. 사실 인민전선론은 본질적으로 혁명의 고양기에는 제기될 수 없는 노선이었다. 달리 말하자면 파시즘이라는 거대한 반혁명이 진행 중이기 때문에 제기될 수 있는 노선이었다.

따라서 인민전선론의 합리적 핵심은 파시즘이라는 '폭력적 독재' 내지 '공포정치'에 맞서 자유민주정을 옹호해야 한다고 주장한 데 있었다. '프롤레타리아 독재 대 부르주아 민주주의'의 구도가 정세적 의미를 상실하고, 전자는 후자의 비판적 지양이므로 당면해서는 후자의 방어에 주력해야 한다는 것이었다. 스탈린의 주타방론이 반동 부르주아지보다 자유 부르주아지가 더 위험하다는 인식인 반면 인민전선론은 반동 부르주아지가 주적이고 자유 부르주아지는 제휴 가능한 세력이라는 인식이었다.

인민전선론을 실천한 대표적 사례는 1936년에 구성된 프랑스의 인민전선정부였다. 인민전선정부의 구성은 1933년에 독일에서 나치당이 집권한 후 1934년부터 프랑스에서 파시스트의 폭동에 대항한 노동자들의 총파업과 아래로부터의 통일전선이 형성되고, 국제적 차원에서는 코민테른의 노선 전환과 함께 소련의 외교·안보 정책이 작용하기 시작한 덕분이었다. 당시 트로츠키는 위로부터의 통일전선을 '인민에 대한 최악의 범죄적 배반'이라고 비판한 바 있는데, 그 추종자들은 인민주의자 내지 프로토파시스트인 이재명 대표를 비판적으로 지지하고 있는 것이다.

중국공산당의 국공합작도 프롤레타리아 국제주의에 입각하여 인민전선론을 창조적으로 실천한 사례였다. 국공합작은 프롤레타리아의 국제적 이익의 방어를 위해 '세계혁명'을 프롤레타리아 계급투쟁의 민족적 형태에 적합하게 '각국에서 재창조되어야 하는 혁명'으로 재해석한 결과였다. 중국공산당은 국공합작을 코민테른의 노선 전환 이전에 이미 실천했는데,『세미나 (I)』에서 말한 '마르크스주의의 중국화'의 또 다른 사례라고 할 수 있다.

인민전선론의 또 다른 합리적 핵심은 보수주의와도 연대했다는 데 있었다. 소련의 스탈린이 2차 세계전쟁 당시 미국 루즈벨트의 자유주의와 영국 처칠의 보수주의와 연합했던 것이 그 증거다. 물론 2차 세계전쟁 당시 파시즘과 군국주의에 대항했던 스탈린과 소련 인민의 이데올로기는 사회주의나 공산주의 그 자체라기보다는 애국주의적 성향이 강했지만 말이다.

어쨌든 중요한 점은, 2차 세계전쟁에서 독일 파시즘과 일본 군국주의를 패퇴시킬 수 있었던 것이 우선 처칠의 보수주의 덕분이었고 그다음으로 루즈벨트의 자유주의와 스탈린의 애국주의 덕분이었다는 것이다. 돕(Maurice Dobb)의 제자로서 케임브리지 첩보단의 핵심 인물이었던 필비(Kim Philby)는 스탈린 덕분에 독일 파시즘과 일본 군국주의를 패퇴시킬 수 있었다고 주장했지만 말이다.

영국의 보수주의에 미달하긴 했지만 독일의 보수주의도 나치즘에 저항했음을 잊지 말아야 한다.29) 영국의 보수주의자가 자유주의자와 합의하고 나치즘에 반대한 반면 독일의 보수주의자는 자유주의에 반대하면서 나치즘에도 반대했다. 대표적인 사례가 청년보수파의 반나치파를 대표한 융으로, 그는 히틀러의 집권 이후 나치즘이 자유와 법/권리를 부정한 것을 비판했다.

바르트, 본회퍼와 함께 고백교회를 지도한 니묄러 역시 반나치 청년보수파였다. 비록 실패로 귀결되기는 했지만 성공했을 경우 막대한 희생을 막을 수도 있었던 1944년의 7·20쿠데타를 기획했던 것도 프로이센과 바이에른의 귀족 출신이 주축이 된 보수주의적 장교단이었다. 보수주의자들도 나치에 맞서 '자유, 법/권리, 명예를 위해 전도유망한 인생을 바쳤다'는 사실을 확인할 수 있다.

인민전선은 장차 발생할지 모를 중국-대만과 남북한의 분쟁과 관

---

29) 바이마르공화국의 '보수혁명'(Konservative Revolution)의 결과로 탄생한 다양한 보수주의자들은 모두 종족으로서 '인민'(das Volk) 내지 '피와 땅'(Blut und Boden)을 중시했다는 공통점이 있다. 보수혁명가는 크게 청년보수파와 민족혁명파로 구별되었고, 또 청년보수파는 친나치파와 반나치파로 구별되었다. 청년보수파는 낭만주의자의 후예로서 바이마르공화국도 비판하고 제2제국도 비판했다. 그래서 제2제국의 노장보수파와 대비해서 이들을 청년보수파라고 불렀다. 청년보수파 중에는 '계관법학자' 슈미트와 '계관철학자' 하이데거와 같은 친나치파도 있었지만, 슈타우펜베르크와 융, 그리고 본회퍼와 니묄러 같은 반나치파도 있었다. 이들 반나치 청년보수파는 나치의 인민주의나 인종차별주의/반유다주의에 반대했다. 또 민족혁명파는 1차 세계전쟁 참전군인 출신으로서 청년층 행동파를 대표했다.

련해서도 중요한 함의가 있다. 중국에게(대만에게도?) '셰셰'(謝謝, 고맙습니다)하겠다는 이재명 대표와 유사하게 민족해방파가 말하는 '평화'란 실상 중국이나 북한의 위협에 대한 양보와 굴종, 심지어 항복에 의한 평화를 의미할 따름이다.

한편 민족해방파는 아니지만 부전(不戰) 평화를 요구하는 이른바 '완전한/절대적' 평화주의는 어떻게 봐야 할까. 1930년대에 '프랑스의 교사'로 불린 알랭(Alain, 에밀 샤르티에)의 평화주의 노선이 반면교사가 된다. 그는 1930년대 유럽에서 파시즘이 고조되던 정세에서 '아무런 유보도 없는' '완전한'(intégral) 평화를 요구했는데, 국제적으로 반파시즘 인민전선이 형성되고 국내에서 인민전선정부가 출범하면서 그의 주장은 기각되었다. 그가 말하는 평화주의가 파시즘에 대한 양보·굴종·항복, 나아가 반소주의로 악용될 수 있었기 때문이다. 레닌을 잘못 모방한 '파시즘적 패배주의'(défaitisme fasciste)는 혁명이 아니라 반혁명으로 귀결되었을 것이기 때문이다.

이런 식의 부전평화론을 견지한다면, 2차 세계전쟁도 히틀러의 책임이 아니라 처칠의 책임일 것이다. 처칠만 없었다면 2차 세계전쟁은 발발하지 않았고, 세계는 미국의 아메리카 먼로주의, 독일의 유럽 먼로주의 내지 '생활권'(Lebensraum), 일본의 아시아 먼로주의 내지 '대동아공영권'으로 3분할되었을 것이기 때문이다. 진정한 평화를 바라는 활동가라면 양보·굴종·항복에 의한 '평화'의 귀결이 무엇일지 진중하게 고려해야 한다.

영국과 프랑스의 유화정책이 오히려 히틀러의 오판과 도발을 낳고 이것이 2차 세계전쟁으로 귀결되었음을 상기해야 한다. 현재 미국과 유럽연합이 러시아에 양보한다면 우크라이나의 패전과 3차 세계전쟁으로의 확전이라는 '두 개의 악'(하버마스)이 현실화할 수 있다. 파시즘 대 반파시즘의 구도로 재편된 당면 국제정세에서는 우크라이나가 민족해방전쟁에서 승리하는 것이 결정적으로 중요하다. 파시즘의 위험을 과소평가하는 반제국주의적 양비론이 시대착오적이고 자족적이라면 파시즘을 지지하는 반미론은 반동적이다.

무법에서 법치와 헌정으로

현정세는 파시즘이라는 반혁명의 도래에 따라 자유민주정의 제도와 이데올로기가 붕괴하는 과정이기도 하다. 이런 상황에서 과천연구실이 '인권의 정치'의 맥락에서 소개한 '봉기와 구성'의 변증법은 어떻게 이해해야 할까. 일부 신세대 운동권의 포스트아나키즘적 해석대로 촛불혁명이라는 동란, 즉 '봉기'가 자유민주정이라는 헌정, 즉 '구성'에 대해 우위에 있다고 해석해야 할까.

구성과 봉기의 관계는 원칙으로서 일반화할 수 있는 것이 아니라 정세에 따라 판단해야 한다. 혁명기에는 구성에 대한 봉기의 우위, 즉 봉기에 의한 헌정 중단이 불가피하다. 반면 반혁명기에는 봉기에 대한 헌정의 우위가 요구되는 바, 봉기에 의한 헌정 중단은 반드시 막아야 한다. 지금 우리가 처한 상황에 비추어 보면, 촛불혁명이 공산주의로 이행하는 '긍정적 통과점'인지 아니면 파시즘으로 이행하는 '부정적 통과점'인지 판단해야 한다는 것이다.

이런 맥락에서 과천연구실은 이른바 '조국 사태' 당시에 자유주의적 '법의 지배'(rule of law)를 옹호하고 새삼 강조한 바 있다. 전향한 운동권이 '특권 부르주아지'로 타락하고 체제전환한 현실사회주의 국가가 권위독재정으로 변질된 상황에서 자유·법치·인권이 '전인류적/인류보편적 가치'(universal human value)라는 고르바초프의 반성을 긍정하지 않을 수 없었기 때문이다. 스미스처럼 말하면, 법과 정의(justice)는 사회 존립의 필수적 조건이기 때문이다.

나아가 법의 지배를 '헌정주의'(constitutionalism) 내지 '헌정의 원칙'(constitutional principle)과 관련하여 재조명하게 되었다. 국제적으로 북한·중국·러시아의 권위독재정이 전체주의의 위험을 현실화하고 국내적으로도 이재명의 민주당에 의한 민주정의 인민정으로의 타락 가능성, 파시즘화 경향이 농후해졌기 때문이다. 특히 입법부의 무능에 따른 '정치의 사법화', 즉 법조정(法曹政, juristocracy)

의 위험과 함께 사법부의 타락에 따른 '사법의 정치화'의 위험에 대응할 필요성이 커졌기 때문이다.

관련하여 바이마르공화국의 해체에 관한 브라허(Karl Bracher)의 기념비적 저술에 주목할 수 있다. 그에 따르면 바이마르공화국의 붕괴는 독일경제의 구조적 위기 이외에도 정체의 결함, 정치문화의 결함, 나아가 정치인의 개인적 결함이라는 여러 필요조건이 결합했기 때문에 가능했다. 비교하자면, 이재명이라는 결함투성이 정치인의 출현에도 불구하고 사법의 정치화 같은 제도의 결함이 없었다면 프로토파시즘으로서 인민주의의 위력은 감쇄했을 것이다.

따라서 '헌정의 기저에 있는 두 개의 기본원칙'(빙엄)으로서 법의 지배와 함께 사법부가 아닌 의회의 지배(sovereignty of parliament)가 확립되어야 한다. 그런 맥락에서 의회의 지배의 표준으로서 영국 헌정의 역사를 간단히 살펴보자. 17세기 영국에서는 법의 지배, 즉 대헌장을 통한 왕권의 법적 제한에도 불구하고 국왕이 법을 위반할 경우 내란이 불가피하다는 문제 때문에 왕권을 정치적으로 제한할 필요성이 추가로 제기되었다.

영국에서는 기나긴 내전 끝에 명예혁명(1688)을 통해 군주정·귀족정·민주정의 혼합정체로서 입헌군주정이 출현하게 되었다. 몽테스키외는 영국의 입헌군주정을 가리켜 '군주정으로 분장한 공화정'이라고 부르기도 했다. 18-19세기에는 입헌군주정 아래 상하 양원제 의회가 내각제를 거쳐 의원내각제(parliamentary system)로 발전함으로써 의회의 지배가 확립되었다. 마침내 '자본주의에 가장 적합한 정치적 외양'(레닌)이 형성된 것이다.

혹시 모를 오해를 미연에 방지하기 위해 '의회의 지배'가 현재 한국에서와 같은 국회 다수당의 전횡을 의미하는 것은 아니라는 점도 확인해 두자. 우리와 같은 단원제 의회에서 정부나 다수당의 '폭정/횡포'를 견제하는 것은 국회 법제사법위원회(법사위)의 기능과 관련된다. 그러나 2020년 4·15총선에 이어 2024년 4·10총선의 결과 법사위를 포함한 국회상임위원장을 야당이 독식하게 되어 오히려 야당의

'입법독재'를 우려해야 할 상황이 되었다.

의회의 지배는 양원제 의회, 즉 하원을 견제하는 상원의 존재를 전제한다. '대중의 폭정/다수의 횡포'(tyranny of the masses/the majority)를 방지할 필요성 때문이다. 의원내각제의 기원에 폴리비오스가 주목했던 로마의 공화정이 있다는 점을 알 수 있는 대목이다. 폴리비오스는 그리스 민주정의 타락한 형태로서 인민정의 대안을 로마 공화정에서 발견했다. 그에게 로마 공화정은 원로원(senate, 상원)의 귀족정적 요소, 집정관(consul, 통령)의 군주정적 요소, 민회(popular assembly, 하원)의 민주정적 요소를 골고루 결합한 최선의 정체였다. 폴리비오스에 대해서는 『세미나 (I)』을 참고할 수 있다.

프랑스혁명 이후 프랑스와 비교할 때 명예혁명 이후 영국에서는 헌정이 안정적으로 착근해서 중단 없이 발전할 수 있었다. 양자의 차이는 자유주의와 보수주의 사이에서 컨센서스의 확립 여부에 있었다. 영국에서는 로크를 비롯한 휘그주의자가 주창한 신권주의로서 의회의 지배, 즉 의회주의(parliamentarism)를 왕권주의자인 토리주의자도 수용함으로써 '런던 컨센서스'가 형성될 수 있었다. 반면 프랑스에서는 공화주의자와 왕당파 사이에 '파리 컨센서스'가 부재함으로써 19세기 내내 헌정을 둘러싼 분쟁이 폭력에 의해 해결될 수밖에 없었다. 이것이 디킨즈가 형상화한 '영국의 행복'과 '프랑스의 불행'의 실상이었다.

그렇다면 헌정 중단이나 헌정을 둘러싼 폭력적 분쟁을 어떻게 방지할 수 있는가. 스미스에 따르면, 헌법에 위헌에 대한 저항의 명료한 기준으로 '휘선'(輝線, brightline)이 포함되어야 한다. 법의 지배와 의회의 지배가 달성되지 않아도, 인민 내부의 '조정'(coordination)을 통해서 헌정의 가장 기본적인 원칙에 관한 합의를 도출할 수 있다면, 인민의 저항권과 헌정 지속의 조화 역시 달성할 수 있다는 의미인 것이다.

스미스가 말한 헌정의 휘선이란 누구나 '이해할 수 있는 명료한' 기준으로서, 신체의 자유와 사상의 자유 같은 보편적 권리 내지 기본권을 의미한다. 이것은 고르바초프가 말한 '전인류적/인류보편적 가치'와 조금도 다르지 않다. 와인개스트에 따르면, 영국을 비롯한 선진국에서 민주적 헌정이 성숙할 수 있는 것은 휘선이 존재하기 때문이다. 달리 말해서 보편적 권리 내지 기본권에 대한 합의가 존재하지 않거나 보편적 권리가 특수한 권리 내지 약소자의 권리와 교환되는 국가는 헌정의 중단이나 폭력적 분쟁을 경험할 수밖에 없다는 것이다.

시빌리티와 향상심의 복원

과천연구실은 극단적 폭력으로서 '잔혹'(cruelty)으로 특징지어지는 혁명적 폭력을 반성하려는 취지에서 예치(禮治)로서 시빌리티(civility)의 정치에 오래 전부터 주목해 왔다. 그런데 촛불혁명이 환기하는 파시즘적인 반정치의 위험 때문에 우리의 정치문화와 도덕을 재차 반성하려는 취지에서 시빌리티의 정치에 다시 한 번 주목하게 되었다. 시빌리티의 정치를 자유주의적 시민의 덕성으로서 재조명하게 된 것이다.

현재 한국에서 '정파와 정치를 초월하는 국익(national interest)'에 대한 국민적 합의는 존재하지 않는 것 같다. 촛불혁명 과정에서 프로토파시즘으로서 인민주의가 확산됨에 따라 국민적 합의나 국익 개념 자체가 소멸했기 때문이다. 이런 의미에서 워싱턴 컨센서스나 런던 컨센서스에 유비되는 '서울 컨센서스'는 존재하지 않는다. 문재인 정부의 친북·연중·비미·반일 외교 노선이 대표적 사례다.

국민적 합의의 부재 양상은 윤석열 정부에서 더욱 극단적으로 나타났다. 바이마르공화국 말기와 유비하면 '체제에 충성하는 야당'(loyal opposition)이 아니라 '반체제적' 야당만이 존재하기 때문이다. 이재명 대표라는 희대의 불량배 정치인과 그를 결사 옹위하는 강성 지지층과 운동권의 분별력도 시빌리티도 없는 극단주의가 분노와 복수로 귀결된 '원한의 정치'를 증폭시킨 것이다.

촛불혁명에서 반정치의 위험을 대표한 것은 소셜미디어를 통한 호감('좋아요')과 비호감('싫어요')의 상징 조작과 대중 동원이었다. 표준에 따라 시비(是非, 옳고 그름)를 가리는 것이 아니라 취향(taste)에 따라 호오(好惡, 좋고 싫음)를 따지는 풍속과 세태가 만연했다. '그른 것'을 비판하는 경우와 달리 '싫은 것'과 교류를 아예 단절하는 배제의 정치가 공동체를 해체하면서 잔혹의 정치로 귀결되고 있는 것이다.

우선 정치문화의 위기에 대응하여 2007-09년 금융위기 이후 트럼프의 당선과 재선 실패를 계기로 미국정치에서 그랬던 것처럼 시빌리티를 복원할 필요가 있다. 『세미나 (I)』에서 주목한 바 있는 오바마 대통령과 그의 대선 경쟁자이기도 했던 매케인 애리조나주 상원의원의 연대가 대표적 사례다.

2018년에 사망한 매케인의 조사(弔詞)에서 오바마는 '어떤 원칙은 정치를 초월하고' '어떤 가치는 정파를 초월한다'고 역설한 바 있다. 그 직후 2020년의 대선에서 바이든 후보는 예상 외로 트럼프 후보에 신승했는데, 승리에 결정적으로 기여한 것이 매케인 의원의 지역구였던 애리조나주의 승리였다. 오바마의 조사에 일부 공화당 지지자들이 호응한 결과였다. 결국 오바마-매케인의 연대가 트럼프 대통령의 시빌리티 없는 '잔혹의 정치'를 종식시켰던 셈이다.

미국의 정치문화로서 시빌리티는 민주당과 공화당 사이에 국익에 대한 합의가 존재한다는 사실을 반영한다. 가령 신자유주의와 신보수주의의 합의를 '워싱턴 컨센서스'라고 불렀던 것처럼 말이다. 트럼프 대통령 때문에 다소간 혼란을 겪기 했어도, '정쟁은 국경 앞에서 멈춘다'는 말이 있듯이 미국정치에서 민주-공화 양당의 치열한 경쟁이 대외정책까지 연결되는 경우는 거의 없다.

다음에 인민주의의 '공포'에 대응하기 위해 시빌리티의 정치를 향상심의 복원으로 구체화해야 한다. 인민의 분노와 복수 또는 '질투의 권리선언'은 진보나 개선이라는 전망의 소멸에 따른 것으로, 20세기 자유주의의 결함에서 기인한다. 케이헌은 21세기의 자유주의가 인민주의의 공포와 대결하기 위해서는 경제적 포용으로서 능력주의와 엘리트주의의 연결 완화, 정치적 포용으로서 대중의 정치 참여 보장, 나아가 도덕적 포용으로서 대중의 향상심의 복원을 역설한 바 있다. 자세한 설명은 「'대선 불복 2년동란'」을 참고할 수 있다.

이재명 대표가 동원하는 엘리트에 대한 분노와 복수의 감정은 어떤 면에서는 그와 비슷한 처지였던 김대중 대통령은 물론이고 심지어 노무현 대통령과도 비교 불가능한 수준에 이르렀다. 이 대표는 자신이 엘리트인 법조인임에도 불구하고 끊임없이 '비천한 출신'을 '자학'하면서 오히려 자신의 불량배 기질을 정당화하고 '기득권'에 대한 반감을 동원하는 데 이용해 왔다.

『세미나 (III)』에서 비판했듯이, 이런 이 대표의 모습은 유가적 전통이 유구한 우리 사회, 특히 마르크스주의의 영향을 받은 운동권에서는 매우 생소한 모습이 아닐 수 없다. 유가나 마르크스주의에서 교육의 본질은 끊임없이 '자기향상'(self-betterment)을 위해 노력하는 마음, 즉 '향상심' 내지 '향학열'(desire to learn)에 있다. 그래서 교육을 통해 집안·고향·모교 같은 출신의 결함을 극복할 수 있다는 것이, 달리 말해서 혈연·지연·학연 같은 일체의 연고(緣故, 인간관계)를 진리로 지양할 수 있다는 것이 상식이자 통념이었다.

과천연구실이 일본 현대지식인사 연구를 통해 얻은 결론 중 하나는 메이지유신 성공의 밑바탕에 '사무라이의 사대부화'와 대중의 향상심, 즉 능력주의와 주인의식이 있었다는 것이다. '번주(藩主, 다이묘)의 사무라이'(藩士)에서 '일본의 사무라이'(國士)로 진화하는 과정, 달리 말해서 출신 성분과 무관하게 자신의 품격을 향상시키는 과정이 메이지유신의 풍속과 세태에서 핵심이었다. 이런 점에서 '밝은 메이지'(시바 료타로)는 영·정조의 탕평정치 이후 사대부가 소멸하고 외척만 잔존한 19세기의 조선이 아편전쟁 이후 서세동점의 격변기에 대처하지 못하고 서서히 침몰한 것과 극명한 대조를 이뤘다.

2007-09년 세계 금융위기 이후 한국과 일본에서 '레미제라블' 같은 '프랑스 이데올로기'와 각종 정의론이 유행한 것은 객관적으로 평

등한 나라일수록 오히려 평등에 대한 주체적 요구가 크다는 풍속과 세태를 반영하는 것이기도 했다. 특히 한국에서 각종 정의론의 열풍은 이명박·박근혜 정부에 대한 대안을 인민주의에서 찾으려는 맥락으로 해석될 수도 있다. 불평등 문제에 대해서는 『세미나 (II)』를 참고하기 바란다.

롤즈의 정의론은 능력주의의 대안을 추구했다. 롤즈는 절차적 공정을 수정함으로써 사회적 행운을 최소화하는 자유주의적 평등(우대정책 내지 긍정적 차별)을 주장했다. 그리고 한 걸음 더 나아가 결과적 공정도 수정함으로써 자연적 행운도 최소화하는 민주주의적 평등(차등원칙)을 주장했다. 그러나 롤즈의 능력주의 비판은 선천적 능력으로서 '적성'에 주목할 뿐 후천적 능력으로서 '성취'를 간과한다는 결함이 있다. 자유주의나 공산주의에서 강조하는 능력은 자연(nature)이 아니라 양육(nurture)의 결과이다.

게다가 롤즈의 정의와 평등은 미국의 국경에서 멈춘다는 맹점도 있다. 세계화 시대의 불평등은 국내적 차원보다 국제적 차원에서 문제의 심각성이 두드러지는데, 그는 국제적 불평등을 감축하는 이민에 반대함으로써 미국인의 국적프리미엄 내지 국적지대를 옹호한 셈이었다. 롤즈에 대한 논평은 『세미나 (II)』와 「'대선 불복 2년동란'」을 참고하기 바란다.

능력주의와 엘리트주의의 관계를 완화하기 위해서는 능력주의의 기각이 아니라 쇄신이 필요하다. 자유주의와 마찬가지로 능력주의에 많은 결함이 있다는 것은 분명하다. 하지만 자유주의에 대한 속류적 비판이 자유주의에 미달하는 것처럼 현재 능력주의에 대한 속류적 비판도 능력주의에 미달한다는 점을 인정할 필요가 있다. 애당초 능력주의가 흑인과 여성의 해방을 위한 수단이기도 했다는 사실도 기억해야만 한다.

능력주의가 소멸하면서 결과에 승복하지 않는 세태가 확산되었다는 점도 염두에 두어야 한다. 그 원인 중 하나는 김대중-노무현 정부 이후 386세대가 능력과 무관한 행운 덕분에 권력의 핵심부에 진입한 것이었다. 386세대의 주류화 이후로 고시 출신의 '늘공'(늘 공무원)이 아닌 엽관제(獵官制, spoils system) 출신의 '어공'(어쩌다 공무원)이 횡행하는 작금의 세태는 경세가를 선발하는 표준적 원리로서 능력주의가 한국에서 작동하지 않는다는 결정적 증거다. 박정희 정부 이래 능력주의라는 제도이자 이데올로기가 쇠퇴하면서 그것에 적합한 행위자의 재생산도 실패한 결과였다. 출세주의적 운동권이 능력주의를 불공정하다고 공격하는 것이야말로 현세태의 단면일 것이다.

마르크스주의에서 평등은 통념과 달리 인민주의적인 '결과의 평등'이 아니라 자유주의적인 '기회의 평등'에 가깝다. 마르크스는 『고타강령 비판』에서 '능력에 따른 노동, 욕구에 따른 분배'로 특징지어지는 공산주의에 도달하려면 사회주의 단계를 거쳐야 한다고 주장했다. 그런데 이 사회주의의 분배원리가 바로 '능력에 따른 노동, 노동에 따른 분배', 즉 능력주의인 것이다. 또 『고타강령 비판』에서 마르크스는 '특수한 정의'로서 분배정의를 '불평등의 권리'(ein Recht der Ungleichheit)라고 불렀는데, 불평등한 능력과 노동에 '비례하는'(proportionell) 보수는 불평등할 수밖에 없다는 뜻이었다.

마르크스에게 사회주의는 능력주의의 완성을 의미했다. 자본주의에서는 혈연·지연·학연 같은 연고의 제약으로 인해 개인의 능력이 충분히 발전하지 못하는 반면 사회주의는 그런 제약으로부터 개인을 해방시켜 능력주의를 완성하기 때문이다. 마르크스의 지론은 『공산주의자 선언』 이래 '개인의 [능력의] 자유로운 발전'이었다. 『자본』에서 말하는 '자유인들의 연합'으로서 노동자연합이란 '각자의 자유로운 발전이 모두의 자유로운 발전의 조건이 되는 [개인들의] 연합'인 것이다.

『한국사회성격 논쟁 세미나 (Ⅲ)』 총서

순리에 따라 즐겨야 마땅하리
인생 칠십은 예부터 드물다네

細推物理須行樂
人生七十古來稀

환갑을 지내면서 한국사회성격 논쟁을 회고한 것이 엊그제였는데, 문재인 정부 '5년동란'을 비판하다보니 어느새 내년에는 칠순이다. 2020년 4·15총선, 2021년 4·7보선, 2022년 3·9대선 등 현실정치에 개입한 글 네 편을 『한국사회성격 논쟁 세미나 (Ⅲ)』으로 출판하면 연전에 출판한 『한국사회성격 논쟁 세미나 (Ⅰ) (Ⅱ)』와 더불어 모두 열 편의 글을 쓴 셈이다. 박현채 선생과 정운영 선생 두 분은 환갑이 갓 지나 돌아가셨는데, '구차하게 살아남았다'(苟命圖生, 홍명희 선생)는 말을 듣지 않으면 다행이겠다.

제사로 인용한 것은 두보의 7언율시 「곡강」(曲江)으로 첫째 수의 7구와 둘째 수의 4구를 임의로 조합해본 것이다. '누가 뭐라 해도 내 길을 간다'(耳順)는 말씀은 몰라도 '마음 내키는 대로 해도 어긋남이 없다'(從心所欲不踰矩)는 말씀을 감히 인용할 수는 없기 때문인데, 시성(詩聖)께 누가 되지 않기를 바랄 따름이다.

2022년 5월
윤 소 영

총목

총서 · 5

2020년 4·15총선 전후 · 8

목차 ·· 8
서문 ·· 9
4·15총선까지 ·· 11
4·15총선 그 후 ·· 26
프랑스혁명과 자코뱅적 인민주의 ······························ 41
질의와 응답 ·· 56

2021년 4·7보선 전후 · 80

목차 ·· 80
서문 ·· 81
4·7보선까지 ·· 82
4·7보선 그 후 ··· 120
러시아혁명과 중국혁명 ··· 155
질의와 응답 ·· 208

'문재명 정부 10년동란'은 막아야 한다 · 264

목차 ··· 264
서문 ··· 265
진보주의인가 인민주의인가 ··· 266
소득주도성장 비판에서 기본소득·주택·대출 비판으로 ······· 271
3·9대선의 쟁점으로서 정권교체의 진정한 의미 ················· 278
북한비핵화·검찰개혁 비판에 이어지는 'K방역' 비판 ········· 284
윤석열 후보를 지지하는 이유 ·· 290
이준석 대표와 김종인 위원장에 대하여 ································ 296
민주노총과 정의당에 대하여 ·· 299
사회진보연대와 전국학생행진에 대하여 ································ 301

2022년 3·9대선 전후 · 304

목차 ··· 304
서문 ··· 305
3·9대선 전후 ··· 306
재론 일본현대사와 그 지식인 ·· 341
질의와 응답 ··· 380

『한국사회성격 논쟁 세미나 (I-II)』 서문과 목차 · 409

『한국사회성격 논쟁 세미나 (I-II)』 교정표 · 424

'과천연구실 세미나' · 429

『한국사회성격 논쟁 세미나 (III)』 345

『한국사회성격 논쟁 세미나 (III)』 교정표

24쪽 2줄 윤algid → 윤미향
43쪽 9줄 원조 → 지원
73쪽 27줄 트래킹 → 트레킹
103쪽 12줄 6월 → 6-8월
170쪽 29줄 게다가(…)것이에요. → 게다가 레닌의 'perevorot'도 '혁명'보다는 오히려 '쿠데타'에 가까웠다는 것이에요.
172쪽 6줄 1972년 → 1972년에
174쪽 27줄 治病求人 → 治病救人
190쪽 10줄 안작새 → 참새; 쑥덤불 속 참새 → 쑥대 사이의 참새
198쪽 11줄 자살을 엄금한 바 있지요. → 자살을 '인민과 절연하고'(絶于人民) '혁명과 이별하는'(告別革命) 행위로 엄금한 바 있지요.
       14줄 지식인에 대한(…)귀결되었음 → 지식인에 대한 억압과 재교육이 '대중적 테러'(terreur de masse)와 '파시즘화 경향'(tendance fascisante)으로 귀결되었음
199쪽 6줄 '반포지효'(…)있듯이 → '까마귀는 부모 은혜를 갚는다'(烏鴉反哺)는 공자의 말이 있듯이

222쪽 11줄   별지의 한 문단 추가
229쪽 9줄   러시아 원본 → 러시아어 원본
350쪽 19줄   벨츠 → 벨츠
352쪽 4줄   시대정신 → 시대정신으로서 향심심
356쪽 16줄   야마카타 → 야마가타
365쪽 7줄   추궁하는 → 추궁하면서 천황제 폐지를 주장하는
     13줄   전전 → 1955년에 전전
381쪽 1줄   만엔원년 → 만엔원년인 1860년
384쪽 15줄   무용 선생 → 무용가
387쪽 21줄   궤도 → 제도
388쪽 1줄   인문학 → 철학 내지 인문학
     16줄   호호출판사 → 대호출판사
397쪽 22줄   '평민재상' → '평민재상'(작위를 거부한 총리)
398쪽 17줄   후견인이나 보호자가 → 후견인이
400쪽 25줄   경복중고와도 → 경복과도
403쪽 17줄   르포르타주 풍 → 논픽션 풍의
406쪽 26줄   주목하고 → 주목해야 하고
408쪽 2줄   18대조 → 6대조

별지
　참고로, 1945년 현재 일제가 남긴 적산 253억달러 중 조선에 소재한 것은 46.8억달러(18.5%)였습니다. 또 대만은 28.4억달러(11.2%), 만주는 97.7억달러(38.6%), 만주 이외의 중국은 61.4억달러(24.3%), 나머지는 18.7억달러(7.4%)였지요. 반면 한국전쟁 이전 미국의 대일 원조는 20억달러로 적산의 7.9%에 불과했고요.

'과천연구실 세미나'

문화과학사 이론신서

01 (1995. 06.) 윤소영, 『마르크스주의의 전화와 '인권의 정치': 알튀세르를 위하여』
02 (1995. 11.) 에티엔 발리바르 (윤소영 옮김), 『마르크스의 철학, 마르크스의 정치』

'공감이론신서'

03 (1996. 06.) 윤소영, 『알튀세르를 위한 강의: '마르크스주의의 일반화'를 위하여』
04 (1996. 08.) 루이 알튀세르 외 (윤소영 옮김), 『알튀세르와 라캉: '프로이트-마르크스주의'를 넘어서』
05 (1996. 12.) 윤소영, 『알튀세르의 현재성: 마르크스, 프로이트, 스피노자』
00 (1997. 05.) 메이너드 솔로몬 외 (윤소영 옮김), 『베토벤: '윤리적 미' 또는 '승화된 에로스'』 (공감예술신서)

06 (1998. 03.) 윤소영, 『일반화된 마르크스주의와 역사적 자본주의 분석』

07 (1997. 03.) 장 로블랭 외 (김석진·박민수 옮김), 『세계화와 신자유주의 비판을 위하여』

08 (1997. 09.) 뤼스 이리가레 외 (권현정·김수영·송영정·안주리 옮김), 『성적 차이와 페미니즘』

09 (1998. 04.) 조반니 아리기 외 (권현정·이미경·김숙경·이선화 옮김), 『발전주의 비판에서 신자유주의 비판으로: 세계체계론의 시각』

10 (1998. 09.) 다이앤 엘슨 외 (권현정·이미경·김숙경·이선화 옮김), 『발전주의 비판에서 신자유주의 비판으로: 페미니즘의 시각』

11 (1999. 06.) 윤소영, 『신자유주의적 '금융 세계화'와 '워싱턴 콘센서스': 마르크스적 비판의 쟁점들』

12 (1999. 11.) 이미경, 『신자유주의적 '반격'하에서 핵가족과 '가족의 위기': 페미니즘적 비판의 쟁점들』

13 (2001. 02.) 윤소영, 『이윤율의 경제학과 신자유주의 비판』

14 (2001. 04.) 김석진·윤종희·김숙경·박상현, 『자본주의의 위기와 역사적 마르크스주의』

15 (2001. 07.) 윤소영, 『마르크스의 '경제학 비판'』(개정판, 2005. 02.)

16 (2002. 06.) 윤소영, 『마르크스의 '경제학 비판'과 소련사회주의』

17 (2002. 06.) 권현정·오현미·김숙경·정인경, 『마르크스주의 페미니즘의 현재성』

18 (2003. 02.) 윤소영, 『마르크스의 '경제학 비판'과 평의회 마르크스주의』

19 (2003. 07.) 권현정·오현미·이미경·김숙경·정인경, 『페미니즘 역사의 재구성: 가족과 성욕을 둘러싼 쟁점들』

20 (2003. 06.) 윤소영, 『마르크스의 '경제학 비판'과 대안세계화 운동』

21 (2003. 12.) 에티엔 발리바르 외 (윤소영 옮김), 『'인권의 정치'와 성적 차이』

22 (2004. 12.) 윤소영, 『역사적 마르크스주의: 이념과 운동』

23 (2004. 02.) 윤종희·박상현,『마르크스주의와 정치철학 및 사회학 비판』
24 (2005. 01.) 윤종희·박상현·정인경·박정미,『대중교육: 역사·이론·쟁점』
25 (2006. 04.) 제이슨 무어 외 (윤종희·박상현 옮김),『역사적 자본주의 분석과 생태론』
26 (2006. 05.) 비센트 나바로 외 (송인주·이태훈·박찬종·이현 옮김),『보건의료: 사회·생태적 분석을 위하여』
27 (2005. 08.) 윤종희·박상현·정인경·박정미,『인민주의 비판』
28 (2006. 02.) 윤소영,『일반화된 마르크스주의 개론』
29 (2007. 02.) 윤소영,『일반화된 마르크스주의의 쟁점들』
30 (2007. 05.) 윤소영,『일반화된 마르크스주의의 경계들』
31 (2007. 10.) 윤소영,『헤겔과 일반화된 마르크스주의』
32 (2007. 09.) 앨리슨 스톤 외 (윤소영 옮김),『헤겔과 성적 차이의 페미니즘』
33 (2008. 03.) 윤소영,『일반화된 마르크스주의와 대안좌파』
34 (2008. 06.) 윤소영,『일반화된 마르크스주의와 대안노조』
35 (2008. 10.) 윤종희·박상현·송인주·정인경·공민석,『알튀세르의 철학적 유산』
36 (2008. 12.) 윤종희·박상현·송인주·이태훈·정인경·이현,『화폐·금융과 전쟁의 세계사』

'공감개론신서'

01 (2008. 07.) 윤소영, 『일반화된 마르크스주의 개론』(개정판)
02 (2008. 11.) 윤소영, 『금융위기와 사회운동노조』
03 (2009. 06.) 윤소영, 『마르크스의 '자본'』
04 (2009. 11.) 윤소영, 『2007-09년 금융위기』
05 (2010. 04.) 윤소영·윤종희·박상현, 『2007-09년 금융위기 논쟁』
06 (2011. 01.) 윤소영, 『현대경제학 비판』
07 (2011. 10.) 윤소영·박상현·이태훈·공민석, 『사회과학 비판』
08 (2012. 04.) 윤소영, 『역사학 비판』
09 (2012. 10.) 윤소영, 『문학 비판』
10 (2013. 03.) 윤소영, 『2010-12년 정세분석』
11 (2013. 10.) 윤소영, 『봉건제론: 역사학 비판』
12 (2015. 10.) 윤소영, 『한국자본주의의 역사: 한국사회성격 논쟁 30주년』
13 (2014. 12.) 윤소영·박상현·송인주·이태훈·공민석·안종석, 『일반화된 마르크스주의 세미나』
14 (2016. 10.) 윤소영, 『'한국의 불행': 한국현대지식인의 역사』
15 (2017. 10.) 윤소영, 『위기와 비판』
16 (2018. 10.) 윤소영, 『재론 위기와 비판』
17 (2020. 02.) 윤소영, 『한국사회성격 논쟁 세미나 (I)』
18 (2020. 02.) 윤소영, 『한국사회성격 논쟁 세미나 (II)』
19 (2020. 12.) 윤소영·박상현·송인주·이태훈·유주형·안종석, 『문재인 정부 비판』
20 (2021. 10.) 윤소영·박상현·송인주·이태훈·유주형·김태훈, 『재론 문재인 정부 비판』
21 (2022. 05.) 윤소영, 『한국사회성격 논쟁 세미나 (III)』
22 (2024. 06.) 윤소영·유주형·김태훈, 『한국사회성격 논쟁 세미나 (IV)』